제2판

사회복지실천론

정원철 김동욱 김진영 노수희 박소현 이화명 공저

YANGSEOWON
양서원

머리말

한국에 사회사업이 도입된 지 어언 1세기가 지나고 있다. 국내의 사회복지는 이제 국가와 사회의 큰 축을 구성하는 핵심 개념으로 자리 잡고 있다. 4차 산업혁명과 포스트모던주의로 대표되는 글로벌 사회에서 사회복지라는 개념은 국내뿐만 아니라 전 세계적인 패러다임이다. 최근에는 사회복지의 수준이 그 나라의 국력을 가늠하는 척도로까지 활용되고 있다.

한국의 사회복지실천은 한국전쟁에서 초래된 전쟁고아를 대상으로 구호를 위한 목적으로 출발하였으나, 오늘날에는 통합방법론인 사례관리가 서비스 전달과정에서 법제화되었을 정도로 사회복지실천의 영역과 범위가 이전에 비해 엄청나게 확장되고 있다. 게다가 활동영역 면에서도 사회복지기관은 물론 주민센터, 학교, 군대, 기업, 병원, 개업상담실, 사회적 기업 등에서 사회복지사들이 맹활약 중이다.

현재 국내 대부분의 대학에 사회복지학과가 개설되어 있으며, 사이버대학과 학점은행제에서도 사회복지사를 양성하고 있다. 전문대학을 포함하여 4년제 대학, 대학원까지 합친다면 1년에 수만 명의 사회복지사가 배출되는 상황이다. 이러한 점은 일견 장점도 있을 것이지만 한편으로는 배출되는 사회복지사의 질 관리에 문제가 생길 수 있다는 점에서 많은 고민이 주어져야 할 것이다.

사회복지사의 전문성은 오래전부터 제기되어 온 주장이고 이러한 문제는 여전히 해결되어야 할 과제로 남아 있는 것이 한국 사회복지계의 현실이다. 이러한 맥락에서 대학의 사회복지교육이 전문적이고 체계화될 수 있는 다각적인 노력이 이루어져야 할 것이다.

본 사회복지실천론은 기존의 개별사회사업, 집단사회사업, 지역사회조직으로 분산되어 있던 사회복지방법론의 한계를 보완하고자 등장한 교과목이다. 따라서 본서에서는 전통적인 실천방법론을 통합하는 데 필요한 개념과 이론, 절차와 통합방법론을 충실히 다루고자 하였다. 보다 구체적으로 사회복지실천의 기본이념과 이론, 모델, 역사, 적용현장, 실천과정과 통합방법, 사례관리를 체계적으로 다루는 데 많은 노력을 집중하였다. 특히 본서는 2018년에 발표된 「사회복지 표준교육과정」이 제시한 「사회복지실천론 표준교육과정」의 지침을 충실히 따르고자 최선을 다함으로써 본서의 적합성과 표준화를 담보하고자 하였다.

본서는 기존의 교재와 몇 가지 면에서 차별성을 가진다. 첫째, 각 장별로 다루었던 내용에 대해 독자가 질문하고 성찰할 수 있는 내용을 다룸으로써 각 장에 기술된 내용을 심화할 기회를 제공하고자 하였다. 둘째, 본 교과목이 사회복지사 1급 국가고시 출제 과목임을 반영하여, 그동안 사회복지사 1급 국가고시에 출제된 문제의 경향을 장별로 분석하여 제시함으로써 1급 사회복지사 수험 준비에 도움을 주고자 하였다. 이런 점은 일반 교재로서 본서가 국내에서 최초이자 유일할 것으로 안다. 아울러 2판을 내면서 사회복지실천의 체계를 별도의 장으로 추가하여 1판의 아쉬운 점을 보완하고자 하였다.

본서는 사회복지실천 분야에서 오랜 기간 연구해 오던 집필진이 참여하여 저술되었다. 각 집필진들은 여러 해 동안 본서 출간을 고민해 오면서 숙의와 소통을 통해 본서가 양질의 대학 교재로 자리매김하도록 수고를 아끼지 않았다고 자부한다. 그럼에도 저자들의 무지로 인한 오류가 여러 곳에서 드러날 것이다. 추후 독자들의 기탄없는 조언과 편달을 부탁드리며, 이로써 본서가 보다 거듭나기를 희망한다.

본서가 나올 수 있도록 지속적인 관심과 격려를 보내어 주신 양서원의 박철용 회장님을 비롯한 임직원 여러분들과 편집 담당자님께 깊은 감사의 말씀을 드린다.

2024년 8월

저자 대표 정 원 철

차례

Chapter

01

사회복지실천의 이해

1. 사회복지와 사회복지실천
2. 사회복지실천의 목적과 기능
3. 사회복지실천의 이념
4. 사회복지실천의 분류
5. 사회복지실천의 속성

1. 사회복지와 사회복지실천

1) 사회복지실천론

본서에서 집중적으로 다룰 '사회복지실천'의 용어는 여러 논란을 지니고 있다. 이는 사회복지, 사회사업, 사회복지사업 등의 용어와 맞물려 있기 때문이다. 사회복지실천은 이제 한국에서 하나의 고유명사가 되었지만, 이 용어가 출현한 배경은 상당히 독특하다.

사회복지와 사회복지실천은 엄연히 다른 개념인데도 용어가 비슷하다는 이유로 혼용되기도 한다. 이들 용어를 영어로 표기할 경우 두 의미는 더 분명해진다. 사회복지는 social welfare를 일컫는 말이고, 사회복지실천은 social work practice를 번역한 말이다. 그러므로 사회복지실천은 사회사업실천이라고 하는 것이 타당할 것이다. 그러함에도 사회사업실천을 사회복지실천으로 표기하는 데는 나름의 배경이 있다.

먼저 1983년 「사회복지사업법」이 개정되면서 그 법에서 애초에 사용했던 '사회사업종사자'의 명칭이 '사회복지사(social worker)'로 변경되어 사회사업이라는 용어도 자연스럽게 사회복지로 바꾸어 사용하게 되었고, 그 후 점차 사회복지라는 용어가 일반화되었다. 더불어 그 당시 국내 대학에 개설되어 있던 사회사업학과의 명칭도 사회복지학과로 개편하면서 사회사업을 사회복지로 대체해서 사용하는 경향이 강해졌다. 오늘날 국내 대학에 사회사업학과의 명칭을 사용하는 대학은 단 한 군데도 없고 전부 사회복지학과로 바뀐 상황이다.

사회복지실천은 대학의 사회복지교육과도 연관하여 고려해 볼 수 있다. 애초 사회사업학과에서는 사회사업의 주요 방법론으로서 개별사회사업(case work), 집단사회사업(group work), 지역사회조직(community organization)을 채택하여 다루었다. 하지만 1980년 이후 서구에서 통합방법론이 대두되기 시작하면서 개별사회사업과 집단사회사업, 지역사회조직과 같은 개별 교과목만으로는 사회복지현장에서 강조하는 서비스의 통합을 기대하기 어렵다는 비판이 제기되었다. 이윽고 1990년 후반부터 사회복지실천론이라는 교과목을 통해 사회복지실천 방법의 통합을 시도하기에 이르렀다. 이것이 오늘날의 사회복지실천론이다.

본서를 통해 체계적으로 다룰 예정인 사회복지실천론 교과는 이전의 개인, 집단, 지역사회로 구분하여 접근하던 사회사업서비스의 교육방식을 하나로 통합하여 이론과 지식을 포괄하고 있다. 게다가 사회복지실천론은 「사회복지사업법」에서 규정한 사회복지사 1급과 2급을 취득하기 위한 법정교과목으로 지정되어 있다. 이는 사회복지실천론이 사회복지실천의 기본적 토대를 마련하고 통합적인 관점에서 직·간접적 사회복지서비스를 제공하는 이론과 실무를 다루는 교육과정이 되어야 함을 강조하는 것이다.

다시 말해 사회복지실천론은 개인과 가족, 집단, 조직, 지역사회의 클라이언트를 대상으로 직접적·간접적 서비스를 통한 개입에 필요한 지식과 개입 절차의 전반을 다루는 교과목이라고 할 수 있다.

2) 사회복지실천과 사회복지

사회복지(social welfare)와 사회복지실천(social work practice)의 개념은 서로 밀접한 연관을 가진다. 그러나 이 두 용어는 서로 혼용됨으로써 소통과 이해에 어느 정도 어려움을 초래하기도 한다. 이러한 측면은 사회사업과 사회복지가 엄밀히 구분되는 개념인데도 그 차이를 모호하게 다룬 데 기인한다(최옥채, 2010). 이를테면, 사회복지는 제도와 정책의 의미가 강하며, 사회사업은 일련의 지식과 가치, 기술을 포함하는 전문직으로 인식된다. 그러함에도 불구하고 이 둘의 차이를 고려하지 않고 그냥 '사회복지'라고 하는 경향이 있는 것 또한 사실이다. 이러한 관행은 일정한 맥락 속에서 소통은 될지 몰라도 상황을 규명하고 정의 내리는 데 한계를 낳을 수 있다는 점에서 반성할 여지가 있다.

아울러 사회사업에서 사회복지실천이 유래했다고 해도 최근의 사회복지 환경은 사회사업이 개념화될 그 당시와 비교하기 어려울 정도로 규모와 범위가 확장되었다(최옥채, 2010). 다시 말해 사회사업이 주로 개인, 집단, 가족에 대한 개입에 주안점을 두고 관련된 가치와 지식과 기술을 중시했던 당시와 현재의 사회복지 환경은 상당한 차이가 있다. 「국민기초생활보장법」에 의거 등장한 자활센터의 업무와 사회서비스바우처사업,

그리고 최근 주목받는 사례관리도 이전의 사회사업 개념만으로는 이해하기 어려운 특징이 있다.

따라서 사회복지실천을 단순히 사회사업으로만 이해하기보다는 이전의 사회사업 개념에 더하여 최근에 변화된 사회복지(social welfare) 환경을 반영하여 사회복지 문제를 해결하려는 전문적 기술과 가치가 결합한 사회복지방법으로 이해하는 것이 바람직하다.

3) 사회복지와 사회사업

사회복지와 사회사업의 개념을 제대로 파악할 경우 사회복지실천을 이해하는 데 도움이 된다. 사회복지와 사회사업의 관계를 명료하게 하려면 우선 이들 두 개념을 이해할 필요가 있다.

(1) 사회복지

사회복지는 사회(social)와 복지(welfare)가 결합한 용어이다. 여기서 사회란 국가 또는 사회에 속한 개인의 기본적인 인권에 기초하여 복지에 대한 공적 책임의 의미를 담고 있다. 아울러 복지란 말 그대로 영어의 well(좋은)과 fare(균형, 안녕)가 결합한 단어로 안녕, 평온한 상태로 해석할 수 있다.

오늘날 다수의 국가가 지향하는 국가 운영의 목표에 사회복지가 포함될 정도로 사회복지는 국가 운영의 중요한 가치로 받아들여지고 있다.

사회복지는 인간존중, 평등사상, 자유주의 등의 정치·사회적 이데올로기의 발전을 토대로 등장하였는데, 그 기원은 계몽과 이성을 중시하는 근대가 출현하면서부터이다. 사회복지정책을 가장 잘 대표하는 역사적 기원은 영국의 「엘리자베스 구빈법」이다. 1601년에 영국에서 시행된 「엘리자베스 구빈법」은 전국민을 대상으로 구빈행정 체계를 갖추어 빈곤자를 분류하고 이에 따라 차별적인 빈민 정책을 시행했다는 점에서 전국가 단위로 시행된 세계 최초의 사회복지 접근으로 평가된다. 그 후 19세기 말 독일의 사회보장 정책을 필두로 20세기 미국과 영국에서도 사회보장 정책이 출현하면서 오늘날과 같은 사회복지의 발달로 이어져 오고 있다.

사회복지에 대한 정의는 학자마다 다양한데, 이 중에서 몇 가지를 살펴보자.

> 사회복지는 인구의 일부분 또는 전체의 경제적 조건, 건강 또는 대인적 경쟁을 개선, 유지함으로써 사회적 복리를 추진하려는 조직적인 활동이다. 따라서 사회복지서비스는 인간의 욕구에 대한 반응에 초점을 두며 개인, 특정 집단 지역사회 및 대규모 인구집단을 위한 보호, 수입 유지, 치료 및 예방을 의미한다(Dunham, 1970).

> 사회복지는 개인과 집단이 만족스런 삶과 건강 수준을 유지하고 그들이 최대한의 잠재력을 발달시키며, 가족과 지역사회의 욕구와 조화 속에서 안녕을 도모하는 개인적 및 사회적 관계의 획득을 돕도록 고안된 사회복지서비스의 제도와 조직체계이다(Fredlander, 1961).

> 사회복지란 인간의 행복을 증가하고자 정부나 민간단체들이 여러 가지 프로그램이나 사회적 서비스 또는 제도를 통하여 사회적 역기능을 예방하고 줄이기 위한 체계적이고 조직적인 노력이며 실천 활동이다(김상규·전재일, 1990).

이처럼 사회복지에 대한 정의는 학자마다 다양하게 제시되고 있음을 알 수 있다. 이러한 정의에 토대로 할 때 사회복지란 전 국민을 대상으로 그들이 인간다운 삶을 영위하는 데 필요한 제반 조건을 위해 삶의 질을 제약하는 조건을 제거하고자 시도하는 시책이나 제도 및 각종 노력을 의미한다고 할 수 있다. 다시 말해 사회복지란 전 국민이 안녕한 삶을 살아가는 삶의 상태를 의미하며, 이러한 수준에 도달하고자 하는 각종 정책이나 노력을 의미한다.

(2) 사회사업

사회사업(social work)이라는 용어가 역사에 등장한 것은 불과 최근의 일이다. 지금은 대중적인 용어로 되었으나 사회사업 용어의 유래에 대해서는 그리 잘 알려지지 않았다. 사회사업이라는 용어의 시작은 미국자선조직협회 단원이자 시몬스사회사업대학원(simmons school of social work)의 초대학장이었던 제프리 브래켓(Brackett, 1869~1949)에서 찾을 수 있다. 20세기 초, 브래켓은 자선조직협회의 활동이 갑작스럽게 확장되고 의학, 과학, 공업 등에서 눈부신 발전이 이어지자 자선조직협회의 활동을 새롭게 표상할 용어로서 'social work'을 제안하였다(한인영 외, 2002).

브래켓은 가족, 또래, 직장동료와 같이 개인의 삶에서 중요한 부분을 차지하는 요소들과의 상호작용(interaction)의 중요성을 토대로 사회(social)이라는 용어가 적합함을 주장하였다. 아울러 그 당시 급부상 중이던 과학주의와 전문가주의에 자선과 박애 활동에서 벗어나 전문적이고 체계적인 활동을 강조하는 단어로서 'work'을 제안하였다. 브래켓에 따르면 사회사업(social work)은 개인의 삶에 영향을 미치는 요소들과의 상호작용에 대한 전문적이고 체계적인 노력을 통해 개인의 적응을 꾀하는 개입으로 이해할 수 있다.

한편 미국사회복지사협회(NASW)는 사회사업을 다음과 같이 정의하였다(Barker, 1987).

> 사회사업은 개인과 가족, 집단, 지역사회를 대상으로 그들의 사회적 기능을 향상 및 회복시키고 그들에게 유리한 사회적 조건을 만드는 전문적 활동이다. 사회사업에서는 인간발달과 행동 그리고 사회적·경제적 문화에 관한 지식과 이들이 어떻게 상호작용하는지에 대한 지식을 요구한다.
>
> 또한 사회사업실천(social work practice)은 사회사업 가치와 지식 그리고 기술을 전문적으로 적용하는 것으로 구성되며, 다음의 목적을 중시한다. 첫째, 개인에게 가용할 서비스를 제공하기, 둘째, 개인과 가족, 집단에게 정신치료와 상담을 제공하기, 셋째, 집단과 지역사회를 대상으로 사회적, 건강서비스의 제공 가능성을 높이기, 넷째, 다양한 사회적 서비스의 효용성을 높이기 위한 법적 절차에 관여하기.

사회복지사라는 용어는 일반적으로 대학 학부나 대학원 교육과정을 졸업한 사람에게 주어지며, 사회복지사들은 주로 사회복지기관에 고용되어 활동한다.

이와 관련하여 핀커스와 미나한(Pincus & Minahan, 1973)은 사회복지사들은 변화대행자(change agent)로서 계획된 변화를 유발하기 위해 고용된 원조 전문가임을 강조한다. 변화대행자로서 사회복지사는 개인, 집단, 가족, 조직과 작업하는 데 전문적 지식과 기술을 숙지해야 하고, 지역사회 변화를 유발하는 데 관심이 있다.

사회복지사가 갖추어야 할 가치와 지식 및 기술과 관련하여 바커(Barker, 1987)는 다음과 같이 언급하였다.

> 사회복지사는 클라이언트의 문제해결과 대응능력을 향상시키고 필요한 자원을 획득하도록 돕는다. 사회복지사는 개인과 개인 그리고 사람과 환경 간의 상호작용의 촉진을 돕고 조직이 사람에게 책임을 지도록 원조하며 바람직한 사회정책이 형성되도록 하는데 관심을 가진다.

미국사회복지사협회(NASW)는 사회복지사라는 직업에 대해 다음과 같이 언급하고 있다.

> 사회복지사는 개인과 가족, 집단, 지역사회를 대상으로 효과적이고 인간적인 서비스를 제공하여 그들의 사회적 기능과 삶의 질을 향상시키는 데 주력한다. 직업으로서 사회복지사는 공식적 지식기반, 이론적 개념, 구체적인 기능적인 기술, 중요한 사회적 가치의 기반에서 활동한다.

위의 내용을 토대로 할 때 사회사업은 개인, 가족, 집단, 지역사회를 대상으로 주로 활동하며, 개인, 가족, 지역사회 등을 포함하는 클라이언트의 사회적 기능과 삶의 질을 향상하는 데 관심이 있다. 사회복지사는 사회사업의 가치 토대 위에서 사회복지의 향상을 위해 사회사업의 이론과 지식, 기술을 토대로 활동하는 전문직[1]이라 할 수 있다.

(3) 사회복지와 사회사업의 관계

① 사회복지와 사회복지사

사회복지(social welfare)는 사회의 모든 개인을 대상으로 그들의 삶에서 요구하는 사회·경제·건강·여가 욕구를 충족하는 데 목적을 둔다. 앞서 언급했듯이 사회복지는 노인에서 아동, 부자에서 가난한 사람 모두를 포괄한다. 특히 사회복지 시스템은 개인이나 가족이 시장경제에서 개인의 기본적 욕구를 충족하는 데 실패할 경우 적극적으로 작동한다(Zastrow, 2003).

---

1) 사회복지를 전문직으로 보아야 하는가에 대해서는 이견이 있다. 이는 오래전부터 논쟁되어 온 주제이며, 사회복지조직은 사회복지사가 전문직이 되어야 함을 강조하고 있다. 이와 관련하여 대체로 미국에서는 대학원 이상의 학위를 가진 사회복지사(MSW)를 전문직(professional)으로 간주하며 학부를 나온 사회복지사(BSW)는 교사나 간호사와 같은 준전문직(semi professional)으로 분류하고 있다.

사회복지는 개인이 사회생활을 영위하는 데 필요한 사회·경제·교육·건강 욕구를 충족시킬 수 있는 공적 급여나 서비스로 구성되는 국가적 프로그램 체계이다(Barker, 1999). 사회복지를 구현하기 위한 프로그램의 예를 들면 위탁가정, 입양, 주간보호, 보호관찰, 공적부조, 요양서비스, 자살상담, 사회복지서비스(social work service), 여가서비스, 참전용사 서비스, 사회보험, 학교서비스, 무료법률서비스, 무료급식, 에이즈 치료, 아동폭력방지프로그램, 공공임대주택, 가족상담, 단주친목모임, 가출청소년서비스, 각종 공적 재활서비스 등을 제시할 수 있다. 이들 서비스나 프로그램은 시장경제를 벗어나 공공의 성격을 띠며, 재정 역시도 국민의 세금으로 충당된다. 사회복지서비스의 제공 주체가 민간 기관이라고 하더라도 이들 기관(사회복지법인 또는 사회재단)의 재원 역시 대부분 국가의 재정으로 충당된다.

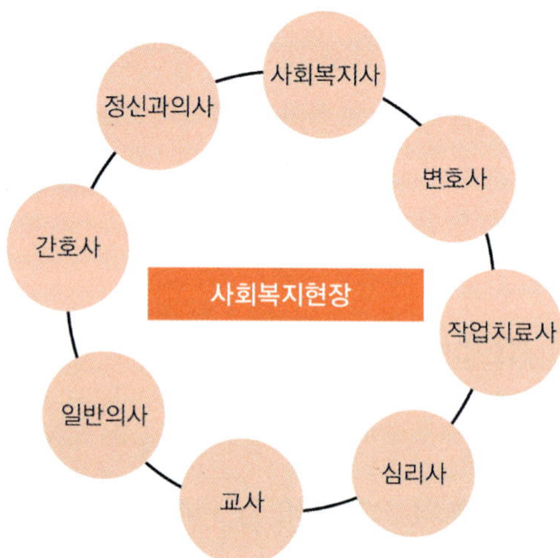

그림 1-1 사회복지현장에서 활동하는 직업들

사회복지사 중에는 상당수가 지방자치단체의 구청이나 주민센터에서 공무원 신분으로 사회복지사업에 관여하기도 하지만, 대다수 사회복지사는 민간 사회복지기관에 고용되어 활동한다.

사회복지현장(social welfare field)에는 사회복지사만 활동하는 것이 아니다. 이를 기억하는 것은 매우 중요하다. 사회복지사라고 해서 사회복지현장을 독점하고 있음이 아니라는 의미이다. 이는 마치 의료현장에 의사만 활동하는 것이 아닌 것과 같은 이치이다. 우리가 잘 알듯 병원에서는 의사와 간호사, 사회복지사, 물리치료사, 방사선사, 언어치료사 등의 다양한 전문직이 함께 각자의 전문성을 투입하여 병원 방문자의 건강 향상을 위해 노력하듯이 사회복지현장도 다양한 전문직이 함께 활동하는 곳이다.

② 사회복지와 사회사업의 구분

사회복지와 사회사업을 정의하면 사회복지(social welfare)란 인간의 행복을 증진하고자 정부나 민간단체들이 여러 가지 프로그램이나 사회적 서비스 또는 제도를 통해서 사회적 역기능을 예방 및 감소하기 위해 실시하는 체계적이고 조직적인 노력이며 활동으로 이해할 수 있다. 이에 반해 사회사업(social work)이란 개인이 일상생활 과정에서 사회적 기능을 원활히 수행하는 데 필요한 도움을 사회복지기관의 전문가가 제공해 주는 전문적 활동의 성격이 강하다(김상규·전재일, 1990).

한편 사회복지를 협의로 바라볼 때는 사회사업과 상당히 유사한 성격을 가진다. 그럼에도 미국과 유럽을 비교해 보면 사회사업에 대한 속성에 약간의 차이를 보인다. 이를테면 미국에서의 사회사업은 방법과 과정의 강조가 두드러진 것으로 이해되는 반면, 영국의 사회사업은 제도적 개선의 보충적 조치로 이해되고 있다. 즉, 사회사업에 관해 미국은 방법적·기술적 측면을 강조하는 데 반해 영국을 포함한 유럽은 제도나 정책적 측면에 대한 개입을 중시한다고 할 수 있다.

지금까지의 논의를 토대로 할 때 사회복지는 지향, 제도, 목적의 의미가 강하며, 사회사업은 사회복지를 이루고자 사회복지사에 의해 전문적으로 수행되는 방법의 성격을 띤다고 할 수 있다. 다시 말해 사회복지를 이루는 방편으로 사회복지실천을 적용한다고 해석할 수 있다. 이를 구체화하면 다음과 같다.

표 1-1 사회복지와 사회사업의 구분

구분	사회복지(social welfare)	사회사업(social work)
관점	거시적(macro)	미시적(micro)
목적	사회환경 변화 지향적	개인 변화 지향적
대상	전체적, 불특정적	부분적, 특정적
범위	보편성	개별성
기능	예방적, 사전적	치료적, 사후적
방법	정책, 제도	전문지식과 기술

2. 사회복지실천의 목적과 기능

1) 사회복지실천의 목적

사회복지실천의 목적에 대해서는 다양한 주장이 제기된다. 1979년 시카고회의에서 다루어진 '사회사업 목적에 관한 성명(working statement on the purpose of social work)'에서는 사회사업의 목적을 '모든 사람의 삶의 질 향상을 위해 개인과 사회 간 유익한 상호작용을 촉진 또는 회복하는 것'으로 정의하였다(엄명용 외, 2020). 이를 구체화하면 다음과 같다.

첫째, 사회복지실천은 모든 사람을 대상으로 한다. '모든 사람'을 대상으로 한다는 의미는 빈부, 인종, 학력, 출신, 성별, 종교와 무관하게 모든 사람의 삶의 질을 향상하는 데 대한 관심이 있다. 누구도 차별 없이 일정 수준의 인간다운 삶의 보장을 위해서는 결국 취약계층에 관심이 요구된다고 할 수 있다. 장애인, 여성, 노인, 아동, 실업자, 전과자 등이 인간다운 삶을 영위하기 위해서는 불합리한 제도의 개선과 평등의 실현에 관심을 가져야 한다. 아울러 양질의 자원이 취약계층에 공급될 수 있도록 하는 노력도 함께 경주되어야 한다.

둘째, 사회복지실천은 클라이언트와 환경 간 유익한 상호작용의 회복과 촉진을 중시한다. 이를 위해 사회복지실천은 특히 '환경 속의 개인'의 가치를 중시한다. 이는 개인과 환경에 대한 사회복지실천의 이중적 접근을 통해 구체화 된다. 이는 개인에 대한 역량 강화와 함께 개인의 사회적 기능을 제한하는 환경적 요인도 함께 다루어야 함을 의미한다. 즉, 개인적 요소와 환경적 요소 간 상호작용과 적절한 균형을 중요시 한다. 이를 위해서는 상황에 따라 개입이 개인에 치우칠 수도 있고 환경에 치우칠 수도 있다.

예를 들면, 대인공포증으로 인해 대인관계를 기피하여 집 밖으로 나오지 않으려고 하는 개인에게는 심리적 접근을 통해 내적 역량을 강화해야 한다. 하지만 개인의 내적 역량이 충분한데도 주변으로부터의 부당한 압력이나 배제에 놓였을 경우 개인을 둘러싼 환경의 중재나 조정에 관심을 가져야 한다. 물론 두 가지 문제가 동시에 나타난다면 개인과 환경 두 측면에 동시에 개입해야 할 것이다.

사회복지실천의 목적은 핀커스와 미나한(Pincus, Minahan, 1973)의 주장을 통해서도 잘 드러나는데, 그들은 다음 4가지를 제시한 바 있다.

첫째, 개인과 가족, 집단, 지역사회의 문제해결을 돕고 그들의 대처능력을 향상하는 것이다.

둘째, 인간이 필요로 하는 사회자원, 서비스, 기회 등의 환경체계가 원활히 상호작용하도록 돕는 것이다.

셋째, 사회복지기관이나 조직이 클라이언트의 문제를 효과적으로 해결할 수 있도록 운영하는 것이다.

넷째, 새로운 사회정책의 개발과 형성에 참여하는 것이다.

2) 사회복지실천의 기능

사회복지실천은 누구를 대상으로 개입하는가? 이러한 질문에 대해 대체로 사회복지실천은 개인, 집단, 지역사회를 바탕으로 개인의 욕구나 문제를 해결하는 데 주안점을 둔다고 답을 한다. 이는 사회복지실천이 개인과 가족, 집단, 지역사회를 개입의 주요 대상으로 한다는 것을 의미한다. 사회복지실천은 이에 더 나아가 사회구성원이 사회적 책임을 중시하는 시민으로 성장하도록 지원하고 사회복지제도가 합리적으로 개선되도록 하는 데 관심을 가진다(최옥채, 2010).

'환경 속의 개인'은 사회복지사가 중시하는 가치이다. 이는 개인의 이해에 있어서 환경적 맥락을 활용하라는 주문이다. 앞서도 언급하였듯이 개인의 사회부적응에는 개인적 측면과 환경적 측면이 동시에 영향을 미친다는 것에 주목할 필요가 있다. 이러한 측면에서 사회복지실천의 기능도 크게 2가지로 나누어 볼 수 있다.

(1) 클라이언트의 사회적 기능 증진

사회적 기능의 향상은 사회복지실천이 강조하는 개입의 중요한 가치이자 목적이다. 사회적 기능(social function)이란 개인이 사회생활에 있어 개인에게 기대되는 기본적인 역할이나 역량을 의미한다. 사회복지실천은 전 국민을 대상으로 하지만 사회복지사의 개입은 구체적으로 개인을 포함하여 가족, 집단, 조직, 지역사회를 개입의 대상으로 한다. 따라서 사회복지실천의 클라이언트 역시 개인, 가족, 집단, 조직, 지역사회가 해당된다. 사회적 기능의 향상을 위해 과거에는 개별사회사업, 집단사회사업과 같은 전통적 방식이 많이 시도되었으나 통합방법이 발달한 최근에는 전통적 방식과 더불어 지역사회조직과 사례관리를 통한 다양한 방식이 통합적으로 적용되고 있다.

가족을 대상으로 하는 사회복지실천은 가족 내 역기능을 가진 개인에 초점을 두기도 하지만 일반적으로 가족이 지닌 당면한 문제를 해결하고자 개입한다. 이를테면 발달장애인 부모의 양육부담, 치매노인 가족지원 등을 예로 들 수 있다.

집단을 대상으로 하는 사회복지실천은 집단역동을 활용하여 집단구성원의 사회적 기능 향상에 초점을 두고 개입하기도 하지만 집단에 부여된 과업을 해결하고자 개입하기도 한다. 직업재활을 위해 정신재활센터를 이용하는 정신장애인의 단체 일자리 발굴을 위한 개입을 예로 들 수 있다.

지역사회를 대상으로 하는 사회복지실천은 지역사회 자체를 클라이언트로 간주한다. 지역사회에 내재된 역기능적인 문제를 발견하고 이를 문제화하며 관심을 주목시키고 주민을 조직화하여 지역사회 자체가 스스로 문제를 해결할 수 있는 역량을 개발하도록 하는 데 초점을 둔다. 대표적인 예로 빈민지역 마을공동체 조직사업을 들 수 있다.

(2) 사회정의 향상

개인의 사회적 기능은 개인적인 요인으로만 결정되지 않는다. 개인은 그를 둘러싼 여러 가지 환경적 요소에 밀접한 영향을 받는다. 흔히 선진국이라고 하면 법에서 보장하는 개인의 인권과 복지권, 사회참여권 등이 법치에 따라 잘 보장되고 이를 방해하는 요소에 대한 사회적 민감성이 뛰어나다. 이런 면에서 사회정의는 복지국가를 이루는 중요한 초석이 된다.

사회정의란 사회제도나 법규가 개인의 인권을 보장, 지원하며 이러한 체계를 완비하고 유지하려는 노력이 왕성한 상태를 의미한다. 사회정의가 부실할 경우 일부의 구성원이 사회체계로부터 부당한 소외나 압박을 받게 될 가능성이 커지게 된다. 이러한 측면은 실업, 폭력, 부당한 낙인, 해고, 사회적 배제 등으로 표출될 수 있다.

사회복지사의 주요 기능 중 하나는 사회정의 향상에 관심을 가지는 것이다. 빈곤자, 장애인, 여성, 다문화인, 아동, 청소년 등은 사회에서 주어지는 부당한 배제와 압력으로 인해 복지권과 생존권, 행복추구권, 자유권을 침해당할 여지가 크다. 성적 소수자, 정신장애인에 대한 부당한 낙인은 사회정의의 필요성을 높이고 있다. 사회복지사는 사회체계가 사회취약 계층에 어떠한 배제와 억압을 행사하는지 규명하고 이를 사회가 인식하도록 하는 데 다양한 노력을 기울인다.

3) 사회복지실천의 목표

앞서 언급한 내용에 추가하여 사회복지실천의 목표를 구체화하면 다음 6가지로 요약해 볼 수 있다(엄명용 외, 2020).

첫째, 개인이 당면한 문제해결 능력과 대처능력을 향상하도록 돕는다. 이를 위해 사회복지사는 클라이언트의 내적 잠재력의 극대화, 문제해결에 필요한 정보 제공, 스트레스 대처능력 향상, 내적 정서의 표출, 가용자원의 확대 등의 접근을 시도한다.

둘째, 각종 자원을 발굴하고 연계하여 문제해결을 촉진한다. 자원이란 유·무형의 실체로서 클라이언트의 문제해결 가능성을 높이는 사회복지의 중요한 도구이자 수단이다. 지역사회에는 도처에 자원이 널려있다는 확신과 함께 이들 자원을 발굴하고 클라이언트에게 연결시키는 작업은 사회복지사의 중요한 과업 중 하나이다.

셋째, 사회복지사가 속한 기관이 사회복지 가치와 윤리에 근거하여 운영되는지를 점검한다. 사회복지기관이 설립목적을 위배하여 운영되는지에 대한 지속적인 점검은 결국 '클라이언트 중심의 기관' 운영이 되도록 하는 데 도움을 준다. 아울러 사회복지사 스스로 윤리강령을 위배하지 않는지 점검하며 기관이 사회복지 가치와 윤리를 위배할 경우 용기를 가지고 이를 개선할 수 있도록 노력해야 한다.

넷째, 클라이언트와 환경 간 긍정적인 상호작용을 촉진한다. 많은 경우 갈등은 부적절한 대인관계에서 발생한다. 즉, 주변 인물과의 부정적 관계형성은 개인 부적응의 단초가 될 수 있다. 따라서 사회복지사는 클라이언트가 주변과 긍정적인 상호작용을 할 수 있도록 대인관계를 조정하거나 원만한 관계를 형성할 수 있는 대인관계 기술을 제공하는 데 관심을 가진다.

다섯째, 조직과 조직, 기관과 기관 간 상호작용에 영향력을 행사한다. 클라이언트의 복지는 어느 한 조직이나 기관의 활동만으로는 달성하기가 어렵다. 따라서 관련된 여러 기관과 조직들 사이에 긴밀하고 원만한 협조가 유지될 경우 클라이언트의 문제해결에 더 좋은 시너지가 형성된다.

여섯째, 사회환경 정책에 영향력을 행사한다. 인간의 복지를 증진하거나 방해하는 것과 연관된 물리·사회적 환경의 개선, 물질적 서비스의 확보 등을 위한 정책 형성 및 법제정 등을 위한 기초 활동도 사회복지사의 업무에 해당한다. 이는 거시적인 측면에서의 사회복지사 활동으로 볼 수 있다.

3. 사회복지실천의 이념

이념이란 이상적인 것으로 여겨지는 생각이나 견해를 의미한다. 이념은 시대에 따라 다르게 형성되며 시대정신을 반영한다. 복지가 발달한 국가일수록 복지제도를 뒷받침하는 다양한 복지이념이 사회 전반에 광범위하게 수용된다. 사회복지는 사회가 진보하면서 발전해 온 이념의 결과라 할 수 있다.

본 절에서는 사회복지실천에 영향을 미친 이념을 살펴보고자 한다.

1) 인도주의 및 박애주의

인도주의(Humanitarianism)는 사회복지의 출현에 크게 공헌한 이념 중 하나이며, 모든 인간은 동등하고 동일한 권리를 지닌다는 인간존엄성을 표방하는 사상이다. 박애주의(Philanthropism)는 모든 인간을 공평하게 대하고 평등사상에 입각 인간애를 발휘해야 함을 강조한다.

인도주의와 박애주의는 기독교를 포함한 종교사상에서 영향을 받아 발전하였으며, 추후 민주주의 발전의 근간이 되는 기본이념으로 자리 잡았다. 사회복지나 사회사업 역시 인도주의와 박애주의에 근거하여 발전해 나갔다. 사회복지실천의 역사적 기원이 되는 자선조직협회(charity organization society, COS)도 인도주의와 박애주의에 영향을 받았다고 할 수 있다.

2) 사회진화론

19세기 후반에 등장한 사회진화론(Social Darwinism)은 사회에 적합한 계층은 살아남고 부적합한 계층은 소멸된다는 주장으로서 다윈의 진화론에 영향을 받았다. 사회진화론에 따르면 빈곤자에 대한 적극적 구제는 빈곤자의 자연 소멸을 연기할 뿐이므로 적극적 구빈은 바람직하지 않다는 생각에 영향을 미쳤다. 이는 자선조직협회(COS)가 빈곤자에게 근면과 성실 등의 도덕성을 강조하고 도덕성의 향상만이 빈곤에서 벗어나는 길임을 강조하는 데 영향을 미쳤다. 이런 점은 오늘날의 사회복지실천과 자선조직협회의 활동이 뚜렷이 구별되는 지점이다.

3) 민주주의

민주주의(Democratism)는 오늘날 전 국가에서 보편적으로 받아들여지고 있는 개념이다. 모든 주권은 국민에게서 나온다고 명시한 우리나라 「헌법」도 민주주의를 반영하고 있다. 민주주의 이념으로 인해 사회복지서비스 제공이 국가의 의무로 규정되었고, 이에 대한 서비스의 수혜도 당연한 권리로 인정받게 되었다. 민주주의는 사회복지서비스가 제공자 중심이 아니라 이용자 중심에서 논의되어야 함을 강조한다. 민주주의는 사회부적응이 개인의 책임 못지않게 사회적 책임도 강함을 강조한다. 사회복지실천의 역사에서 볼 때 민주주의는 특히 인보관운동(settlement house movement)에 많은 영향을 미쳤다.

4) 개인주의

개인주의(Individualism)는 개인의 존재나 이익이 국가나 조직보다 더 앞서 존재한다고 인식하는 신념이나 태도를 의미한다. 사회복지실천에 있어서 개인주의는 개인의 권리를 존중하는 데 영향을 주었다. 하지만 사회복지서비스는 삶에 대한 개인의 의무와 책임도 함께 중시하기 때문에 급부나 서비스 수혜자격을 축소, 엄격히 하는 데도 영향을 미쳤다. 개인주의 측면에서 볼 때, 개인의 빈곤은 사회적 책임도 있겠지만 개인의 삶에 대한 태도 또한 빈곤에 영향을 미친다고 할 수 있다.

5) 다원주의

다원주의(Pluralism)는 말 그대로 절대성이 아니라 상대성을 강조한다. 또한 절대적인 가치나 의미 부여를 부정하며, 개인이나 문화는 각각 저마다의 의미나 가치가 있음을 중시한다. 모든 사람이 고유한 가치와 의미를 지닌다는 민주주의 역시 다원주의에 기반하고 있다. 다원주의는 다양한 인종과 종교, 문화에 대한 수용성을 높이고 개인을 동일한 존재로 보는 시각을 넘어서 각 개인의 고유한 차이를 인정하는 토대를 제공한다. 다원주의는 서비스 욕구의 개별화를 강조하며 성적 소수자, 결혼이주자, 외국인노동자에 대한 권리와 지원의 필요성을 인정하는 데 영향을 미쳤다.

4. 사회복지실천의 분류

사회복지실천은 다양한 범위에서 개입이 이루어진다. 사회복지실천을 개입 범위(scope)와 개입 방식을 기준으로 분류하면 다음과 같다.

1) 개입 범위에 따른 분류

사회복지사가 개입하는 범위에 따라 미시(micro)수준, 중범위(mezzo)수준, 거시(macro)수준으로 분류할 수 있다.

(1) 미시수준의 접근

가장 좁은 범위에 개입을 시도하며, 여기에는 개인과 가족에 대한 접근이 포함된다. 미시수준은 직접적 접근이 주를 이루며 개인의 심리적 갈등과 정신적 문제, 정보의 부족과 편견, 가족의 심리 문제, 가족관계 문제, 가족갈등, 심리사회 조사 등을 개입 대상으로 한다.

(2) 중범위수준의 접근

집단과 조직을 대상으로 하는 개입이다. 집단이나 조직의 의사소통, 상호작용을 통해 문제해결을 시도하며, 집단이나 조직이 당면한 집단과업(이를테면, 사회적 기업의 운영)도 다룬다. 집단상담, 집단교육, 네트워크 운영 등이 대표적이다.

(3) 거시수준의 접근

가장 넓은 범위에 개입한다. 대상은 지역사회나 복지제도 등이다. 거시실천은 지역사회복지로 잘 표현된다. 지역사회를 조직하고 공동체를 강화하며 취약계층의 옹호와 마을만들기, 지역사회 자원개발 등이 여기에 해당한다. 사회복지체계를 강화하기 위한 제반활동도 거시실천에 포함된다. 사회복지 법안 및 정책 분석, 모금활동, 인식개선 운동 등이 여기에 해당한다.

참고로 사회복지실천을 직접적 접근과 간접적 접근으로 구분하였을 때 직접적 접근은 앞서 설명한 미시수준과 중범위수준의 접근이 포함된다. 서비스의 예로는 사회복지상담, 가족상담, 가정방문, 장애인사회기술훈련, 치매어르신주간보호, 집단상담 및 집단교육 등이 해당한다. 이에 반해 간접적 접근에는 거시적 수준의 접근이 해당하며 클라이언트를 둘러싼 환경체계에 개입한다. 클라이언트에게 유리한 환경조성에 필요한 복지제도 연구, 모금활동, 옹호, 후원, 인식개선, 모금활동, 프로그램 개발 등이 해당한다.

2) 개입 방식에 따른 분류

사회복지실천은 개입 방식에 따라 직접실천과 간접실천으로 구분된다. 이는 개인과 환경에 동시에 접근하는 사회복지실천의 이중적 접근(two tracks)을 반영하는 것이며, 이러한 이중적 접근은 사회사업이 심리학이나 사회학, 의학적 접근과 구별되는 특징이다.

(1) 직접실천

직접실천(direct practice)이란 사회복지사가 클라이언트를 대상으로 직접 접근하여 서비스를 제공하는 방식을 의미한다. 개인과 가족을 대상으로 하는 개별적 접근(case work)과 집단을 대상으로 하는 집단적 접근(group work)이 주로 여기에 해당한다. 직접실천의 서비스 내용으로는 사회복지상담, 심리코칭, 심리상담, 집단상담, 가족상담, 가족교육, 사회기술훈련, 정보 제공, 개인력(사회력 포함)을 위시한 환경조사, 주간보호, 가정방문, 일상동작훈련, 재가방문, 다양한 주제를 포함하는 집단교육 등이 해당한다.

직접실천의 기본 목적은 클라이언트의 심리사회적·가족적 기능을 향상에 주안점을 두며, 궁극적으로는 클라이언트의 내적 능력을 강화(empowerment)를 통해 사회적 기능(social function)향상에 주안점을 둔다.

(2) 간접실천

간접실천(indirect practice)이란 간접적인 측면에서 클라이언트의 사회적 기능 향상을 도모하는 방식이다. 간접실천은 지역사회조직이 대표적인 예이다. 개별사회사업과 집단사회사업 그리고 지역사회조직을 통합한 사례관리에서도 간접실천을 상당 부분 포함한다.

간접실천은 클라이언트를 둘러싼 환경에 변화를 일으켜 클라이언트의 기능을 향상하고자 한다. 이를테면, 빈곤 가정의 소년이 아버지로부터 신체·정서적 학대를 당하고 있다면, 사회복지사는 아동을 옹호하고 아동을 폭력이 없는 안전한 환경으로 이동하여 거주할 수 있도록 중재한다. 클라이언트에게 중복 서비스 수혜가 주어질 경우 서비스를 적극적으로 조정하여 서비스가 안정적으로 이루어지도록 한다.

사회복지실천에서 클라이언트의 사회부적응은 상당 부분 부정적인 환경체계의 산물임을 가정하기 때문에 환경조정에 관심을 두는 간접실천은 사회복지실천의 중요한 부분이자 기능이라고 할 수 있다. 간접실천의 종류에는 자원개발, 자원봉사자 모집, 공청회 개최, 옹호와 중재, 후원자 개발, 프로그램 개발, 클라이언트 옹호를 위한 시위(demonstration), 모금운동 등이 있다.

5. 사회복지실천의 속성

1900년대 초에 사회복지실천이 태동한 이후, 사회복지실천은 다양한 노력을 통해 전문성과 과학화를 더 높이는 시도를 이어 오고 있다. 사회복지실천의 과학적·예술적·전문적 속성을 살펴보면 다음과 같다.

1) 예술적 속성

'사회복지실천은 예술이다(social work is a art)'라는 말이 있다. 사회복지사는 인간의 문제와 욕구를 기계적이고 보편적으로 바라보지 않고 개별적이고 고유한 것으로 인식하며 이를 토대로 하는 서비스를 제공할 것을 강조하는 의미이다.

사회복지실천에서 강조하는 개별화의 원리(principle of individuation)에 따르면, 클라이언트에게 주어지는 서비스는 고유하고 개별적이어야 한다. 사회복지실천에서 예술적 속성을 부각하기 위해서는 전문적 관계를 통해 클라이언트에 공감하고 사회복지 가치가 서비스에 충분히 구현되도록 해야 한다. 아울러 사회복지사는 서비스 전달과정에서 시종일관 이론과 지식에 기반한 전문적 판단을 견지해야 한다.

2) 과학적 속성

현대를 과학과 이성의 시대라고 하듯이 공적이고 전문적인 서비스는 대부분 과학적 기반을 중요시한다. 사회복지실천 역시 이러한 점에서 증거기반(evidence based service)을 강조한다. 사회복지실천이 예술성을 강조한다고 해도 과학성이 부족할 경우 예술성은 무질서로 전락할 것이다.

사회복지실천의 과학적 속성은 프로그램 기획과 평가, 실험적 조사, 실증적 자료수집, 경험적 양적 조사 및 질적 조사 등으로 구체화 된다. 참고로 과학은 계량성·일반성·논리성·기술성·반복성·객관성·가변성·실증성 등을 특징으로 구체화 된다. 사회복지사는 사회복지서비스에 이러한 과학적 속성이 잘 드러나도록 노력해야 한다.

3) 전문적 속성

20세기 초, 의학비평가로 활동하던 플렉스너(Abraham Flexner, 1915)는 '사회사업은 전문직인가?'라는 비평을 제기한 바 있다. 이는 사회사업이 막 태동하고 있는 시점이어서 사회복지실천이 전문직화되는 데 큰 과제와 자극을 주었다. 플렉스너는 그 당시의 사회사업(social work profession)에 관하여 사회과학적 기초의 결여, 독자적인 지식체계의 부족, 공적인 자격체계의 미비, 전문적 조직체계의 부재, 전문적 실천경력의 부재를 지적한 바 있다.

이후 미국의 사회복지사들은 다양한 전문조직을 결성하면서 사회복지실천이 전문직화되는 토대를 갖추려고 노력해 왔다. 미국사회복지사협회(NASW)는 사회복지사의 전문성 확보를 위해 노력하는 대표적인 사회복지사 단체로서 사회복지사의 전문성과 윤리성 확립을 위해 노력해 오고 있다. 한국 역시 「사회복지사업법」(1983)이 제정되고 한국사회복지사협회(KASW)가 설립되어 사회복지사의 전문성 향상을 위해 다양한 노력을 하고 있다.

그린우드(Greenwood, 1957)는 전문직의 속성을 다음의 5가지로 제시한 바 있다.

- **체계적 이론 기반**

그 직업이 전문적으로 인정받기 위해서는 제공되는 서비스가 체계적이고 과학적인 이론적 준거들이 필요하다.

- **전문적 권위의 확보**

서비스 이용자와의 전문적 관계를 수립하기 위해서는 제공자가 전문적 권위를 확보하고 있어야 한다. 이러한 전문적 권위는 「사회복지사업법」을 위시한 공인된 자격체계와 법적 뒷받침을 통해 강화된다.

- **사회적 승인**

전문직에 대한 사회적 승인(sanction)이 필요하다. 사회적 승인은 특정 직업집단이 지닌 고유성과 전문성, 사회적 기여 등을 토대로 형성되며 사회가 이를 인정함으로써 획득된다.

- **전문직의 문화**

전문직 내에 깃들어 있는 고유한 가치나 규범이 뚜렷하며 전문직이 가진 문화나 가치가 공동체에 이익을 준다고 판단될수록 전문직으로 평가되는 경향이 강하다.

• 윤리강령

윤리강령 채택 여부는 전문직을 가늠하는 기준이 된다. 윤리강령은 전문직 수행에 옳고 그름을 판단하는 지침이다. 윤리강령은 해당 전문직이 윤리적이고 사회적 공익에 참여할 수 있는 토대를 마련해 준다.

위의 내용을 토대로 할 때 사회복지사는 전문직업인으로서 사회복지조직 체계에서 활동하며, 개인의 이익이 아니라 사회문제를 해결하는 공적인 성격의 서비스에 관여한다. 사회복지사는 윤리강령을 준수하면서 전문가로서 클라이언트의 이익을 최대화할 수 있도록 가치와 판단을 행사하며 국가와 사회발전에 참여하는 전문가로 활동하는 전문직이라고 할 수 있다.

토의사항

1. 브래켓이 말한 social과 work의 어원이 지니는 의미가 오늘날 사회복지현장에서 잘 드러난다고 생각하는가?
2. 사회복지현장에는 다양한 직종이 함께 활동하고 있다. 다양한 직종 중에서 사회복지사의 가장 차별적인 특징은 무엇이라고 생각하는가?
3. 사회복지사를 전문직이라고 생각하는가? 아닌 이유 또는 지지하는 이유는 무엇이며, 보다 전문직화되는 데 필요한 사항은 무엇이라고 생각하는가?
4. 사회복지실천이 추구하는 궁극적 목적인 사회적 기능 향상은 무엇이며, 이를 위한 방안을 5가지 정도 제안해 본다면?
5. social work practice를 사회사업실천, 사회복지실천 중 어떤 용어로 사용하는 것이 더 낫다고 생각하는가?

1급 국가고시 주요 출제경향 요약

❖ 사회복지실천의 목적과 기능

- 사회복지실천의 목적: 개인의 사회적 기능 향상, 개인에게 불리한 환경의 조정, 사회정책 개발
- 사회복지실천의 기능: 클라이언트의 문제 대처능력의 향상, 사회정의의 실현

❖ 사회복지실천의 이념과 철학

- 인도주의와 박애주의: 자선조직협회, 인보관 등의 설립에 영향
- 사회진화론: 열등한 개인의 도태를 위해 지나친 원조는 제한되어야 한다고 주장. 자선조직협회에 영향
- 민주주의: 당연한 권리로서 복지권 강조, 자기결정권, 복지에 대한 국가책임 강화
- 개인주의: 개인의 권리존중 및 개별화강조, 복지에 대한 개인적 책임 강조, 수혜자격 축소, 빈곤 책임을 개인에게 둠
- 다원주의: 차이의 존중, 다양한 계층의 욕구와 입장을 반영, 다문화복지에 영향

❖ 사회복지실천의 분류

- 개입 범위에 따른 분류
  - 미시수준: 개인과 가족에 대한 접근
  - 중범위수준: 소집단 조직
  - 거시수준: 지역사회, 문화, 제도
- 개입 방식에 따른 분류
  - 직접실천: 클라이언트를 변화시킴으로써 문제해결
  - 간접실천: 클라이언트의 환경을 변화시킴으로써 문제해결

Chapter

02

사회복지실천의 발달

1. 서구 사회복지실천의 발달과정
2. 한국 사회복지실천의 발달과정

1. 서구 사회복지실천의 발달과정

사회복지전문직의 출발은 영국의 산업혁명으로 인하여 사회구조가 급격하게 변동하던 때부터이다. 사회복지실천의 초창기에는 사회문제의 원인을 개인적 요인 혹은 사회환경적 요인으로 보는 2가지 다른 시각이 존재하였다. 그 후 사회복지실천을 전문직으로 자리 잡기 위한 노력과 더불어 사회·경제적 환경의 변화에 영향을 받아 인간과 환경의 상호작용적 요인에서 문제의 원인을 찾기에 이른다. 따라서 오늘날 일반적인 사회복지실천은 클라이언트의 문제해결을 위해 인간과 환경을 포괄하는 통합적 관점과 방법을 활용하고 있다(김혜영 외, 2010).

사회복지실천의 발달은 사회복지체계의 발달과정의 연장선에서 이해될 수 있으며, 영국과 미국을 중심으로 이루어져 왔다. 본 장에서 소개하는 서구 사회복지실천의 발달과정은 영국과 미국으로 제한하였다. 사회복지전문직이 태동한 배경에서 출발하여 각 시대별로 사회변화에 따른 전문직의 발전과 사회복지실천 이론의 발달을 중심으로 살펴보고자 한다.

1) 전문적 사회복지실천의 태동기(19세기 중반~20세기 초)

18세기 말부터 19세기에 거쳐 본격화된 산업혁명은 사회적 대변혁을 초래하였다. 초기 산업사회에서는 비위생적 공장, 열악한 노동조건, 슬럼가 형성 등으로 인하여 질병, 빈곤, 범죄, 주거 등 새로운 사회문제가 대량으로 발생하였다.

이에 19세기 말부터 사회복지실천의 기원이라 할 수 있는 두 흐름, 즉 체계적 자선사업과 사회개혁운동이 시작되었다. 체계적 자선은 자선조직협회의 설립으로 구체화되었으며, 빈민의 개인적 욕구 충족에 초점을 두었다. 반면 사회개혁운동의 일환으로 시작된 인보관운동은 빈민가의 협동으로 이뤄진 생활 개선과 같은 사회변화에 보다 많은 관심을 두었다.

사회복지는 2개의 큰 방법으로 사회복지가 지향하는 목적을 이루려 노력하였다. 하나는 사회복지 안전망(보장, 복지제도, 복지 관련 법률)이며, 다른 하나는 사회복지의 실천이다(노혁, 2019). 사회복지의 실천은 자선조직협회와 인보관운동에 의해 이루어진 활동들이 대표적인 사회복지실천활동이라 할 수 있다.

(1) 교회중심의 구제활동

사회복지실천의 기초는 '자비롭게 베푸는 행위'의 기독교 사상에서 비롯된다. 현대 사회복지실천의 기원은 서구 기독교 사상과 떼려야 뗄 수 없는 관계를 갖는다.

1800년대 초부터 산업혁명으로 인한 도시화와 공업화로 도시 빈민들이 발생하게 되고 새로운 사회문제와 빈곤문제가 발생하였다. 이러한 문제를 해결하기 위해 다양한 자선단체들이 등장하게 되었고, 1900년대까지 주로 성직자들에 의해 도시 빈민들에게 도움을 주게 되었다. 이들의 활동은 전문적인 사회복지실천은 아니었으며, 주로 박애정신, 자선활동, 원조, 종교적 훈계 차원의 개입이었다.

(2) 엘리자베스 구빈법과 신구빈법

「구빈법」(1601)은 종전부터 내려오는 빈민구호에 관한 법률들을 집대성하여 성문화시킨 법으로서 최초로 빈곤문제를 개인의 문제가 아닌 국가에 책임이 있다고 보았다. 즉, 이 법은 빈곤한 사람에 대한 구제를 국가가 체계적으로 행하도록 하였으며, 체제정비도 함께 이루는 계기가 되었다. 이후 구빈과 관련한 다양한 법률이 계속 제정되었으나, 산업혁명 이후 가난한 노동자 계층이 급격히 증가함에 따라서 그들을 통제하려는 목적 아래 구제를 엄격하게 제한하는 「신구빈법」(1834)이 시행되었다. 이 신구빈법은 빈곤한 사람들에 대한 구제는 축소되고, 구빈정책은 혼란에 빠지게 된다. 그렇지만 일련의 구빈법 등은 제도로서 사회복지를 모색했다는 데 큰 의의를 가진다.

(3) 자선조직협회와 인보관운동

① 자선조직협회

1867년 런던에만 640개의 자선단체가 있었다. 그중 279개는 1800년에서 1860년 사이에, 144개는 1850년에서 1860년 사이에 창립된 것이었으며, 자선사업에 지출되는 규모도 매우 큰 규모여서 연간 수입이 250만 파운드로 추계되었고, 이 수치는 공적인 빈민법에 의한 지출을 상회하는 규모였다(박광준, 2002). 그러나 도시 빈민 문제를 해결하기 위해 설립된 다양한 자선단체들은 오히려 산발적으로 활동함으로써 단체들 간의 조정과 협력이 부족하였다. 그러므로 서비스 제공이 중복되거나 혹은 누락, 비효율적인 운영, 재원 낭비 등으로 문제점이 많았다. 이런 상황에서 자선기관들이 서로 협력하고 정보를 교환하는 것이 필요하다는 인식이 생겨났으며, 1869년 4월 23일 자선조직협회(Charity Organization Society, COS)가 영국 런던에 창설되었다. 이후 미국에서는 1872년 뉴욕에 최초의 주 단위 자선조직협회(COS)가 세워졌고, 시 단위로는 1877년 버팔로 시에 세워졌다.

자선조직협회는 빈곤자에 대한 무분별한 구제를 방지하고 공정한 서비스를 제공하는 것이 목적이었다. 이를 위해 구호신청자들의 가정을 방문하여 적합한 수혜자를 선정하고 지속적인 감독과 충고를 통해 수혜대상자 가정이 독립적으로 생계를 꾸려 갈 수 있도록 하였다. 또한 자선조직협회는 '구제받을 자격이 있는 빈민(deserving poor)'과 '구제받을 자격이 없는 빈민(undeserving poor)'으로 구분하여 구제하였다.

자선조직협회에서 활동하는 자원봉사자의 조직을 우애방문자(Friendly visitors)라고 불렀다. 우애방문자는 주로 기독교 사상을 지닌 중산층 이상 부인들로서, 협회의 위원회에서 구호하기로 결정된 빈곤가정 사례를 할당받아 활동하였으며, 주된 활동은 가정생활, 아동교육, 가계경제 등에 대해 조언하고 교육 · 지도하였다.

자선조직협회 원조는 클라이언트의 상황에 대한 철저한 조사와 평가를 근거로 이루어졌다. 이후 조사에 대한 명칭과 목적 및 절차가 변화되었지만 사회복지사 활동이 클라이언트 체계의 상황, 강점과 약점, 기회 등의 이해를 기반해야 한다는 자선조직협회의 실천원리는 지금까지도 지속되고 있다. 이러한 점 때문에 자선조직협회 활동은 오늘날 개별사회사업(social case work)의 기초가 되었다. 또한 구호신청자에 대한 정보를 교환할 수 있는 연락 기구를 설치한 것은 지역사회조직(Community Organization)활동으로 발전하는 계기를 마련하였다.

② 인보관운동

1880년대에 자선조직협회와 더불어 사회복지실천 역사에서 중요한 의미를 갖는 인보관운동(settlement house movement)이 발달하였다.

영국의 인보관운동은 빈곤지역의 중심지에서 빈민과 함께 생활하면서 지역사회 환경과 생활개선을 목표로 시작된 사회개혁운동이다. 1854년 에드워드 데니슨(Edword Denison) 목사가 주축이 되어 케임브리지 대학과 옥스퍼드 대학의 학생들과 슬럼가의 노동자들을 결합시킴으로써 빈곤문제를 해결하려는 운동으로 시작되었다. 최초의 인보관은 1884년 영국 런던의 토인비 홀(Toynbee Hall)이다. 인보관운동은 지역사회 문제를 해결하기 위해서는 문제를 갖고 있는 지역사회에 나가 빈민과 함께 거주하면서 주변 환경의 개선과 빈민의 도덕적 교화에 힘써야 했다. 더불어 직업기술 훈련, 언어훈련, 환경개선 운동 등을 공동으로 전개함으로써 빈민들이 자립할 수 있는 여건 형성을 위한 집단적 노력을 실천하였으며, 지역사회 거주자들의 자생력을 강화하기 위해 성인 교육도 동시에 실시하였다(한국전문대학사회복지교육협의회, 2007).

미국에서는 1885년 제인 아담스(Jane Adams)가 토인비 홀을 모델로 시카고에 헐 하우스(Hull House)를 설립하였고, 그 후 미국의 큰 도시들에 인보관이 많이 생겨났다. 초기 인보관에서 활동했던 사람들은 주로 중류 또는 상류계층이었지만, 빈민가에 들어가 가난한 사람들과 함께 생활하면서 그들의 생활환경을 개선하고자 노력하였다. 또한 빈곤문제가 단순히 경제적인 어려움에 국한하는 것이 아니라는 인식을 갖고 빈민들의 정신적·문화적 측면을 개선시키고자 하였다. 따라서 클라이언트의 문제를 해결하기 위해 다양한 프로그램을 실시하였는데, 유치원 및 취학 전 아동을 위한 모임, 오락과 문화생활을 위한 집단, 사회행동 집단 등 다양한 집단활동 프로그램들을 적용하기도 하였다(류상열, 2002).

인보관의 사회복지사들은 빈민을 하찮게 보거나 중·상류층의 삶을 강요하는 것보다는 빈민들의 욕구와 희망하는 바를 충족시키기 위해 노력하였다(Van Wormer, 1997). 이와 함께 새로운 영역이나 과업에 관한 정보를 제공하고 이를 수행하기 위한 지시를 하며, 경험을 제공하는 교육적 전략들을 지역의 환경개선을 이루기 위해 활용하였다(Connaway

& Gentry, 1988). 이러한 인보관운동은 오늘날 집단사회사업과 지역사회조직의 기원이 되었으며, 영국의 토인비 홀과 미국의 헐 하우스는 오늘날 지역사회복지관으로 발전하게 되었다.

표 2-1 자선조직협회와 인보관운동

구분	자선조직협회	인보관운동
문제의 원인	개인적인 속성	사회적인 속성, 사회교육, 사회개혁
이념 및 이론	사회진화론에 동조	기독교 사회주의에 동조
주요 활동가	중산층 중심의 자원봉사자(우애방문단)	젊은 대학생, 지식인, 교수, 종교지도자
도덕성에 대한 관점	기독교적 도덕성 강조, 빈민들의 게으르고 나태함을 비난	도덕성의 다양한 관점 인정
실천 장소	빈민의 가정방문	빈곤지역에 거주
접근방법과 해결방향	문제를 개인적인 접근 방법으로 빈민을 개조하기 위한 교육과 그들이 처한 부적응적인 면을 수정하는 실용적인 방향으로 접근	빈민과 거주하면서 기본의 사회체계를 비판하는 서비스에 역점
영향	개별사회사업, 사회복지조사, 지역사회복지	집단사회사업, 지역사회복지

2) 사회복지실천의 전문화 시기(1900~1920년 전후)

자선조직협회는 도시 지역에서 빠르게 확대되었으나 우애방문을 위한 자원봉사자가 불충분하여 점차 신청자를 조사하고, 빈민을 방문할 유급직원을 고용하게 되었다(Lubove, 1969). 자원봉사자는 양적으로도 부족하였고, 특히 전문성이 없다는 점은 더욱 심각한 문제였다. 초창기에는 우애방문원이 좋은 인간성과 의지를 보이고 모범이 되는 것만으로 가족문제를 해결하는 데 충분할 것으로 생각했다. 그러나 실제 우애방문원을 만나는 많은 가족들은 도덕적 모범과 상담이 필요치 않았다. 이들은 모범적이고 근면한 가족들이었으며, 이들의 문제는 자신들이 통제할 수 없는 환경적인 요인에서 비롯된 것이었다(Popple, 1995).

(1) 전문적 교육과 훈련

전문성을 갖추기 위하여 우애방문원 교육과 훈련의 필요성이 인정되면서, 1898년 뉴욕자선조직협회의 후원 하에 공식적인 교육이 시작되었다. 최초의 교육은 1898년 진행된 6주 과정의 '여름자선학교(Summer School of Philanthropy)' 훈련과정이었다. 이후 1904년에 '뉴욕 자선학교'로 명칭을 변경하여 1년 정규 과정의 프로그램으로 확대하여 진행하다가, 1910년에는 2년 정규과정 교육프로그램으로 확대하여 나가기 시작했다. 그러던 중 1915년 전국 자선 및 교정회의(National Conference on Charities and Correction)에서 의학교육 비평가인 플렉스너(Abraham Flexner)는 '사회사업은 전문직인가?'에 대한 주제 강연에서 '사회복지사는 친절하고 자원이 많은 것은 사실이지만 구체적인 기술이 부족할 뿐만 아니라 업무 성격상 자원을 매개하는 역할만 수행한다. 따라서 사회사업은 공식적인 훈련체계가 없을 뿐만 아니라 전문직의 자율성과 책임성 수준이 낮은 점 등 전문직의 핵심적인 속성이 부족하므로 전문직으로서의 특성이 없다'고 평가하였다. 그러므로 이러한 비평으로 더 박차를 가해 2년 정규과정 교육을 설립하기 시작하여 1919년까지 17개의 전문사회복지학교가 설립되었고, 그중 12개가 대학 내에 설립되면서 명실상부한 전문적인 교육훈련 체계가 마련되었다. 이러한 전문성에 대한 논쟁을 계기로 사회복지계는 대외적인 사회적 역할보다는 이론적 기초를 마련하고, 실천방법을 개발하는 등 사회복지전문직에 집중하였다. 또한 사회복지사 양성을 위한 교육기관을 설립하고 사회복지 교과 과정을 표준화하며, 전문가 협회의 조직과 활동에 관심을 두는 등 전문직의 속성을 갖추려는 내부의 노력에 집중하였다(Austin, 1986).

(2) 전문지식의 이론화 및 실천활동

이 시기의 사회사업 교육과정의 핵심은 개별사회사업(social case work)이었으며, 그 방법은 자선조직협회의 활동 원리 및 과정에 뿌리를 두고 있다(Brieland, 1995).

1900년 필라델피아 자선조직협회의 총책임자가 된 리치몬드는 플렉스너(Abraham Flexner)의 비평에 자극을 받아 그간 자신 및 동료들의 사회복지실천 활동내용 및 활동 과정을 종합하여 1917년 『사회진단』을 내놓게 된다. 이것은 사회복지실천에 관한 이론과 방법을 최초로 체계화한 책이다. 이후 1922년 리치몬드는 『개별사회사업이란 무엇인가?(What Is Social case work?)』라는 책의 발간을 통해 '케이스워크'를 정의하여 현재 사회복지실천의 기본개념 틀인 '환경 속의 인간(person-in-environment)'을 개념화하였다.

이 시기의 전문적 실천 활동은 1905년 의사인 카보트(Richard C. Cabot)에 의해 메사추세츠 종합병원에 의료사회사업이 처음으로 만들어진 것이다(Trattner, 1989). 1906년 같은 병원의 푸트넴(James Putnam)은 정신의료 부서에서 활동할 사회복지사를 채용하였는데, 오늘날의 정신의료사회복지사의 전신이라고 할 수 있다. 이 무렵 공립학교는 학교와 학생들의 사회환경 간 연계를 만들어주기 위해 사회복지사를 활용하기 시작하였고, 1913년 교육위원회는 학교사회복지사를 공식적으로 승인하였다. 그 밖에 아동복지, 교정사회복지 분야 등에서 사회복지사의 실천활동이 활발하게 전개되었다.

3) 사회복지실천의 정착기(1920~1950년 전후)

(1) 정신분석이론의 영향

1920년대 이후 프로이트(Sigmund Freud)의 정신분석이 사회복지실천에 상당한 영향을 미쳤다. 그 이유는 제1차 세계대전 이후 전쟁의 후유증으로 정서문제가 대두되면서 사회복지실천가들이 전통적 접근방법으로는 문제가 해결되거나 개선되지 않는 새로운 클라이언트 유형을 많이 만나게 되었다. 결국 1920년대는 사회복지실천의 범위, 방법, 지향과 관련하여 외부 조건에 많은 영향을 받은 시기로, 정신분석이론이 미국 전역에 커다란 영향을 미치게 되는 계기를 마련하였다. 초기 사회복지사들은 이 이론을 받아들여 빈곤의 사회환경을 조사하던 접근에서 다시 개인의 심리 내적 문제에 대한 관심으로 이동하게 되었다. 이에 더해 군인들과 그들 가족의 심리적 문제와 신경증적 문제를 치료하는 데 정신과의사들과 협력하여 일하는 사회복지사들이 늘어나기 시작했다. 이와 함께 치료가 성과를 거두자 사회복지사들에 대한 사회적 인식도 높아지게 되는 계기가 되었다. 이에 따라 사회복지사들은 정신분석적 개념들을 자신들의 직무에 반영하였으며, 교육과정을 만들어 실습생들을 교육하는 데 활용하였고, 이를 가르치는 교육기관을 발전시켰다.

사회복지실천가들이 개인의 부적응 문제와 치료에 관심을 갖게 되면서 실천의 초점이 개인의 행동, 태도, 대인관계 등에 집중되었다. 특히 아동 초기의 발달단계가 중요시되었다. 클라이언트를 이해하기 위해 주의 깊은 면접과정을 통한 정보수집이 이루어졌고, 진단과정은 좀 더 조직화 되었다. 정신분석학은 개인의 기능을 설명하는 데 유용한 이론으로서 상담 및 실용적인 도구로 활용되었다(최해경, 2010).

이러한 이유로 개인의 적응문제에 초점을 두는 경향이었으나 1929년 세계 경제 대공황이 발생함으로써 관심의 초점이 다시 사회로 이동하는 계기가 되었다. 경제 대공황은 높은 실업률, 빈부격차 심화, 계층 간 갈등 등과 같은 심각한 사회문제를 발생시켰으며, 이러한 사회 변화는 빈곤문제를 개인의 탓으로 보던 시각에서 벗어나 사회구조적 문제로 수용하게 하였다. 그러나 사회·경제적 요인만으로는 이러한 클라이언트의 고통과 문제를 설명할 수 없었기 때문에 사회복지실천가들은 새로운 이론체계가 필요하였다.

(2) 3대 방법론의 분화

1940년대는 초기의 분야(field)별 발달에 더해 3가지 방법론적 지향이 두드러지게 나타났다. 초기 자선조직협회가 케이스워크(casework)를 발달시켰다면, 인보관 및 사회개혁 운동은 집단사회사업(social group work)과 지역사회조직(Community Organization)을 발달시켰다.

이 시기에는 의료현장, 학교, 법정 등 다양한 영역으로 사회복지사들의 역할이 넓어짐에 따라 공통 지식기반의 필요성에 대한 요구가 사회복지계 내부에서 일어났다. 사회복지실천의 정체성 확립에 대한 관심이 고조되면서 이에 대한 노력의 결과 1929년 밀포드(Milford) 회의에서 사회복지사가 전문직으로 평가받게 되는 이정표가 된다. 이 회의에서 개별사회사업 방법론을 기본으로 하여 사회복지실천을 전문직으로 하는 사회복지사가 갖추어야 할 기본적인 지식 및 방법론에 대한 공통 요소 8가지 영역이 발표되었고, 그 내용은 다음과 같다(나동석·서혜석, 2008 재인용).

첫째, 사회복지사는 사회에서 받아들여지는 규범적 행동으로부터 벗어난 행동에 관한 지식이 있어야 된다.

둘째, 인간관계 규범의 활용을 할 수 있어야 된다.

셋째, 클라이언트 사회력(social history)의 중요성을 인식해야 된다.

넷째, 클라이언트 치료를 위한 방법론의 지식을 갖추어야 된다.

다섯째, 사회치료(social treatment)에 지역사회 자원을 활용할 수 있어야 된다.

여섯째, 개별사회사업(social case work) 실천에 요구되는 과학적 지식과 경험을 적용시킬 수 있어야 된다.

일곱째, 개별사회사업의 목적, 윤리, 의무를 결정하는 철학적 배경을 이해해야 된다.

여덟째, 이상 모든 것을 사회치료에 융합할 수 있어야 된다.

이를 살펴보면 사회복지실천에 있어 개별사회사업을 바탕으로 사회치료를 기본기능으로 하고, 사회규범적 행동범위를 중시하면서 지역사회 자원의 활용을 강조하는 일반주의 사회복지 접근(generalistic approach)을 지향하고 있음을 알 수 있다. 그러나 1930년대 들어 대공황 이후 미국 정부는 뉴딜정책을 펼치면서 공공 영역에 사회복지사들을 대거 고용하기 시작하였다. 미국의 대공황은 사회복지 문제의 근원을 개인 자신의 요인에서 사회적 요인으로 눈을 돌려 또다시 새로운 관점에서 보도록 하는 계기가 되었다.

개별사회사업은 자선조직협회에 기원을 두면서 한편으로는 진단주의 학파와 기능주의 학파를 탄생시켰으며, 이 두 학파는 임상사회복지실천에 많은 영향을 미쳤다.

집단사회사업은 제2차 세계대전 이후 정신분석을 집단 치료방법으로 활용하였다. 또한 군대나 사회복지관에 집단지도자가 고용됨으로써 집단지도가 발전하였다. 당대 영향력 있는 사회복지사였던 윌슨(George Wilson)은 집단사회사업이 전문적인 핵심 방법임을 주장하기도 하였다(우국희 외, 2016). 집단사회사업은 주로 청소년 센터나 레크리에이션 등 비공식적 교육기관에서 발달되어 왔으나 점차 사회복지기관, 예를 들어 아동시설, 병원, 학교 등의 현장에서 사용되기 시작하였다. 1930년대경에는 집단사회사업이 개인의 성장과 변화를 촉진하기 위해 집단과정과 집단상호작용을 활용하는 사회복지실천방법으로 인식되었다. 이러한 인식으로 전문적·이론적 기술이 필요해지면서 집단사회사업에 대한 전문교육이 시작되었다. 또한 1936년에는 미국 집단사회사업연구협회가 발족되었고, 1946년 미국 사회복지 회의에서 집단사회사업을 공식적으로 사회복지실천 기술로 인정하였다.

지역사회조직사업은 자선조직협회와 인보관운동에 영향을 받으면서 초창기에는 사회계획 중심의 방법과 지역주민들의 조직적 참여를 중시하는 사회행동 중심의 방법으로 탄생되었으며, 사회행동 중심은 사회개량 운동에서도 영향을 받았다.

1929년 대공황 이후, 1935년 미국에서도 「사회보장법」이 제정되어 공적 사회복지기관이 더욱 발달하게 되면서 사회복지사는 뉴딜정책의 추진과 공적 기관에서의 사회복지계획 등의 지역사회조직사업에 개입하게 되었다. 이때 지역사회조직의 이론화에 크게 공헌한 것이 『레인보고서(The Lane Committee Report)』였다. 전미사회사업회의에 제출된 레인보고서는 첫째, 지역사회조직사업의 개념, 방법, 활동, 분야, 자격, 교육훈련 등을 체계화하는 데 기여하였고, 둘째, 지역사회조직 사업의 주된 기능을 욕구와 자원의 조정으로 규정하고 지역사회의 욕구를 중심으로 하였다는 점과 셋째, 주민참가의 중요성을 강조하였으며, 넷째, 욕구조사에 대한 기술을 발달시키는 계기가 되었다. 이러한 레인보고서를 계기로 지역사회조직사업은 사회복지실천방법론의 하나로 정착하게 되었다.

1930년에는 '사회복지 전국회의(National Conference of Social Work, NCSW)'에 의해서 '지역사회조직'이 social work의 전문분야 및 전문방법으로서 논의되고 정립되었다(Skidmore et al., 2000). 이와 같은 과정을 거쳐 지역사회조직은 1944년 9개 사회복지 필수교과목 중 하나에 포함되었고, 1946년에는 버팔로에서 개최된 '사회사업 전국회의'에서 '지역사회조직사업연구회(The Associaton for the Study of Community Organization)'가 창설되었다. 이후에 이 3가지 방법론으로써 사회사업이 각 방법별로 전문성이 분화되고 발전하면서 사회사업(사회복지실천) 이론과 방법이 심화되고 전문교육 내용이 확립되었다.

(3) 진단주의와 기능주의

1930년대에 프로이트의 정신분석이론을 중심으로 사회복지실천을 행하는 진단주의 학파와 랭크(Otto Rank)의 이론을 중심으로 사회복지실천을 행하는 기능주의 학파 사이에 논쟁이 일어났다. 이 논쟁은 1950년대까지 이어진다.

① 진단주의

진단주의는 인간을 기계적·결정론적 관점에서 바라보고, 인간은 무의식의 힘에 의하여 좌우되며, 유년기의 내면화된 부모의 영향력에서 벗어나지 못한다고 가정하였다.

진단주의는 클라이언트의 생·육·사에 대한 탐구를 기초로 한 진단과 유년기에서 비롯된 문제에 대한 이해를 강조한 정신분석적 치료 접근을 하였다. 이 접근은 무의식, 전이, 저항 그리고 정신결정론을 포함하는 프로이트 정신분석이론의 주요 개념들을 기초로 한 입장이다. 진단주의는 변화의 중심이 문제를 진단해 규정하고 치료계획을 세우는 사회복지실천가에게 있다고 보았으며, 클라이언트가 자신의 심리적 과거를 통찰하면 현재의 행동패턴이라는 감옥에서 자유로워진다고 가정하고 심리적 통찰을 발달시켜 자아 능력 강화를 위한 지지를 제공하는 것을 치료전략으로 하였다.

진단주의 접근법의 주요 이론가인 해밀턴(Gordon Hamilton)은 진단을 "문제를 가진 사람뿐 아니라 문제 자체를 이해하기 위해 가정하는 것"으로 정의하였다. 진단주의 접근에서는 조사–진단–치료단계를 개념화하고, 사회복지사와 클라이언트 간의 치료적 관계를 중요시하였다. 치료단계에서는 상담 및 치료를 위주로 하고 사회적 자원, 프로그램 개발, 자원조정 등의 방법으로 부족한 면을 보충하였다(Jonson & Yanca, 2004). 이 접근은 이후 사회복지실천 이론의 발달에 상당한 영향을 미쳤고, 홀리스(Florence Hollis)에 의해 심리사회모델로 더욱 발전되었다.

② 기능주의

진단주의 학파에 반기를 들고 등장한 것이 기능주의 학파이며, 개별사회사업 내에서 또 다른 접근법인 기능주의가 발전하고 있었다.

기능주의 학파는 기존의 인간관에 대한 이의를 제기하며, 인간을 좀 더 창의적·의지적 또는 낙관적으로 보아야 한다는 견해를 주장하였다(이은희·김남숙, 2016). 이 시기에 기능주의는 오토 랭크(Otto Rank)의 연구에 기반을 두고 있으며, 클라이언트를 질병이 있거나 일탈한 자로 간주하기보다는 특별한 서비스가 필요한 사람들이라고 보았다. 사회복지사는 클라이언트를 치료하는 대신 전문적 지식을 적용하여 그들과 함께 일하고, 기관의 기능을 수행한다(Jonson & Yanca, 2004)고 보았다. 기능주의는 성장심리학에 근거를 두고 있으며, 실존주의 철학에 동조하여 클라이언트 중심모델로 발전한다. 또한 진단의 개념을 진단주의와는 다른 의미로 제시하였다. 즉, 진단이란 함께 노력할 일치점을 알아보는 실천가와 클라이언트의 시도라고 생각했다(Jonson & Yanca, 2007). 실천가는 클라이언트와 함께 문제해결을 한다는 것을 전제로 하고 초점을 실천가와 클라이언트 간 관계에 두었다.

기능주의 접근에서는 과거중심적인 분석과 해석이 클라이언트의 현재 환경상의 문제를 해결하는 데 도움이 되지 않는다고 가정하고 '여기–지금(here and now)'의 상황에 초점을 두었다. 인간은 과거에 얽매이는 존재가 아니라 스스로 선택할 수 있는 의지(will)와 성장(growth)에 대한 잠재적 힘이 있다고 믿었다. 게다가 클라이언트는 기관이 제공할 수 있는 기능의 한도 내에서 스스로 선택하고 자신의 성장을 위한 과제를 수행하면서, 현재 그에게 시급한 문제해결 과정에 참여할 수 있다고 전제하였다(김혜영 외, 2010).

기능주의 입장에서 실천가와 클라이언트의 관계는 실천가가 클라이언트의 내부 힘을 촉진하고 자유롭게 하여 클라이언트 스스로 성장과 선택을 가능하게 하는 것이다. 또한 기능주의는 시간적으로 제한된 범위 내에서 원조해야 하기 때문에 클라이언트의 긴급한 문제에 초점을 맞추어야 한다고 보았다. 기능주의의 또 다른 핵심전제는 원조과정이 전개되는 기관의 기능과 중요한 관계가 있으므로 사회복지기관이 사회복지실천가의 활동을 위한 초점, 방향, 내용을 공급해야 한다는 것이다.

기능주의가 진단주의와 현저한 차이를 보이는 것은 다음의 3가지 영역에서이다(Smalley, 1970).

• **인간성의 이해**

인간성의 이해에 관해서 진단주의는 '질병의 심리학(psychology of illness)'으로 보았고 기능주의는 '성장의 심리학(psychology of growth)'으로 보았다.

• **사회사업의 목적에 대한 이해**

사회사업의 목적을 진단주의는 케이스워크를 클라이언트의 건전한 성장이나 사회적 조건에 영향을 미치는 것으로 보는 데 비해, 기능주의는 기관의 목적을 사회사업의 전체 목적의 부분적 혹은 구체적인 예로 보았다.

• **과정 개념의 이해**

과정 개념의 이해의 경우, 진단주의는 과정 개념이 개발되지 않았으며, 사회사업 방법을 개입행동의 레퍼토리로서 주로 워커의 행동으로 언급해 왔다. 기능주의는 케이스워크의 개념으로 치료라는 말을 거부하고 원조과정이라는 표현으로 발전시켰다.

실천방법을 둘러싼 진단주의와 기능주의 학파 간의 논쟁과 갈등은 상호 간에 영향을 미쳐 결과적으로 사회복지실천을 보다 정교하게 발전시키고 실천모델들이 다양화되는 동력으로 작용하였다.

4) 사회복지실천의 통합기(1950~1970년 전후)

1950~1960년대의 특징은 개인보다 사회환경의 중요성이 강조되었다는 것과 통합방법론이 등장했다는 것이다. 통합적 실천방법이 등장하게 된 배경은 전통적인 실천방법이 사회복지실천의 전문화 및 과학화에 이바지한 것을 부인할 수는 없으나 과거 방법론별 접근방법으로는 대응할 수 없는 한계와 문제점을 내포하고 있었기 때문이다.

통합적 실천방법론의 필요성이 제기된 문제의식은 우선 분화된 방법이 한정된 특정 문제와 대상에만 적용하게 된다는 점이었다. 게다가 사회 변화에 따른 새로운 복잡한 문제들이 대두됨에 따라 분화된 방법들의 한계점이 드러났고, 분화된 방법에 관계없이 사회복지실천의 본질적인 개념, 기술, 과업 및 활동에 공통적 핵심이 있다는 점도 고려되었다. 이에 따라 1970년대에 통일되고 통합된 사회복지실천 관련 지식, 목적, 가치,

기법에 대한 모색이 활발하게 이루어졌는데, 사회복지실천을 통합적 관점에서 개념화하는 시도는 저술활동을 통해 주로 전개되었다[1].

한편, 이 시기는 새로운 문제들이 관심을 끌면서 자연스럽게 새로운 클라이언트 집단들이 등장하게 되었고, 이로 인해 새로운 서비스 가능성을 개발하면서 기존의 방법을 새로운 방식에서 사용하는 등 그야말로 이론의 개발이 풍성한 시기였다.

진단주의는 사회심리적 접근법으로 불리게 되었으며, 기능주의와 더불어 더욱 확장되고 새로워졌다. 사정, 상황 속의 개인, 과정, 관계 그리고 개입 등의 5가지 실천 개념들이 정립되었다. 구체적으로 살펴보면, 당시 '진단' 및 '치료'라는 의학적 용어의 사용에서 벗어나 좀 더 일반적 용어인 '사정' 및 '개입'이라는 용어로의 변화가 있었다. 또한 사회복지실천은 매우 다원화된 이론적 패러다임으로 발전하게 되었다. 즉, 심리사회적인 접근을 비롯하여 문제해결모델, 행동수정모델, 가족치료 등이 그것이다.

1960년대를 거치는 동안 이론적 패러다임의 다원화는 계속되어 위기개입모델, 과업중심모델, 인지치료모델, 생활모델, 클라이언트중심모델 등의 생태학이론과 사회체계모델, 사례관리모델 등이 나타났다. 이러한 경향들로 인해 사회복지에서의 전통적 방법론들, 즉 개별사회사업, 집단사회사업, 지역사회 조직의 각각 분리된 영역을 추구하는 이론의 개발은 더 이상 이루어지지 않았다. 대신 통합화된 사회복지 전문영역을 추구하는 이론들이 개발되었고, 이는 문제와 욕구 중심의 접근을 가능하게 하였다. 이러한 전환은 일반주의 사회복지실천이라는 통합화된 접근법의 출현을 가져왔으며, 이는 클라이언트가 가진 복잡하고 다원화된 문제 및 상황에 효과적으로 대처하기 위해서는 여러 방법 혹은 접근법들을 병행해서 사용해야 할 필요성에 의한 것이었다(이은희·김남숙, 2016).

통합적 실천방법이란 사회복지사가 개인, 집단, 지역사회에서 제기되는 사회문제에 활용할 수 있는 공통된 하나의 원리나 개념을 제공하고자 하는 방법의 통합화, 즉 공통된 지식, 가치, 기술에 기반한다는 것을 의미한다(최해경, 2010).

이 시기에는 전문적 단체의 통합도 이루어졌다. 사회복지전문직 단체는 실천분야나

1) 캐롤 메이어(Carol Meyer), 사회복지실천: 도시의 위기에 대한 대응
해리엇 바틀렛(Harriett Bartlett), 사회복지실천의 공통기반
알렌 핀쿠스 & 안네 미나한(Allen Pincus & Anne Minahan), 사회복지실천: 모델과 방법

방법론에 따라 각기 다른 7개의 전문협회를 결성하였다가 오랜 기간 타협 끝에 1955년에 '전국사회복지사협회(Nation Association of Social Work)'로 통합하기에 이른다. 미국사회복지사협회는 '의료사회복지사협회(1918)', '학교사회복지사협회(1919)', '미국사회복지사협회(1921)', '정신의료사회복지사협회(1926)', '집단사회복지사협회(1946)'의 다섯 전문직 단체와 '지역사회조직사업(1946)', '사회사업 조사'에 관한 두 연구단체가 연합하여 결성되었다(NASW, 1995). 또한 미국사회사업교육협의회는 사회복지 관련 교과과정에 대해 연구하고, 그 결과 공통의 교과과정을 마련하여 전문직으로 통합하는 데 기여하였다.

5) 사회복지실천의 확장기(1970년~현재)

1970년대에 들어서면서 사회복지실천모델에 대한 연구가 활발해졌으며, 사회복지기관은 클라이언트를 맞이하는 것에서 벗어나 직접 클라이언트가 있는 곳으로 찾아가서 접근하는 '현장접근 방법(out reach)'을 시도하게 되었다. 또한 이 시기 임상사회복지실천(Clinical Social Work)은 '환경 속의 인간'이라는 관점을 바탕으로 대인 상호작용, 정신역동 생활지원과 관리에 입각하여 개입하였다. 즉, 다양한 실천모델의 활용, 절충주의, 사례관리의 등장 등 사회복지실천의 효과성에 대해 관심이 높아지고 책임성 문제가 제기되면서 행동주의모델, 과제중심모델, 인지모델 등 효과성 측정에 강점을 보이는 다양한 실천모델들의 활용도가 높아지기 시작했다. 이렇듯 사회복지실천가들은 절충적인 지식과 기술을 다양하게 활용할 수 있는 능력을 점점 더 요구받게 되었다. 효과적인 실천이 전문직의 사회적 책무성을 담보하는 것으로 인식됨에 따라 많은 서비스기관들은 효과성을 높이기 위한 전략들을 개발하기 시작했다. 이를 위해 효과성이 입증된 개입방법을 선별적으로 사용하는 것이 사회복지전문직의 우선적 책임임이 강조되었다. 이러한 이유로 증거기반실천(evidence based practice, EBP)의 등장이 효과성을 담보하는 대표적 전략이었다.

증거기반실천은 효과성 입증을 요구하는 사회적 분위기에 대한 전문직의 대응으로, 과학적 조사와 객관적인 증거를 비교·평가하여 가장 긍정적인 결과를 가져올 가능성이 높은 실천방법을 선택하여 적용하는 것을 의미한다.

사회복지 분야에서 증거기반실천은 정신보건영역을 중심으로 한 임상실천에서 시작되었다가 현재는 다양한 사회문제 영역을 포함하여 프로그램 개발, 사회복지행정, 사회복지정책 등 거시수준으로까지 확대·적용되고 있다(공계순·서인해, 2006).

한편, 1970년대부터 지속된 경기 침체와 지역사회 노인, 정신장애인 등 장기보호(long term) 욕구를 갖는 클라이언트 인구층의 증가는 건강 및 사회서비스 영역에서 비용 절감을 위한 혁신적인 프로그램의 도입을 끌어내었고, 사회복지의 분야별 전문화가 이루어지면서 서비스 공급 주체별, 대상별, 문제영역별로 세분화되고 단편화된 서비스 전달방식에 문제가 제기되었다(김태성·홍선미, 2006). 그 결과 사례관리가 새로운 서비스 전달방법으로 등장하게 되었다.

사례관리는 다양한 자원 및 사회적 관계망을 동원·조정하여 클라이언트에게 가장 효과적으로 연계하는 데 관심을 두는 활동으로, 사회복지실천분야에서는 1980년대부터 만성장애인이나 만성질환자를 중심으로 제공되기 시작하였다. 1984년 미국사회복지사협회는 '기능손상자를 위한 사회복지실천 사례관리의 기준과 지침'을 제정하였으며, 그 후 정신장애, 노인, 아동, 신체장애 등 다양한 사회복지 영역에서 사례관리 서비스가 실제로 제공되기 시작하였다.

1980년대에는 팽배했던 반복지 정서로 인하여 사회복지 프로그램과 서비스가 적지 않은 영향을 받게 되었다. 이에 따라 사회복지사의 활동 영역도 다원화되었고, 1980년대 이후 많은 사회복지사들이 개업실천가로 또는 영리를 목적으로 하는 기관에 고용되었다. 그 밖에 특정한 서비스 욕구가 확인된 클라이언트 집단을 위해 정부가 계약을 맺은 민간기관에 고용되는 사회복지사들이 증가하게 되었다(Herrick & Stuart, 2005). 정부개입에 대한 신뢰가 떨어지고, 민간 영역이 정부보다 서비스 제공을 더 효율적으로 할 수 있다는 믿음이 생겨나면서 건강 및 정신보건 관련 영역에서는 관리의료(managed care)가 대안으로 부상하였다.

1990년대 초반부터 권한부여와 역량강화에 대한 모델이 등장하여 심리치료는 더 이상 장기간 또는 내면적·심리역동적 변화만을 의미하지 않게 되었다. 심리치료는 단기

상담, 위기상담, 사례관리 서비스, 다른 직업적 서비스와 지역개입으로 언급되는 경향이 발견된다(방미진·황영희, 2011 재인용). 무엇보다 이 시기는 클라이언트를 환자로 보는 병리학적 접근보다는 개인의 강점에 초점을 두며, 클라이언트의 상황에 맞는 역할 및 개입전략이 다양성을 중요시하는 관점을 강조하고 있다.

최근에 와서 전통적인 사회복지실천을 사회 내의 지배적 문화에 속박된 것으로 비판하면서 사회복지실천에서 문화적 역량을 강조하는 전환이 이루어지고 있다. 문화적으로 민감한 사회복지실천과 사회복지실천가의 문화적 역량에 대한 관심은 교육과정뿐만 아니라 사회복지전문가 단체의 윤리 및 가치 관련 지침들에도 반영되고 있다. 이러한 움직임에는 사회복지전문직이 상대적으로 간과해 온 사회복지실천의 주목적 중의 하나인 사회정의의 성취를 위해서 사회복지실천가의 문화적 역량이 필수적이라는 문제 인식이 저변에 깔려 있다.

2. 한국 사회복지실천의 발달과정

1) 조선말 근대적 자선사업과 일제강점기 구제사업

개화 이후 우리나라에 전래된 근대적 사회복지사업은 일제강점기를 거쳐 현저하게 발전하였다. 일제강점기 사회복지사업은 식민정책의 일부로서 시혜 또는 자선으로 우리 민족이 그들에게 충성을 하도록 하는 사회통제적·정치적 의미가 크다. 그럼에도 불구하고 근대적 의미의 사회복지제도가 실시되었다.

조선말 서양의 기독교 전래와 함께 서양식 근대적 자선사업이 들어오면서 기독교에 기반을 둔 육영사업, 의료사업, 구제사업과 같은 각종 민간사업이 들어왔다.

육영사업은 1885년 배재학당, 1886년 이화학당의 설립이 대표적이고, 의료사업은 1884년 세브란스 병원의 설립과 빈민을 위한 시료부의 설치, 1887년 서울 정동의 보구여관(부인병원의 효시), 1909년 광주 나주병원의 설립이 대표적이다(방미진·황영희, 2011).

노인보호사업으로는 1931년 전국에 6개소의 양로원이 설치·운영되었으며, 아동복지 사업, 특수아동 보호사업 등도 빈민 구호사업과 함께 적지 않은 의의를 갖는 것으로 볼 수 있다(김기태 외, 2007). 이와 동시에 사회복지실천현장도 미미하지만 태동하고 있었다.

대표적인 사회복지실천현장으로는 조선 말엽인 1888년에 프랑스 주교가 설립한 천주교회에 의해 고아원이 개설된 것이 최초이며, 갑오경장 이후 인천에서도 교회 부속 고아원이 설립되었다. 1906년에는 이심화에 의해서 경성고아원이 설립되었고(구자헌, 1984), 1907년에는 평양 맹아학교가 개교되었다. 또한 1921년에는 우리나라 최초의 사회복지관인 태화여자관이 설립되어 저소득층 주민과 여성들의 권익옹호에 힘썼으며, 설립 초부터 여성을 대상으로 사회사업서비스를 제공하였고, 1925년부터 여자맹인학교를 설립하여 안마법, 한글, 일본어 등을 가르쳤다.

한편, 우리나라보다 빨리 국제화된 일본이 유럽 등의 복지제도를 받아들이면서 그 일부를 우리나라에도 적용한 결과로 대표적인 것이 「조선구호령」(1944)이다. 「조선구호령」은 그동안 우리나라에서 실시해 왔던 구호활동을 집약한 칙령으로 「생활보호법」의 성격을 가진 것으로 볼 수 있다. 그 이전 시기인 1928년에는 '조선사회사업협회'가 '조선사회사업연구회'를 이어받아 법인으로 개편하기도 했다. 이 협회에서는 사회사업 연락과 통일 사회사업의 조정과 연구 등의 업무를 추진하였다.

일제강점기에 제정된 법령과 구호활동이 해방 이후 우리나라의 사회복지 관련 법령을 만드는 데 기초가 되었다는 사실을 부인할 수 없다. 이와 같이 우리나라의 사회복지사업의 발달은 개화기와 일제강점기에 와서 본격화되었다고 볼 수 있다.

2) 외원단체중심의 사회복지실천

해방 후 정치적 혼란기에 한국 정부(이승만 정권)는 경제개발이나 사회개발에 나설 여력 없이 새로운 사회복지제도를 도입할 엄두를 내지 못했으며, 일제강점기 조선구호령의 틀이 그대로 유지되었다.

6·25 전쟁이 발발하면서 수많은 전쟁고아, 전쟁피해자, 상이자가 발생하였으며, 이

들에 대한 구호가 국가의 중대한 과제가 되었다. 그러나 이 일은 한국 정부가 아니라 전쟁과 함께 들어온 외원단체들이 담당하였으며, 이들은 물자구호와 시설보호에 주력하였다.

1953년 휴전 직후 전국적으로 전쟁을 인한 요보호 아동을 수용하는 시설은 440개소에 이르렀고, 그곳에 수용된 아동은 5만 2천 명이 넘었다(구자헌, 1984).

1950년 이후에는 많은 외원단체들이 우리나라에 들어와서 활발한 구호사업과 자선사업을 전개하였으며, 시간이 지나면서 사회복지를 전공한 사람들도 유입되었다. 이 시기에 우리나라에서 활동한 대표적인 외원단체들은 '월드비전', 'CCF', '기독교 세계봉사회', '캐나다유니테리언봉사회' 등이 대표적이며, 이들 단체는 1952년에 7개 외국의 원조단체가 모여서 '외원단체협의회(Korea Association of Voluntary Anencies, KAVA)'를 결성하였다. 1960년대에는 이 협회에 130여 개의 단체가 가입되었다(엄명용 외, 2011).

KAVA는 자문위원회, 사회복지분과위원회, 교육분과위원회, 지역사회분과위원회, 구호분과위원회, 보건분과위원회, 소분과위원회로 구성된 의결기관이다. 한국전쟁 직후에는 주로 긴급구호에 치중하여 전쟁 이재민들에게 구호물자나 양곡을 배급하였으며, 긴급의료서비스를 제공하기도 하였다. 1956년 이후로 1970년대 초반까지 약 15년간 활발하게 활동하였으며, 점차 일시적인 지원이나 긴급구호에서 벗어나 장기적인 사업을 실시하였다. 또한 고아문제, 장애문제, 혼혈아 문제, 아동유기 등의 문제에 대한 해결책 모색을 위해 실태조사를 실시하기도 하였다. 이들 외원단체는 우리나라가 경제적 발전을 하기 시작했던 1970년대 중반부터 활동이 줄어들면서 각기 본국으로 철수하기 시작했다.

표 2-2 대표적인 외원단체

단체명	주요활동
기독교 아동복지회 (Christian Children's Fund, 현 초록우산 어린이재단)	• 1928년 밀스 목사에 의해 3개 아동복지시설을 지원 • 1972년 법인의 명칭을 한국어린이 재단으로 변경하여 사용하다가 1994년 한국복지재단으로 변경하였고, 2010년 초록우산 어린이 재단으로 변경하여 지금에 이르고 있음
한미재단 (American-Korean Foundation)	• 1952년 아이젠하워 대통령의 요청으로 한국인과 미국인의 우정을 도모하기 위해 설립 • 비영리·비정치성에 의한 자조를 목표로 보건, 교육, 복지사업, 농업, 지역사회개발, 예술, 문화사업 중점 • 미국 유학중인 한국 학생에 대한 교육적 카운슬링, 귀국학생에 대한 직업조력, 보건사회부와 WHO의 협력으로 결핵 치료사업 실시
선명회 (World Vision, 현 월드비전)	• 한국 전쟁으로 가족을 잃은 고아들과 미망인을 돕기 위해 미국의 밥 피얼스 목사와 한국의 한경직 목사에 의해 1953년 설립 • 긴급구호, 개발사업, 아동후원 사업 등 실시
CARE (Cooperative for American Relief Everywhere)	• 세계적으로 활동하는 미국의 구호연맹으로서 미국 내의 26개 사회자선 단체로 구성된 기관 • Self-help(자조)의 요청에 대하여 협조해 주는 것을 목적 • 노동자, 가정주부, 취약아동, 여성단체, 노동조합, 교회 및 사교단체, 기타 많은 단체 지원 • 경제적 곤란에 처한 초등학생에 대한 식량문제 협조와 아동보건소 건립, 경제적 불경기 때에 일반협조와 지역사회 개발 협조 등
홀트아동복지회 (Holt Adoption Program)	• 6.25 전쟁 후인 1955년 미국인 홀트 부부가 전쟁고아 12명을 미국에 입양시킨 것을 시작으로 1956년 구세군 본부에서 국외 입양업무 시작 • 우리나라 대표 입양기관
기독교세계봉사회 (Korean Church World Service)	• 그리스도의 사랑을 실천하는 데 목적을 둠 • 가족계획, 결핵사업, 가정복지, 지역사회 개발, 장애인 재활사업, 긴급재해 구호 등 광범위한 사업 전개 • 극빈자의 자조정신 고취

단체명	주요활동
양친회 (Foster Parent's Plan)	• 빈곤가정에 대한 현금과 물질적 원조 및 자조를 목적 • 서울과 부산 같은 대도시에서 일반적으로 3명 이상의 자녀를 가진 가정으로 아버지가 없고 그 가족의 수입이 시급한 가정을 대상으로 교육비 지원
카톨릭구제회 (United States Catholic Conference)	• 구호, 사회복지, 의료, 사회경제적 발전 분야에 대한 물질적·재정적 보조와 원조를 목적으로 설립 • 식량, 의복, 약품, 물질 무상공급, 망명자의 재정착, 토지개간, 양자 및 결연사업 등
세계구호위원회 (World Relief Commission)	• 그리스도 구호사업과 재활 계획 목적 • 식량 공급
구라선교회 (The Leprosy Mission)	• 나병환자 구제와 정신적 도움을 목적 • 의료구호와 생계보조

출처: 이은희·김남숙(2016).

한편 사회복지의 직접적 실천에서 주목할 것은 정신의료사회복지를 시작으로 서구 사회복지의 실천적 기법과 기술에 대한 도입 및 적용이 이루어졌다는 것이다. 이 시기는 교육기관들도 생겨나기 시작한 시기로 1947년 우리나라 최초로 이화여자대학교에 기독교사회사업학과가 개설되었고, 1953년 중앙신학교(현 강남대학교)에 사회사업학과가 생겼고, 1959년에는 서울대학교, 1960년대에 들어서는 중앙대학교, 성심여자대학교(현 가톨릭대학교), 서울여자대학교, 숭실대학교, 부산대학교 등에 사회사업학과가 설립되었다. 이들 대학은 1970년대까지 사회사업학과로 명칭을 사용해 오다가 1980년대 이후 몇몇 학교를 제외하고는 모두 사회복지학과로 변경하였다. 그리고 1966년에는 '한국사업학교협의회(현 사회복지교육협의회)'가 나타났다(노혁, 2019 재인용).

3) 사회복지실천의 정착기

1981년에 탄생한 제5공화국은 사회복지의 입장에서는 새로운 의미를 갖는 시기이다. 군사정권이라는 태생적 한계가 있었지만 우리나라에서 정권이 수립된 이후 처음으로 국정 목표에 '복지사회 건설'이라는 표현을 사용하였기 때문이다. 비록 슬로건이고 실체 없는 구호로 끝난 면이 있으나 적어도 복지라는 용어가 국가정책 비전의 개념으로 문자화된 것은 주목할 일인 것만은 틀림없다.

이 시기는 사회복지관과 같은 민간 부문과 사회복지전담공무원제도를 도입한 공공부문에서 사회복지실천 활동이 진일보되어 사회복지실천의 정착기로 간주 될 수 있다.

1983년 「사회복지사업법」 개정으로 사회복지관의 설립 및 운영을 지원하는 법적 근거가 마련되었다. 1989년 사회복지관 운영·건립 국고보조사업 지침이 마련되어 사회복지관 사업을 안정적으로 운영할 수 있게 되면서 저소득 밀집지역에 사회복지관 설치가 본격화되었다. 그동안 우리나라 사회복지실천이 수용시설을 중심으로 전개되어 온 점을 감안할 때, 이용시설인 사회복지관에서 지역주민을 대상으로 사회복지서비스를 제공하게 되었다는 점에서 사회복지관 사업의 확대는 우리나라 사회복지실천의 역사에 큰 의미가 있다(엄명용 외, 2011).

1989년에는 사회복지법인으로 '한국사회복지관 협회'가 정식 출범하기도 하였다. 사회복지관 운영의 확산과 함께 공공부문에서는 1987년부터 생활보호사업의 효과적·효율적 수행을 위한 전달체계로 도시 저소득층 밀집지역 동사무소에 사회복지 전문요원(현 사회복지전담공무원)이 배치되기 시작하였다.

한편, 현대 정부 수립 이후에 유명무실했던 지방자치제도는 1989년 「지방자치법」 입법으로 인하여 지방의회가 생기는 등 본격적인 지방자치제도로 접어들었다. 이에 따라 사회복지도 일정 부분 불가피하게 지방정부가 떠맡게 되었고, 이와 함께 지역의 복지문제에 대한 관심도 증가하였다. 이 시기는 공공부조 영역의 사회복지전담제도 실시 외에도 정신장애인 이용시설 및 사회복지관의 확대를 비롯하여 탁아사업이 활성화되고 노인복지 및 장애인 복지, 가정폭력 피해 여성 일시보호시설 설립 등 실천의 장과 대상을 확대하는 새로운 시도들이 일부 전개되기도 하였다.

4) 사회복지실천의 발전기

1990년대 중반부터 사회복지실천은 발전기에 접어들어 양적 확대를 넘어서 질적 변화를 도모하는 전기를 맞이하게 되었다. 1980년대 후반 사회복지관의 설치가 크게 증가하면서 지역복지와 재가복지 개념이 도입되었고, 노인복지와 장애인복지 영역에서도 가정봉사원파견사업과 지역사회중심 재활사업이 실시되면서 재가복지사업이 전개되기 시작하였다. 더불어 별정직원 신분이었던 사회복지전문요원이 1999년 사회복지 일반직으로 전환되면서 공공부조 전달체계의 핵심 역할을 담당하게 되었다.

1995년 「정신보건법」의 제정 이후 정신보건센터, 사회복귀시설을 중심으로 정신보건사회복지사의 실천현장이 전통적인 정신과 병원에서 지역사회로 확장되었고, 교육부 및 교육청의 시범사업 등으로 학교사회복지사가 상주하는 학교의 실천현장도 크게 증가하였다. 또한 사회복지사를 양성하기 위한 대학의 학과증설도 대폭 이루어졌다. 1997년 「사회복지사업법」 개정으로 2003년 첫 사회복지사 국가시험이 실시되었다. 더불어 이 시기 사회복지실천의 교육영역에서도 큰 변화가 있었다. 1980년대 이후 공공과 민간의 복지서비스 전달체계가 정비되기 시작하면서 미시적·중범위·거시적 실천 접근을 분절 없이 통합하여 교육하기 위해 한국사회복지교육협의회 주도로 대학의 교육과정이 대폭 개편되었다(최혜지 외, 2013).

5) 2000년대 이후

2000년대 이후부터 현재에 이르기까지 사회문제가 더욱 복잡해지면서 그에 대응하려는 제도 및 사회복지실천의 변화가 계속 이루어지고 있다. 특히 1997년 발생한 IMF 외환위기의 파장으로 우리 사회에 큰 변화가 나타났다. 중산층이었던 사람들이 빈곤층으로 전락하고 이로 인해 가정해체와 노숙인 문제 등 이전에 겪어 보지 못했던 새로운 형태의 사회문제가 대두되었다. 이 외에도 소득의 양극화, 고용의 불안정, 근로빈곤층의 증가, 고령화로 인한 노인문제의 심화, 교육격차 및 다양한 위험으로 인한 청소년 문제의 증가, 북한이탈주민을 비롯한 다양한 형태의 이주민 다원화 등에 대응하기 위해 사회복지실천은 지속적으로 변화해 나가고 있다(박지영 외, 2020).

한편, 이 시기의 특징은 자활 및 지역복지의 강조를 들 수 있다. 2000년부터 시행된 「국민기초생활보장법」은 국민기초생활수급자, 차상위 계층 등이 일을 할 수 있는 근로빈곤층의 자립자활을 지원하기 위하여 근로 기회의 제공, 취업 알선, 자산 형성지원 등 다양한 지원 프로그램을 제공하는 자활사업이 실시되었다. 또한 2003년 「사회복지사업법」 개정에 따라 지역사회복지협의체가 시·군·구를 중심으로 설치·운영되었고, 지역사회복지계획 수립이 의무화되었으며, 지역사회복지 활성화의 기틀이 마련되기도 하였다.

2000년 「아동복지법」의 개정으로 그동안 가정 내의 문제로 치부되었던 아동학대에 대해 사회가 공식적으로 개입할 수 있는 계기를 마련하였다. 2011년부터 노인 학대와 노인 인권을 제고하기 위한 노인보호전문기관운영사업이 시행되고 있다. 노인복지전문기관의 주요 업무는 「노인복지법」 제39조의5에 규정한 노인인권보호사업과 노인학대예방사업이며, 그 외에도 노인인식개선교육(경로 효친 교육 등 포함), 노인자살예방교육, 시설 내 노인인권보호 및 노인의 권익보호를 위한 사업 등을 실시하고 있다.

정부에서는 2000년대 이후 본격적으로 증가하는 사회복지 재정 수요를 충족시키고 국민의 복지체감도를 높이기 위해 다양한 복지전달체계 개선을 시도해 왔다. 이에 정부는 2012년 4월부터 시·군·구에 '희망복지지원단'을 구성하는 전달체계 개편방안을 마련하여 공공기관에서 사례관리를 담당하고 있다. '희망복지지원단'은 복합적 욕구를 가진 대상자에게 통합사례관리를 제공하고 지역내 자원 및 방문형서비스사업을 총괄관리함으로써 지역단위 통합 서비스 제공의 중추적 역할을 수행하는 전담조직이다. 또한 보건복지부는 2007년 시범사업을 실시하여 2013년부터 본격화된 드림스타트 사업을 진행하고 있다. 드림스타트 사업이란 취약계층 아동에게 맞춤형 통합서비스를 제공하여 아동의 건강한 성장과 발달을 도모하고 공평한 출발기회를 보장함으로써 건강하고 행복한 사회구성원으로 성장할 수 있도록 지원하는 사업이다. 또한 민간영역에서는 사회복지관 사업에 사례관리 사업을 3대 기능사업으로 지정하면서 사례관리실천이 사회복지실천에서 매우 강조되었다.

2014년 일어난 송파 모녀 자살사건이 일어난 후 2015년에는 「사회보장급여의 이용·제공 및 수급권자 발굴에 관한 법률」이 제정되어 지역사회보장협의체는 기존 심의자문기구에서 사회보장과 관련된 서비스를 제공하는 관계 기관, 법인, 단체, 시설 등 민관 협업 기능을 강화하는 형태로 변화하게 되어 각 지방차지단체에서 운영되고 있다. '포용적 복지국가'를 내건 문재인 정부는 사회보장 전달체계를 강화하기 위해 전국의 읍·면·동에 찾아가는 복지전담팀(방문간호사 포함)을 설치하여 민관 협력을 통해 서비스를 제공하는 '찾아가는 보건·복지 서비스 강화'를 국정과제로 추진 중이다. 찾아가는 상담과 사각지대 발굴, 욕구와 자원의 통합 맞춤 서비스, 공공과 민간 협업 등을 주요 골자로 한다는 점에서 사례관리실천의 중요성이 어느 때보다 높아지고 있다.

2018년 「사회복지사업법」이 국회 본회의를 통과함에 따라 의료사회복지사와 학교사회복지사, 정신건강사회복지사의 국가 자격이 신설되었다.

토의사항

1. 우리나라의 사회복지의 역사 중 영역별 즉, 정신건강, 의료, 학교사회복지사에 대한 국가자격 법안이 통과된 연도는?
2. 외원단체가 한국 사회복지실천에 미친 영향은 무엇이라 생각하는가?
3. 자선조직협회와 인보관운동의 특징과 사회복지실천에 미친 영향은 무엇인가?
4. 진단주의 학파와 기능주의 학파의 차이점은 무엇인가?
5. 사회복지실천의 3대 방법론은 무엇인가?

1급 국가고시 주요 출제경향 요약

<table>
<tr>
<td>서구
사회복지실천의
역사</td>
<td>① 기능주의 실천과 기능주의와 진단주의
<table>
<tr><th>진단주의 학파</th><th>기능주의 학파</th></tr>
<tr>
<td>• 프로이트의 정신분석이론에 영향을 받음
• 인간의 무의식의 힘에 의해 좌우됨
• 과거의 힘 강조
• 기계적이고 결정론적 인간관
• 치료중심
• 질병의 심리학
• 홀리스의 심리사회모델로 발전</td>
<td>• 인간의 '의지' 강조
• 과거에 얽매이지 않는 개인의 성장가능성
• 인간에 대한 낙관적 견해
• 원조과정, 기관의 기능중심
• 성장심리학
• 문제해결모델(진단주의와 기능주의 절충), 클라이언트 중심 모델에 영향을 미침</td>
</tr>
</table>
② 자선조직협회와 인보관운동의 특징
③ 서구 사회복지실천의 발달 과정과 순서
④ 플렉스너 연설에 대한 대응 및 전문직화
⑤ 서구와 한국의 사회복지실천 발달과정
⑥ 전문직화 및 전문직의 특성</td>
</tr>
<tr>
<td>우리나라
사회복지실천의
역사</td>
<td>① 한국 사회복지실천의 발달과정
② 인력과 자격제도</td>
</tr>
</table>

Chapter

03

사회복지실천의 가치와 윤리

전문직마다 고유의 가치와 윤리가 있듯이 사회복지전문직도 가치와 윤리를 중요시한다. 가치란 그 대상이 지니는 중요성으로, 사회복지의 주요 가치는 사회복지실천이 추구해야 할 방향을 보여준다. 윤리란 가치로부터 나오는 것으로서 마땅히 지키거나 행해야 할 도리나 규범이다. 사회복지에서 윤리는 사회복지실천과정에서 사회복지사가 지켜야 할 행동원칙으로 사회복지사 윤리강령에 구체적으로 명시되어 있다. 사회복지사는 전문적인 지식과 기술은 물론 사회복지실천의 가치와 윤리와 함께 개인적 가치관도 갖추어야 한다. 왜냐하면 사회복지실천과정에서 사회복지사들은 다양한 윤리적 갈등상황에 직면하기 때문이다. 그러므로 이 장에서는 사회복지실천의 가치와 윤리를 알아보고, 윤리강령과 함께 사회복지실천현장에서 발생하는 윤리적 딜레마와 사례에 대해 알아보고자 한다.

1. 사회복지실천의 가치

1) 가치의 개념

사회복지실천의 3대 요소는 지식(knowledge), 기술(skill), 가치(value)이다. 지식은 인지적 측면이고, 기술은 실천행동과 연관되며, 가치는 감정적·정서적 측면과 관련된다(Johnson & Yanca, 2007). 가치는 믿음 및 신념과 같은 것으로서 인간행동에 방향과 동기를 제시하는 개념이다. 가치를 사회적 가치, 개인적 가치, 전문적 가치로 나누어 살펴보면, 사회적 가치는 대다수의 사회구성원이 바람직하다고 여기는 믿음 및 신념이며, 개인적 가치는 개인이 바람직하거나 옳다고 생각하는 믿음이나 신념을 의미하며, 전문적 가치는 전문직 종사자의 전문적 행위 과정에서 지향하는 믿음이나 신념을 의미한다.

가치에 대한 학자들의 주장을 보면, 로웬버그(Loewenberg)는 가치란 '믿음과 같은 것으로 좋고 바람직한 것에 대한 지침이며 적합한 행동의 선택에 대한 지침'으로 보았다. 고든(Gordon)은 '객관적으로 증명할 수 없고 주관적으로 선호하는 것으로 인간의 적절한 행동을 선택하는 지침이나 기준'으로 보았고, 리머(Reamer)는 '인간이 노력하는 데 있어 지침이 되는 바람직한 최종 상태 혹은 사회적 행동을 이끄는 정당화된 목적의 가장 일반적인 진술 또는 여러 대안적 행동 중에서 선택할 때 영향을 주는 규범적 기준'이라고 하였다. 레비(Levy)는 '사람에 관하여 그리고 사람을 다루는 적절한 방법에 대한 전문직의 신념'으로 정의하였다(김융일 외, 2005: 101). 전재일 등(2004: 44)은 가치를 '어떤 행동의 좋고 나쁨, 옳고 틀림, 바람직함과 바람직하지 못하다는 도덕적 판단의 기준인 동시에 행복 또는 불행한 상태를 판단하는 기준'으로 보았다.

일반적으로 사회복지 윤리학 분야에서는 가치를 '인간의 삶과 관련된 특정 수단, 목적, 조건들에 대한 보편적 선호'라고 정의한다.

2) 사회복지실천 가치의 개념

사회복지실천이 지향하는 궁극적인 가치는 인간의 존엄성이다. 개인의 지위나 신체적 장애 유무, 사회적 역할 또는 경제적 부와 상관없이 모든 인간을 존엄한 존재로 믿는 가치로부터 사회복지는 출발한다. 사회복지실천에서 사회복지전문직은 윤리적이며 가치지향적인 전문직으로서 가치와 윤리가 중심을 차지한다(Reamer, 1992). 따라서 사회복지실천은 전문적 가치, 사회적 가치, 개인적 가치가 모두 포괄된 가치로 볼 수 있다. 사회복지실천의 가치를 본질적 가치, 목적과 관련된 가치, 기본적 가치, 전문적 가치로 구분하여 살펴보면 다음과 같다.

(1) 본질적 가치

사회복지실천의 본질적 가치는 '인간의 존엄성'과 '배분적 사회정의'로 나눌 수 있다. 이를 이중가치체계(double value system)라고도 한다.

① 인간의 존엄성

모든 인간은 존엄한 존재로서 존중받아야 한다. 사회복지실천에서는 클라이언트의 존엄성과 관련하여 개별화, 자기결정권, 비밀 보장 등이 수단적 가치와 직업적인 윤리의 기초가 된다. 즉, 사회복지실천은 모든 인간을 가치 있는 존재로 인정하는 것에서 서비스가 제공된다는 것을 의미한다.

② 배분적 사회정의

개인의 문제는 사회적 자원의 결핍 또는 역기능적인 사회환경에 의해 발생하는 것으로 이해할 수 있다. 따라서 사회는 개인의 안녕을 위해 사회적 자원을 최대한 공평하게 배분해 주어야 한다는 신념으로 볼 수 있다. 배분적 사회정의는 개인에 대한 사회의 책임성과 참여를 중요시한다. 예를 들면, 빈부의 격차가 개인의 능력이나 노력에 의해 영향을 받는다는 것을 인정하면서도 이들의 인간적인 삶을 위해 최소한의 사회적 자원이 배분되어야 한다는 것을 의미한다.

(2) 목적과 관련된 가치

사회복지실천의 목적과 관련된 가치를 궁극적 가치, 수단적 가치, 차등적 가치로 나누어 살펴보면 다음과 같다(Johnson & Yanca, 2007).

① 궁극적 가치

궁극적 가치(ultimate values)는 가장 추상적이고 다수의 사람들로부터 가장 쉽게 동의를 얻을 수 있는 내용이다. 궁극적 가치로는 인간의 존엄성, 자유, 정의, 평화 등이 있다.

② 수단적 가치

수단적 가치(instrumental values)는 도구적 가치라고도 한다. 궁극적 가치를 달성하기 위한 수단으로, 목적을 위해 요구되는 바람직한 수단을 명확하게 하는 일종의 행동방식이다. 수단적 가치로는 비난하지 않는 태도, 자기결정권, 비밀 보장, 고지된 동의, 타인의 수용, 교육 기회의 균등 등이 있다.

③ 차등적 가치

차등적 가치(proximate values)는 궁극적 가치를 보다 구체화한 가치로, 특수하고 단기적인 목표를 제시한다. 사회문화적 영향과 개인의 경험에 따라 가치의 찬반이 가능하다. 차등적 가치로는 낙태에 대한 권리, 치료를 거부할 수 있는 환자의 권리, 동성애에 대한 가치 등이 있다.

(3) 기본적 가치

프리드랜더(Friedlander, 1980)는 사회복지실천의 기본적 가치를 인간의 존엄성과 자율성, 기회의 균등성, 사회적 책임성으로 보았다. 미국사회복지사협회(NASW, 1995)는 개인의 가치와 존엄성, 개인에 대한 존경심, 개인의 변화 가능성, 클라이언트의 자기결정 및 비밀 보장, 사생활 보장, 적절한 자원과 서비스 제공, 역량 강화, 동등한 기회 보장, 비차별성, 다양성 존중 등을 기본적 가치로 제시하였다.

사회복지실천의 기본적 가치를 살펴보면, 기본적 권리에 대한 존중, 인간의 사회적 책임감, 개인적 자유에 관한 헌신성, 자기결정에 대한 지지, 인간의 잠재적 능력의 인정, 인간 고유의 존엄성을 존중받을 가치, 자기결정권, 분배적 사회정의와 평등, 연대성, 인도주의 등이 있다. 이 중 주된 기본적 가치를 살펴보면 다음과 같다(이영실 외, 2021: 35-36).

① 기본적 권리에 대한 존중

모든 인간은 삶의 목표를 달성하고, 문제를 예방 또는 경감시키며 개인의 잠재력을 충분히 실천시키기 위해 도움이 되는 자원과 서비스에 대한 동등한 접근성을 가져야 한다.

② 인간의 사회적 책임감

가족, 교육, 정보, 사회복지 등의 사회적 제도는 인간의 욕구에 대해 인간적이고 반응적이어야 한다.

③ 개인적 자유에 관한 헌신성

모든 사람들 사이에는 일정한 차이가 존재한다는 것을 인식하고 사회는 각 구성원에 대한 사회적 통제를 최소화해야 한다.

④ 자기결정에 대한 지지

모든 개인은 각자 자기 자신에 대해 스스로 선택할 권리를 가진다. 자신의 삶을 선택할 자유를 가지지 못한 개인은 자신의 삶을 스스로 선택하는 삶을 영위할 능력을 고취시켜야 한다.

(4) 전문적 가치

사회복지실천에서 가장 많이 거론되는 전문직의 가치를 살펴보면 '개인의 가치와 존엄성', '개인에 대한 존경', '개인의 변화 가능성에 대한 가치', '클라이언트의 자기결정권', '비밀 보장과 사생활 보장', '적절한 자원과 서비스 제공', '클라이언트에게 권한 부여', '동등한 기회 보장', '비차별성', '다양성의 존중' 등이 있다. 전문직 가치란 전문직으로 인정되는 과정에서 그 전문직의 독특한 실천활동과 관련하여 요구되는 가치를 말한다. 이는 해당 전문직의 평가와 책임 소재의 근거가 된다. 레비(Levy, 1973)는 사회복지의 전문적 가치를 사람우선 가치, 결과우선 가치, 수단우선 가치로 구분한 바 있다.

① 사람우선 가치

업무 수행의 대상인 사람에 대한 전문직이 갖추고 있어야 할 기본적 가치관으로 사회복지실천의 기본철학과 같은 것이다. 전문직이 갖추어야 할 사람우선 가치로는 인간의 가치와 존엄성에 대한 믿음, 인간의 건설적인 변화 의지와 능력에 대한 믿음, 상호 책임성, 소속의 욕구, 인간의 공통된 욕구, 개인의 개별성에 대한 인정 등이다. 사회복지실천에서는 클라이언트를 개별화된 인간으로 존중하고 그의 능력과 권한을 인정해 주는 것으로 구체화된다.

② 결과우선 가치

목표하고 있는 결과에 대한 개념으로서 인간에게 바람직한 결과가 무엇인지를 알려주는 가치를 말한다. 서비스 제공 이후 바람직한 성취를 위해 필요한 가치로서 불공평한 교육 기회나 부적절한 주거환경 등의 문제를 제거하거나 사회적 문제 제거 및 평등한 기회 부여와 차별 금지 등이 있다.

③ 수단우선 가치

인간을 대하는 바람직한 방법과 관련된 것으로서 서비스를 수행하는 방법과 수단, 도구에 대한 가치를 말한다. 즉 인간은 존엄과 존경을 토대로 자기결정권을 가져야 하고, 사회 변화 참여를 격려 받아야 하며, 독특한 개인으로 인정받아야 한다는 신념이다. 수단우선 가치는 인간의 자율성으로 요약될 수 있다. 이를 위해 사회복지사는 클라이언트의 자기결정권을 존중하고 비심판적 태도를 갖추어야 한다.

미국사회복지교육협의회(CSWE)에서 제시하고 있는 사회복지전문직의 가치요건은 다음 6가지로 요약해 볼 수 있다.

첫째, 개인의 가치와 인간의 존엄성, 수용, 비밀 보장, 정직, 책임성

둘째, 클라이언트의 자기결정권, 원조과정에서의 적극적 참여권리 존중

셋째, 클라이언트체계가 필요한 자원을 획득할 수 있도록 원조할 책임성

넷째, 사회제도가 인도적으로 운영되고 인간의 욕구에 부응하도록 만드는 노력(사회제도 개선의 책임)

다섯째, 다양한 집단의 고유한 특성을 존중하고 이해할 수 있는 능력

여섯째, 사회복지사 자신이 행한 윤리적 행위와 실천 내용에 대한 책임, 전문적인 지식과 기술을 발전시키는 노력(전문직업적 특성 개발을 위한 노력 등)

3) 사회복지실천의 핵심 가치

앞서 우리는 사회복지실천의 가치에 대해 여러 가지로 살펴보았다. 무엇보다 사회복지실천의 핵심 가치는 인간의 존엄이다. 사회복지사는 클라이언트의 출신, 인종, 성별, 연령, 신체 및 정신적 상황, 종교와 문화, 사회적 지위, 경제 상황과 관련없이 클라이언트를 존중하는 것을 핵심 가치로 삼아야 한다.

이는 〈표 3-1〉과 같이 세계인권선언(1948)에서도 잘 드러나 있다.

표 3-1 세계인권선언

제1조	모든 인간은 태어날 때부터 자유로우며, 그 존엄성과 권리에 있어서 평등하다. 인간은 이성과 양심을 부여받았으므로 서로에게 형제자매의 정신으로 행동해야 한다.
제2조	모든 인간은 인종, 피부색, 성, 언어, 종교, 정치 또는 그 밖의 견해, 민족 또는 사회적 출신, 재산, 출생 또는 다른 지위 등과 같은 그 어떤 종류의 구별도 없이 이 선언에 제시된 모든 권리와 자유를 누릴 자격이 있다. 더 나아가 한 사람이 속한 나라 또는 영토가 독립국이건 신탁통치지역이건 비자치지역이건 또는 그 밖의 다른 어떤 주권상의 제한을 받는 곳이건, 그 나라나 영토의 정치적, 사법적, 국제적 지위를 근거로 차별이 자행되어서는 안 된다.

2. 사회복지실천의 윤리

1) 윤리의 이해

(1) 윤리의 개념

윤리(ethics)는 사회적 의식의 한 형태로 인간이라면 마땅히 따라야 하는 규범의 총체이다. 이는 가치에서 비롯되며 어떤 행동이 옳고 그른가를 판단해 주는 도덕적 지침이기도 하다. 사회복지실천에서 윤리는 사회복지 가치기준에 맞는 실천을 하였는가에 대한 판단기준을 제시한다. 즉 '행동화된 가치'라고 할 수 있다.

윤리의 사전적 의미는 '사람으로서 마땅히 지키거나 행해야 할 도리나 규범'으로 영어로는 에틱스(ethics)로 그리스어의 'Ethos'에서 유래된 '관습'을 의미한다. 바커(Barker, 1995)는 윤리를 '선악의 속성이나 도덕적 의무를 결정하는 일련의 지침이자 행동기준 또는 원칙'으로 정의한 바 있다.

정리하면, 윤리는 인간의 행동을 통제하거나 규제하는 기준과 원칙까지 포함하는 개념이며 보편적으로 타인에 대한 책임감에서 우러나오는 인간에 대한 기대를 말한다.

가치가 '무엇이 좋고 바람직한 것인가'와 관련된다면 윤리는 '무엇이 맞고 옳은가'와 관련된다. 사회복지실천 가치에서 윤리가 비롯되고, 이 윤리는 실천적 원칙을 만들고, 원칙은 옳고 바른 것을 추구하는 윤리기준을 제공한다(전재일 외, 2004: 52). 사회복지실천 윤리에서 가치를 중요하게 다루는 이유는 사회복지의 가치에서 사회복지실천 원칙들이 만들어지기 때문이다. 가치와 윤리의 차이점을 살펴보면 〈표 3-2〉와 같다.

표 3-2 가치와 윤리의 차이점

구분	가치	윤리
개념	객관적 증명이 어려우며 주관적으로 선호하는 것으로서 적절한 행동선택의 지침 또는 기준	가치에서 비롯되며 옳고 그름에 대한 판단의 도덕적 지침
관심	바람직한 것인가 바람직하지 않은 것인가	옳은 것인가 옳지 않은 것인가
표현	생각으로만 머물기도 함	인간의 행동으로 나타남
기준	과학적 근거 부재, 규범적 기준이 필요하지 않은 하나의 신념	규범적인 인간 행동의 사회적 태도
개입	인간관계가 개입되지 않기도 함	인간관계의 상호작용 속

(2) 사회복지실천의 윤리적 개념

사회복지실천 윤리란 다양한 배경을 가진 사회복지사들이 복잡한 사회복지실천 분야에서 직면하게 되는 윤리적 쟁점에서 올바른 판단을 할 수 있는 체계적인 준거틀을 제공한다(Levy, 1976).

로웬버그와 돌고프(Lowenberg & Dolgoff, 1996)는 사회복지실천 윤리를 사회복지 실무자에게 무엇이 윤리적으로 올바른 실천방법인지 인식할 수 있도록 돕고 전문적인 사회복지실천 상황에서 발생하는 윤리적인 측면을 올바른 실천 행위로 결정하고 도와줄 수 있는 방법이라고 정의한 바 있다.

사회복지사는 클라이언트를 돕는 과정에서 다양한 윤리적 결정을 해야 하는 상황에 직면하게 된다. 도덕적으로 마땅히 해야 할 옳은 일은 무엇인지, 그 상황에서 사회복지사는 어떻게 해야 비윤리적인 행동을 피할 수 있는지 등 사회복지실천과정에서 사회복지사의 판단 근거와 방향을 제시해 줄 수 있는 것이 바로 사회복지실천 윤리이다. 즉 사회복지실천 윤리는 사회복지실천과정에서 직면하는 다양한 윤리적 쟁점에 대해 올바른 판단과 이를 행동으로 실행하도록 도와주는 지침이라고 할 수 있다.

(3) 사회복지실천 윤리의 필요성

사회복지실천 윤리는 사회복지전문직을 보호하는 기능을 한다. 사회복지전문가의 가치관과 클라이언트의 가치관, 사회의 가치관 등 이들 사이에 존재하는 공통점과 차이점에 대해 확인시켜 주고, 서로 다른 가치관 사이의 관계 정립을 위해서도 필요하다. 아울러 사회복지실천 윤리는 실천과정에서의 윤리적 딜레마를 이해하고 이에 올바른 판단과 행동을 했는지 스스로 판단함으로써 자기규제를 하도록 한다. 이를 통해 사회복지전문직의 전문성을 확보할 수 있다. 사회복지사의 자기규제는 전문직을 보호하고 윤리적인 실천과 함께 클라이언트도 보호한다. 따라서 사회복지실천 윤리는 사회복지전문가는 물론 클라이언트의 권리 보호 등을 위해 필요하다.

2) 사회복지사 윤리강령

(1) 윤리강령의 기능

윤리강령은 사회적 가치관과 개인의 가치관 및 윤리관의 급격한 변화로 인해 발생하는 다양한 갈등을 해결하기 위해 등장했다. 윤리강령은 전문가들이 윤리적 실천을 수행할 수 있도록 전문적 행동기준과 원칙이 구체적인 지침으로 규정되어 있다. 윤리강령은 전문가들이 공통으로 합의한 내용을 담고 있기 때문에 사회적 및 윤리적 제재의 힘을 갖는다. 그리고 전문직의 가치기준에 맞는 실천을 할 수 있는 판단기준과 해당 전문직이 지켜야 할 기본 윤리행위를 알리고 전문직의 비윤리적 행위를 판단할 수 있는 기준을 제시하는 기능이 있다.

윤리강령의 기능은 5가지로 정리할 수 있다(양옥경 외, 2004: 92-93).

첫째, 사회복지실천현장에서 윤리적 갈등이 발생했을 때 지침과 원칙을 제공한다.

둘째, 자기규제를 통해 클라이언트를 보호한다.

셋째, 스스로 자기규제를 가짐으로써 사회복지전문직의 전문성을 확보하고 외부통제로부터 전문직을 보호한다.

넷째, 일반대중에게 전문가로서의 사회복지 기본업무 및 자세를 알리는 일차적 수단으로 기능한다.

다섯째, 윤리강령이라는 선언적 선서를 통해 사회복지전문가들의 윤리적 민감화를 고양시키고 윤리적으로 무장시킨다.

로웬버그 등(Lowenberg & Dolgoff, 1992)이 강조한 윤리강령의 기능을 살펴보면 다음과 같다.

첫째, 실무자가 윤리적 문제를 포함한 딜레마에 당면했을 때 안내한다.

둘째, 무능력한 실무자로부터 대중을 보호한다.

셋째, 정부의 통제로부터 전문직을 방어한다.

넷째, 동료의 관계를 건전하게 유지한다.

다섯째, 소송으로부터 전문가를 보호한다.

종합해 보면 윤리강령의 기능은 전문가로서 지켜야 할 기본 윤리적 행위가 무엇이고, 전문가로서 하지 말아야 할 비윤리적 행동이 무엇인지를 판단하는 기준을 제시한다. 따라서 윤리강령의 기능은 전문직을 외부의 규정으로부터 보호하는 기능과 전문직의 실천대상을 보호하는 기능으로 이해할 수 있다.

(2) 윤리강령의 목적

전문직은 전문직으로서의 기본적인 가치관과 윤리적 원칙, 윤리적 기준이 명확히 수립되어야 할 의무가 있다. 사회복지사 윤리강령은 사회복지실천의 핵심으로, 사회복지전문직이 수행하는 전문기능, 실천현장, 서비스 대상과 상관없이 모든 사회복지사에게 적용된다.

미국사회복지사협회(NASW)에서 제시하고 있는 윤리강령의 목적은 다음과 같다.

① 강령은 사회복지실천 사명의 기반이 되는 핵심 가치를 확인한다.

② 강령은 전문직의 핵심 가치를 반영하는 광범위한 윤리적 원칙을 개괄하며 사회

복지실천의 지침으로 사용되어야 할 일련의 구체적 윤리기준을 확립한다.

③ 강령은 전문적 의무에 갈등이 생기거나 윤리적 불확실성이 발생했을 때 사회복지사들이 적절한 고려사항을 확인해 볼 수 있도록 기획되었다.

④ 강령은 일반 대중이 사회복지전문직을 신뢰할 수 있도록 윤리적 기준을 제공한다.

⑤ 강령은 이 분야에 새롭게 들어온 실천가들에게 사회복지실천의 사명, 가치, 윤리적 원칙, 윤리적 기준을 사회화시킨다.

⑥ 강령은 사회복지사가 비윤리적 행위에 관여하고 있는지를 사정하기 위해 사회복지전문직 자체가 사용할 수 있는 기준을 명확히 표명한다. NASW는 회원에 대해 제기된 윤리적 고충 신고를 판결하기 위한 공식절차를 두고 있다. 강령에 동의함으로써 사회복지사는 강령의 실행에 협력해야 하며, NASW 소송절차에 참여해야 하고 강령에 기반을 둔 모든 NASW의 징계 및 제재를 준수해야 한다.

(3) 미국사회복지사협회(NASW)의 사회복지사 윤리강령

미국사회복지사협회의 사회복지사 윤리강령에는 사회복지전문직의 활동과 관련된 사회복지사의 윤리기준을 제시하고 있다. 이는 사회복지실천현장에서 수행하는 모든 일에 대한 전문가의 윤리와 책임의 관점에서 원칙, 지침, 평가, 책임소재의 근거가 되고 있다. 윤리강령에 기술된 사회복지사의 윤리기준은 다음과 같다.

① 클라이언트에 대한 사회복지사의 윤리적 책임

② 동료에 대한 사회복지사의 윤리적 책임

③ 실천현장에 대한 사회복지사의 윤리적 책임

④ 전문직으로서의 사회복지사의 윤리적 책임

⑤ 사회복지전문직에 대한 사회복지사의 윤리적 책임

⑥ 더 넓은 사회에 대한 사회복지사의 윤리적 책임

미국사회복지사협회의 윤리강령에서 제시하는 전문가의 핵심가치와 윤리적 원칙을 정리하면 〈표 3-3〉과 같다.

표 3-3 NASW 윤리강령의 핵심가치와 윤리적 원칙

핵심가치	윤리적 원칙
서비스 제공	사회복지사는 도움을 요청하는 사람들을 돕고 사회문제를 해결해야 한다.
사회정의	사회복지사는 사회적 불공평에 도전해야 한다.
개인의 존엄성과 가치	사회복지사는 타고난 개인의 존엄성과 가치를 존중해야 한다.
인간관계의 중요성	사회복지사는 인간관계의 본질적인 중요성을 인식해야 한다.
신뢰성 확립(성실)	사회복지사는 신뢰감을 주도록 행동해야 한다.
능력	사회복지사는 자신의 능력 범위 내에서 실천하여야 하며, 자신의 전문적 기술을 개발하고 강화시켜야 한다.

(4) 우리나라 사회복지사 윤리강령

우리나라의 사회복지사 윤리강령은 1973년 2월에 윤리강령 초안이 제정·결의되었고 1982년 1월 15일에 '한국사회사업가 윤리강령'이 제정되었다. 1983년 「사회복지사업법」이 개정되면서 윤리강령도 '사회복지사 윤리강령'으로 변경되었다. 이후 1988년 3월 26일, 1992년 10월 22일, 2001년 12월 15일 세 차례의 개정을 통해 전문, 윤리기준, 사회복지 윤리위원회의 구성과 운영에 관한 내용으로 구성되었다.

한국사회복지사 윤리강령의 전문에는 사회복지의 이념, 전문직의 사명과 핵심가치가 요약되어 있다. 구체적으로 인간의 존엄성과 사회적 정의 및 공평 등의 가치를 추구하며 균등하고 차별 없는 서비스를 받을 클라이언트의 권리와 사회복지사 개인의 이익을 배제하고 전문적 지식과 기술 개발을 위해 지속적으로 노력할 것과 팀워크, 전문인으로서의 책임성 등을 강조하고 있다. 그리고 사회복지사 직업윤리는 인도주의적 이상과 민주주의적 철학을 바탕으로 자아실현을 목표로 이용 가능한 사회적 자원과 과학적 지식을 통합하여 복지사회 구현과 정의로운 사회건설에 헌신하는 것으로 삼고 있다.

전문

사회복지사는 인본주의·평등주의 사상에 기초하여, 모든 인간의 존엄성과 가치를 존중하고 천부의 자유권과 생존권의 보장 활동에 헌신한다. 특히 사회적·경제적 약자들의 편에 서서 사회정의와 평등 자유와 민주주의 가치를 실현하는 데 앞장선다. 또한 도움을 필요로 하는 사람들의 사회적 지위와 기능을 향상시키기 위해 저들과 함께 일하며, 사회제도 개선과 관련된 제반 활동에 주도적으로 참여한다. 사회복지사는 개인의 주체성과 자기결정권을 보장하는 데 최선을 다하고, 어떠한 여건에서도 개인이 부당하게 희생되는 일이 없도록 한다. 이러한 사명을 실천하기 위하여 전문적 지식과 기술을 개발하고, 사회적 가치를 실현하는 전문가로서의 능력과 품위를 유지하기 위해 노력한다. 이에 우리는 클라이언트·동료·기관 그리고 지역사회 및 전체 사회와 관련된 사회복지사의 행위와 활동을 판단·평가하며 인도하는 윤리기준을 다음과 같이 선언하고 이를 준수할 것을 다짐한다.

한국사회복지사 윤리강령에는 사회복지사의 기본적 윤리기준, 사회복지사의 클라이언트에 대한 윤리기준, 사회복지사의 동료 및 슈퍼바이저에 대한 윤리기준, 사회복지사의 사회에 대한 윤리기준, 사회복지사의 기관에 대한 윤리기준, 사회복지윤리위원회의 구성과 운영 등과 관련하여 6가지 윤리기준을 제시하고 있다. 주요 내용을 살펴보면 다음과 같다.

① 기본적 윤리기준

가. 전문가로서의 자세

사회복지사의 전문가로서의 자세에는 품위와 자질 유지 및 업무에 대한 책임, 클라이언트에 대한 차별 대우 금지, 업무 수행에서 부당한 압력과 타협 금지, 사회정의 실현과 클라이언트의 복지 증진을 위한 국가와 사회에 요구하는 노력, 전문적 가치와 판단에 따른 자율적인 업무 수행, 자신의 이익을 위한 전문직의 가치와 권위 훼손 금지, 전문가단체 활동의 적극적인 참여와 사회복지사의 권익옹호를 위한 노력 등이 포함되어 있다.

나. 전문성 개발을 위한 노력

사회복지사의 전문성 개발을 위한 노력에는 최상의 서비스 제공을 위한 지식과 기술 개발 및 전파의 책임, 클라이언트의 권리 보장을 위한 자발적이고 고지된 동의, 비밀 보장의 원칙과 클라이언트에 대한 보호, 전문성 개발을 위한 노력과 서비스 제공에 대한 성실성, 한국사회복지사협회 등이 실시하는 제반 교육에 적극 참여 등이 포함되어 있다.

다. 경제적 이득에 대한 태도

사회복지사의 경제적 이득에 대한 태도에는 클라이언트의 지불 능력과 상관없는 서비스 제공과 차별대우 금지, 공정하고 합리적인 이용료 책정, 정당하지 못한 방법에 따른 경제적 이득 금지 등이 포함되어 있다.

Ⅰ. 사회복지사의 기본적 윤리기준

1. 전문가로서의 자세

1) 사회복지사는 전문가로서의 품위와 자질을 유지하고, 자신이 맡고 있는 업무에 대해 책임을 진다.
2) 사회복지사는 클라이언트의 종교·인종·성·연령·국적·결혼상태·성적 지향·경제적 지위·정치적 신념·정신, 신체적 장애·기타 개인적 선호, 특징, 조건, 지위를 이유로 차별대우를 하지 않는다.
3) 사회복지사는 전문가로서 성실하고 공정하게 업무를 수행하며, 이 과정에서 어떠한 부당한 압력에도 타협하지 않는다.
4) 사회복지사는 사회정의 실현과 클라이언트의 복지 증진에 헌신하며, 이를 위한 환경 조성을 국가와 사회에 요구해야 한다.
5) 사회복지사는 전문적 가치와 판단에 따라 업무를 수행함에 있어, 기관 내외로부터 부당한 간섭이나 압력을 받지 않는다.
6) 사회복지사는 자신의 이익을 위해 사회복지전문직의 가치와 권위를 훼손해서는 안 된다.
7) 사회복지사는 한국사회복지사협회 등 전문가단체 활동에 적극 참여하여, 사회정의 실현과 사회복지사의 권익옹호를 위해 노력해야 한다.

2. **전문성 개발을 위한 노력**

1) 사회복지사는 클라이언트에게 최상의 서비스를 제공하기 위해, 지식과 기술을 개발하는 데 최선을 다하며 이를 활용하고 전파할 책임이 있다.
2) 클라이언트를 대상으로 연구하는 사회복지사는 저들의 권리를 보장하기 위해, 자발적이고 고지된 동의를 얻어야 한다.
3) 연구 과정에서 얻은 정보는 비밀 보장의 원칙에서 다루어져야 하고, 이 과정에서 클라이언트는 신체적, 정신적 불편이나 위험·위해 등으로부터 보호되어야 한다.
4) 사회복지사는 전문성을 개발하기 위해 노력하되, 이를 이유로 서비스의 제공을 소홀히 해서는 안 된다.
5) 사회복지사는 한국사회복지사협회 등이 실시하는 제반 교육에 적극 참여하여야 한다.

3. **경제적 이득에 대한 태도**

1) 사회복지사는 클라이언트의 지불 능력에 상관없이 서비스를 제공해야 하며, 이를 이유로 차별 대우를 해서는 안 된다.
2) 사회복지사는 필요한 경우에 제공된 서비스에 대해, 공정하고 합리적으로 이용료를 책정해야 한다.
3) 사회복지사는 업무와 관련하여 정당하지 않은 방법으로 경제적 이득을 취하여서는 안 된다.

② 클라이언트에 대한 윤리기준

가. 클라이언트와의 관계

사회복지사와 클라이언트의 관계에는 클라이언트의 권익옹호 최우선, 클라이언트의 존엄성 존중과 전문적 기술과 능력의 최대한 발휘, 클라이언트의 자기결정권 보장과 최대한의 이익 대변, 사생활 보호와 철저한 비밀 보장, 클라이언트의 알 권리 존중, 클라이언트 동의하에 정보 활용, 개인적 이익을 위한 전문적 관계 이용 금지, 클라이언트와의 성적 관계 금지, 사회복지 증진을 위한 동반자로서 인정하기 등이 포함되어 있다.

나. 동료의 클라이언트와의 관계

동료의 클라이언트와의 관계에는 적절한 논의 없이 동료 및 타 기관의 클라이언트와의 전문적 관계 금지, 긴급한 사정으로 인한 동료의 클라이언트를 맡을 경우 자신의 클라이언트와 동등한 서비스 제공에 대한 내용이 포함되어 있다.

II. 사회복지사의 클라이언트에 대한 윤리기준

1. 클라이언트와의 관계

1) 사회복지사는 클라이언트의 권익옹호를 최우선의 가치로 삼고 행동한다.
2) 사회복지사는 클라이언트에 대하여 인간으로서의 존엄성을 존중해야 하며, 전문적 기술과 능력을 최대한 발휘한다.
3) 사회복지사는 클라이언트가 자기결정권을 최대한 행사할 수 있도록 도와야 하며, 저들의 이익을 최대한 대변해야 한다.
4) 사회복지사는 클라이언트의 사생활을 존중하고 보호하며, 직무 수행과정에서 얻은 정보에 대해 철저하게 비밀을 유지해야 한다.
5) 사회복지사는 클라이언트가 받는 서비스의 범위와 내용에 대해, 정확하고 충분한 정보를 제공함으로써 알 권리를 인정하고 존중해야 한다.
6) 사회복지사는 문서·사진·컴퓨터 파일 등의 형태로 된 클라이언트의 정보에 대해 비밀보장의 한계·정보를 얻어야 하는 목적 및 활용에 대해 구체적으로 알려야 하며, 정보공개 시에는 동의를 얻어야 한다.
7) 사회복지사는 개인적 이익을 위해 클라이언트와의 전문적 관계를 이용하여서는 안 된다.
8) 사회복지사는 어떠한 상황에서도 클라이언트와 부적절한 성적 관계를 가져서는 안 된다.
9) 사회복지사는 사회복지 증진을 위한 환경조성에 클라이언트를 동반자로 인정하고 함께 일해야 한다.

2. 동료의 클라이언트와의 관계

1) 사회복지사는 적법하고도 적절한 논의 없이 동료 혹은 다른 기관의 클라이언트와 전문적 관계를 맺어서는 안 된다.
2) 사회복지사는 긴급한 사정으로 인해 동료의 클라이언트를 맡게 된 경우 자신의 의뢰인처럼 관심을 갖고 서비스를 제공한다.

③ 동료에 대한 윤리기준

가. 동료

사회복지사의 동료 관계에는 동료에 대한 존중과 신뢰, 전문직의 이익과 권익 증진을 위한 동료와의 협력, 동료의 윤리적이고 전문적인 행위 촉진 및 비윤리적 행위 시

법률규정 및 윤리기준에 따른 대처, 사회복지사의 미흡한 전문적 판단과 실천으로 문제발생 시 적절한 조치를 통한 클라이언트의 이익 보호, 전문직 내 다른 구성원이 행한 비윤리적 행위에 대한 적절한 조치, 동료 사회복지사 및 타 전문직 동료와의 민주적인 직무관계 수립 등이 포함되어 있다.

나. 슈퍼바이저

슈퍼바이저의 관계에서 슈퍼바이저는 지위를 이용한 개인적 이익 추구 금지, 전문적 기준에 의거한 공정한 책임수행과 평가에 대한 공유, 슈퍼바이저의 전문적 지도와 조언에 대한 사회복지사의 존중과 슈퍼바이저의 사회복지사에 대한 전문적 업무 지원, 사회복지사·수련생 및 실습생에 대한 인격적·성적 수치심을 주는 행위 금지 등이 포함되어 있다.

Ⅲ. 사회복지사의 동료에 대한 윤리기준

1. 동료

1) 사회복지사는 존중과 신뢰로써 동료를 대하며, 전문가로서의 지위와 인격을 훼손하는 언행을 하지 않는다.
2) 사회복지사는 사회복지전문직의 이익과 권익을 증진시키기 위해 동료와 협력해야 한다.
3) 사회복지사는 동료의 윤리적이고 전문적인 행위를 촉진시켜야 하며, 이에 반하는 경우에는 제반 법률규정이나 윤리기준에 따라 대처해야 한다.
4) 사회복지사가 전문적인 판단과 실천이 미흡하여 문제를 야기시켰을 때에는, 적절한 조치를 취하여 클라이언트의 이익을 보호해야 한다.
5) 사회복지사는 전문직 내 다른 구성원이 행한 비윤리적 행위에 대해, 제반 법률규정이나 윤리기준에 따라 조치를 취해야 한다.
6) 사회복지사는 동료 및 타 전문직 동료의 직무 가치와 내용을 인정·이해하며, 상호 간에 민주적인 직무관계를 이루도록 노력해야 한다.

2. 슈퍼바이저

1) 슈퍼바이저는 개인적인 이익의 추구를 위해 자신의 지위를 이용해서는 안 된다.
2) 슈퍼바이저는 전문적 기준에 의해 공정하게 책임을 수행하며, 사회복지사·수련생 및 실습생에 대한 평가는 저들과 공유해야 한다.

3) 사회복지사는 슈퍼바이저의 전문적 지도와 조언을 존중해야 하며, 슈퍼바이저는 사회복지사의 전문적 업무수행을 도와야 한다.
4) 슈퍼바이저는 사회복지사·수련생 및 실습생에 대해 인격적·성적으로 수치심을 주는 행위를 해서는 안 된다.

④ 사회에 대한 윤리기준

사회에 대한 윤리기준에는 인권존중과 인간평등을 위한 헌신 및 사회적 약자를 옹호하고 대변하는 책임, 사회서비스 개발을 위한 사회정책 수립 발전 및 입법 집행에 적극적인 참여 및 지원, 사회환경 개선과 사회정의 증진을 위한 사회정책 수립·발전·입법·집행의 요구 및 옹호, 지역사회 문제 이해와 해결에 대한 적극적인 참여 등이 포함되어 있다.

Ⅳ. 사회복지사의 사회에 대한 윤리기준

1) 사회복지사는 인권존중과 인간평등을 위해 헌신해야 하며, 사회적 약자를 옹호하고 대변하는 일을 주도해야 한다.
2) 사회복지사는 필요한 사회서비스를 개발하기 위한 사회정책의 수립·발전·입법·집행에 적극적으로 참여하고 지원해야 한다.
3) 사회복지사는 사회환경을 개선하고 사회정의를 증진시키기 위한 사회정책의 수립·발전·입법·집행을 요구하고 옹호해야 한다.
4) 사회복지사는 자신이 일하는 지역사회의 문제를 이해하고, 그것을 해결하는 일에 적극적으로 참여해야 한다.

⑤ 기관에 대한 윤리기준

기관에 대한 윤리기준에는 기관의 정책과 사업 목표달성 및 서비스의 효율성과 효과성 증진을 위한 노력, 기관의 부당한 정책 또는 요구에 대한 대응 및 공식적인 절차 활용, 소속기관 활동에 적극적인 참여 등이 포함되어 있다.

V. 사회복지사의 기관에 대한 윤리기준

1) 사회복지사는 기관의 정책과 사업 목표의 달성, 서비스의 효율성과 효과성의 증진을 위해 노력함으로써, 클라이언트에게 이익이 되도록 해야 한다.
2) 사회복지사는 기관의 부당한 정책이나 요구에 대하여, 전문직의 가치와 지식을 근거로 이에 대응하고 즉시 사회복지윤리위원회에 보고해야 한다.
3) 사회복지사는 소속기관 활동에 적극 참여함으로써, 기관의 성장발전을 위해 노력해야 한다.

⑥ 사회복지윤리위원회의 구성과 운영

사회복지윤리위원회의 구성과 운영에는 한국사회복지사협회의 사회복지윤리위원회 구성 및 사회복지윤리 실천을 위한 노력, 사회복지윤리위원회의 공식적 절차에 의한 비윤리적 행위 대처, 한국사회복지사협회의 윤리적 권고와 결정 존중 등이 포함되어 있다.

VI. 사회복지윤리위원회의 구성과 운영

1) 한국사회복지사협회는 사회복지윤리위원회를 구성하여, 사회복지윤리실천의 질적인 향상을 도모하여야 한다.
2) 사회복지윤리위원회는 윤리강령을 위배하거나 침해하는 행위를 접수받아, 공식적인 절차를 통해 대처하여야 한다.
3) 사회복지사는 한국사회복지사협회의 윤리적 권고와 결정을 존중하여야 한다.

3. 사회복지실천현장의 윤리적 갈등

1) 윤리적 가치 갈등의 유형

윤리적 갈등(ethical dilemmas)이란 사회복지사가 사회복지실천과정에서 전문가로서 지켜야 할 윤리적 의무와 책무가 서로 충돌함에 따라 어떠한 실천 행동을 선택하는 것이 윤리적으로 올바른 것인지 판단하기 힘든 상태를 말한다.

사회복지사는 개인적 가치, 전문적 가치, 클라이언트와 클라이언트 집단의 가치, 사회의 가치 등 다양한 가치에 직면하게 된다. 이때 사회복지사는 2가지 이상의 가치 중 하나를 선택해야 하거나 선택하고자 하는 각 대안들이 한 사람 또는 여러 사람에게 바람직하지 못한 결과를 초래하게 될 때 윤리적 갈등을 경험하게 된다. 전문가들은 전문직의 가치에 맞는 행동을 해야 하지만, 2가지 이상의 의무나 가치, 원칙들이 서로 모순되거나 충돌할 경우 어떤 판단을 해야 할지 난관에 부딪히게 된다. 사회복지실천과정에서 발생하는 가치갈등의 유형은 크게 5가지로 볼 수 있다(길귀숙 외, 2020: 65-67).

(1) 가치 상충

윤리적 갈등이 가장 빈번하게 발생하는 유형이다. 2가지 이상의 경쟁적 가치에 처하게 됐을 때 어떤 가치를 먼저 선택할지 결정하지 못하는 경우 겪게 되는 윤리적 갈등이다. 윤리적 문제에서 상충되는 가치는 전문가의 가치와 개인적 가치 사이의 상충, 클라이언트의 가치 간 상충 등이 있다.

예를 들면, 심각한 유전 질병이 있다는 사실을 아내에게 알리지 않고 자녀를 갖고자 하는 남편이 있을 경우 '클라이언트의 자기결정권' 가치와 '인간의 생명보호'라는 가치 사이에서의 갈등이라든지, 보호시설 입소가 클라이언트에게 도움이 된다고 판단하고 입소를 권하는 사회복지사와 입소를 원하지 않는 클라이언트 간에 '클라이언트의 자기결정권 존중'과 '온정주의' 가치에서 어떤 가치를 우선해야 할 것인지 갈등하는 것이 가치 상충에 해당한다.

(2) 의무 상충

기관에 소속된 사회복지사가 기관에 대한 의무와 클라이언트에 대한 의무 사이에서 겪는 윤리적 갈등이 의무 상충이다. 사회복지사는 소속된 기관의 정책을 준용해야 하고, 클라이언트의 이익을 위한 의무를 수행해야 한다. 그러나 이 2가지 의무가 상충될 경우 윤리적 갈등에 처하게 된다.

예를 들면, 클라이언트의 이익을 위해 최선을 다해야 함에도 불구하고 기관의 자원 부족 등으로 최선의 서비스 제공이 되지 못하는 경우라든지, 지역사회복지관이 ○○구가 설립을 추진하고 있는 시설을 혐오시설로 판단하는 ○○구 거주 주민들로부터 설립 반대운동에 동참할 것을 요청 받았을 경우, 사회복지관은 주민의 편에서 ○○구에 대항할 것인지, 주민의 요청을 거절해야 할 것인지 갈등에 처하게 되는 것이다.

(3) 클라이언트 체계의 다중성

사회복지사는 클라이언트가 다수일 경우 누구를 클라이언트로 결정할 것인지 판단해야 한다. 이는 개입의 우선 순위와 개입 내용에 중요한 영향을 미치기 때문에 누구의 이익을 우선시할 것인가에 대한 판단이 중요하다. 또한 특정 클라이언트를 위한 선택이 다른 클라이언트에게 부정적 결과를 발생시킬 경우에도 윤리적 갈등이 발생한다. 예를 들면, 아동학대 문제와 부부갈등 그리고 남편의 정신질환 등 복합적인 문제를 가진 가족의 경우 누구의 이익을 최우선으로 하고 어떤 문제에 우선 개입할 것인가에 대한 갈등이 발생하는 것이다.

(4) 결과의 모호성

윤리적 결정의 효과가 예측하기 어려울 경우 사회복지사는 어떤 결정이 바람직한 것인가에 대한 윤리적 갈등에 처하게 된다. 예를 들면, 해외입양이 아동을 위한 최선의 결정인 것인지, 현재의 판단이 추후에도 최선의 결정인 것인지를 확신할 수 없다는 점에서 윤리적 갈등이 발생하게 되는 것이다.

(5) 힘 또는 권력의 불균형

클라이언트에 대한 존중과 협력적 관계가 중요하지만, 실제 사회복지실천과정에서 사회복지사와 클라이언트와의 관계는 권력적으로 평등하기가 어렵다는 점에서 윤리적 갈등이 발생한다. 도움을 구하는 클라이언트는 전문가인 사회복지사에게 의존하는 관계가 되기 쉽다. 사회복지실천과정에서 사회복지사는 클라이언트의 자기결정권, 클라이언트 이익의 최우선, 의사결정 시 클라이언트의 참여 우선성 등의 요인들에 높은 가치를 두고 있지만, 실천과정에서 충분히 반영되지 못하는 경우가 발생할 수 있다. 특히 미성년자나 능력이 제한된 클라이언트는 전문가에게 의존함으로 인해 클라이언트의 알 권리와 자기결정권이 반영되지 못할 수 있다.

2) 사회복지실천과정의 윤리적 쟁점

사회복지실천과정에서 윤리적 갈등이 발생하는 가치들은 윤리적 갈등 해결의 기준이 되기도 한다. 윤리적 갈등이 발생하는 대표적인 가치와 윤리적 쟁점을 살펴보면 다음과 같다(양옥경 외, 2005: 59-62; 이광재, 2019: 61-63; 이영실 외, 2021:54-58).

(1) 클라이언트의 자기결정권

클라이언트가 자신에게 가장 바람직하다고 판단되는 최선의 것을 외부의 강요 없이 자유롭게 선택할 수 있는 권리를 자기결정권이라고 한다. 사회복지사는 자신의 전문적 지식·경험·기술에 근거하여 자신의 이념이나 생각을 클라이언트에게 강요해서는 안 된다. 왜냐하면 인권존중의 원칙에 의거, 클라이언트의 자기결정권을 존중해야 하기 때문이다. 클라이언트의 자기결정권을 보호하기 위해 사회복지사는 클라이언트가 선택에 필요한 정보와 선택한 결과를 이해하도록 도와야 한다.

그러나 클라이언트의 연령이 너무 낮거나 정신연령이 낮아서 스스로 결정할 능력이 없다거나, 클라이언트의 결정이 자신과 타인 또는 기관과 사회에 불이익을 초래할 위험성이 높다고 판단된다거나, 법과 관습에 어긋나는 등의 예외 상황이 발생할 경우 사회복지사는 클라이언트의 자기결정권과 관련하여 윤리적 갈등을 경험하게 된다.

(2) 클라이언트의 비밀 보장

사회복지사는 클라이언트의 사생활을 존중하고 보호하며 직무과정에서 얻은 정보를 철저하게 비밀보장해야 한다. 타인이 제공한 클라이언트에 관한 정보도 공개해서는 안

된다. 즉 클라이언트의 동의 없이 클라이언트에 대한 정보를 누설하지 않아야 한다. 그러나 범법행위로 인해 클라이언트가 법의 심판을 받게 될 경우, 법이 원하는 범위 내에서 클라이언트와의 대화 내용을 공개할 경우, 교육 또는 슈퍼비전 등의 전문가 회의에서 클라이언트의 정보를 공개할 경우, 클라이언트 자신 또는 타인을 해칠 위험이 있다고 판단될 경우 사회복지사는 비밀 보장과 관련하여 윤리적 갈등을 경험하게 된다.

(3) 진실을 말할 의무

사회복지사는 클라이언트에게 진실을 말할 의무가 있다. 이는 고지된 동의와 관련된 것으로 사회복지실천 내용을 클라이언트에게 정직하게 말할 의무이다. 이는 클라이언트가 제안한 서비스나 정보 유출의 의미와 특성, 발생할 수 있는 위험과 혜택, 가능한 대안과 예상되는 비용 등에 대해 클라이언트가 충분하게 알고 있어야 한다는 것이다.

가령, 어떤 사람이 클라이언트에 대해 비밀을 간직하고 있을 때, 이 사실을 클라이언트에게 알려 주어야 하는가? 클라이언트에게 사실을 전달할 경우 그 사람의 비밀 보장에 관한 권리는 어떻게 되는 것인가? 등으로 인한 윤리적 갈등을 겪을 수 있다. 사회복지사는 클라이언트에게 진실을 말하지 않는다거나 잘못된 정보를 제공해서는 안 된다. 그러나 모든 진실된 정보 제공이 클라이언트에게 언제나 바람직한 것은 아니라는 것도 고려해야 한다. 이 같은 경우 사회복지사의 진실을 말할 의무와 클라이언트의 알 권리 사이에서 갈등을 경험하게 된다.

(4) 제한된 자원의 공정한 분배

사회복지실천과정에서 사회복지사는 한정된 자원을 클라이언트에게 제공할 때 형평성의 원리에 의해 모든 클라이언트에게 동등한 분배를 해야 한다. 그러나 형평성의 기준을 찾는 것은 매우 복잡한 일이며 한정된 자원으로 동등하게 분배한다는 것도 힘든 일이다. 분배의 원칙을 수립하는 것은 가치의 개입이 필요하고, 수립된 원칙에 따라 분배하는 과정에서도 사회복지사는 윤리적 갈등에 부딪힐 수 있다. 가령, 후원받은 명절 선물을 어떤 대상자에게 전달할 것인지, 복합적인 문제를 가진 대상자에게 계속 서비스를 제공할 것인지, 서비스를 받지 못한 신규 대상자에게 서비스를 제공하는 것이 바람직한 것인지 등으로 윤리적 갈등을 경험하게 된다.

(5) 전문적 동료관계

사회복지실천현장에서 사회복지사는 동료 및 다른 전문가들을 존중해야 한다. 그러나 동료 사회복지사가 사회복지전문직의 윤리적 원칙을 준수하지 않거나 권위를 남용하여 클라이언트나 사회복지전문직에 해를 끼칠 경우, 기관이 규정을 위반하고 부정한 수단이나 속임수를 사용했다는 사실을 알게 된 경우 그 사실을 보고할 것인지에 대해 갈등할 수 있다. 만약 사회적으로 사회복지전문직이 인정받지 못하고 있는 상황일 경우 사회복지사는 동료나 기관의 비윤리적인 행위를 공개한다는 것이 자칫 사회복지전문직의 위상을 떨어뜨릴 우려가 있다는 점에서 이를 공론화하는 것에 대한 갈등이 더 커지게 될 수도 있다.

(6) 전문적 관계의 유지

사회복지실천과정에서 사회복지사는 클라이언트와 이중관계가 형성될 수 있다. 사회복지실천에서 이중관계란 '사회복지사가 자신의 성적·경제적·사회적 욕구를 충족시키기 위해 클라이언트와의 관계에서 서비스 제공자라는 전문가 역할 이외의 또 다른 역할에 관여하고 있는 상태'를 말한다. 사회복지사는 사회복지실천과정에서 클라이언트와 이중관계가 형성될 수 있지만 전문적 관계를 유지해야 한다.

3) 윤리적 갈등의 조정

사회복지실천과정에서 발생하는 윤리적 갈등을 해결하기 위해서는 체계적이고 조직화된 사고의 단계와 절차를 밟아가는 과정과 의사결정과정이 요구된다. 윤리적 갈등을 조정하기 위한 과정은 윤리적 의사결정모델, 윤리 사정 심사(Ethical Assessment Screen, EAS), 윤리 규칙 심사(Ethical Rules Screen, ERS), 윤리 원칙 심사(Ethical Principles Screen, EPS)가 있다.

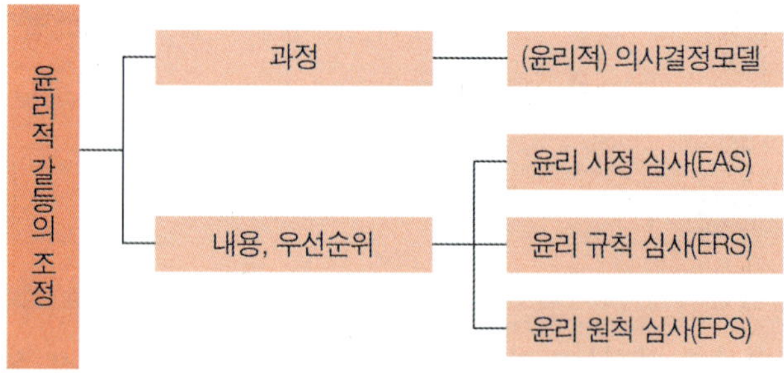

그림 3-1 윤리적 갈등 조정을 위한 형식과 내용

(1) 윤리적 의사결정모델

의사결정모델은 의사결정과정의 한 형식으로 윤리적 의사결정을 할 때 도움을 준다. 로웬버그와 돌고프(Lowenberg & Dolgoff, 1996)의 윤리적 의사결정모델은 일반적인 의사결정 단계의 한 모델로, 사회복지실천과정에서 윤리적 의사결정의 유용한 지침이 되고 있다. 갈등이 발생했을 때 어떤 것을 선택할 것인지에 대한 결정과 결정된 행위의 실행에 대한 검토와 결과에 대한 평가, 추가적인 문제들까지 고려한다. 이를 표로 제시하면 다음과 같다.

표 3-4 로웬버그와 돌고프의 윤리적 의사결정모델

단계	내용
1단계	무엇이 문제이며 무엇이 문제 발생 요인인지 확인
2단계	누가 해당 문제와 관련된 것인지 확인 (클라이언트, 피해자, 지지체계, 다른 전문가 등)
3단계	2단계에서 확인된 문제가 가진 가치 확인 (사회적 가치, 전문가로서의 가치, 클라이언트와 사회복지사의 개인적 가치 등)
4단계	문제해결과 정도를 경감시킬 개입 목표 설정
5단계	개입 수단과 개입 대상의 명확화
6단계	각각의 개입방안에 대한 효과성과 효율성 평가
7단계	의사결정 참여자 결정

단계	내용
8단계	가장 적절한 개입방법 선택
9단계	8단계에 선택된 개입방법 수행
10단계	9단계 검토 및 의외의 결과 도출에 대한 주의
11단계	결과에 대한 평가 및 추가 문제 여부 확인

(2) 윤리 사정 심사(Ethical Assessment Screen, EAS)

의사결정모델이 의사결정의 과정이라면, 윤리 사정 심사, 윤리 규칙 심사, 윤리 원칙 심사는 윤리적 의사결정과정 속에서 검토해야 할 구체적인 내용이다. 윤리 사정 심사는 사회복지사가 바람직한 실천 활동을 결정할 수 있도록 윤리적 측면들을 보다 명료하게 한다. 사회복지사가 고려해야 하는 윤리적 측면은 다음과 같다.

① 직면해 있는 윤리적 갈등과 관련되는 개인적 가치를 확인한다.

② 윤리적 결정에 관련된 사회적 가치를 확인한다.

③ 관련되는 전문적 가치와 윤리를 확인한다.

④ 선택할 수 있는 윤리적 대안들을 확인한다.

⑤ 어떤 윤리적 행동들이 다른 사람의 권리와 복지뿐만 아니라 클라이언트의 권리와 복지를 최대한 보호해 줄 수 있는가?

⑥ 어떤 윤리적 행위의 대안이 사회의 권리와 이해를 최대한 보호할 것인가?

⑦ 개인적 가치, 사회적 가치, 전문적 가치 사이의 갈등을 감소시키기 위해 무엇을 할 수 있는가? 타인 및 클라이언트의 권리와 사회의 권리 사이의 갈등을 감소시키기 위해 무엇을 할 수 있는가?

⑧ 어떠한 대안적 행동이 최소 소실(해악)의 원칙을 지킬 수 있는가?

⑨ 각각의 행위의 대안들은 어느 정도 효율적이며 윤리적인가?

⑩ 대안적 행동이 가지고 있는 단기 또는 장기적인 윤리적 결과들을 모두 고려하고 비교하고 평가해 보았는가?

(3) 윤리 규칙 심사(Ethical Rules Screen, ERS)

윤리 규칙 심사는 윤리 원칙 심사 이전에 우선적으로 수행하며, 상충적 윤리 원칙의 우선순위를 판단하는 방법과 관련된다. 윤리 규칙 심사과정에서도 만족할 만한 결과가 나오지 않았을 경우에는 윤리 원칙 심사를 진행한다.

① 사회복지사 윤리강령을 검토하고, 어떤 기준이 적용되었는지를 결정한다. 윤리강령은 사회복지사의 개인적 가치보다 우선한다.

② 적용이 가능한 몇 가지 윤리강령이 있다면 윤리강령을 따른다.

③ 특정한 문제에 대해 윤리강령이 적용되지 않거나 여러 개의 강령기준이 상충될 경우 윤리 원칙 심사를 적용한다.

(4) 윤리 원칙 심사(Ethical Principles Screen, EPS)

윤리 원칙 심사는 윤리 원칙 준거틀이라고도 한다. 사회복지실천과정에서 윤리적 쟁점이 발생할 경우 윤리 규칙 심사를 했음에도 불구하고 만족할 만한 결과가 나오지 않았을 때 최후의 수단으로 윤리 원칙 심사가 고려된다.

로웬버그와 돌고프(Loewenberg & Dolgoff, 1996)는 윤리적 의무들 간의 갈등상황 발생 시 어떠한 원칙과 법적 의무를 우선시할 것인지를 돕기 위해 '윤리 원칙 준거틀'을 제시하고, '윤리적 의사결정모델'을 활용할 것을 권고하였다.

윤리 원칙 준거틀은 윤리적 원칙을 서열화하여 윤리적 의무 간의 갈등상황 발생 시 상위의 원칙이 우선 고려되어야 한다는 것이다. 예를 들면, 법원이 클라이언트의 정보를 요청할 때 법원소환 요구에 불응하거나 무시할 수 있다. 왜냐하면, 비밀 보장의 원칙(윤리 원칙 6)이 성실의 원칙(윤리 원칙 7)보다 윤리적 중요성이 더 높은 것으로 판단되기 때문이다. '윤리 원칙 6'과 '윤리 원칙 7' 모두 사회복지사가 준수해야 할 의무이지만, 최종적으로 우선시해야 할 의무는 상위 원칙인 '윤리 원칙 6'과 관련된다. 로웬버그와 돌고프의 윤리 원칙 준거틀은 〈표 3-5〉와 같다.

표 3-5 로웬버그와 돌고프의 윤리 원칙 준거틀

윤리 원칙 1	생명보호의 원칙	다른 모든 것보다 인간의 생명보호가 우선한다.
윤리 원칙 2	평등과 불평등의 원칙	능력 및 권력이 동일한 사람은 '동일한 대우를 받을 권리'가 있고, 능력 및 권력이 다를 경우 '다르게 대우를 받을 권리'가 있다.
윤리 원칙 3	자율과 자유의 원칙	실천 과정에서 모든 결정은 클라이언트의 자율과 자유를 존중해야 하지만 자신이나 타인의 생명을 위협하는 결정은 허용되지 않는다.
윤리 원칙 4	최소 해악(손실)의 원칙	손실만 초래될 선택이라 하더라도 최대한 손실이 적고 쉽게 회복 가능한 선택을 한다.
윤리 원칙 5	삶의 질의 원칙	인간의 삶의 질을 더 증진시키는 기회를 선택한다.
윤리 원칙 6	사생활 보호와 비밀 보장의 원칙	클라이언트의 사생활을 보호하고 습득한 정보는 공개하지 않는다.
윤리 원칙 7	진실성과 정보 공개의 원칙 (성실의 원칙)	클라이언트와 관련자에게 관련 정보를 진실성 있게 충분히 공개해야 한다.

토의사항

1. 사회복지실천의 가치에 대해 정리해 보시오.
2. 사회복지실천에서 윤리의 필요성은 무엇이라고 생각하는가?
3. 사회복지사 윤리강령의 기능은 무엇이라고 생각하는가?
4. 윤리와 가치의 차이점을 토의해 보시오.
5. 윤리적 딜레마 사례를 로웬버그와 돌고프의 윤리 원칙 준거틀에 의거하여 설명해 보시오.

1급 국가고시 주요 출제경향 요약

❖ 사회복지실천의 가치와 윤리

- 가치: 다수의 사회구성원이 좋거나 바람직하다고 믿는 신념으로 방향을 제시함. 경험적으로 증명될 수 없는 것
- 윤리: 옳고 그름의 판단을 판단하는 도덕적 규범, 기준, 행동화된 가치, 가치에서 비롯됨

❖ 레비(Levy)의 사회복지의 전문적 가치

- 사람우선 가치: 사람에 대한 전문직이 갖추고 있어야 할 기본적인 가치(인간의 가치와 존엄성에 대한 믿음, 건설적인 변화 의지와 능력에 대한 믿음, 상호책임성, 소속의 욕구, 인간의 공통된 욕구, 개별성 인정 등)
- 결과우선 가치: 인간에게 바람직한 결과가 무엇인지를 알려주는 가치(불공평한 교육기회나 부적절한 주거환경 등의 문제 제거, 사회적 문제 제거 및 평등한 기회 부여와 차별 금지 등)
- 수단우선 가치: 서비스를 수행하는 방법과 수단, 도구에 대한 가치(클라이언트의 자기결정권 존중, 비심판적 태도)

❖ 사회복지실천 윤리의 기능

- 사회복지전문직의 전문성 확보 및 외부로부터 전문직을 보호
- 클라이언트의 권리 보호

❖ 윤리적 가치 갈등의 유형

- 가치 상충, 의무 상충, 클라이언트 체계의 다중성, 결과의 모호성, 힘 또는 권력의 불균형

❖ 우리나라 사회복지사 윤리강령

- 기본적 윤리기준(전문가로서의 자세, 전문성 개발을 위한 노력, 경제적 이득에 대한 태도)
  클라이언트에 대한 윤리기준(클라이언트와의 관계, 동료의 클라이언트와의 관계)
  동료에 대한 윤리기준(동료, 슈퍼바이저)
  사회에 대한 윤리기준
  기관에 대한 윤리기준
  사회복지윤리위원회의 구성과 운영

❖ 윤리적 갈등과 해결

- 윤리적 의사결정 모델(로웬버그와 돌고프)

단계	내용
1단계	무엇이 문제이며 무엇이 문제 발생 요인인지 확인
2단계	누가 해당 문제와 관련된 것인지 확인 (클라이언트, 피해자, 지지체계, 다른 전문가 등)
3단계	2단계에서 확인된 문제가 가진 가치 확인 (사회적 가치, 전문가로서의 가치, 클라이언트와 사회복지사의 개인적 가치 등)
4단계	문제해결과 정도를 경감시킬 개입 목표 설정
5단계	개입 수단과 개입 대상의 명확화
6단계	각각의 개입방안에 대한 효과성과 효율성 평가
7단계	의사결정 참여자 결정
8단계	가장 적절한 개입방법 선택
9단계	8단계에 선택된 개입방법 수행
10단계	9단계 검토 및 의외의 결과 도출에 대한 주의
11단계	결과에 대한 평가 및 추가 문제여부 확인

- 윤리 원칙 준거틀(로웬버그와 돌고프)

윤리 원칙 1	생명보호의 원칙	다른 모든 것보다 인간의 생명보호가 우선한다.
윤리 원칙 2	평등과 불평등의 원칙	능력 및 권력이 동일한 사람은 '동일한 대우를 받을 권리'가 있고, 능력 및 권력이 다를 경우 '다르게 대우를 받을 권리'가 있다.
윤리 원칙 3	자율과 자유의 원칙	실천과정에서 모든 결정은 클라이언트의 자율과 자유를 존중해야 하지만 자신이나 타인의 생명을 위협하는 결정은 허용되지 않는다.
윤리 원칙 4	최소 해악(손실)의 원칙	손실만 초래될 선택이라 하더라도 최대한 손실이 적고 쉽게 회복 가능한 선택을 한다.
윤리 원칙 5	삶의 질의 원칙	인간의 삶의 질을 더 증진시키는 기회를 선택한다.
윤리 원칙 6	사생활 보호와 비밀 보장의 원칙	클라이언트의 사생활을 보호하고 습득한 정보는 공개하지 않는다.
윤리 원칙 7	진실성과 정보 공개의 원칙(성실의 원칙)	클라이언트와 관련자에게 관련 정보를 진실성 있게 충분히 공개해야 한다.

Chapter

04

사회복지실천현장과 사회복지사의 역할

1. 사회복지실천현장
2. 사회복지사의 역할

1. 사회복지실천현장

1) 사회복지실천현장의 개념

사회복지실천현장은 사회복지전문직이 다양한 실천의 장에서 일하는 데 필요한 전문적 능력을 구분할 때 쓰는 용어이다(Barker, 2014). 도움이 필요한 개인(사람)과 장소는 모두 사회복지현장이라고 볼 수 있으며, 사회복지실천이 이루어지는 장(setting)과 문제(problem) 및 대상 집단인 클라이언트(client)를 포괄하는 개념이다(Kamerman, 1999).

바커(Barker, 2003)는 『사회사업사전』에서 사회복지실천현장을 "사회복지의 다양한 기관과 그러한 기관에서 필요한 능력까지 포함하는 복합적인 개념"으로 정의하고 있다. 또한 펄만(Perlman)은 사회복지실천현장을 클라이언트의 문제해결을 돕기 위해 지역사회 자원을 동원하고 일정한 사회목적과 체계, 조직을 가지고 프로그램을 제공하는 곳으로 정의하고 있다(방미진·황영희, 2011 재인용).

좁은 의미에서는 사회복지실천을 이루는 구체적인 장소 혹은 사회복지서비스를 클라이언트에게 직접 또는 간접적으로 제공하는 사회복지기관을 의미한다. 예를 들면, 종합사회복지관, 노인복지관, 장애인복지관을 비롯하여 아동양육시설, 장애인 거주시설 등이다. 넓은 의미에서의 사회복지실천현장은 분야(field) 혹은 서비스의 초점이 되는 대상집단(client) 등을 포함하는 개념이다. 이는 단순히 물리적 공간이나 장소만을 뜻하는 것이 아니라 사회복지실천이 이루어지고 있는 모든 실천분야를 말한다. 예를 들면, 대상별 분류에서 아동, 청소년, 노인, 여성 등이 있다. 이와 같이 사회복지실천현장은 광범위할 뿐만 아니라 매우 다양하기 때문에 개념을 정의하기는 쉽지 않다.

2) 사회복지실천현장의 분류

사회복지실천현장은 기관의 기능이나 목적, 기관을 설립한 주체 및 재원 조달방식, 서비스 제공방식, 주거서비스 제공여부, 서비스 영역 등에 따라 분류할 수 있다.

표 4-1 사회복지실천현장의 분류

분류기준	유형
기관의 기능 및 목적	• 1차 현장 • 2차 현장
기관 설립주체 및 재원 조달방식	• 공공기관 • 민간기관
서비스 제공방식	• 서비스기관 • 행정기관
주거서비스 제공여부	• 생활(거주)시설 • 이용시설
서비스 영역	• 노인, 여성 및 가족, 장애인, 의료분야, 아동, 소득보장 등

(1) 기관의 기능 및 목적에 따른 분류

기관의 기능 및 목적에 따라 1차 현장과 2차 현장으로 분류된다.

① 사회복지실천 1차 현장

1차 현장은 기관의 일차적인 기능과 목적이 사회복지서비스를 제공하기 위한 것으로 사회복지사가 중심이 되어 활동하는 실천현장을 의미한다. 예를 들면, 종합사회복지관, 노인복지관, 아동양육시설, 장애인 거주시설 등이다.

② 사회복지실천 2차 현장

2차 현장이란 기관의 일차적인 기능은 따로 있으며, 필요에 의해 사회복지서비스를 제공하는 기관을 말한다. 사회복지 전문기관은 아니지만 사회복지서비스가 기관의 목표달성과 서비스의 효과성에 미치는 긍정적 영향이 인정되어 사회복지실천이 부분적으로 수행되는 실천현장을 의미한다. 예를 들면, 학교, 병원, 교정시설, 보건소, 기업, 동주민센터, 공립 및 민간보육시설 등이다.

(2) 기관 설립주체 및 재원 조달방식

사회복지기관의 설립주체와 재원 조달방식에 따라 공공기관과 민간기관으로 분류된다.

① 공공기관

공공기관은 정부의 지원에 의해 운영되며, 사회복지사의 업무는 정부규정이나 지침에 따라 지도·감독을 받는다. 서비스를 계획하고 관리, 지원하는 행정체계와 서비스를 직접 제공하는 집행체계로 나누어진다. 공공기관의 예로는 읍·면·동사무소 등이 있다.

② 민간기관

사회복지 관련 사업을 목적으로 하는 사회복지법인이나 재단법인, 사단법인, 종교단체, 시민사회 단체에서 운영하는 비영리기관으로서 기부금이나 후원금, 법인 전입금, 기타 서비스 이용료들을 재원으로 한다. 서비스를 직접 제공하는 사회복지서비스기관과 간접서비스나 행정지원을 위해 조직된 협의체로 구분된다.

(3) 서비스 제공방식에 따른 분류

사회복지서비스 대상자에게 직접서비스를 제공하는 것인지, 아니면 이러한 기관들을 간접적으로 지원하는 것인지에 따라서 서비스기관과 행정기관으로 분류할 수 있다.

① 서비스기관: 직접서비스

주요 대상이나 문제영역에 따라서 서비스기관이 분류되며 클라이언트에게 직접서비스를 제공하는 것을 목적으로 한다. 예를 들면, 지역사회복지관, 노인복지관, 장애인복지관, 아동양육시설 등이 이에 해당된다.

② 행정기관: 간접서비스

사회복지서비스 전달체계를 효율적으로 운영하기 위해 행정업무를 수행하고 기관

간 연계 및 협의 업무를 담당한다. 예를 들면, 중앙정부의 사회복지 행정기관으로 보건복지부, 교육과학기술부, 문화체육관광부, 도·시·군·구청 등이 이에 해당되며, 서비스 제공 기관들의 협의체인 사회복지협의회, 사회복지관협회, 장애인복지관협회, 노인복지관협회 등이 이에 해당된다.

(4) 주거서비스 제공여부에 따른 사회복지현장

주거서비스 제공여부에 따라 생활(거주)시설과 이용시설로 구분된다.

① 생활(거주)시설

주거서비스를 포함한 사회복지서비스를 제공하는 기관을 의미하며, 장애인거주시설, 아동양육시설, 청소년 쉼터 등이 이에 해당된다.

② 이용시설

주거서비스는 제공하지 않고 자신의 집에 거주하는 클라이언트를 대상으로 사회복지서비스를 제공하는 기관을 말한다. 재가복지센터, 지역사회복지관, 노인복지관, 장애인복지관, 청소년 상담센터, 주·야간보호시설 등이 이에 해당된다.

3) 사회복지실천의 주요 현장

우리나라의 사회복지실천현장은 〈표 4-2〉와 같다.

표 4-2 사회복지시설의 종류

소관 부처	시설종류	세부종류		관련법
		생활시설	이용시설	
보건복지부	노인복지시설	• 노인주거복지시설 • 노인의료복지시설 • 학대피해노인 전용쉼터	• 재가노인복지시설 • 노인여가복지시설 • 노인보호전문기관 • 노인일자리 지원기관	노인복지법

소관 부처	시설종류	세부종류		관련법
		생활시설	이용시설	
	복합 노인복지시설	• 농어촌 지역에 한해 노인복지법 제31조에 의거, 노인복지시설은 종합적으로 배치한 복합노인복지시설을 설치·운영 가능		농어촌 주민의 보건복지 증진을 위한 특별법
	아동복지시설	• 아동양육시설 • 아동일시보호시설 • 아동보호치료시설 • 자립지원시설 • 공동생활 가정	• 아동상담소 • 아동전용시설 • 지역아동센터 • 아동보호전문기관 • 가정위탁지원센터	아동복지법
	장애인복지 시설	• 장애유형별 거주시설 • 중증장애인 거주시설 • 장애 영유아 거주시설 • 장애인 단기 거주시설 • 장애인공동생활 가정 • 피해장애인쉼터	• 장애인지역사회재활시설 • 장애인직업재활시설 • 장애인의료재활시설 • 장애인생산품 판매시설	장애인복지법
	어린이집		어린이집	영유아보육법
	정신보건시설	• 정신요양시설 • 정신재활 시설 중 생활시설	• 정신재활시설 중 이용시설	정신건강 증진 및 정신질환자 복지서비스 지원에 관한 법률
보건 복지부	노숙인시설	• 노숙인자활시설 • 노숙인재활시설 • 노숙인요양시설	• 노숙인종합지원센터 • 노숙인일시보호시설 • 노숙인급식시설 • 노숙인진료시설 • 쪽방상담소	노숙인 등의 복지 및 자립지원에 관한 법률
	사회복지관		• 사회복지관	사회복지사업법
	결핵·한센 시설	• 결핵·한센시설		사회복지사업법
	지역자활센터		• 지역자활센터	국민기초 생활보장법

소관 부처	시설종류	세부종류		관련법
		생활시설	이용시설	
	다함께 돌봄센터		• 다함께 돌봄센터	아동복지법
여성 가족부	성매매 피해 지원시설	• 일반지원시설 • 청소년지원시설 • 외국인지원시설 • 자립지원 공동생활가정	• 자활지원센터 • 성매매피해상담소	성매매 방지 및 피해자 보호 등에 관한 법률
	성폭력피해 보호시설	• 성폭력피해 보호시설	• 성폭력피해 상담소	성폭력 방지 및 피해자 보호 등에 관한 법률
	한부모 가족복지시설	• 모자가족복지시설 (기본, 공동, 자립) • 부자가족복지시설 (기본, 공동, 자립) • 미혼모자가족복지시설 (기본, 공동) • 일시지원복지시설	• 한부모가족복지 상담소	한부모 가족지원법
여성 가족부	다문화 가족지원센터		• 다문화가족지원센터	다문화가족지원법
	건강가정지원 센터		• 건강가정지원센터	건강가정기본법
	청소년 복지시설	• 청소년 쉼터 • 청소년자립지원관 • 청소년치료재활센터 • 청소년회복지원시설		청소년복지 지원법

(1) 아동복지시설

아동복지는 지난 1세기에 걸쳐 아동을 둘러싼 환경의 변화와 더불어 아동의 사회적 법적 지위의 향상 및 복지사회에 대한 관심의 증가로 등장하였다. 아동복지를 실천하는 분야별 기관을 「아동복지법」 제52조에 명시된 아동복지시설의 종류를 중심으로 살펴보면 〈표 4-3〉, 〈표 4-4〉와 같다.

표 4-3 아동생활시설

종류	내용
아동양육시설	보호를 필요로 하는 아동을 입소시켜, 보호·양육을 목적으로 하는 시설
아동일시 보호시설	보호를 필요로 하는 아동을 일시보호하고 아동에 대한 향후의 양육대책 수립 및 보호조치를 행하는 것으로 목적으로 하는 시설
아동보호 치료시설	불량행위를 하거나 불량행위를 할 우려가 있는 아동으로서 보호자가 없거나 친권자나 후견인이 입소를 신청한 아동 또는 가정법원, 지방법원 소년부 지원에서 보호·위탁된 아동을 입소시켜 그들을 선도하여 건강한 사회인으로 육성하는 것을 목적으로 하는 시설
자립지원시설	아동복지시설에서 퇴소한 사람에게 취업준비 기간 또는 취업 후 일정기간 보호함으로써 자립을 지원하는 것을 목적으로 하는 시설
공동생활가정	보호대상아동에게 가정과 같은 주거여건과 보호, 양육, 자립지원서비스를 제공하는 것을 목적으로 하는 시설
자립지원시설	아동복지시설에서 퇴소한 사람에게 취업준비기간 또는 취업 후 일정 기간 동안 보호함으로써 자립을 지원하는 것을 목적으로 하는 시설

표 4-4 아동이용시설

종류	내용
아동상담소	아동과 그 가족의 문제에 관한 상담, 치료, 예방 및 연구 등을 목적으로 하는 시설
아동전용시설	어린이 공원, 어린이놀이터, 아동회관, 체육·연극·영화·과학실험 전시시설, 아동휴게 숙박시설, 야영장 등 아동에게 건전한 놀이·오락 그 밖의 각종 편의를 제공하여 심신의 건강 유지와 복지 증진에 필요한 서비스를 제공하는 것을 목적으로 하는 시설
지역아동센터	지역사회 아동의 보호·교육, 건전한 놀이와 오락의 제공, 보호자와 지역 사회의 연계 등 아동의 건전육성을 위하여 종합적인 아동복지서비스를 게공하는 시설
아동보호 전문기관	학대받은 아이들을 보호하는 기관
가정위탁지원센터	가정에서 아동을 양육할 수 없는 상황일 때 일정 기간 위탁가정에서 아동을 보호, 양육하는 것을 목적으로 설치된 기관

출처: 아동복지법 제52조.

(2) 노인복지시설

「노인복지법」 제4장 제31조에 따르면 노인복지시설은 노인주거복지시설, 노인의료복지시설, 노인여가복지시설, 재가노인복지시설, 노인보호전문기관, 노인일자리 지원기관, 학대피해노인 전용쉼터로 구분하고 있다.

표 4-5 노인생활시설

종류	세부종류	내용
노인주거 복지시설	양로시설	노인을 입소시켜 급식과 그 밖에 일상생활에 필요한 편의를 제공함을 목적으로 하는 시설
	노인공동생활가정	노인들에게 가정과 같은 주거여건과 급식, 그 밖에 일상생활에 필요한 편의를 제공함을 목적으로 하는 시설
	노인복지주택	노인에게 주거시설을 임대하여 주거의 편의·생활지도·상담 및 안전관리 등 일상생활에 필요한 편의를 제공함을 목적으로 하는 시설
노인의료 복지시설	노인요양시설	치매·중풍 등 노인성 질환 등으로 심신에 상당한 장애가 발생하여 도움을 필요로 하는 노인을 입소시켜 급식·요양과 그 밖에 일상생활에 필요한 편의를 제공함을 목적으로 하는 시설
	노인요양 공동생활가정	치매·중풍 등 노인성 질환 등으로 심신에 상당한 장애가 발생하여 도움을 필요로 하는 노인에게 가정과 같은 주거여건과 급식·요양 그 밖에 일상생활에 필요한 편의를 제공함을 목적으로 하는 시설

표 4-6 노인이용시설

종류	세부종류	내용
노인여가 복지시설	노인복지관	노인의 교양·취미생활 및 사회참여 활동 등에 대한 각종 정보와 서비스를 제공하고 건강증진 및 질병예방과 소득보장·재가복지, 그 밖에 노인의 복지증진에 필요한 서비스를 제공함을 목적으로 하는 시설
	경로당	지역노인들이 자율적으로 친목도모·취미활동·공동작업장 운영 및 각종 정보교환과 기타 여가활동을 할 수 있도록 하는 장소를 제공함을 목적으로 하는 시설

종류	세부종류	내용
	노인교실	노인들에 대하여 사회활동 참여욕구를 충족시키기 위하여 건전한 취미생활·노인건강유지·소득보장 기타 일상생활과 관련한 학습프로그램을 제공함을 목적으로 하는 시설
재가노인 복지시설	방문요양 서비스	가정에서 일상생활을 영위하고 있는 노인(이하 "재가노인"이라 한다)으로서 신체적·정신적 장애로 어려움을 겪고 있는 노인에게 필요한 각종 편의를 제공하여 지역사회 안에서 건전하고 안정된 노후를 영위하도록 하는 서비스
	주·야간 보호서비스	부득이한 사유로 가족의 보호를 받을 수 없는 심신이 허약한 노인과 장애노인을 주간 또는 야간 동안 보호시설에 입소시켜 필요한 각종 편의를 제공하여 이들의 생활안정과 심신기능의 유지·향상을 도모하고, 그 가족의 신체적·정신적 부담을 덜어주기 위한 서비스
	단기보호 서비스	부득이한 사유로 가족의 보호를 받을 수 없어 일시적으로 보호가 필요한 심신이 허약한 노인과 장애노인을 보호시설에 단기간 입소시켜 보호함으로써 노인 및 노인가정의 복지증진을 도모하기 위한 서비스
	방문목욕 서비스	목욕장비를 갖추고 재가노인을 방문하여 목욕을 제공하는 서비스
	그 밖의 서비스	그 밖에 재가노인에게 제공하는 서비스로서 보건복지부령이 정하는 서비스
노인보호전문기관		학대받는 노인의 발견·보호·치료 등을 신속히 처리하고 노인학대를 예방하기 위한 보호기관

출처: 노인복지법 제32조~제38조.

(3) 장애인복지시설

장애인복지는 사회복지분야 중 가장 많은 패러다임의 변화를 겪었다고 할 수 있을 정도이다. 장애인에 대해 시혜와 보호의 대상이라는 시선에서 서비스 제공 및 정책결정의 주체로서의 위상을 갖게 된 영역이 바로 장애인복지 영역이다.

「장애인복지법」 제58조와 「장애인복지법 시행규칙」 제41조 [별표 4]에는 장애인복지시설의 종류와 세부내용을 결정하고 있다.

- 장애인 거주시설: 거주공간을 활용하여 일반가정에서 생활하기 어려운 장애인에게 일정 기간 동안 거주·요양·지원 등의 서비스를 제공하는 동시에 지역사회생활을 지원하는 시설
- 장애인 지역사회재활시설: 장애인을 전문적으로 상담·치료·훈련하거나 장애인의 일상생활, 여가활동 및 사회참여활동 등을 지원하는 시설
- 장애인 직업재활시설: 일반 작업환경에서는 일하기 어려운 장애인이 특별히 준비된 작업환경에서 직업훈련을 받거나 직업 생활을 할 수 있도록 하는 시설(직업훈련 및 직업 생활을 위하여 필요한 제조·가공 시설, 공장 및 영업장 등 부속용도의 시설로서 보건복지부령으로 정하는 시설을 포함한다)
- 장애인 의료재활시설: 장애인을 입원 또는 통원하게 하여 상담, 진단·판정, 치료 등 의료재활서비스를 제공하는 시설

표 4-7 장애인거주시설

종류	세부종류	내용
장애인 거주 시설	장애유형별 거주시설	장애유형이 같거나 또는 유사한 장애를 가진 사람들을 입소 또는 통원하게 하여 그들의 장애유형에 적합한 의료·직업·심리·사회 등 재활서비스와 주거서비스를 제공하는 시설
	중증장애인 거주시설	장애의 정도가 심하여 항상 도움이 필요한 사람을 입소하게 하여 상담·치료 또는 요양서비스를 제공하는 시설
	장애영유아 거주시설	6세 미만의 장애영유아를 입소 또는 통원하게 하여 보호함과 동시에 그 재활에 필요한 의료·교육·심리·사회 등 재활서비스를 제공하는 시설
	장애인 단기 거주시설	장애인을 일정 기간 보호하여 장애인에게 필요한 재활서비스를 제공하는 시설
	장애인 공동생활가정	스스로 사회적응이 곤란한 장애인들이 장애복지전문인력에 대한 지도와 보호를 받으며 공동으로 생활하는 지역사회 내 소규모 주거시설
	피해장애인 쉼터	피해장애인을 가해자로부터 분리하기 위해 설치된 독립된 공간으로 입소한 장애인에게 숙식을 제공하고 심리 상담과 의료지원을 제공해 건강하게 사회로 복귀할 수 있도록 돕는 것을 목적으로 하는 시설

표 4-8 장애인재활시설

종류	세부종류	내용
장애인 재활시설	장애인복지관	장애인에 대한 각종 상담 및 사회심리 재활시설·교육·직업·의료재활 등 장애인의 지역사회생활에 필요한 종합적인 재활서비스를 제공하고 장애에 대한 사회적 인식개선사업을 수행하는 시설
	장애인 주간보호시설	장애인을 주간에 일시 보호하여 장애인에게 필요한 재활서비스를 제공하는 시설
	장애인체육시설, 장애인수련시설, 장애인심부름센터, 수화통역센터, 점자도서관, 점자도서 및 녹음서 출판시설 등	

표 4-9 장애인 직업재활시설

종류	세부종류
장애인 직업재활시설	장애인 보호작업장, 장애인 근로사업장, 장애인 직업적응훈련시설

표 4-10 장애인 의료재활시설

종류	세부종류
장애인 의료재활시설	장애인을 입원 또는 통원하게 하여 상담, 진단·판정, 치료 등 의료재활서비스를 제공하는 시설

출처: 장애인복지법 제58조, 시행규칙 제41조.

(4) 청소년복지시설

청소년복지시설은 「청소년복지 지원법」에 의해 청소년쉼터, 청소년자립지원관, 청소년치료재활센터, 청소년회복지원시설로 규정하고 있다.

표 4-11 청소년복지시설

종류	내용
청소년쉼터	가정 밖 청소년에 대하여 가정·학교·사회로 복귀하여 생활할 수 있도록 일정 기간 보호하면서 상담·주거·학업·자립 등을 지원하는 시설
청소년자립지원관	일정 기간 청소년쉼터 또는 청소년회복지원시설의 지원을 받았는데도 가정·학교·사회로 복귀하여 생활할 수 없는 청소년에게 자립하여 생활할 수 있는 능력과 여건을 갖추도록 지원하는 시설
청소년치료재활센터	학습·정서·행동상의 장애를 가진 청소년을 대상으로 정상적인 성장과 생활을 할 수 있도록 해당 청소년에게 적합한 치료·교육 및 재활을 종합적으로 지원하는 거주형 시설
청소년회복지원시설	「소년법」 제32조 제1항 제1호에 따른 감호 위탁 처분을 받은 청소년에 대하여 보호자를 대신하여 그 청소년을 보호할 수 있는 자가 상담·주거·학업·자립 등 서비스를 제공하는 시설

출처: 청소년복지 지원법 제31조.

「청소년활동 진흥법」에 나타난 청소년복지시설은 〈표 4-12〉와 같다.

표 4-12 청소년복지시설

종류	내용
청소년수련관	다양한 수련거리를 실시할 수 있는 각종 시설 및 설비를 갖춘 종합수련시설
청소년수련원	숙박기능을 갖춘 생활관과 다양한 수련거리를 실시할 수 있는 각종 시설과 설비를 갖춘 종합수련시설
청소년문화의 집	간단한 수련활동을 실시할 수 시설 및 설비를 갖춘 정보·문화·예술 중심의 수련시설
청소년특화시설	청소년의 직업체험·문화예술·과학정보·환경 등 특정 목적의 청소년활동을 전문적으로 실시할 수 있는 시설과 설비를 갖춘 수련시설
청소년야영장	야영에 적합한 시설 및 설비를 갖추고 수련거리 또는 야영편의를 제공하는 수련시설
유스호스텔	청소년의 숙박 및 체재에 적합한 시설·설비와 부대·편의시설을 갖추고 숙식 편의제공, 여행청소년의 활동지원 등을 주된 기능으로 하는 시설
청소년이용시설	수련시설이 아닌 시설로서의 설치 목적의 범위에서 청소년활동의 실시와 청소년의 건전한 이용 등에 제공할 수 있는 시설

출처: 청소년활동 진흥법 제10조.

(5) 여성 및 가족 복지시설

여성과 가족복지는 한부모가족의 생활 안정과 복지 증진을 위한 시설들이 많으며, 각 시설의 종류는 〈표 4-13〉과 같다.

표 4-13 여성 및 가족 복지시설

종류	내용
모자복지시설	모자가족에게 기본생활지원, 공동생활지원, 자립생활지원을 목적으로 하는 시설
부자복지시설	부자가족에게 기본생활지원, 공동생활지원, 자립생활지원을 목적으로 하는 시설
미혼모자 가족 복지시설	미혼모자가족과 출산 미혼모 등에게 기본생활지원, 공동생활지원을 목적으로 하는 시설
일시지원 복지시설	배우자(사실혼 관계에 있는 사람을 포함한다)가 있으나 배우자의 물리적·정신적 학대로 아동의 건전한 양육이나 모의 건강에 지장을 초래할 우려가 있을 경우 일시적 또는 일정 기간 동안 모와 아동 또는 모에게 주거와 생계를 지원하는 시설
한부모가족 복지상담소	한부모가족에 대한 위기·자립 상담 또는 문제해결 지원 등을 목적으로 하는 시설
건강가정지원센터	가정문제의 예방·상담 및 치료, 건강가정의 유지를 위한 프로그램의 개발, 가족문화운동의 전개, 가정관련 정보 및 자료제공 등을 목적으로 하는 시설
다문화 가족지원센터	1. 다문화가족을 위한 교육·상담 등 지원사업의 실시 2. 결혼이민자등에 대한 한국어교육 3. 다문화가족 지원서비스 정보 제공 및 홍보 4. 다문화가족 지원 관련 기관·단체와의 서비스 연계 5. 일자리에 관한 정보 제공 및 일자리의 알선 6. 다문화가족을 위한 통역·번역 지원사업 7. 다문화가족 내 가정폭력 방지 및 피해자 연계 지원 8. 그 밖에 다문화가족 지원을 위하여 필요한 사업
성매매피해자 지원시설	일반지원시설, 청소년 지원시설, 외국인 여성 지원시설
성폭력피해 보호시설	성폭력피해자 보호시설
가정폭력보호시설	가정폭력피해자 보호시설

출처: 한부모가족지원법 제19조, 건강가정기본법 제35조, 다문화가족지원법 제12조, 성매매 방지 및 피해자 보호 등에 관한 법률 제9조, 성폭력 범죄의 처벌 등에 관한 특례법, 가족폭력 방지 및 피해자 보호 등에 관한 법률 제7조.

(6) 정신보건시설

정신보건시설은 〈표 4-14〉에 나타난 바와 같다.

표 4-14 정신보건시설

종류	내용
정신건강복지센터	지역사회 내 정신질환 예방, 정신질환자 발견·상담·정신재활 훈련 및 사례관리와 정신건강 증진 시설 간 연계체계 구축 등 지역사회 정신건강사업 기획·조정을 목적으로 하는 시설
국가트라우마센터	심리지원을 위한 지침의 개발·보급, 심리평가, 심리상담, 심리치료, 트라우마에 관한 조사·연구, 심리지원 관련 기관 간 협력체계의 구축, 그 밖에 심리지원을 위하여 보건복지부 장관이 정하는 업무를 수행하는 것을 목적으로 하는 시설
정신요양시설	만성정신질환자의 요양 및 보호를 목적으로 하는 시설
정신재활시설	1. 생활시설: 정신질환자등이 생활할 수 있도록 주로 의식주 서비스를 제공하는 시설 2. 재활훈련시설: 정신질환자등이 지역사회에서 직업활동과 사회생활을 할 수 있도록 주로 상담·교육·취업·여가·문화·사회참여 등 각종 재활활동을 지원하는 시설 3. 그 밖에 대통령령으로 정하는 시설
중독관리 통합지원센터	중독 예방, 중독자 상담·재활훈련을 목적으로 하는 시설

출처: 정신건강복지법 제15조, 제15조의2, 제22조, 제27조.

(7) 지역복지시설

지역복지의 대표적인 시설은 사회복지관을 들 수 있다. 「사회복지사업법」 제2조에 따르면, 지역사회복지란 주민의 복지 증진과 삶의 질 향상을 위하여 지역사회 차원에서 전개하는 사회복지를 말한다. 따라서 지역사회 내에서 지역주민의 복지 향상을 위한 서비스를 제공하는 곳은 모두 지역사회복지실천현장으로 볼 수 있다.

사회복지관이란 지역사회를 기반으로 일정한 시설과 전문인력을 갖추고 지역주민의 참여와 협력을 통하여 지역사회의 복지문제를 예방하고 해결하기 위하여 종합적인 복지서비스를 제공하는 시설을 말한다(「사회복지사업법」 제2조). 2012년 「사회복지사업법」의 개정을 통하여 사회복지관 사업은 크게 사례관리 기능, 서비스 제공 기능, 지역조직화 기능으로 분류하여 사업을 추진하고 있다.

표 4-15 사회복지관 사업내용

3대 기능	내용	
사례관리 기능	• 사례발굴 • 서비스 연계	• 사례개입
서비스 제공 기능	• 가족기능 강화 • 교육문화	• 지역사회보호 • 자활지원 등 기타
지역조직화 기능	• 복지 네트워크 구축 • 자원개발 및 관리	• 주민조직화

출처: 사회복지사업법 시행규칙 〈별표 3〉.

(8) 노숙인시설

부랑인 발생 예방 및 부랑인들이 심신장애를 극복하여 정상적인 사회생활로 복귀할 수 있도록 신체적·심리적 재활기능을 담당하고, 실직 노숙인들에게 숙식서비스를 제공하여 생활 안정을 도모하며, 입소자들의 생활지도와 취업 기회를 제공한다. 노숙인 관련 시설은 〈표 4-16〉과 같다.

표 4-16 노숙인시설의 종류

종류	내용
노숙인복지시설	노숙인을 입소시켜 숙소를 제공하고 재활 및 자활 프로그램을 운영하는 등의 서비스를 제공하는 시설
노숙인종합지원센터	노숙인의 주거·의료·고용 지원을 위한 상담과 복지서비스를 제공하는 시설

출처: 노숙인 등의 복지 및 자립지원에 관한 법률 제16조, 제19조.

(9) 기타

① 지역자활센터

지역자활센터란 「국민기초생활보장법」에 의해 근로 능력이 있는 저소득층이 스스로의 힘으로 일어설 수 있도록 안정된 일자리 제공 및 자활능력 향상을 지원하기 위해 설립된 기관이다. 지역자활센터는 저소득층의 일자리를 창출하고 주민이 경제적 자립지원과 사회적 일자리 창출을 통한 지역사회 연대 및 지역공동체를 만들어가는 기능을 수행하고 있다.

② 학교사회복지

학교사회복지는 학교 체계 내에서 전문능력과 자격을 갖춘 학교사회복지사가 학생의 심리·사회적 문제와 가족·학교·지역사회의 역기능적 상호작용과 유발조건을 예방 및 해결을 도모하기 위한 활동이다. 더불어 교육의 본질적인 목적 달성과 학생복지 증진이 가능한 사회복지서비스를 전문적이고 체계적인 과정을 통하여 제공한다(주석진 외, 2013). 한국의 학교사회복지실천은 1997년 교육부에서 학교사회사업 시범연구 사업을 시작하면서 공식적으로 이루어졌으며, 학교사회복지사 자격제도는 2005년부터 시행되었다. 학교사회복지사는 사례관리, 개별개입, 집단개입, 가족개입, 지역사회 연계 등의 업무를 수행하고 있다.

③ 의료사회복지

의료사회복지는 질병에 대한 다각적인 접근을 바탕으로 질병을 가진 개인과 환경과의 상호관계에 초점을 두고, 의료팀의 일원으로 환자 및 가족의 사회기능 향상을 위해 전문적 실천방법을 활용하여 질병의 예방, 치료 및 재활에 이르기까지 다양한 활동을 수행하는 사회복지의 전문분야이다(한인영 외, 2006).

1950년대 후반 자선과 선교를 목적으로 도입된 한국의 의료사회복지는 2008년 의료사회복지사 자격제도를 실시하면서 전문성을 인정받기 시작하였다. 이후 「의료법」 시행규칙상 종합병원에는 사회복지사 1급 자격을 가진 자 1인 이상을 둔다는 규정에 따라(「의료법 시행규칙」 제39조) 종합병원에서 의료사회복지사를 채용하기 시작하였다.

의료사회복지사는 질병을 가진 환자와 그 가족, 지역사회를 대상으로 의료진과 함께 협의하여 클라이언트의 심리·사회적·정서적·환경적 문제를 해결하도록 돕고, 입원 시뿐만 아니라 입원 전과 퇴원 후에도 사회적 기능을 원활히 수행할 수 있도록 질병의 예방과 회복, 사후관리에 이르는 연속적 과정에서 개인에 대한 접근뿐 아니라 의료제도와 정책 차원의 접근을 통하여 의료사회복지실천의 목적을 달성하도록 돕는 보건의료 영역의 전문사회복지사이다.

④ 교정복지

교정복지는 범죄인 및 비행청소년의 원활한 사회복귀 및 재통합을 위하여 사회복지 철학과 가치를 기초로 전문적인 사회복지실천방법론을 활용하여 그들의 사회적 기능수행을 회복하는 일체의 활동을 말한다(조흥식·이형섭, 2014).

교정복지는 1989년 보호관찰 제도가 도입되면서 본격적으로 논의되기 시작하였으나, 당시에는 바로 사회복지실천 영역으로 편입되지 못했다. 이후 사회복지사자격증을 소지한 사람들을 보호직 공무원으로 특채하는 제도가 활성화되고 범죄인의 인권보호 및 범죄피해자에 대한 지원 강화 필요성에 대한 인식이 사회적 공감을 얻게 되면서 교정복지가 사회복지실천현장 중 하나로 자리 잡기 시작하였다.

⑤ 군사회복지

군사회복지는 사회복지실천분야의 하나로, 일차적으로는 군의 고유한 목적이 최대한 달성될 수 있도록 원조하는 것을 목적으로 하며, 나아가 군의 구성원인 군인과 그 가족의 복지를 증진시키는 전문적 활동을 말한다(우국희 외, 2016 재인용).

우리나라에서 군사회복지를 담당하는 전문인력은 복지 및 인사담당 현역 군인, 군종장교, 의료사회복지 전문특기, 심리상담 전문특기를 보유한 장교, 군 기본권 상담관, 민간 복지전문가, 향군종 위원회 소속 종교지도자 등이다.

군사회복지사들은 병사들의 정신건강 상담 및 스트레스 관리를 통해 군생활 적응능력을 향상시키고, 직업군인 및 그 가족들이 겪는 다양한 문제와 갈등을 처리하여 안정된 생활을 유지하는 역할을 한다(정무성 외, 2013).

4) 간접적 사회복지실천현장

① 사회복지협의회

사회복지협의회는 지역사회 안의 각종 사회복지시설, 사회복지에 관심을 갖고 있는 민간단체나 개인 연합체로서, 지역사회가 요구하는 사회복지 욕구를 효과적으로 달성하기 위하여 모든 활동에 있어서 상호 협력하고 조정하는 조직체이다(강세현, 2014).

사회복지협의회의 주요 업무는 사회복지에 관한 조사·연구 및 정책 건의, 사회복지 관련 기관·단체 간의 연계·협력·조정, 사회복지 소외계층 발굴 및 민간 사회복지자원과의 연계·협력, 대통령령으로 정하는 사회복지사업의 조성 등이다.

② 사회복지공동모금회

사회복지공동모금회는 국민이 사회복지를 이해하고 참여하도록 함과 아울러 국민의 자발적인 성금으로 조성된 재원을 효율적이고 공정하게 관리·운영함으로써 사회복지 증진에 이바지함을 목적(「사회복지공동모금회법」 제1조)으로 설치된 기관이다.

1998년 중앙공동모금회의 설립을 시작으로 1999년 관련법 개정에 따라 사회복지공동모금회로 조직명을 개편하여 지금의 조직 운영형태를 갖추면서 최초의 배분사업을 실시하게 되었다.

사회복지공동모금회의 주요 사업은 사회복지공동모금사업, 공동모금 재원의 배분, 공동모금 재원의 운용 및 관리, 사회복지공동모금에 관한 조사·연구·홍보 및 교육·훈련, 사회복지공동모금회의 운영, 사회복지공동모금과 관련된 국제교류 및 협력증진사업, 다른 기부금품 모집자와의 협력사업, 그 밖에 모금회의 목적 달성에 필요한 사업(「사회복지공동모금법」 제5조)이다.

사회복지공동모금회의 핵심 업무는 모금과 배분사업이다. 이 2가지 업무에 대해서 「사회복지공동모금법」 제3조에서는 기본원칙으로 기부하는 자의 의사에 반하여 기부금품을 모집하여서는 아니 된다는 것과, 공동으로 모금된 재원은 지역·단체·대상자 및 사업별로 복지수요가 공정하게 충족되도록 배분하여야 하고 사회복지공동모금회의 목적과 재원 사용 원칙에 맞게 공정하게 관리·운용하여야 한다는 것을 규정하고 있다.

③ 한국사회복지사협회

한국사회복지사협회는 사회복지에 관한 전문지식과 기술을 개발·보급하고 사회복지사의 자질 향상을 위한 교육훈련을 실시하며, 사회복지사의 복지 증진을 도모하기 위하여 설립된 전문가 단체이다(「사회복지사업법」 제46조).

한국사회복지사협회의 주요 업무는 사회복지사에 대한 전문지식 및 기술의 개발·보급, 사회복지사의 전문성 향상을 위한 교육훈련, 사회복지사 제도에 대하 조사연구·학술대회 개최 및 홍보·출판사업, 국제사회복지 단체와의 교류·협력, 보건복지부 장관이 위탁하는 사회복지사업에 관한 업무, 기타 협회의 목적 달성에 필요한 사항 등이다(「사회복지사업법 시행령」 제22조).

2. 사회복지사의 역할

사회복지사는 클라이언트의 문제나 욕구를 파악하여 적절한 개입을 할 수 있는 능력이 있어야 하고, 지역 내의 사회자원 및 관계망에 대한 지식을 가지고 클라이언트, 기관·단체들과 효율적인 의사소통을 할 수 있어야 한다. 사회복지사의 역할은 클라이언트의 욕구와 문제유형, 클라이언트의 수와 크기, 서비스의 목적, 기관의 목표, 지역사회 환경 등에 따라 다양하게 나타난다. 여기서는 사회복지사가 맡아야 할 다양한 역할들에 대해 알아보고자 한다(조미숙 외, 2018; 이영실 외, 2018).

1) 직접적으로 대면서비스를 제공하는 역할

(1) 심리치료사나 상담자의 역할

사회복지사의 가장 전통적이고도 기본적인 역할 중 하나는 클라이언트를 위한 심리치료사나 상담자의 역할이다. 이것은 전통적 방법인 개별사회사업(case work)과 집단사회사업(group work)에서부터 강조되어 온 역할이다. 이를 위해서 사회복지사는 기본적으로 인간의 심리와 발달을 이해해야 하며, 면접이나 관계 형성에 대한 실천기술을 습득하여야 한다. 최근에는 각종 중독을 비롯하여 정신건강에 어려움을 호소하는 클라이언트가 증가하고 있기 때문에, 좋은 상담자가 되기 위해 이러한 문제를 해결하기 위한 전문적 지식과 기술을 갖추어야 한다.

(2) 정보 제공자나 교육자의 역할

정보 제공자나 교육자의 역할은 클라이언트에게 필요한 정보를 제공하거나 각종 사회기술 등을 교육시키는 역할을 말한다. 교육자(teacher)의 역할은 클라이언트와 다른 체계에 정보를 제공하며, 기술을 가르치는 일을 포함한다. 좋은 교육자가 되기 위해 사회복지사는 관련 분야의 많은 전문지식과 정보를 갖추어야 한다. 청소년에게 성교육을 제공하거나, 부모들에게 아동 양육기술을 가르치고, 장애인에게 사회기술훈련을 시키는 등 클라이언트에게 필요한 구체적 행동이나 기술을 가르치는 것이다. 이를 위해 상담기술 외에 내용을 명확히 전달하고 이해시키기 위한 강의기술과 의사소통기술도 갖출 필요가 있다.

(3) 조력자

조력자(enabler)란 위기상황에서 클라이언트가 다양한 스트레스에 대처하도록 돕는 역할을 한다. 조력자의 기술은 희망을 전하고 저항이나 양가감정을 줄여주며, 감정을 인식하고 관리하며, 개인의 강점이나 사회적 자원을 발굴하고 지지해주는 것 등이 있다.

2) 서로 다른 체계들을 연계하는 역할

(1) 중개자의 역할

중개자(broker)의 역할은 클라이언트와 지역사회의 자원을 연계시켜 주는 것을 의미한다.

사회복지사는 소년소녀가장에게 후원자를 연결해줄 수도 있고, 끼니를 거르는 독거노인을 푸드뱅크(food bank)와 연결시켜 줄 수도 있다. 중개자의 역할을 잘 하기 위해서 사회복지사는 지역사회의 자원이나 기관에 대해 충분한 지식과 정보를 갖고 있어야 한다. 사회복지사는 정보의 양에 비례해 양질의 자원이나 기관을 클라이언트에게 연계시켜 줄 수 있기 때문이다. 이런 자원은 현금, 음식, 의복 그리고 주택과 같은 사회적 급부뿐만 아니라 상담, 치료, 집단 상호작용 경험 그리고 재활서비스와 같은 사회적 서비스도 포함된다. 중개를 하기 위해 사회복지사가 서비스 전달체계의 다양한 부분들과 지속적인 상호작용을 촉진하는 것이 필요하다.

(2) 사례관리자·조정자의 역할

사례관리자(case manager) 또는 조정자(coordinator)의 역할은 클라이언트의 욕구나 문제가 무엇인지를 파악한 후, 이러한 문제를 해결하기 위해 필요한 자원이나 서비스를 개발하고 연계시켜 주며, 이러한 서비스가 원래의 목표에 따라 지속적으로 잘 제공되고 있는지를 관리하고 도와주는 것이다. 예를 들어, 장애아동의 경우 장애의 관련한 서비스 외에도 교육이나 친구, 가정환경 등 건강한 발달을 돕기 위한 다양한 서비스가 필요하다. 따라서 한 명의 사회복지사나 특정 복지기관의 제한된 자원만으로는 이러한 클라이언트의 문제를 효과적으로 해결하기가 어렵다. 그러므로 사회복지사는 지역사회의 사회복지관, 학교, 병원, 재활치료센터, 상담기관 등과의 긴밀한 연계를 통해 클라이언트를 도와줄 수 있다.

(3) 중재자의 역할

중재자(mediator)의 역할은 서로 다른 두 집단 간의 갈등이나 이해관계를 해결하여 서로 간에 만족스러운 결과를 얻을 수 있도록 도와주는 것이다. 예를 들어, 노동자와 고용주 사이의 갈등 또는 집주인과 세입자의 갈등이 있을 때 양측의 이해관계를 고려하여 최선의 해결책을 제시하고 서로에게 만족을 주도록 도와주는 것이다. 중재자의 역할을 수행하는 사회복지사는 양쪽의 입장을 정확히 이해하여 어느 한쪽의 입장을 편파적으로 지지하지 않고 중립적 위치에서 갈등을 해결해 나가는 것이 매우 중요하다.

(4) 옹호자의 역할

옹호자(advocator)의 역할은 클라이언트의 권익 보호를 위해 새로운 자원이나 서비스를 제공하도록 클라이언트를 대신해 촉구하는 정치적 역할을 의미한다. 사회복지는 차별받거나 억압받는 클라이언트와 함께 해 왔고, 인권을 침해받는 클라이언트가 없도록 함께 저항해 온 역사를 가지고 있다. 따라서 억압받는 사람들의 인권을 향상시키기 위해 새로운 법률을 제정하도록 노력하거나 시민운동을 조직하는 사회운동가의 역할을 할 수 있다. 국가나 공공기관, 서비스기관이 어느 특정 집단의 클라이언트 욕구에 적절히 반응하지 않거나 서비스 제공을 거절하는 경우, 이들이 적절한 서비스를 받을 수 있는 권리를 확보하거나 유지하도록 기관 내 프로그램이나 정책을 변화시키기 위한 적극적이고 행동적인 역할도 수행할 수 있다.

3) 체계 유지와 강화를 위한 역할

(1) 직원 개발자로서의 역할

직원 개발자로서의 역할은 중간관리자로서의 위치를 말한다. 직원 개발자로서의 역할은 훈련, 슈퍼비전 그리고 인사관리를 통해 기관 직원의 전문적 개발을 촉진시키는 것이다. 직원 개발은 훈련 욕구에 기반을 두고 업무 코칭(job coaching), 슈퍼비전, 자문 그리고 훈련회의나 워크숍을 실행하는 것과 같은 교육의 형태를 취한다. 기관에 대한 오리엔테이션과 구체적인 업무 할당에 관한 훈련뿐 아니라, 인사관리 활동은 신입 직원 선발부터 퇴직까지 포함된다. 또한 슈퍼비전의 기능은 직원이 제공하는 서비스의 질을 향상시키고 기관의 규칙과 규정을 따르는지 확인하기 위해 직원의 활동을 감독하고 지시하는 것이 포함된다.

(2) 행정가로서의 역할

행정가로서의 역할은 조직에서 정책, 서비스, 프로그램을 기획하고 실행하는 것을 말한다. 스키드모어(Skidmore, 1983)는 사회복지행정을 “기관의 사회정책을 사회서비스 전달로 변형하는 사회적 과정을 활용하는 직원의 행동이며, 가장 흔히 활용되는 기본적 과정은 계획하고, 조직하고 직원을 선발하고, 지시하며 통제하는 것"으로 정의했다. 이 경우 행정은 1차적 역할이 되거나 다른 실천 역할과 함께 행정 업무를 수행하는 데 참여하기도 한다.

행정가로서 사회복지사는 기관의 정책, 프로그램 혹은 제도를 실행하기 위한 책임이 있다. 따라서 프로그램, 서비스 혹은 전체 조직에 대한 운영상의 감독을 책임져야 한다. 기관 이사회의 업무를 촉진하고, 직원을 모집하고 선발하며, 조직 내에서 전문직 기준을 증진시키고, 직원 갈등을 조정하며, 조직을 운영하기 위해 필요한 자원을 획득하고, 예산 관리, 건물과 시설의 장비를 설치하고 유지하는 활동까지 포함된다.

(3) 자문가의 역할

자문가(consultant)로서 사회복지사는 다른 직종의 전문가에게 클라이언트의 문제해결을 위한 자문을 제공하거나, 동료 사회복지사에게 지도 감동 및 조언을 제공한다. 예를 들어, 의료사회복지사는 환자의 사회환경적 배경을 의사에게 알려주어 치료에 도움이 되도록 할 수 있으며, 학교사회복지사는 학생의 비행에 영향을 미치는 주변 체계에 개입함으로써 교사가 학생을 지도하는 데 도움을 줄 수 있다. 또한 다른 전문가로부터 자문을 받을 필요도 있다.

(4) 조직분석가

조직분석가(organizational analyst)는 서비스 전달에 부정적 영향을 미치는 기관의 구조와 정책절차 등을 분석·지적하는 역할이다. 이 역할을 수행하기 위해서는 조직이론과 행정이론에 대한 지식을 가지고 있어야 한다.

(5) 촉진자

촉진자(facilitator)는 집단의 지도자 역할을 담당한다. 사회복지사는 가족치료 집단이나 과업집단, 감수성 훈련집단, 교육집단, 자조집단, 그 밖의 다른 목적을 가진 집단에 개입한다. 촉진자 역할을 거시적 실천에도 적용할 수 있다. 이때 사회복지사는 사람들을 모으고 의사전달 통로를 만들고 활동이나 자원을 전달하며, 전문지식이나 기술에 접할 수 있도록 하여 변화 노력을 촉진하는 책임이 있다.

(6) 팀 구성원

많은 기관에서 사회복지사는 클라이언트의 문제와 서비스 전달에 협력하는 임상팀의 일원으로 활동하게 된다. 팀은 의사, 심리학자, 사회복지사, 간호사, 재활상담가, 작업치료사, 교사 등 다양한 전문가들로 구성된다.

4) 연구자·조사활용자

사회복지사는 실천가일 뿐 아니라 연구자이기도 하다. 특히 최근에는 사회복지실천의 사회적 책임성에 대한 요구가 높아지면서, 사회복지실천의 효과성과 효율성에 대한 관심이 높아지고 있다. 따라서 사회복지사는 자신이 제공한 서비스를 과학적·체계적으로 평가하고, 사회복지의 학문적 발전에 도움이 될 수 있는 연구자로서의 역할이 강조되고 있다. 따라서 연구자로서 사회복지사는 사회복지실천의 전 과정을 사회과학적 연구방법론과 병행하는 실증적 사회복지실천을 수행해야 한다(김기환, 1996). 실증적 사회복지실천은 서비스의 초기 단계부터 클라이언트의 문제를 객관적이고 체계적으로 사정해서 개입의 목표와 원조 과정 그리고 결과를 지속적으로 평가하면서 보다 효과적인 개입을 제공하는 것이다. 또한 연구자는 관심 주제에 대한 문헌연구나 자신의 업무에 대한 평가, 프로그램에 대한 분석, 지역사회 욕구 조사 등의 활동을 통해 전문적 이론을 발전시키고, 사회복지의 학문적 발전에 이바지할 수 있다.

5) 체계개발자

사회복지사는 충족되지 못한 클라이언트의 욕구, 서비스 간의 괴리, 예방적 서비스에 대한 욕구로 인해 기관의 서비스를 확대하거나 개선할 기회를 가지게 된다. 이와 관련된 역할은 다음과 같다.

(1) 프로그램 개발자

클라이언트의 욕구에 대응해서 서비스를 개발해야 하며 교육프로그램, 지지집단, 기술개발 집단 등이 포함된다.

(2) 계획가

지역사회계획가의 역할은 충족되지 못하거나 새롭게 대두되는 욕구를 충족시키기 위한 프로그램을 계획하는 것이다. 아동보호 프로그램, 여가 프로그램, 건강관리 프로그램 등이 그 예가 될 수 있다.

(3) 정책개발자

정책개발과정에서 사회복지사가 참여하는 것은 클라이언트에게 서비스를 제공하는 기관의 범위로 한정된다. 사회복지사는 현장에 있기 때문에 클라이언트의 욕구를 평가하고 어떤 정책과 절차들이 클라이언트의 관심에 부합되는지를 파악할 수 있다.

재스트로(Zastrow, 1999)는 가능하게 하는 사람, 중개인, 옹호자, 권능신장자, 행동가, 중재인, 협상가, 가르치는 사람, 제안자 또는 주창자, 조정자, 조사연구자, 집단촉진자, 강연자 등으로 사회복지사의 역할을 제시하였다. 재스트로가 제시한 사회복지사의 역할에 대해 구체적으로 살펴보면 다음과 같다.

- **가능하게 하는 사람(enabler)**

사회복지사가 개인이나 집단, 지역사회가 그들의 욕구를 명료화하도록 돕는 것이다. 즉, 그들이 직면한 문제를 보다 분명하게 하여 해결방안을 찾아 주며, 그들 자신의 문제를 보다 효과적으로 다룰 수 있도록 자신의 능력을 발달시켜 주는 역할이다.

- **옹호자(advocator)**

옹호자의 역할은 법률 분야에서 변호사의 역할을 빌려온 것으로서 사회복지사는 클라이언트에 대하여 옹호인의 역할을 수행해야 할 때가 많이 있다는 것이다.

- **권능신장자(empowerer)**

권능신장자의 역할은 사회복지실천의 핵심적인 목적 중 하나인 클라이언트로 하여금 자신의 권한과 능력을 향상·신장시키는 것에 맞추어져 있다. 따라서 클라이언트가 자신의 환경을 이해하고 기회를 만들며, 자신의 결정에 대하여 책임을 지게 하는 것이다.

- **행동가(activist)**

행동가는 사회정의 불평등과 사회적 박탈에 관심을 가지고 있으며, 개인들의 욕구를 충족시켜 주기 위해서 사회환경의 변화에 관심을 가지는 것이다. 행동가의 역할을 수행하기 위해서는 사실을 탐구하고 지역사회 욕구를 분석하며, 조사연구, 정보의 보급과 해석, 사람들의 활동을 조직화하는 것 등을 행한다.

- **중재인(mediator)**

중재인의 역할은 상이한 의견이나 가치를 가진 개인들 간 또는 집단이나 조직 간의 갈등 등을 중재하는 역할을 수행하는 것을 의미한다. 이때 사회복지사는 중립적인 위치에 머물러 있어야 하며, 논쟁에서 한편으로 치우쳐서는 안 된다.

- **협상가(negotiator)**

협상가는 하나 혹은 그 이상의 갈등적 문제를 가진 사람들이 서로 화해하고 수용하며, 의견의 일치를 이루어 내도록 돕는 것이다. 이러한 상황에서는 협상이 유용하며, 사회복지사는 중립적인 입장에 머물 수가 없고 의견을 가지고 적극적으로 개입하게 된다.

- **가르치는 사람(educator)**

이 역할은 클라이언트에게 정보를 제공하고 적응할 수 있는 수완들을 가르칠 때 나타나는 역할이다. 가르치는 사람의 역할을 수행할 때 사회복지사는 많은 것을 알고 있어야 하며, 또한 훌륭한 의사소통 기술을 지녀야 한다.

- **제안자 또는 주창자(initiator)**

하나의 문제 또는 잠재적인 문제는 주의를 기울이기 전에 그것에 대한 문제의식이나 심각성을 인지할 수 없다. 이에 사회복지사는 주창자로서 문제에 주의를 기울이지 않으면 안 된다.

- **조정자**(coordinator)

조정자는 구성원들을 조직화된 방식으로 묶는 것이다. 예를 들어 복합적인 문제를 가진 가족의 경우 여러 기관들이 함께 일하게 되는데 서비스의 중복과 상호 간의 갈등을 피하기 위하여 조정을 시도할 수 있다.

- **조사연구자**(researcher)

사회복지실천은 관심 있는 분야의 문헌에 대한 조사, 결과평가, 프로그램의 장·단점 사정, 지역사회 욕구의 탐구 등이 포함되기 때문에 사회복지사는 조사연구자로서의 역할을 수행하게 된다.

- **집단촉진자**(group facilitator)

사회복지사는 치료집단, 교육집단, 자조집단, 감성집단, 가족치료 집단 등 다양한 집단에 관여하게 된다. 사회복지사는 집단들의 촉진을 위하여 집단경험의 리더자로서의 역할을 수행하게 된다.

- **강연자**(public speaker)

사회복지사는 다양한 집단들과 대화를 해야 하는 경우가 많으므로 사회복지사는 대중을 상대로 하는 강연자의 역할을 수행하게 된다.

토의사항

1. 사회복지현장의 분류에서 서비스 제공방식에 따른 사회복지실천현장은 무엇인가?
2. 장애인 직업재활시설에는 어떤 시설이 해당되는가?
3. 기능에 따른 사회복지사의 역할은 무엇인가?
4. 재스트로가 제시한 사회복지사의 역할에는 무엇이 있는가?
5. 좁은 의미의 사회복지실천현장과 넓은 의미의 사회복지실천현장에 대해 설명해 보시오.

1급 국가고시 주요 출제경향 요약

<table>
<tr><td>사회복지실천현장</td><td>❖ 기관의 기능이나 목적에 따른 분류
① 사회복지실천 1차 현장
1차 현장은 기관의 일차적인 기능과 목적이 사회복지서비스를 제공하기 위한 것으로 사회복지사가 중심이 되어 활동하는 실천현장을 의미.
예를 들면, 종합사회복지관, 노인복지관, 아동양육시설, 장애인 거주시설 등
② 사회복지실천 2차 현장
2차 현장이란 기관의 일차적인 기능은 따로 있으며, 필요에 의해 사회복지서비스를 제공하는 기관을 말함.
예를 들면, 학교, 병원, 교정시설, 보건소, 기업, 동주민센터, 공립 및 민간보육시설 등
❖ 기관 설립주체 및 재원 조달방식
① 공공기관
공공기관은 정부의 지원에 의해 운영되며, 사회복지사의 업무는 정부규정이나 지침에 따라 지도 · 감독을 받는 기관. 공공기관의 예로는 읍 · 면 · 동사무소 등.
② 민간기관
사회복지 관련 사업을 목적으로 사회복지법인이나 재단법인, 사단법인, 종교단체, 시민사회 단체에서 운영하는 비영리기관으로서 기부금이나 후원금, 법인 전입금, 기타 서비스 이용료들을 재원으로 함.
❖ 서비스 제공방식에 따른 분류
사회복지서비스 대상자에게 직접서비스를 제공하는 것인지, 아니면 이러한 기관들을 간접적으로 지원하는 것인지에 따라서 서비스기관과 행정기관으로 분류.
❖ 주거서비스 제공여부에 따른 사회복지현장
주거서비스 제공여부에 따라서 생활(거주)시설과 이용시설로 구분.</td></tr>
<tr><td>사회복지사의 역할</td><td>사회복지사의 역할에 대해서는 예시를 들어 다양한 역할들을 묻는 문제가 출제되는 경향이 뚜렷하게 나타나고 있음.
예) 옹호자, 체계개발 기능, 조력자, 조직분석가, 중개자, 중재자, 조력자 등</td></tr>
</table>

Chapter

05

사회복지실천의 관점: 통합적 접근

1. 사회복지실천의 통합적 접근
2. 통합적 접근의 주요 관점
3. 통합적 접근의 실천모델

사회복지실천은 사회복지실천현장에서 클라이언트에게 제공되는 사회적 서비스로 이는 사회복지실천관점에 의해 영향을 받게 된다. 사회복지실천의 관점은 클라이언트의 문제를 명료화하고 효과적으로 해결할 수 있는 접근방법을 조망하고 분석을 돕는다. 사회복지사는 사회복지실천기법을 통해 인간 이해에 기초한 사회복지실천지식을 실천현장에서 응용할 수 있다. 따라서 사회복지사는 클라이언트와 관련된 문제해결을 위해 이론·관점·모델·접근방법과 관련된 다양한 지식체계와 기법을 숙지해야 한다. 우리나라 사회복지실천은 1970년대에는 사회체계이론이 많이 활용되었으나 근래에 와서 통합방법론 또는 일반실천방법이 많이 활용되고 있다.

1. 사회복지실천의 통합적 접근

1) 통합적 접근의 등장배경

역사적으로 사회복지실천은 사회문제해결과 도움을 제공하기 위해 다양한 접근방법으로 노력해 왔다. 1920~1930년대는 개별사회사업(case work)과 집단사회사업(group work), 1940년대는 지역사회조직사업(community organization), 1950년대는 사회복지행정과 사회복지조사연구 등으로 기틀이 마련되었다. 이러한 방법론을 전통적 방법론(separate methods approach)이라고 한다. 이후 임상사회사업 혹은 직접적 실천방법으로 개인·가족·집단에 대한 사회치료를 한 범주로 하고, 계획·행정·지역사회를 한 범주로 거시적 실천 혹은 간접적 실천이라고 하였다.

전통적인 실천방법은 사회복지전문직의 가치를 정립하는 단초가 되었지만, 일원적인 통일체계로 발전하지는 못했다. 전통적인 실천방법은 개인의 심리 문제에 초점을 둔 세분화된 전문화로 인해 포괄적인 접근에는 한계를 지닌다고 평가되었다. 또한 특정 문제를 중심으로 개입한다는 점에서 다양하고 복잡한 문제에 대한 효과적인 대처는 미흡했다. 이에 전통적 실천방법이 지닌 한계를 극복하기 위해 통합적 접근의 필요성이 제기되었다. 전통적 사회복지실천방법의 한계를 정리하면 다음과 같다(길귀숙 외, 2020: 110; 고명수 외, 2019: 127).

첫째, 전통적 방법론은 제한된 특정 문제중심의 개입으로, 클라이언트의 복합적인 문제상황에 적절한 개입이 어렵다는 것이다. 즉, 클라이언트를 개인, 집단, 지역사회로 구분하고 각 분야별 클라이언트의 특성에 맞는 방법으로 클라이언트의 문제를 해결한다는 점에서 클라이언트의 문제가 복합적으로 중첩되어 있는 상황일 경우 문제해결에 한계가 발생했다.

둘째, 서비스의 지나친 분화와 파편화로 인해 클라이언트의 다양한 문제와 욕구를 해결하기 위해 여러 기관을 찾아다녀야 하는 부담감이 발생했다.

셋째, 전문화 중심의 교육훈련은 사회복지사의 분야별 이직에 도움이 되지 않는다.

넷째, 전통적 방법론은 전문직의 가치를 정립시켰지만, 공통기반이 없는 전문화는 사회복지전문직의 공통된 정체성 및 일체감 형성에 장애요인이 되었다. 이는 마치 별개의 전문직인 것처럼 존재함으로써 사회복지전문직의 정체성 확립에 방해가 되었다.

시기적으로 1960년대 미국은 인종과 종족에 상관없이 누구나 사회적으로 평등하다는 인식이 확대되었으나, 사회복지사가 사회적으로 취약한 개인의 빈곤과 차별문제해결과 환경 변화에도 실패했다는 비판이 있었다. 그리고 클라이언트의 문제는 심리적 원인보다 사회 환경적 요인이 더 중요하다는 인식 변화와 함께 전통적 사회복지실천방법에 대한 비판의 목소리가 제기되었다. 이에 전통적 사회복지실천방법의 한계를 극복하고자 사회복지실천의 본질적인 개념, 기술, 과업 및 활동에 공통된 요인이 있다는 인식이 확산되면서 사회복지실천의 공통기반을 찾으려는 시도가 활발해졌다. 그리고 사회복지실천현장에서 클라이언트를 돕기 위해 개인, 가족, 집단, 지역사회 등 개별적인 접근보다 복합적인 문제에 적용할 수 있는 새로운 방법론의 필요성이 대두되었다. 이러한 과정을 통해 통합적 접근 혹은 통합적 방법론이 등장하게 된 것이다.

통합적 접근에 대한 움직임은 1929년 밀포드 회의에서 시작되었다고 볼 수 있으나 1950년대에 시작되어 1960년대와 1970년대 미국에서 활발하게 이루어졌다. 미국사회복지사협회(NASW)는 1958년 「사회복지실천의 작업정의」 보고서를 통해 클라이언트의 문제해결을 위해 분화 및 전문화되어 있는 사회복지실천방법을 통합하려는 시도를 하였다. 고든(Gordon, 1965) 등은 특정 문제를 중심으로 개입하는 전통적인 방법론이 다양하고 복잡한 문제에 효과적으로 대처하기 어렵다는 비판을 제기하였고, 이로 인해 실천 대상과 문제별로 분화 및 전문화되어 있는 사회복지실천방법을 통합하고자 하는 시도가 있었다(이영실 외, 2021: 92–93).

1970년대에는 스텀프(Stumpf, 1970), 바틀렛(Bartlett, 1970), 골드스타인(Goldstein, 1973), 핀커스와 미나한(Pincus & Minahan, 1973), 콤튼과 갤러웨이(Compton & Galaway, 1975) 등 여러 학자들은 인간을 상황과의 상호작용 속에서 바라보는 관점을 활용하고, 공통기반을 정의하고 다수의 체계에 다양하게 개입할 수 있는 공통적으로 적용할 수 있는 기반과 핵심, 전제 등의 확립을 시도하였다.

특히, 1970년 바틀렛(Bartlett)은 「사회복지실천의 공통기반(The Base of Social Work)」에서 사회복지실천은 확고한 지식을 기반으로 이루어져야 하고, 지식이 실천을 이끌어가야 한다고 주장하며, 사회사업 전체에 통용될 수 있는 공통된 기반을 확립하고자 하였다(고명수 외, 2019: 127). 그리고 모든 사회복지실천의 공통기반은 개인과 환경(person–environment)에 대한 이중초점으로, 사회복지사는 개인의 대처능력과 그 개인에 대해 환경이 요구하는 것 사이의 균형을 이루기 위해 노력해야 한다고 보았다. 1973년 핀커스와 미나한(Pincus & Minahan)은 전통적 사회복지실천이 개인·환경, 임상적 실천·사회행동, 미시체계·거시체계를 마치 별개의 것처럼 구분하고 접근했던 방법에 이의를 제기하였다.

이러한 사회복지전문직 및 학계의 노력으로 체계이론, 일반체계이론, 생태체계이론 등 다양한 이론이 사회복지의 주요 이론으로 활용되면서 클라이언트의 복잡한 문제에 접근할 수 있는 기틀이 마련되었다.

2) 통합적 접근의 개념과 특징

사회복지실천에서 통합적 접근(intergrated approach 혹은 generalist approach)은 전통적 사회복지실천의 3대 방법론인 개별사회복지실천, 집단사회복지실천, 그리고 지역사회조직에서 벗어나 이들 방법을 총괄하여 개입하는 사회복지실천방법이다. 통합적 접근에서는 클라이언트의 문제발생이 개인 내에서 기인하는 부분도 있고, 사회의 불평등한 자원분배와 같은 사회문제에 기인하는 부분도 있고, 개인과 사회 환경과의 불균형한 상호작용으로 인해 발생할 수도 있다는 입장을 취한다.

통합적 접근에서는 클라이언트를 개인, 가족, 집단, 지역사회와 관계를 맺고 살아가는 '환경 속의 인간(person-in environmenet)' 또는 '상황 속의 인간(person-in situation)'으로 보며, 클라이언트의 문제는 개인과 환경과의 관계 속에서 발생하는 삶의 문제(problem-in-living)로 이해하며, 체계적·복합적·총체적으로 다양한 수준에서 접근하고 개입한다(도광조, 2021: 83-84). 따라서 클라이언트의 문제가 개인과 환경과의 관계에서 발생하기 때문에 문제해결도 개인과 환경과의 관계성 내에서 개입되어야 한다고 본다.

통합적 접근의 특징을 살펴보면 다음과 같다(김융일 외, 2005: 61-62; 고명수 외, 2019: 129).

첫째, 통합적 접근은 공통된 기반을 강조한다. 사회복지실천을 할 때 통합적 접근은 개인, 집단, 지역사회를 대상으로 공통적으로 적용할 수 있는 본질적인 개념·활동·기술과업 등의 원리나 개념 등이 있음을 전제한다.

둘째, 통합적 접근은 인간과 환경 두 체계 간의 공유영역에 개입한다. 전통적 사회복지실천방법은 인간 또는 환경에 초점을 두는 이분법적 접근방식이었다면, 통합적 접근방법은 인간과 환경의 상호작용에 초점을 둔 인간과 환경의 공유영역에 관심을 가진다.

셋째, 통합적 접근은 이론과 개입이 개방적이다. 통합적 접근방법은 특정한 이론에 제한받지 않고 전통적 접근에서 활용되었던 정신분석이론이나 환경과 체계를 강조하는 이론 등 다양한 이론과 개념을 사용하여 클라이언트의 문제에 따라 다르게 접근한다.

넷째, 통합적 접근의 가치관은 클라이언트에 대해 강점관점 및 미래지향적 관점을 취한다. 클라이언트의 잠재성을 인정하고, 지속적인 성장을 통해 잠재성이 계발될 수 있다는 강점관점을 취하며 클라이언트의 성장과 잠재성을 중요시한다.

다섯째, 통합적 접근은 클라이언트의 존엄성을 인정한다. 사회복지실천과정에서 클라이언트의 존엄성을 인정한다는 것은 클라이언트의 참여와 자기결정, 개별화를 강조한다는 것을 의미한다.

여섯째, 통합적 접근은 생태체계이론을 토대로 한다. 생태체계이론은 유기체와 유기체를 둘러싼 환경과의 상호작용을 통해 성장하는 과정을 설명하는 개념적 틀이다. 이 관점은 개인의 대처능력을 강화시키고 개인에게 영향을 미치는 환경을 강조하기 때문에 인간과 환경이라는 각각의 체계뿐만 아니라 이들의 상호작용에 관심을 둔다.

일곱째, 통합적 접근은 문제를 광범위하고 포괄적으로 규정한다. 즉, 개입의 초점인 '문제'를 병리적이거나 부정적인 상황으로 인식하지 않고, 전체 문제해결과정 중 일차적인 초점을 의미한다. 즉, 통합적 접근은 문제를 쟁점, 욕구, 현안, 어려움 등 광범위하고 포괄적인 개념이다.

여덟째, 통합적 접근에서는 사회복지실천과정을 문제해결을 위한 과정으로 본다. 즉, 사회복지실천과정은 하나씩 문제를 해결하는 과정으로, 문제해결을 위해 목표 달성을 추구하는 점진적 단계이다.

아홉째, 통합적 접근방법에서는 다중체계에 개입한다. 사회복지사는 생태체계이론으로 개인, 가족, 집단, 지역사회 등 규모가 다른 체계 및 미시, 중범위, 거시 수준 등 다양한 수준에 개입한다.

열째, 통합적 접근은 순환적 인과성을 적용한다. 순환적 인과성은 순환적 사고라고도 하는데, A와 B 사이에 시간을 두고 지속되는 순환적 교환에 관심을 두는 사고이다. A가 B의 변화에 영향을 주고, B의 변화는 다시 A의 변화에 영향을 주고, 이 변화는 다시 B에 영향을 주어 B가 변한다고 보는 것이다. 이처럼 원인과 결과가 정해진 것이 아니라 어떤 결과가 다른 것의 원인이 되고 이 원인이 다시 결과에 영향을 주며, 이 결과는 다시 원인으로 작용한다고 보는 것이다.

열한째, 통합적 접근은 일반주의 실천(generalist practice)이다. 일반주의 실천은 다양성과 관련된 지식을 바탕으로 폭넓은 기술을 숙지하며 이를 광범위하게 사용하는 실천이다. 이와 상반된 개념은 전문가주의 실천으로 클라이언트 유형, 개입 수준, 사회복지사의 주요 역할 등을 지정해 두고 이루어지는 실천이다.

2. 통합적 접근의 주요 관점

1) 일반체계이론

일반체계이론은 1937년 생물학자 버틀란피(Bertalanffy, 1901~1972)가 개념을 최초로 제기한 후 1960년부터 주목받기 시작했다. 일반체계이론은 개인, 가족, 집단 등의 사회학적 개념에 생물학적 이론을 도입한 이론으로, 유기체와 환경 간 상호작용과 상호관련성을 전체성·상호성·개방성의 개념으로 설명한다. 일반체계이론에서 가장 중요한 개념은 체계이다.

체계(system)란 상호 의존적이고 상호작용하는 부분으로 구성된 전체를 의미한다. 생물과 무생물은 물론 개인, 가족, 집단, 사회조직, 지역사회 등 사회복지실천에 관여하는 모든 실체는 체계에 속한다. 체계이론은 개인과 환경을 인과적 관점으로 이해하지 않고 상호 보완적 관계에 있는 전체로 이해한다. 즉, 인간과 환경을 단선적인 관계가 아닌 서로 영향을 주고받는 순환적 관계로 형성된 전체로 인식한다.

체계는 상호 의존적이고 서로 연결되어 있다는 점에서 한 부분의 변화는 다른 부분 또는 전체의 변화를 발생시킨다. 이러한 특성은 클라이언트의 문제를 해결함으로써 다른 체계의 변화도 이끌어내는 데 도움을 줄 수 있으므로 사회복지실천에 중요한 영향을 주었다고 볼 수 있다. 개인은 환경 및 다양한 체계와 지속적인 상호작용을 하므로 인간의 행동은 단순한 원인에 의한 개별적인 것보다는 다양한 체계와의 상호작용을 통해 나타나는 것이다(길귀숙 외, 2020). 따라서 일반체계이론은 인간과 환경을 상호 보완적이고 순환적인 관계로 보고 유기체와 환경과의 상호작용, 개인과 체계와의 효율적인 기능에 관심을 둔다. 그리고 사회복지실천의 목표를 클라이언트와 체계 간의 상호작용을 향상시키는 것으로 삼고 있다.

일반체계이론의 주요 개념은 경계, 개방체계, 폐쇄체계, 홀론, 항상성, 안정 상태, 균형, 동귀결성, 다중귀결성, 투입, 전환, 산출, 피드백 등이다(길귀숙 외, 2020; 이영실 외, 2021).

- **경계**

경계(boundary)란 체계의 내부와 외부를 구분하거나 한 체계를 다른 체계와 구분하는 테두리를 의미한다. 사회체계의 경계는 눈에 보이지 않는 관념적이고 개념적인 것으로, 그 체계를 구성하는 사람들이 서로 혹은 외부 사람들에 대해 행동하는 방식에서 드러난다.

- **개방체계**

개방체계(open system)는 투과성이 높은 경계를 갖고 있는 체계이다. 성장과 발전에 필요한 에너지와 정보와 자원을 체계 외부에서 자유롭게 받아들이고 외부로 보내기도 하는 등 활발하게 상호작용하는 체계이다. 체계이론은 체계를 개방적인 것으로 보며, 체계의 계속성과 변화의 본질적인 요인이 환경과의 상호교환 속에 있다는 것을 의미한다.

- **폐쇄체계**

폐쇄체계(closed system)는 다른 체계들과 상호작용하지 않는 체계로서 불투과성의 경계를 갖는다. 폐쇄체계는 다른 외부체계와 에너지나 정보, 자원을 주고받지 않는다. 따라서 시간이 지남에 따라 에너지의 유입이 없어지고 체계들의 분화도 적어지며 조직과 기능이 상실되거나 해체되는 경향으로 엔트로피(entropy)가 아주 높다.

- **홀론**

홀론(holon)이라는 특정 체계는 그 체계를 구성하는 작은 체계보다는 상위 체계이고, 그 체계를 둘러싼 더 큰 체계보다는 하위 체계가 되는 현상을 말한다. 작은 체계들 속에서 그들을 둘러싼 큰 체계의 특성이 발견되기도 하고 작은 체계들이 큰 체계에 동화되기도 하는 현상을 의미하기도 한다.

- **항상성**

항상성(homeostasis)이란 체계가 균형을 유지하거나 안정된 평형 상태로 되돌아가려고 하는 경향을 의미한다. 항상적인 균형은 고정된 것이 아닌 변화하는 것으로, 체계가 생존을 위해 환경과 성공적으로 타협하는 능력이다.

• 안정 상태

안정 상태(steady state)는 부분들의 관계를 유지시키고 체계가 쇠퇴하여 붕괴하지 않도록 에너지가 지속적으로 사용되는 상태를 의미한다. 환경과의 교류뿐 아니라 변화하는 환경에 적응하기 위해 체계의 구조를 변경시킬 수 있는 개방체계에 존재한다. 즉, 환경과의 상호작용에서 새로운 에너지를 수용하여 체계의 내부구조를 성공적으로 변경시켜 가며 기존과 다른 차원에서 얻어지는 체계의 균형 상태로서 역엔트로피(negentrophy)가 아주 높다. 사회복지실천은 역엔트로피를 유지 또는 증가시켜 바람직한 안정 상태를 유도한다.

• 균형

균형(balance)은 기울거나 치우치지 않은 고른 상태로, 외부 환경의 에너지를 새로 가져오지 않으며 현상을 유지하려는 속성으로 폐쇄체계에 존재한다.

• 동귀결성

동귀결성은 동등종결성 혹은 동일결과성이라고도 한다. 이는 '출발은 다양하지만 결과는 동일하다'라는 의미로, 출발 조건과 방법은 다르더라도 동일한 목표 혹은 결과를 달성할 수 있음을 뜻한다. 사회복지실천에서 다양한 방법으로 목표를 달성하는 것이 이에 해당된다.

• 다중귀결성

다중귀결성은 다중종결성이라고도 한다. 이는 '출발은 동일하지만 결과는 다양하다' 또는 '처음의 조건과 수단이 비슷해도 다른 결과가 나타난다'는 것을 의미한다. 체계가 동일한 조건이었더라도 체계에 따라 결과가 다르게 나타나는 것을 말한다.

• 투입, 전환, 산출, 환류

투입(input)은 체계가 환경과의 상호작용을 위해 외부로부터 에너지, 사물, 정보 등을 받아들이는 과정을 의미한다. 생물학적·심리학적 생존과 성장은 투입과정을 통해 보장된다.

전환(conversion operation)은 체계가 투입된 에너지를 변형시키고 재조직화하는 과정을 말한다. 투입된 에너지를 적절하게 처리하여 체계의 기능 유지에 필요한 형태로 전환하는 작용이다. 전환과정을 통해 체계는 적극적으로 외부환경에 반응하게 된다.

산출(output)은 전환활동을 통해 체계 내에서 변형된 에너지를 환경 밖으로 방출하는 것을 의미한다. 체계는 전환의 단계를 거치며 적극적으로 환경에 반응하게 되는데 이를 산출이라고 하며, 이러한 반응은 환경에 직접 영향을 끼친다. 즉, 전환활동을 통해 얻어진 결과물이 체계 밖으로 나타난 것이다.

환류(feedback)는 체계가 투입, 전환, 산출에 대한 자신의 기능을 점검하고 안정 상태 유지를 위해 필요한 조정을 수행하는 과정을 말한다. 즉, 체계가 목적을 향해 나가도록 체계의 작동을 점검하고 적응적 행동의 필요 여부를 판단하고 수정하는 능력이다. 체계는 환류를 통해 행동의 결과를 객관적으로 평가할 수 있으며, 이를 통해 새로운 행위를 만들거나 기존의 행위를 수정한다. 환류는 체계의 변화를 촉진시키거나 평형을 유지시키는 작용을 한다.

일반체계이론이 사회복지실천에 미친 영향을 살펴보면 첫째, 직선적 원인론에 근거한 의료적 모델에서 벗어나 다양한 원인에 의해 행동이 발생한다고 보는 순환적 원인론으로 전환되었다. 둘째, 일반체계이론은 유기체가 상호작용하는 다수의 체계를 고려한다는 점에서 사회복지실천의 사정과 개입의 영향을 확대시켰다. 셋째, 일반체계이론이 총체성을 강조하는 체계적 사고를 강조한다는 점에서 사회복지실천에서 사고의 틀을 개인 중심에서 전체 체계로 확대시켰다. 넷째, 경계, 환류, 엔트로피 등의 개념을 통해 사회복지실천에서 기능적으로 체계를 이해하도록 하였다. 다섯째, 체계의 문제가 단선적인 원인이 아니라 다양한 요소들과 관련된다는 점을 고려할 수 있게 되었다. 여섯째, 개인의 부적응적 행동의 원인이 개인에게 있는 것이 아닌 그를 둘러싼 환경과의 역기능적 상호작용에 있음을 확인해 주었다. 일곱째, 문제의 개입에 있어서 어떤 하나의 특정한 개입방법만 강조하지 않고 통합적이고 총체적인 접근을 가능하게 하였다.

그러나 일반체계이론의 유용함에도 불구하고 사회복지실천에 적용함에 있어 몇 가지 어려움도 제기되고 있다. 먼저, 일반체계이론의 개념이 다소 추상적이고 복잡하다는 점에서 사회복지실천현장에 바로 적용시키기에 어려움이 있다. 그리고 일반체계이론은 하나의 분석 틀은 제공해 주지만 사회복지사가 문제 상황을 변화시키기 위해 어떤 행동이나 기법을 사용해야 할지 구체적으로 알려주지 못한다는 것이다.

2) 사회체계이론

사회체계는 가족, 집단, 조직, 지역사회 등 우리가 살고 있는 사회에 존재하는 다양한 형태의 인간 공동체로서 사회조직이라고 할 수 있다. 사회체계이론은 사회체계에 체계론적 관점을 적용하여 인간행동에 영향을 끼치는 다양한 체계를 설명하는 이론이다. 즉, 인간과 환경 간의 상호작용을 강조하는 환경 속의 인간(person–in environment) 관점에서 인간행동에 영향을 미치는 개인, 가족, 조직을 포함한 소집단과 지역사회와 같은 다양한 사회체계를 설명하는 이론이다.

사회체계이론, 일반체계이론, 생태체계이론의 차이점과 공통점을 살펴보면 다음과 같다(Laszlo, 1972; Pincus & Minaha, 1973; Norlim & Chess, 1977; 이영실 외, 2021).

사회체계이론은 인간행동에 영향을 끼치는 개인, 가족, 소집단, 지역사회, 문화 등 구체적인 사회체계를 다룬다. 이에 반해 일반체계이론은 유기체와 환경 간 체계적인 상호작용의 개념을 분석하는 일반과학이며 '체계'라는 추상적 개념으로 설명한다. 생태체계이론은 유기체가 사회환경 속에서 어떻게 평형 상태를 성장·유지·발달해 가는지에 관심을 둔다. 3가지 이론의 공통점을 살펴보면, 다양한 체계수준에 관심을 두고 인간과 환경과의 상호작용을 강조하고 있다. 또한 체계들 사이에서 발생하는 스트레스와 스트레스에 대처하는 인간의 균형에 관심을 두고 있다.

3) 생태체계이론

생태체계이론은 인간과 환경과의 상호작용에 초점을 맞추고 개인의 능력과 개인에게 영향을 미치는 환경 모두를 강조하는 이론이다. 이 이론은 환경 속에서 인간을 바라보는 철학적인 관점을 제공한다. 인간을 이해하기 위한 필수적인 방법은 그 사람이 처한 상황 또는 환경에 대해 이해하는 것이다. 이는 단순히 개인이 처한 환경을 이해하는 것이 아니라 개인과 환경과의 상호작용에 대한 이해를 의미한다(Miley & Duboiset, 1995; 길귀숙 외, 2020). 이처럼 생태체계이론의 핵심은 '환경 속의 인간(person-in-environment)'이다.

생물들과 무생물적인 환경들(빛, 공기, 토양, 물 등)이 자연환경 속에서 밀접한 관계로 상호 영향을 주고받는 하나의 체계를 생태계라고 하듯이 생태체계이론에서는 인간과 환경과의 상호교류체계를 생태체계로 본다. 따라서 생태체계이론은 인간과 환경들 간 상호작용과 교류에 초점을 맞추고, 인간의 문제 또는 스트레스는 여기에서 비롯된다고 본다. 따라서 사회복지사의 개입은 인간과 환경 간 접촉면에서의 상호 교류 양상에 초점을 두고, 개인과 환경 간의 긍정적인 상호작용이 촉진될 수 있도록 하는 데 관심을 둔다. 생태체계이론의 개념적 특징을 정리하면 〈표 5-1〉과 같다.

표 5-1 생태체계이론의 개념적 특징

- 사회복지실천의 개념적인 기반이자 준거틀
- 생태학과 일반체계이론을 통합한 절충주의
- 사람과 환경 간의 교류에 초점
- 사람과 환경은 지속적으로 교류하는 존재
- 사람과 환경은 상호 호혜와 자원의 보충적 교환을 통한 상호작용
- 개인을 이해하기 위해서는 개인과 환경 간의 상호작용과 교류 분석

정리하면, 생태체계이론은 인간과 다양한 환경체계들 간의 복잡성과 다양성을 반영하며, 일반체계이론의 주요 개념들이 그대로 반영되고 있지만, 일반체계이론보다는 구체적이고, 인간주의적이고, 사회복지실천을 위한 이론적 틀로서 보다 유용성이 있다. 또한 인간을 환경 속의 인간이라는 관점을 보다 강화시켜 준다는 점에서 유용하다.

생태체계이론의 주요 개념은 환경, 적합성과 적응, 스트레스와 대처, 관계, 역할, 유능성, 상호교류와 상호의존 등이다(Compton & Galaway, 1986; 도광조, 2021; 이광재, 2019; 김난실, 2020; 길귀숙 외, 2020; 이영실 외 2021).

• 환경

생태체계이론에서 환경(environment)은 사회적·물리적·문화적 환경은 물론 공간과 시간적 리듬까지 포함한다. 사회복지실천에서 생활상 발생하는 문제와 환경의 연관성을 토대로 환경에 대한 개념을 이해하는 것은 큰 도움이 된다. 사회적 환경은 교육, 문화 정치, 복지 등 사회적 욕구에 반응하는 조직은 물론 친구, 이웃, 친척, 직장동료 등 인간관계망까지 포함한다. 물리적 환경은 기후, 지리적 조건 등의 자연적 환경과 건물, 교통시설, 통신시설, 대중매체 등의 인위적 환경까지 포함한다. 이처럼 사회적 환경과 물리적 환경은 지속적인 상호작용을 하며 문화적 환경까지 확대된다. 그리고 거주환경과 생활영역도 환경과 관련하여 주요한 개념이다. 거주환경은 개인의 문화적 맥락 내에 존재하는 물리적 환경과 사회적 환경과 관련된 개념이고, 생활영역은 지역사회 구성원들이 차지하고 있는 직접적 환경 또는 지위를 말한다.

• 적응

적응(adaptation)은 개인과 환경의 적절한 결합을 의미한다. 인간은 지속적으로 재구조하고 환경에 적응해 나간다. 모든 유기체는 환경과의 균형 유지를 위해 지속적인 노력을 한다. 유기체가 환경의 자극에 적절하게 대처하거나 필요한 자원을 획득할 경우 개인과 환경은 적절하게 결합하고 있음을 의미하며, 이러한 상태를 적응 상태라고 한다. 적응에는 환경을 변화시키기 위한 노력, 개인 자신을 변화시키기 위한 노력, 환경과 개인 모두를 변화시키기 위한 노력이라는 개념이 포함되어 있다.

• 적합성

적합성(goodness of fit)은 개인의 적응적 욕구와 환경의 속성이 어느 정도 조화를 이루는가와 관련된 개념이다. 개인 또는 집단의 욕구나 능력 등이 그가 처한 문화적·역사적 맥락 속에 존재하는 물리적·사회적 상황과 조화와 균형을 이루는 정도를 말한다. 적합성은 높을 수도 있고 낮을 수도 있다. 개인과 환경 간 적합성이 좋으면 적응이 잘된 상태로 본다. 적합성 수준이 높은 상태는 인간과 환경이 상호 긍정적인 영향을 교류함으로써 적응적 기능이 향상된다.

• 스트레스와 대처

스트레스(stress)란 개인이 환경과의 상호교류에서 적합성을 유지하지 못하고 불균형이 발생하거나 개인이 지각한 요구와 이를 충족시킬 수 있는 인적 자원 혹은 환경 자원을 초과하는 상황에서 발생하는 생리·심리·사회적 현상이다. 스트레스 요인은 개인의 사회적 변화는 물론 발달적 변화, 충격적 사건, 다양한 생활문제 등 다양한 곳에서 발생한다.

대처(coping)란 어떤 사건이나 문제를 극복하기 위해 조치를 취하는 것으로 적응의 한 형태이다. 대처능력은 내적 자원과 외적 자원이 필요하다. 내적 자원으로는 개인의 동기, 자존감, 문제해결기술, 심리적인 안정 등이 있고, 외적 자원으로는 가족, 사회적 관계망, 조직의 지원, 교육적 지원 등이 있다.

• 관계, 역할, 유능성

관계(relatedness)란 둘 또는 여러 대상이 서로 연결되어 얽혀 있는 것으로 인간관계를 형성하거나 타인과 연결될 수 있는 능력이다. 인간은 타인과의 관계 없이는 생존할 수 없으며, 이를 통해 인간답게 사는 것을 학습할 수 있다. 관계를 맺고자 하는 욕망과 능력은 초기 양육과정에서 시작되어 일생을 통해 상호적 보호 행동의 유형이 결정된다.

역할(role)이란 특정한 사회적 위치나 지위를 가진 개인이 타인에게 어떻게 행동해야 하는지에 대한 기대와 타인이 그 사람에게 어떻게 행동해야 하는지에 대한 기대까지 포함하고 있다. 역할은 기대되는 행동 유형이며 상호적 요구와 의미에 대한 유형이다.

유능성(competence)이란 자신의 판단을 신뢰하고 자기 확신을 통해 환경이나 자신에게 바람직한 변화를 만들 수 있다고 생각하는 자신감과 능력으로, 인간 발달에 필수적인 요소이다. 유능성은 환경 속에서 성공적인 행동 경험을 통해 강화될 수 있다. 생태체계이론에서는 긍정적인 자아정체감과 자존감을 형성할 수 있는 인간의 능력이 일생에 걸쳐 확대된다고 보고 있다.

• 상호교류와 상호의존

상호교류(transaction)는 인간이 다른 환경의 사람과 의사소통하고 관계를 맺는 것을 의미한다. 상호교류는 관계되는 둘 이상의 사이에서 무언가를 전달하고 교환이 이루어지기 때문에 활동적이고 역동적이며 긍정적이거나 부정적일 수도 있다.

상호의존(interdependence)은 한 개인이 다른 사람이나 집단에 서로 의존하고 의지하는 것을 의미한다. 인간은 생존을 위해 지속적인 상호교류를 하며 서로 필요한 상호의존 관계에 있다.

3. 통합적 접근의 실천모델

사회복지실천의 통합적 모델은 1950~1970년대 사이에 중점적으로 개발되었다. 대표적으로 핀커스와 미나한의 4체계 모델, 펄만이 개발하고 콤튼과 갤러웨이에 의해 정교화된 문제해결모델, 저메인과 기터맨의 생활모델, 골드스타인의 단일화모델이 있다(이영실 외, 2021; 도광조, 2021; 길귀숙 외, 2020).

1) 4체계 모델

1973년 핀커스와 미나한(Pincus & Minahan)은 체계이론을 근거로 사회복지실천현장의 복잡하고 다양한 체계들을 4가지 체계인 변화매개체계, 클라이언트체계, 표적체계, 행동체계로 제안했다. 핀커스와 미나한은 인간은 '환경 속의 인간'으로 주변 환경의 다양한 자원체계와 적절하고 원만한 균형을 유지함으로써 만족스러운 삶을 영위해야 하지만, 이 관계가 부재 또는 원만하지 못한다거나 충분히 활용하지 못할 경우 문제가 발생한다고 보았다.

클라이언트의 체계에 초점을 맞추고 사회복지실천을 수행하는 4체계 모델은 클라이언트를 포괄적이고 전체적인 관점으로 사정할 수 있는 기초를 제공한다. 이를 구체화하면 다음과 같다.

• **변화매개체계**

변화매개체계(the change agent system)란 사회복지사와 사회복지사를 고용하고 있는 기관 및 조직을 의미한다. 변화매개체계는 클라이언트의 문제와 관련된 여러 가지 체계를 확인해 내고, 계획을 수립하며, 계획을 실천에 옮기기 위해 노력하는 체계이다. 변화매개인은 계획적 변화를 목적으로 특수하게 고용된 사회복지사를 의미한다.

• **클라이언트체계**

클라이언트체계(the client system)란 서비스나 도움이 필요하여 변화매개인인 사회복지사의 서비스를 제공받는 개인, 가족, 집단, 기관이나 지역사회를 의미한다. 클라이언트는 변화매개인과 묵시적·명시적 계약이 이루어졌을 때 클라이언트가 된다.

• **표적체계**

표적체계(the target system)란 목표를 달성하기 위해 영향을 주거나 변화시킬 필요가 있는 대상을 의미한다. 변화의 대상이 클라이언트체계일 경우 클라이언트체계는 표적체계가 된다. 그러나 클라이언트의 가족체계가 변화의 대상일 경우 표적체계는 가족이 된다. 변화매개인은 클라이언트체계와 협조하여 변화의 목표 설정과 목표 달성을 위해 변화가 필요한 표적체계를 결정한다.

• **행동체계**

행동체계(the action system)란 변화매개인이 변화 노력(활동 목적)을 달성하기 위해 상호작용하며 공동으로 노력하는 모든 체계를 의미한다. 이웃, 가족, 학교, 동료, 전문가, 청소년단체 등이 행동체계에 속한다. 변화매개인은 문제해결과 변화를 위한 과정에서 다른 유형의 행동체계와 작업하기도 한다.

4체계 모델은 사회복지실천의 기능을 클라이언트와 자원체계, 그리고 자원체계 간의 상호작용에 있다고 간주한다. 따라서 사회복지실천의 목적은 첫째, 클라이언트의 문제해결 능력 및 대처능력 향상, 둘째, 클라이언트에게 자원과 서비스, 기회를 제공할 체계와 연결, 셋째, 체계의 효율적·인도적 운영 촉진, 넷째, 사회복지대책의 발전과 진보에 공헌하는 것이다.

콤튼과 갤러웨이(Compton & Gallaway, 1979)는 핀커스와 미나한이 제시한 4체계 모델에 전문가체계와 의뢰-응답체계를 추가하여 6체계 모델을 제시하였다.

- **전문가체계**

전문가체계(the professional system)란 사회복지사의 전문성을 강화시키고 위상을 높이기 위해 노력하는 전문가단체, 전문가를 육성하는 교육체계, 전문적 실천의 가치, 사회복지사 윤리강령, 사회복지협의회, 사회복지사협회, 사회복지학회 등을 의미한다.

- **의뢰-응답체계**

의뢰-응답체계란 문제인식체계라고도 한다. 법원이나 경찰 등에 의해 강제로 사회복지기관에 오게 되는 경우 일반 클라이언트체계와 구별하기 위한 체계이다. 의뢰체계는 서비스를 요청한 사람 또는 조직이며, 응답체계는 법원, 경찰, 외부전문가 등의 요청에 의해 강제로 서비스기관으로 온 사람이다.

2) 문제해결모델

문제해결모델은 1920년대 진단주의 학파와 1930년대 기능주의 학파를 통합 시도한 펄만(Perlman)의 모델을 기반으로 한다. 1957년 펄만이 개발하고 1994년 콤튼과 갤러웨이(Compton & Gallaway)가 정교화한 이 모델은 심리역동적 측면을 강조한 진단주의와 클라이언트의 창조적 자아능력을 강조한 기능주의를 통합한 모델이다.

개인과 환경과의 전체적인 상호작용을 강조하며, 인간이나 사회체계를 효과적으로 변화시키기 위한 목표를 합리적으로 달성하는 데 중점을 두고 있다.

문제해결모델은 개인이 문제해결에 실패하는 이유를 개인의 정신적 결함이나 병리적 문제 때문이 아니라 문제를 해결하는 태도가 잘못되었기 때문이라고 본다. 따라서 문제해결모델은 개입의 목표를 클라이언트의 문제해결 능력 회복에 둔다. 이 모델에서 사회복지사는 클라이언트를 문제해결자로 간주한다. 변화를 위해 클라이언트의 동기를 개발시키고, 활력을 주며, 방향성을 제시한다. 또한 클라이언트체계의 성장 과정 참여를 통해 삶을 효과적으로 대처해 나갈 수 있도록 클라이언트의 능력 회복과 강화에 중점을 둔다.

펄만은 클라이언트의 문제해결 과정을 4P, 즉 '문제(problem)를 가지고 있는 사람(person)이 도움을 얻기 위해 서비스가 제공되는 어떤 장소(place)로 찾아오면 문제해결에 필요한 자원을 지원하고 도움을 주는 과정(process)에 의해 도움을 받는다'고 설명하였다. 이후 4P에 전문가(professional)와 제공물(provisions)이라는 개념을 추가하여 6P로 확대하였다.

- **사람**

사람(person)이란 문제를 가지고 있는 사람으로 도움을 요청하는 클라이언트를 말한다. 개인과 가족을 중요하게 다루며, 인간과 환경 간의 상호작용에 대한 전체를 이해하고 파악한다.

- **문제**

문제(problem)란 클라이언트가 대응하기 힘들거나 도움을 요청하는 상황, 어려움을 의미한다. 어려움은 개인과 환경 간의 상호작용 과정에서 충족되지 못한 욕구, 대인관계 문제, 사회적 기능상의 문제 등이다.

- **장소**

장소(place)란 도움을 요청하는 클라이언트에게 서비스가 제공되는 공간을 말한다. 일반적으로 사회복지기관과 시설 등 물리적 공간을 의미하지만, 사회복지실천과 기술적인 발전으로 인해 클라이언트의 가정, 지역사회, 온라인 가상공간까지도 장소로 확장할 수 있다.

- **과정**

과정(process)이란 클라이언트가 요청하는 문제를 해결하기 위해 제공되는 일련의 체계적인 절차를 말한다. 학자마다 문제해결 과정에 대한 견해는 다르지만, 보편적으로 사정, 계획, 개입, 평가의 단계로 구성된다(길귀숙 외, 2021).

- **전문가**

전문가(professional)란 클라이언트의 문제를 해결하는 데 관여하고 필요한 자원을 지원하고 보완하는 사회복지사를 의미한다.

• **제공물**

제공물(provisions)이란 클라이언트의 문제를 해결하고 욕구를 충족시키기 위해 제공하는 필요한 모든 서비스 활동을 의미한다. 사회적 지지나 재화, 관계 등이 제공물에 속한다.

3) 생활모델

생활모델은 1970년대 초 저메인과 기터맨(Germain & Gitterman)이 생태체계이론을 사회복지실천에 도입한 통합모델이다. 개인과 환경 모두에 초점을 두는 개념적인 준거틀과 개인, 가족, 조직 내 집단, 지역사회, 문화적인 맥락에 적용되는 원칙과 기술을 통합하는 사회복지실천방법을 개발하고자 하는 시도로 출현하였다(Germain & Gitterman, 1986).

이 모델은 인간과 환경과의 상호작용에 초점을 두고 개인, 가족, 집단, 지역사회 등이 함께 개입 가능한 실천원칙과 기술을 통합한 모델이다. 생활모델은 개인의 생활과정 속에서 문제가 해결되도록 한다. 생활모델은 개인과 환경 간의 복합적인 상호관계 속에서 균형과 적응을 강조한다. 따라서 사회복지사의 개입목표는 개인과 그 외 환경 특성, 인간의 욕구와 환경 자원 간의 적응수준을 향상시키는 것이다.

생활모델에서는 문제가 발생하는 원인을 생태체계 요소들 간의 상호작용의 결과로 본다. 즉, 생활과정에서 긴장과 스트레스가 여러 가지 문제를 발생시킨다는 것이다. 따라서 생활과정 속에서 개인과 환경의 상호작용을 조화롭게 함으로써 문제가 해결되도록 해야 한다는 점을 강조한다. 사회복지사는 클라이언트의 생활과정에서 발생하는 문제를 해결하고 클라이언트의 적응능력을 지지하고 강화하여 스트레스를 경감시키고, 대처를 위한 사회자원 동원을 통해 클라이언트의 능력을 향상시키는 것에 목표를 둔다.

이 모델에서는 개인의 환경적 상황에 대한 인식과 외부세계에 대한 인지능력에 따라 스트레스가 좌우되기 때문에, 모든 스트레스 상황이 실제 스트레스를 유발시키는 것은 아니라고 본다. 사회복지사와 클라이언트는 인간과 환경 간의 상호작용과 관련된 생활과정 속에서 새로운 균형 상태를 창출하고, 적응능력과 자율성 획득을 위해 노력한다

(길귀숙 외, 2021). 생활모델은 생활의 성장과 발달 그리고 문제해결의 힘을 강화시키기 위해 인간의 욕구와 환경 자원 간 적응 및 조화에 집중한다. 그리고 생활과정에서 강점, 건강지향, 선천적인 지향, 지속적인 성장잠재력의 발견과 인간과 환경과의 조화수준 증대에 초점을 둔다.

4) 단일화모델

단일화모델(unitary model)은 골드스타인(Goldestein, 1973)이 사회체계모델, 사회학습모델 혹은 문제해결모델, 과정모델 이 3가지 준거틀을 통합하여 체계화한 모델로, 특히 과정모델의 내용을 강조하고 있다.

골드스타인은 과정모델을 조사와 평가, 의뢰와 중재, 평가적 전략이라 하여 사회복지실천과정과 연계시켰다.

단일화모델에서는 사회복지실천과정을 역할유도단계, 핵심단계, 종결 단계로 구분하고 이들 각 단계가 반복적으로 발생하는 것으로 설명하였다. 그리고 전체 과정모델을 개인, 가족, 집단, 조직, 지역사회 등 여러 형태로 구분하고 구체화한 단계와 연결하였다. 4체계 모델이 클라이언트체계, 자원체계, 사회복지사와의 상호기능에 초점을 두었다면, 단일화모델은 사회학습과 관련하여 사회복지사의 기능에 더 많은 관심을 두고 있다. 단일화모델에서는 사회학습을 광범위한 일반적인 의미로 제시하며 개인 또는 소집단체계를 주요 변화의 목표로 한정하지 않고, 조직, 집단, 지역사회 등 보다 큰 체계가 변화될 수 있음을 강조한다(이영실 외, 2021). 또한 이러한 사회 변화는 사회복지사의 자원 확보와 폭넓은 활용 능력을 통해 가능하다고 본다.

지금까지 살펴본 통합적 접근의 실천모델을 정리하면 〈표 5-2〉와 같다.

표 5-2 통합적 접근의 실천모델

모델	대표 학자	주요 내용
4체계 모델/ 6체계 모델	Pincus & Minahan/ Compton & Galaway	• 인간을 '환경 속의 인간'으로 보고 클라이언트의 문제해결 및 도움 제공을 위해 다양한 자원체계와 연계를 통해 환경과의 상호작용 증진을 시키고자 함. a. 변화매개체계: 사회복지사와 사회복지사가 고용되어 있는 기관 및 조직 b. 클라이언트체계: 서비스나 도움이 필요한 개인, 가족, 집단, 기관, 지역사회 등 c. 표적체계: 변화매개체계는 목표 달성을 위해 영향을 주거나 변화시킬 필요가 있는 대상 d. 행동체계: 변화매개체계는 목표 달성을 위해 함께 일하는 이웃, 가족, 학교, 동료, 전문가, 청소년단체 등 e. 전문가체계: 사회복지사의 전문성 강화와 위상을 제고시키고, 기관 및 사회적 변화의 옹호자로서 행동할 때 활용하는 체계 f. 의뢰-응답체계: 의뢰체계는 서비스를 요청한 사람이나 조직, 응답체계는 법원, 경찰, 외부전문가 등의 요청에 의해 강제로 온 사람
문제해결 모델	Perlman	• 개인과 환경의 전체적 상호작용 강조 • 인간이나 사회체계를 효과적으로 변화시키기 위한 목표를 합리적으로 달성하는 데 중점 • 인간의 삶을 지속적인 문제해결의 과정으로 보고 사회복지실천의 변화표적을 문제에 두고 있는 모델
생활모델	Germain & Gitterman	• 개인과 환경과의 복합적인 상호관계 속에서 균형과 적응 강조 • 개인과 환경의 상호작용에 초점을 두고 개인, 가족, 집단, 지역사회 등이 함께 개입 가능한 실천원칙과 기술을 통합한 모델
단일화모델	Goldstein	• 사회학습에 관한 사회복지사의 기능에 더 많은 관심을 둠 • 사회체계모델, 사회학습모델 또는 문제해결모델, 과정모델을 통합하여 체계화한 모델로 특히 과정모델이 중심 • 사회학습을 통해 개인, 소집단 체계뿐 아니라 보다 큰 체계가 변화될 수 있음을 강조 • 사회복지사의 자원 확보와 폭넓은 활용 능력을 통해 사회 변화가 가능함을 강조

토의사항

1. 전통적 접근과 통합적 접근의 차이점은 무엇이라고 생각하는가?
2. 통합적 접근의 특징에 대해 살펴보고, 장점을 토의해 보시오.
3. 일반체계이론이 사회복지실천에 미치는 영향은 무엇이라고 생각하는가?
4. 생태체계이론이 사회복지실천에 미치는 영향은 무엇이라고 생각하는가?
5. 통합적 접근 실천모델의 장단점을 토의해 보시오.

1급 국가고시 주요 출제경향 요약

❖ 통합적 접근의 등장배경(전통적 방법론의 한계점)

- 주요 특정 문제중심의 개입
- 지나친 분화와 전문화로 서비스의 파편화 초래
- 공통기반이 부재한 분화와 전문화는 영역 사이에 의사소통 혼란 발생함

❖ 통합적 접근의 특징

- 공통된 기반 강조
- 인간과 환경 두 체계 간의 공유영역에 개입
- 이론과 개입이 개방적
- 클라이언트에 대한 강점관점 및 미래지향적 관점
- 생태체계이론을 토대로 함
- 문제를 광범위하고 포괄적으로 규정
- 다중체계에 개입
- 순환적 인과성을 적용
- 일반주의 실천

❖ 일반체계이론의 주요 개념

- 경계, 개방체계, 폐쇄체계, 홀론, 항상성, 안정상태, 균형, 동귀결성, 다중귀결성, 투입, 전환, 산출, 환류

❖ 4체계 모델

- 변화매개체계, 클라이언트체계, 표적체계, 행동체계

❖ 6체계 모델

- 변화매개체계, 클라이언트체계, 표적체계, 행동체계, 전문가체계, 의뢰-응답체계

Chapter

06

사회복지실천의 주요 이론

1. 정신분석이론
2. 자아심리학 이론
3. 행동주의 이론
4. 인지이론

사회복지실천은 사회복지사와 클라이언트의 관계도 중요하지만 과학적 이론과 지식에 근거하여 체계적으로 이루어져야 한다. 일반적으로 이론은 사물이나 현상을 체계적으로 설명할 뿐만 아니라, 예측하고 평가하는 기능도 갖고 있기 때문에 우리가 실제로 경험하지 못했던 새로운 상황이나 문제를 이해하고 미래의 행동을 예측하는 데 도움을 준다(윤현숙 외, 2001). 사회복지실천에서의 이론들도 인간과 사회환경 그리고 이들 간의 상호관계에 대한 이해와 문제들을 이해하고 분석하며 문제해결을 위한 효과적인 방법을 찾을 수 있게 해준다. 또한 사회복지사가 경험하지 못한 클라이언트의 문제와 상황을 이해하는 데 도움이 되며, 클라이언트와의 좋은 원조관계를 형성할 수 있어 효과적으로 문제를 해결할 수 있게 해 준다. 이와 같이 사회복지실천을 위한 이론들은 사회복지적 개입의 실천을 과학적이고 체계적으로 조직함으로써 사회복지사의 전문적이고 효과적인 개입 활동을 뒷받침한다. 따라서 사회복지사는 효과적인 개입을 위해 클라이언트의 문제와 상황을 분석하고 해결방안을 제시할 수 있는 이론적 지식을 갖추고 있어야 한다.

사회복지실천의 주요 이론들은 다음에 소개될 실천모델들을 체계화하는 데 기본틀이 된다. 대부분의 실천모델은 나름대로의 기본 이론들에 뿌리를 두고 있는데, 예컨대 심리사회모델은 기본적으로 정신역동이론과 자아심리학에 뿌리를 두고 있으며, 인지행동모델은 인지이론과 행동주의이론 등에 기초한 실천모델이다(엄명용 외, 2016). 사회복지실천현장에서는 클라이언트를 원조하기 위해 실천모델을 활용하는데, 어느 특정한 하나의 이론에만 집중하기보다는 클라이언트의 문제나 상황에 따라 다양한 이론과 실천모델을 적용하고 활용한다. 만약 사회복지사가 하나의 이론이나 특정한 실천모델만을 고집한다면 클라이언트의 개별적인 특성이나 욕구를 무시하는 위험한 선택이 될 수 있다. 그러므로 사회복지사는 효과적이고 전문적인 사회복지실천을 위해서 인간과 사회환경에 대한 다양한 이론들을 이해하는 것은 물론 자신과 클라이언트의 가치관 및 문제와 상황에 적합한 이론이 무엇인지를 선택하고 이를 활용하는 것이 중요하다.

1. 정신분석이론

프로이트(Sigmund Freud, 1856~1939)의 정신분석이론은 인간 본성 및 성격 발달에 대한 이해와 정신치료기법에 관한 최초의 심리학 이론이다. 신경과의사였던 프로이트는 히스테리 환자를 치료하면서 인간의 행동을 동기화하는 무의식을 발견하였고, 이러한 무의식이 신체와 심리, 행동과 인지에 미치는 영향을 임상을 통해 과학적으로 증명하고자 하였다. 정신분석이론은 인간 정신세계의 대부분을 차지하고 있는 무의식에 초점을 두어, 본능적 충동이나 무의식적 동기에 의해서 행동이 결정된다는 정신결정론과 환원주의적 관점을 가진다. 즉, 이러한 관점에 따라 아무 원인 없이 우연히 또는 저절로 발생하는 현상이란 있을 수 없으며, 인간의 모든 행동이나 생각은 무의식적인 성적·공격적 충동에 의해서 발생한다고 본다. 정신분석이론은 1920년대에 의료적 모델에 기초한 사회복지실천의 진단주의 학파를 태동시켰고, 1930년대에는 심리사회적 이론의 개별사회사업 모델로 확대되면서 현대까지도 사회복지실천의 중요한 이론적 토대가 되고 있다(윤현숙 외, 2001).

1) 정신결정론

정신분석이론의 기본적 원리는 정신결정론(psychic determinism)이다. 인간의 사고, 감정, 행동은 우연히 자동적으로 발생하는 것이 아니라 반드시 어떤 원인이 있었기 때문에 그 결과로서 나타난다. 전혀 관계가 없고 우연히 일어난 것처럼 보이는 사건이라 하더라도 단지 그렇게 보이는 것일 뿐 실제로는 반드시 과거의 일과 연결되어 발생한다는 것이다(최옥채 외, 2015). 따라서 인간의 사고, 감정, 행동을 결정하는 것은 환경의 외적 조건이 아닌 심리 내적인 원인에 의해 결정되며, 이러한 심리 내적인 원인이 제거되면 행동도 변화한다고 본다.

2) 지형학적 모형

프로이트는 인간의 전체 의식을 의식, 전의식, 무의식의 세 영역으로 구분하는 지형학적 모형을 통해 성격의 구조를 설명하였다. 즉, 프로이트는 눈에 보이지 않는 인간의 정신을 이해하기 위해 인식의 수준을 가시화한 일종의 지도를 제시하였다(양철수, 2019). 특히 그는 무의식의 영역이 가장 중요하다고 강조하였는데, 인간의 행동이나 심리적 문제의 원인을 파악하기 위해서는 무의식적 경험을 이해해야 한다고 보았기 때문이다.

(1) 의식

의식(consciousness)은 현재 인식하고 있는 기억이나 지각, 감정을 포함하며, 어떤 순간에 우리가 자각하고 있는 모든 경험과 감각을 말한다. 의식은 수면 위에 떠올라 있는 빙산의 꼭대기에 비유하는 만큼, 정신세계의 극히 일부만이 의식의 범위에 포함된다.

(2) 전의식

현재 의식 수준에는 없지만 주의를 기울이면 의식되지 않았던 경험이나 생각이 의식으로 떠오를 수 있는 상태를 의미한다. 전의식(preconsciousness)은 무의식과 의식을 연결하는 통로 역할을 하는데, 무의식의 자료들이 전의식을 통해 의식될 수 있다. 예를 들어, 이사하기 전의 집 전화번호나 우연히 만난 동창생의 이름 등과 같이 잠시 잊어버리고 있었지만 조금만 신경 쓰면 의식될 수 있는 경험들이다.

(3) 무의식

무의식(unconsciousness)은 우리가 자각하지 못하는 경험과 기억, 억압된 재료들, 의식영역 밖의 욕구나 동기로 구성되어 있으며, 인간행동을 결정하는 주된 원인이 된다(양철수, 2019). 무의식은 인식하지 못하는 욕구나 본능으로서 그 내용은 위장되고 상징화된 형태로 나타나기 때문에 직접적으로 관찰할 수도 없다. 무의식의 본능적 욕망은 기회만 되면 의식으로 올라오려는 속성이 있는데, 이때 자아는 무의식이 의식화되는 것을 막으려 하고, 억압된 무의식은 자아가 인식할 수 없도록 모양을 바꾸어 위장하거나 변형된 채로 의식 수준으로 올라오게 된다. 프로이트는 무의식의 증거로 말실수, 망각, 신경증, 꿈의 존재 등을 들었는데, 특히 '꿈'은 무의식에 이르는 왕도이며 꿈의 해석을 통해 무의식의 자료들을 알 수 있다고 하였다(최옥채 외, 2015). 정신세계의 대부분을 차지하는 무의식은 가장 심층에 감추어져 있지만 정신생활의 중심이라고 보았다. 프로이트는 인간의 행동을 이해하기 위해서는 개인 무의식에 존재하는 행동의 중요한 인과적 요인을 밝혀내야 한다고 믿었다.

3) 구조적 관점

구조적 관점은 인간의 성격이 원초아(id), 자아(ego), 초자아(superego)로 구성되어 있다고 보는 관점으로서, 매우 충동적이고 비합리적인 원초아와 현실을 인식하는 합리적인 자아, 도덕과 양심을 중시하는 초자아가 서로 충돌하고 타협하면서 인간의 행동과 성격을 결정짓는다고 하였다.

(1) 원초아

원초아(id)는 인간이 태어나면서부터 가지는 본능적인 욕망과 욕구로 구성된다. 인간의 본능적 욕구는 생존을 위한 필수적인 욕구인데, 신생아의 먹고 싶은 욕구, 공격 욕구, 의존 욕구 등이 원초아의 속성이다. 원초아는 다른 자아들보다 강력한 힘을 가지고 무의식 수준에서만 존재하며 쾌락 추구가 주요한 목적이다. 즉, 원초아는 즉각적인 만족을 추구하고 불쾌감을 회피하는 '쾌락원칙'에 의해 움직이기 때문에 자제력이 없으며, 현실을 무시하고, 자기중심적이며 일차적 사고과정으로 이루어진다(정원철, 2020).

① 쾌락원칙

욕구가 발생하면 현실적 위험이나 문제들을 전혀 고려하지 않고 즉각적으로 욕구를 충족하고자 하는 특성을 의미한다. 욕구가 즉각적으로 충족되지 못하면 긴장감과 고통이 발생하는데, 이를 최소화하고 즉시 충족된 욕구를 통해 쾌락을 최대화하려는 속성이다.

② 일차적 사고과정

쾌락원칙에 의해 지배되므로 비논리적이고 비합리적인 사고과정이다. 충족되지 못한 욕구로 인해 발생한 긴장을 감소시키기 위해 언젠가 자신의 기본적인 욕구를 만족시켜 준 적이 있는 대상의 심상을 떠올려 기억표상을 만드는 과정이다. 예를 들면, 목이 마를 때 물을 마시는 상상이나 꿈을 꾸는 것을 의미한다. 그러나 이러한 일차적 사고과정은 일시적 만족은 줄 수 있을지 모르지만 근본적 긴장은 감소시킬 수 없으므로 자아의 이차적 사고과정이 필요하다(최옥채 외, 2015).

(2) 자아

자아(ego)는 현실원칙에 의해 움직이며 원초아의 즉각적인 욕구 만족을 지연시키는 능력을 가진다. 현실원칙이란 본능을 현실적·합리적으로 해소할 수 있도록 현실을 검증하고, 적절한 시기까지 긴장의 방출을 지연시켜 궁극적으로 사회가 수용 가능한 형태로 만족을 얻는 능력이다(최옥채 외, 2015). 즉, 자아는 원초아의 욕구가 현실의 허용범위 내에서 충족될 수 있도록 긴장을 참고 욕구의 충족을 보유한다. 따라서 자아는 현실과 초자아의 제한을 고려하여 쾌락을 추구하는 원초아를 조정하며 외부 세계와의 상호작용을 유지하는 성격의 집행자, 조정자, 중재자의 역할을 수행한다. 자아는 지형학적 모형의 의식, 전의식, 무의식의 모든 영역에 걸쳐 있으며, 출생 이후 원초아로부터 분화되어 성장과정을 통해 발달한다. 자아의 발달과정은 개인의 욕구충족이 좌절되는 경험을 통해 조금씩 발달하게 되며, 자아가 견고하게 발달한 경우, 외부 현실과의 원만한 거래를 통해 원초아가 욕구를 충족할 수 있도록 도와준다(정원철, 2020).

(3) 초자아

인간은 성장과정에서 부모로부터 다양한 이상과 가치들을 내재화하는데, 초자아(superego)는 이러한 부모의 가치기준을 동일시함으로써 발달한다. 초자아는 사회의 기준과 옳고 그름에 대한 자신의 기준을 결정해 주는 마음의 지침으로서, 양심(conscience)과 자아이상(ego ideal)으로 구성되어 있다. 양심은 충동이 바람직한 형태로 표출되도록 유도하고 본능적인 욕구 충족을 억제하는 기능을 하며, 이것이 실패했을 때 자아를 처벌하는 역할을 한다. 자아이상은 부모의 목표와 가치관을 동일시함으로써 형성되는 성실성이나 충실성과 같은 바람직한 행동규범을 제시하는 역할을 한다(정원철, 2020). 초자아의 기능은 대부분 무의식적으로 이루어지며, 현실보다는 이상을, 쾌락보다는 완벽을 추구한다. 따라서 현실 세계가 용납하지 않는 원초아의 성적·공격적 충동을 억제하고, 현실적으로 허용 가능한 범위에서 욕구를 표출하도록 자아를 설득하는 기능을 한다. 초자아는 대략 4~5세경부터 발달하기 시작하는데, 욕구 충족과정에서 주위로부터의 부정적 자극을 학습한 결과로 형성되고, 오이디푸스 콤플렉스를 해결하는 과정에서 이성의 부모를 동일시함으로써 완성되는 것으로 이해되고 있다(정원철, 2020).

4) 심리성적 발달단계

프로이트는 성적 에너지인 리비도(libido)가 성적 충족을 느끼는 성감대에 따라 인간의 발달단계를 나누었는데, 이러한 일련의 예정된 단계에 따라 성격이 형성된다고 보았다. 즉, 리비도가 신체의 어느 부위에서 성적인 쾌감을 충족하려고 하는가에 따라 유아기부터 청소년기까지의 발달을 다섯 단계로 구분하였는데, 이를 심리성적 발달단계(psychosexual development)라고 한다.

심리성적 발달단계는 구강기, 항문기, 남근기, 잠복기, 생식기로 구분되며, 모든 인간은 이러한 다섯 단계에 따라 심리성적 경험을 통해 성격을 형성하게 된다. 특히 프로이트는 생후 첫 5~6년까지의 경험이 성격을 형성하는 데 결정적인 시기라고 강조하였다.

발달단계에서 각 단계의 욕구가 지나치게 만족되었거나 또는 지나치게 만족되지 못하여 좌절되었을 때 리비도가 다른 신체 부위로 이동하지 못하는 고착(fixation) 문제가 발생한다. 주로 고착은 욕구가 결핍되었을 때 더 많이 나타나며, 고착의 강도가 강할수록 그 시기로의 퇴행이 일어나는데, 퇴행은 여러 가지 갈등 상황에 직면했을 때 고착된 단계로 심리적 퇴행을 해서 그 단계의 욕구를 만족시키려는 행동을 한다는 것이다(최옥채 외, 2015).

프로이트가 제안한 심리성적 발달단계는 다음과 같다.

(1) 구강기

구강기(oral stage)는 출생 후부터 18개월까지의 시기이다. 이 시기에는 리비도가 입에 집중되어 있어 입과 입술, 혀 등이 쾌락의 주요한 원천으로 먹고 마시고 빨고 깨무는 자극을 통해 쾌감을 충족한다. 구체적으로 생후 8개월까지는 이가 나지 않아 빠는 것에서 쾌감을 얻으려 하고, 생후 8개월 이후 이가 나면서부터는 깨무는 것에서 쾌감을 얻는다. 이 시기에 고착된 사람은 심리적 갈등에 처했을 때 다른 사람보다 먹고 마시는 것에 집착하거나 흡연이나 음주에 몰두하거나 연필과 같은 사물이나 손톱을 물어뜯는 등 입과 관련된 활동을 통해 긴장 감소를 시도한다.

(2) 항문기

항문기(anal stage)는 생후 18개월에서 3세까지의 시기이다. 이때는 항문에 리비도가 집중되고 배설물을 보유하거나 방출하면서 성적인 쾌감을 얻게 된다. 이러한 행동은 양육자에 의해 강하게 통제되면서 배변훈련을 받게 되는데 부모나 양육자에 의해 어떤 방식의 배변훈련이 이루어졌는지에 따라 성격 특성이 달라진다. 배변훈련이 적절하지 못할 경우 아동은 대소변을 억지로 참으면서까지 갖고 있으려 하는 항문적 보유(anal-retentive) 성격이 되어 지나치게 인색하거나 완고한 성격의 소유자가 될 수 있다. 그러므로 이 시기에 배변훈련이 적절하게 이루어지면 자율적이고 창조적인 성격이 형성되어 긍지감이 높고 독립적이며, 수치심이 없고, 자기주장을 하는 원만한 성격이 되지만, 배변훈련을 너무 빨리 시작하거나 지나치게 엄격하면 오히려 완고하고, 완벽을 추구하며, 고집스럽고, 때로는 지나친 순종을 보이는 등 항문고착형 성격을 갖게 된다(양철수, 2019).

(3) 남근기

남근기(phallic stage)는 3세에서 6세까지가 해당되며, 이 시기 유아의 리비도는 성기를 중심으로 성적인 만족을 추구한다. 남아의 경우에는 오이디푸스 콤플렉스(Oedipus complex)를 갖는 시기라 하고 여아의 경우에는 엘렉트라 콤플렉스(Electra complex)를 갖는 시기인데, 프로이트는 이 시기를 주로 오이디푸스 콤플렉스로 설명하였다(최옥채 외, 2015). 남근기의 대표적 갈등인 두 콤플렉스는 유아가 이성인 부모에게는 강한 성적 욕망을 느끼고 동성인 부모에게는 적대감을 가지는 과정에서 경험하는 심리적인 갈등을 말한다. 오이디푸스 콤플렉스는 동성의 부모와 동일시(identification)하는 과정을 통하여 극복할 수 있는데, 남아는 아버지와 동일시함으로써 아버지의 행동 양식을 받아들여 남성으로서의 역할을 하고 여아는 어머니를 동일시하여 여성으로서의 역할을 수행하게 된다. 이와 같이 갈등을 성공적으로 해결하면 이성 부모에게 가졌던 성적 욕망이 수용할 수 있는 애정으로 바뀌게 되고, 성적 정체감을 형성하게 되어 건강한 성인으로 성장할 토대를 마련한다. 이 시기의 갈등을 적절히 해소하지 못해 고착될 경우 남성은 대부분 경솔하거나 과장되고 야심적이며 남성다움을 강조하는 경향이 나타나고, 여성은 순진하고 결백해 보이나 유혹적이고 경박하며 자기주장이 매우 강해 특히 남성을 능가하고자 노력한다.

(4) 잠복기

잠복기(latency period)는 6세 이후 사춘기 전까지의 12~13세까지의 아동기이다. 이때는 리비도가 무의식 속으로 잠복하여 특정 신체 부위에 나타나지 않으며 성적 혹은 공격적 충동이 매우 약해진다. 즉, 원초아는 약해지고 자아와 초자아가 강력해짐으로써 이 시기 아동은 지적 혹은 사회적 측면을 추구하는 데 집중한다. 가정을 벗어나 더 넓은 사회에서 다른 사람과 접촉하면서 사회화가 일어나고 아동의 흥미는 더 넓은 세계에 관심을 가지게 된다. 이 시기 아동의 성적 충동은 학교에서의 활동, 취미, 운동, 동성 친구와의 우정 등으로 상당 부분 승화된다(조흥식 외, 2016). 그러나 잠복기에 고착되면 동성 친구와의 우정에 집착하거나 이성에 대한 정상적인 친밀감 형성이 어려울 수 있다.

(5) 생식기

생식기(genital stage)는 사춘기가 시작되는 14세에서 20세 전후의 청소년기에 해당한다. 이 시기는 아동기 동안 억압되었던 성적인 관심과 에너지가 크게 강화되어 이성에 대한 관심과 호기심이 높아진다. 청소년은 성인으로 성숙해 가는 이 기간에 부모의 보호에서 벗어나고 싶은 욕구와 가족 이외의 타인과의 친밀감 형성을 위해 노력한다. 프로이트는 사춘기 이후 중요한 과제는 '부모로부터 자유로워지는 독립'이라고 했는데, 부모로부터의 독립이 오랫동안 의존하여 오던 상태에서 쉽게 이루어지지 않고 매우 고통스럽게 받아들여질 수 있다고 하였다. 정신분석이론에서는 생식기적 성격을 가장 이상적인 성격유형으로 보고, 이런 성격의 사람은 일하고 사랑할 수 있는 능력을 갖추어 사회적·성적 인간관계가 원만하고 책임감이 잘 발달되어 이성과의 사랑이 만족스럽다고 하였다(최옥채 외, 2015).

2. 자아심리학 이론

자아심리학 이론은 에릭슨(Erik H. Erikson, 1902~1994)의 이론을 말하며, '심리사회이론' 혹은 '자아심리이론'이라고도 부른다. 에릭슨은 인간의 행동과 성격발달에 있어 원초아(id)를 강조한 프로이트와는 달리 자아(ego)의 역할이 인간발달에서 더욱 중요하다고 강조하였다. 그는 인간이 자아를 통해 자신의 사고와 감정, 행동을 조절할 수 있는 합리적이고 이성적이며 나아가 창조적인 존재라고 보았다. 즉, 자아가 개인이 경험하는 문제와 상황에 대해 합리적으로 판단하고 분석하여 해결방안을 모색하고, 현실을 고려하여 실행 가능성을 탐색하고 창조적으로 문제를 해결할 수 있는 능력을 가진다고 보았다.

또한, 인간을 환경 속의 존재로 규정하고 환경과의 상호작용에서 능동적이고 적응적이며 가변적인 존재라고 보았다. 인간의 행동과 성격이 부모의 영향이나 생물학적 성숙에 의해서만 결정되는 것이 아니라 개인의 심리적 요인과 사회문화적 영향의 중요성을 강조하였다. 그는 인간의 성격이 초기 아동기에 형성되어 이후 성인기에 영향을 미치게 되고 변화하지 않는다는 프로이트의 입장과는 달리 인간은 끊임없이 새로운 발달과업들을 극복하면서 더 나은 자아를 획득하고 이를 통해 지속적으로 변화하고 성장하는 존재라고 하였다. 이에 따라 에릭슨의 자아심리학 이론의 특징을 정리하면, 인간의 전 생애에 걸친 발달과 변화를 강조하고, 병리적인 것보다 정상적이고 건강한 측면을 강조하며, 자아정체감의 확립 및 사회문화적 요인과 성격구조와의 관련성을 중요시한다는 점이다(조흥식 외, 2016).

1) 자아

에릭슨은 인간을 합리적이고 창조적인 존재로 보았으며, 인간행동은 의식수준에서 통제가 가능한 자아에 의해 동기화된다고 보았다. 에릭슨은 자아를 일생 동안의 신체·심리·사회적 발달과정에서 외부 환경에 대처하고 적응하는 과정에서 형성되는 역동적인 힘으로 규정하였다. 또한 그는 부모와 형제, 주변 사람을 포함한 사회 구성원의 영향을 받아 인간의 성격이 형성된다고 보았다. 에릭슨에 따르면 자아는 개인이 직면하는 갈등이나 문제에 대한 합리적인 해결방안을 탐색하고, 현실을 검증하며, 창조적으로 문제를 해결해 나가는 한편, 실패하거나 좌절했을 경우 새로운 대안을 모색할 수 있다고 하였다. 또한 자아기능은 자율적이고 타고난 것이며, 개인과 환경 간의 관계를 중재하고 방어기제를 통해 불안으로부터 개인을 보호하는 기능을 한다. 에릭슨은 자아의 기능 가운데 환경에 영향력을 행사하며 자아가 환경을 지배하고자 하는 자아통제(ego mastery) 역할이 중요하다고 하였다(조흥식 외, 2016).

2) 점성원칙

인간발달에는 미리 정해진 순서가 있으며 각각의 발달단계를 순차적으로 밟아가면서 진행된다. 즉, 점성원칙이란 우리 신체의 각 부분들이 태내에서부터 정해진 순서대로 발달하듯이 자아와 심리적 특성들도 생물학적으로 정해져 있는 수순에 따라 발달한다는 원리이다. 각각의 발달단계는 다른 모든 단계들과 체계적으로 연관되어 있어 이전 단계의 발달을 토대로 다음 단계로 나아가며, 각 단계마다 결정적이고 위기의 순간을 적절하게 극복함으로써 단계별 발달과업을 획득한다. 각 단계의 연속성은 인간의 성격 형성에 중요한 요소로 강조되고 있으며, 건강한 자아 발달의 핵심적 과제이다.

3) 심리사회적 발달단계

에릭슨 이론의 발달단계를 심리사회적(psychosocial) 발달단계라 한다. 인간발달이 생물학적인 성숙으로 인해 자극되고, 이러한 성숙을 바탕으로 잠재력을 개발할 수 있는 사회적 여건이 충족되어 각 단계에서 직면하는 위기를 극복하면 건전한 자아발달이 이루어진다고 보기 때문이다(최옥채 외, 2015). 각각의 발달단계에서 생리적 성숙 및 사회적 요구로부터 발생하는 위기를 심리사회적 위기라고 하며, 이러한 단계별 위기를 극복하는 과정이 성격의 발달이자 자아를 완성하는 과정이다. 모든 인간은 심리사회적 위기를 극복함으로써 성장할 수 있는데, 각 단계의 심리사회적 위기는 긍정적 측면과 부정적 측면을 모두 포함한다. 일반적으로 부정적인 측면보다 긍정적 측면이 더 많이 발달되어야 하지만 중요한 것은 이 둘의 적절한 비율이다. 즉, 건전한 자아발달이 이루어지기 위해서는 부정적인 측면에 대한 긍정적 측면의 우세함이 요구되겠지만 부정적인 측면은 인생에 있어서 어떤 깊이나 복잡성을 더해 주는 면도 있다고 본다. 각 단계의 심리사회적 위기를 성공적으로 해결하면 자아의 기본적 강점인 '자아 특질(ego quality)'이 강화되지만, 위기를 적절히 해결하지 못하면 병리적인 문제가 나타난다.

에릭슨은 모든 인간은 8단계의 심리사회적 발달단계를 통해 성숙하지만, 각 단계마다 직면하는 발달적 위기의 처리방법과 해결책에는 개인마다 문화적 차이가 있다고 보았다. 각 단계의 특징을 살펴보면 다음과 같다(최옥채 외, 2015).

(1) 신뢰 대 불신 - 희망(초기 유아기)

이 단계에서 유아의 신뢰는 자신을 돌봐 주는 사람이 배고프거나 추울 때 혹은 기저귀가 젖어 있을 때 자신의 욕구를 충족시켜 줄 것이라는 확신에서 기인한다. 이 시기의 발달은 절대적 양육자인 어머니와의 관계의 질이 결정하는데, 어머니가 일관성 있고 스스로 확신 있는 양육태도를 보일 때 유아는 내적 확실성과 외적 예언력을 갖게 되어 자신이 배고프거나 힘들 때 누군가 자신을 돌봐 줄 것이고, 지금 당장은 아니라 하여도 조금 기다리면 해결될 것을 믿는다. 이처럼 신뢰가 형성된 유아는 어머니와 떨어져 있어도 불안이나 분노를 표현하지 않고 자신의 욕구가 즉시 만족되지 않아도 보채지 않고 기다릴 수 있다. 만약 유아에게 이러한 신뢰가 없으면 어머니와 떨어져 있지 않으려 하고 억지로 떨어지면 어머니가 자신을 버릴 것이라는 공포를 느낀다. 그러나 에릭슨은 불신 역시 성장에 중요하다고 하면서 분별 있는 신뢰를 갖기 위해서는 어느 정도의 불신도 경험하여야 한다고 하였다. 따라서 건강한 발달에 있어 중요한 것은 신뢰와 불신 사이의 적당한 비율인 것이다. 이러한 심리사회적 위기를 잘 극복하면 자아는 '희망'이라는 특성을 얻지만 위기를 적절히 극복하지 못하면 사회적 관계의 '위축'이 나타나 나머지 생애 동안 낮은 자존감, 우울증 따위를 나타낸다.

(2) 자율성 대 수치와 회의 - 의지(아동기)

이 단계의 유아는 괄약근의 발달로 스스로 변의 배설과 보유를 조절할 수 있고 걷거나 움직임이 자유로워지면서 모든 것을 스스로 하겠다고 한다. 이때 유아의 행동양식은 보유와 방출인데 보유는 소유하는 것 혹은 보살피는 것이고, 방출은 파괴적인 힘으로 밀쳐 내는 것 혹은 적대적인 해방이다. 따라서 이 단계에서 타인에 대한 호의와 고집스러움의 비율이 결정된다. 이 시기의 유아는 외부의 통제를 강하게 거부하면서 "아니야" 혹은 "내 것이야", "내가 할 거야" 등 무엇이든 스스로 하려고 하고 무엇이든 자신이 소유하려고 한다. 부모는 이런 유아의 행동을 통제할 수밖에 없는데 그 통제가 어느 정도인가에 따라 '수치' 혹은 '회의'가 발달한다.

어른이 유아의 자율성을 지나치게 통제하면 이는 스스로 행동해 보고자 하는 충동을 자제하고 분노가 내면으로 향하여 수치심과 의심이 발달한다. 수치심은 다른 사람의 눈에 자신이 좋게 보이지 않는다는 것이고 회의는 자신보다 타인이 더 잘 통제할 수 있다고 믿는 것이다. 그러나 사회규제에 잘 적응하기 위해서는 적절한 비율의 수치와 회의도 필요하다. 에릭슨은 이 시기의 심리사회적 위기를 잘 극복하면 '의지'라는 긍정적 자아 특질을 얻지만, 적절히 극복하지 못하면 수치심이 내면화되어 자신의 결정을 믿지 못하고 불안해하는 강박적 행동 혹은 피해의식 따위가 나타난다고 하였다.

(3) 주도성 대 죄의식 - 목적(유희기)

이 단계에서 아동은 신체적·정신적 능력이 성숙되어 매우 대범하고 경쟁적이며 호기심 많은 행동을 보인다. 계획을 세우고 목표를 설정하며 그것을 달성하고자 노력하는 '주도성'을 보인다. 예를 들어 아동은 벽돌을 목표한 만큼 높이 쌓으려 하고, 더 멀리, 더 빨리 뛰려는 노력을 한다. 이와 같이 스스로 추구하는 활동이 격려 받을수록 주도성은 강화되지만 이러한 활동이 매우 공격적이므로 때로는 강력한 제재를 받는다. 또한 이 시기의 아동은 성적 호기심을 보이는데, 예를 들어 남아의 경우 소변줄기가 멀리 가는 것을 자랑스럽게 생각한다. 이러한 신체와 성에 대한 호기심이 부모로부터 강한 제재를 받을 경우 아동은 죄책감을 갖는데, 죄의식이 심한 아동은 체념과 무가치감에 사로잡혀 목적의식이나 용기가 부족해진다.

어느 정도의 죄의식은 사회화 과정에 필수적이지만 아동의 대담한 주도성을 위축시킬 수 있으므로 주의하여야 한다. 부모는 이 시기의 아동이 열심히 사회적으로 유용한 것을 추구하고 스스로 흥미 있어 하는 것을 계획하고 참여할 수 있도록 그들의 주도성을 너무 위축시키지 말고 적절한 통제만을 가해야 한다. 이것이 나중에 성인이 되어 자신의 야망과 사회생활의 목표를 잘 부합시키는 생산적인 사회인이니 될 수 있는 근간이 된다. 이 시기의 심리사회적 위기를 잘 극복하면 자아는 '목적'이라는 자아 특질을 얻지만, 위기를 적절히 극복하지 못하면 좌절되어 자유로운 사고와 표현을 제한하는 '억제'의 감정을 지닌다.

(4) 근면성 대 열등감 - 능력(학령기)

이 단계는 아동에게 인지적·사회적 기술이 숙달되는 자아성장의 가장 결정적인 시기로, 이 시기의 아동은 학교에서 지적인 기술을 습득하는 과정에 몰입하면서 '근면성'을 발달시킨다. 여기서 근면성은 혼자 열심히 하는 것도 포함되지만 또래들과 협동하여 규칙에 순응하는 것을 포함한다. 이 시기의 위기는 '열등감'인데, 자신의 학습능력이나 기술을 또래들과 비교하여 열등하다고 느껴 학습 추구의 동기를 잃는 것이다. 이 시기에는 학교 과제를 준비시키는 가정의 역할도 중요하지만 무엇보다 중요한 것이 교사의 태도이다. 아동들이 자신의 능력 이외의 다른 요소, 즉 피부색, 집안의 경제력, 자신의 옷차림 때문에 자신의 가치를 결정하여 열등감을 가지지 않도록, 그리고 학교 성적에만 의존하여 자신을 무능력하게 평가하지 않도록 개인의 특수한 재능을 찾아내어 격려하는 것이 필요하다. 이 시기의 자신에 대한 가치결정은 이후 자아정체감에 결정적인 영향을 미친다. 이 단계의 심리사회적 위기를 잘 극복하면 자아는 '능력'이라는 자아특질을 얻지만, 위기를 적절히 극복하지 못하면 생산적인 일을 하지 못하는 사고와 행동의 마비, 즉 '무력함'을 느낀다.

(5) 자아정체감 대 역할혼란 - 성실(청소년기)

이 시기의 청소년은 사춘기가 되면서 '자아정체감' 형성을 위한 노력을 한다. 자아정체감이란 자기 자신의 독특성에 대한 비교적 안정된 느낌으로 내가 누구인가를 아는 것이며 이는 타인이 나를 보는 방식과 일관성이 있어야 한다. 에릭슨에 의하면 사춘기 동안의 급격한 신체적 변화는 정체감의 혼란을 가져오며 너무나 급격한 성장과 자신 앞에 놓인 무한한 가능성 때문에 오히려 압도당한다. 이 시기에는 '역할혼란'이라는 위기를 겪는데, 이것은 정체감을 형성하지 못해 자기가 속한 집단이나 군중의 영웅에게 감정적으로 과잉 동일시하는 것이다. 이러한 개념으로 오늘날 청소년들이 유명 연예인에게 열광하며 자신이 좋아하는 연예인의 헤어스타일과 옷 따위를 그대로 따라 하는 행동을 설명할 수 있다.

청소년의 집단적 행동성향 역시 역할혼란으로 설명할 수 있다. 즉, 청소년은 정체감 혼란에 대한 방어로서 자신과 다른 사람에 대해 배타적이고 무자비하며 매우 당파적이고 편협한 태도를 나타낸다. 청소년기에는 결정해야 할 일이 너무 많고 모든 결정이 다른 가능성을 줄인다고 생각하기 때문에 결정하기 전 스스로 타임아웃을 하는데, 이것이 심리사회적 유예기간이다. 예를 들어, 대학 선택이나 직업 결정 이전에 얼마간 여행을 하거나 자원봉사활동을 함으로써 유예기간을 갖기도 하는데, 이러한 시간은 외부의 요구로부터 일시적으로 해방되는 기간으로 개인의 정체감을 효과적으로 확립하는 데 필요하다. 그러나 대부분의 청소년은 현실적으로 이러한 유예기간을 갖기가 쉽지 않으므로 많은 고립감과 무력감을 느낀다. 이 시기의 심리사회적 위기를 잘 극복하면 자아는 '성실'이라는 특질을 얻지만 위기를 적절히 극복하지 못하면 익숙하지 않은 역할과 가치를 '거부'한다.

(6) 친밀감 대 고립 - 사랑(성인 초기)

성인 초기의 사람들은 청소년기에 확립한 자아정체감을 바탕으로 타인과 상호관계를 형성하여 타인에 대한 보살핌과 사랑을 넓혀 가고 심화시키는 단계를 갖는다. 이렇게 형성된 '친밀감'은 확고한 정체감을 바탕으로 하는데, 그 이유는 자신의 남성다움에 고민하는 사람이라면 당연히 훌륭한 연인이 되기 어렵기 때문이다. 에릭슨은 이 시기의 가장 중요한 과업이 친밀감이며 이는 성적 사랑을 통해 확고해진다고 보았다. 그렇다고 독신자나 성직자들의 친밀감 발달이 불가능한 것은 아니다. 에릭슨에게 친밀감은 성적인 것 이상의 우정, 인류애적인 사랑을 모두 다 포함한다. 이러한 친밀감이 형성되지 못할 때 '고립'이 일어난다. 고립되면 그 개인은 타인과의 친밀감이 자신의 정체감 확립을 방해한다고 생각하여 친밀한 대인관계를 피하며 융통성 없는 삶을 산다. 예를 들어 연애가 자신의 성공에 방해가 된다고 생각해서 철저하게 이성교제를 피하는 것을 들 수 있다. 이 시기의 심리사회적 위기를 잘 극복하면 자아는 상호 헌신하는 '사랑'이라는 자아 특질을 얻는다. 그러나 위기를 적절히 극복하지 못하면 남을 밀쳐 내는 '배척'을 한다.

(7) 생산성 대 침체 - 배려(성인기)

성인 중기가 되면 사람들은 자신의 세대를 넘어 다음 세대를 양육하는 것에 관심을 갖는데 이것이 '생산성'이다. 이는 자녀를 낳고 기르는 것뿐 아니라 사회의 다음 세대를 위해 헌신하고 기여하는 신세대에 대한 구세대의 배려를 의미한다. 어차피 인간은 영원히 살 수 없기 때문에 한 개인의 사후에도 존속될 사회를 위해 개인적 수준에서 그리고 공적 수준에서 기여할 수 있어야 한다. 따라서 이러한 생산성은 사회를 존속시키는 원동력이 된다. 그러나 생산성이 결핍되면 성격이 '침체'되어 자신의 에너지와 기술을 오로지 자기확대와 자기만족을 위해 사용한다. 이렇게 되면 사람들은 젊은 시절의 목표를 결국 달성하지 못했다는 무능력, 그리고 사회에 의미 있는 기여를 못했다는 회의로 인해 침체를 경험하고 자신의 삶이 잘못된 것이라고 인식하여 소위 '중년의 위기'를 겪는다. 이 시기의 심리사회적 위기를 잘 극복하면 자아는 타인을 돌보는 능력, 즉 '배려'라는 자아 특질을 얻는다. 그러나 위기를 적절히 극복하지 못하면 타인에게 충분한 관심을 표현하지 못하는 '거절'을 경험한다.

(8) 자아통합 대 절망 - 지혜(노년기)

노년기가 되면 인간은 신체적·사회적 상실에 대처하여야 한다. 즉, 체력과 건강을 잃고 퇴직으로 직업을 상실하며 점차 배우자와 친구들을 하나씩 잃고 스스로도 죽음에 직면한다. 노인은 더 이상 자신이 사회에 필요한 존재가 아니며, 젊었을 때처럼 활동할 수 없다는 사실을 인식하면서 '자아통합'이라는 과업에 직면한다. 자아통합이란 자신의 삶을 되돌아보면서 자신의 인생을 수용하고 갈등, 실패, 실망 따위를 성공, 기쁨, 보람 따위와 함께 전체의 삶 속에 포함시키는 것으로 이것이 이루어져야 죽음을 두려움 없이 맞이할 수 있다. 그러나 자아통합 달성에 실패하면 "이제 시간이 얼마 남지 않았고 다시 시작하거나 다른 방법을 찾기에는 너무 늦었다"는 느낌을 갖게 되면서 지나온 생을 후회하며 '절망'한다. 이러한 절망을 감추기 위해 다른 사람의 잘못과 말썽을 참지 못하고 사소한 일에도 쉽게 혐오를 느끼는데, 사실 이러한 혐오는 스스로에 대한 경멸의 의미이다. 이 시기의 심리사회적 위기를 잘 극복하면 자아는 삶에 대한 적극적 관심과 '지혜'라는 특질을 얻지만 위기를 적절히 극복하지 못하면 나약함, 즉 자신에 대한 '경멸'을 경험한다.

3. 행동주의 이론

행동주의의 기본 전제는 인간의 행동은 학습의 결과이며 행동의 수정도 학습을 통해서 가능하다고 보는 것처럼 학습이론 원리에 초점을 두고 있다. 학습이론은 사람이 환경과 어떻게 역동적으로 상호작용하는지를 명쾌하게 규명해 줄 뿐만 아니라 관찰이 가능한 행동을 사정하고, 행동에 대해서 구체적인 용어의 사용을 강조하기 때문에 인간의 특정 행동을 보다 명확하게 이해하는 데 도움을 준다(정원철, 2020). 따라서 행동주의적 접근방법은 개인과 환경 사이에서 일어나는 상호작용을 향상시키고, 관찰 가능한 행동에 집중하여 개인의 구체적인 행동을 변화시키는 것에 치료의 목표를 두며, 환경을 변화시키기 위한 계획된 개입활동에 초점을 둔다.

행동주의 이론은 20세기에 걸쳐 심리적 사고에 영향을 받은 파블로프, 왓슨, 손다이크의 연구를 통해 발전하였고, 최근까지도 행동주의적 개념들은 심리학과 인간행동 연구에 여전히 큰 영향을 미치고 있다. 행동주의 학습원리는 인간행동의 변화를 위한 이론과 기술적인 면에서 큰 공헌을 하고 있는데, 특히 스키너의 강화이론과 반두라의 사회학습이론은 인간행동을 이해하기 위해서 지속적으로 활용되고 있다(최옥채 외, 2015).

1) 파블로프의 고전적 조건화

파블로프(Ivan Petrovich Pavlov)의 고전적 조건화(classical conditioning)는 고전적 조건형성, 반응적 조건화, 반응적 조건형성이라고도 부르는데, 개를 이용한 그의 실험을 통해 잘 알려진 개념이다. 파블로프는 개의 타액 분비에 관한 연구를 하는 과정에서 음식을 보거나 냄새를 맡기도 전에 음식을 주러 오는 사람의 발소리나 문 여는 소리 등에 개가 반응하여 침을 흘린다는 사실을 발견하였다. 이러한 사실을 확인하기 위해 개에게 음식을 주기 전에 종을 먼저 울리는 실험을 반복하였는데, 나중에는 종소리만 듣고도 개가 침을 흘린다는 것을 확인하게 되었다.

개가 음식을 봤을 때 침을 흘리는 자연적인 반응에서 음식은 '무조건자극'이 되고, 음식에 대한 반응으로 침을 흘리는 것을 '무조건반응'이라고 한다. 파블로프의 실험에서 종소리는 처음에는 음식(무조건자극)과 아무런 관계가 없는 중성자극이었다. 그러나 중성자극인 종소리를 무조건자극인 음식과 연결시켜 제공했을 때 개는 중성자극인 종소리만 듣고도 침을 흘리는 반응을 나타냈다. 이때 종소리는 더 이상 중성자극이 아니라 '조건자극'이 되며, 조건자극에 의해 침을 흘리는 것을 '조건반응'이라고 한다. 즉, 무조건자극(음식)과 무조건반응(타액 분비) 사이에 아무 관계없는 중성자극(종소리)이 반복적으로 학습되면, 중성자극이 조건자극으로 변화되어 조건반응(타액 분비)을 일으키게 되는데, 이러한 중성자극이 조건자극으로 변화되는 학습과정을 고전적 조건화라고 한다.

파블로프는 이러한 조건반응에 영향을 주는 요인으로 자극의 일반화와 변별자극, 학습 소거 및 자발적 회복의 개념을 제시하였다.

(1) 자극의 일반화와 변별자극

자극의 일반화는 '자라 보고 놀란 가슴 솥뚜껑 보고 놀란다'라는 속담처럼 원래의 자극과 유사한 자극에 대해서도 똑같은 반응을 나타내는 것을 의미한다. 예를 들면, 특정한 종소리에 침을 흘리는 조건형성 된 개가 비슷한 종소리에도 침을 흘리는 반응을 나타낼 수 있다. 종소리가 비슷할수록 개가 반응할 확률이 높아지며 일반화의 정도가 커진다.

변별자극은 바람직한 결과를 얻을 수 있는 자극을 알려주는 신호이다. 예를 들어, 개에게 2가지 종소리를 들려주고 하나의 종소리에만 음식물을 주는 행위를 반복하면 개는 2가지 종소리를 변별하는 학습을 하게 되고 특정 종소리에만 조건반응을 나타낸다. 사람도 이러한 변별자극을 통해 자신의 외부 환경을 관리하고 통제함으로써 바람직한 결과를 성취하는데, 자기 전 불을 끄면 어두움을 무서워하는 어린 아동이 영화관에서의 어두움은 무서워하지 않는 것이 예가 된다.

(2) 소거와 자발적 회복

소거(extinction)는 조건자극과 무조건자극의 결합이 더 이상 유지되지 않고 조건자극만 계속 제시하게 되면 조건화된 행동, 즉 학습된 조건반응이 점차 사라지게 되는 것을 말한다. 예컨대, 개에게 음식을 더 이상 주지 않고 조건자극인 종소리만 계속 들려준다면 침을 흘리는 조건반응은 점점 줄어들어 결국 소멸하게 된다.

소거된 조건반응은 완전히 소멸되는 것이 아니라 자극이나 강화물을 다시 제공하면 소거된 행동이 다시 나타나는데, 이를 자발적 회복(spontaneous recovery)이라 한다. 파블로프의 개 실험에서 학습된 행동이 소거되어 더 이상 침을 흘리지 않는 개에게 다시 음식과 종소리를 들려준다면 결국 조건자극에만 반응하는 학습된 행동이 나타나게 된다.

2) 스키너의 조작적 조건화

파블로프의 고전적 조건화는 음식을 본 개가 침을 흘리는 반응을 스스로 조절할 수 없는 것처럼 자기 뜻대로 통제할 수 없다. 인간도 마찬가지로 위협을 느끼거나 당황했을 때 열이 나고 식은땀이 나는 것을 스스로 조절하지 못한다. 이처럼 고전적 조건화는 통제할 수 없는 반사적 반응을 가장 잘 설명할 수 있는 반면 자의적인 인간의 행동에 관해서는 설명이 어렵다. 이를테면 성공을 위해서 노력하는 인간의 구체적인 행동은 반사적인 반응이 아니라 성공이라는 결과의 영향을 받기 때문에 고전적 조건화로는 성공을 위한 행동을 설명할 수가 없다.

인간은 특정 행위에 대해 좋은 결과를 기대하며, 좋은 결과를 얻기 위해 특정 행위를 하도록 결정한다. 열심히 공부해서 성적이 좋아 장학금을 받았다면 다음에도 장학금을 받기 위해 공부를 열심히 하는 것이 예가 된다. 이와 같이 행동과 결과 사이의 관계를 학습하여 결과에 선행하는 행동을 변화시키는 것을 '조작적 조건화'라고 한다.

스키너(Burrhus Frederic Skinner)는 일명 '스키너 상자(skinner box)'로 알려진 장치로 동물의 조작적 행동을 연구하면서, 유기체가 다양한 환경조건에서 능동적으로 적절한 반응을 함으로써 보상을 받거나 유리하게 적응한다는 '조작적 조건화'의 원리를 발견하였다.

조작적 조건화는 자발적인 인간행동 설명에 더 큰 비중을 차지하고 있다(이주희 외, 2013).

(1) 반응적 행동과 조작적 행동

스키너는 인간의 행동을 반응적 행동과 조작적 행동의 두 유형으로 구분하면서, 일상생활에서 이루어지는 중요한 행동들은 대부분 조작적 행동이라고 보았다. 반응적 행동은 개가 음식을 보고 침을 흘린다거나 부끄러울 때 얼굴이 빨개지는 것과 같이 자동적이고 통제할 수 없는 반응을 말한다. 반응적 행동은 자극이 있을 때만 반응이 일어나는 단순한 모형이다. 파블로프의 고전적 조건화는 중성자극을 조건자극화하여 똑같은 반응이 자동적으로 유발되는 반응적 행동이다. 반면 조작적 행동은 반응이 자극에 의해 전적으로 통제되는 것이 아니라 자신이 스스로 선택하고 결정하는 행동을 말한다. '조작적(operant)'이라는 말은 바라는 결과를 얻기 위해 행해지는 노력을 의미하는데, 일반적으로 긍정적인 결과는 그 행동이 다시 발생할 가능성을 높이고, 부정적인 결과는 반대 결과를 초래하므로 처음 행동으로 인해 야기된 결과가 다음의 조작적 행동을 통제하게 된다는 것이다. 즉, 고전적 조건화에서는 자극이 반응을 유발하지만, 조작적 조건화에서는 반응이 자극을 유도한다고 볼 수 있다(조흥식 외, 2016).

(2) 조작적 조건화

조작적 조건화(operant conditioning)는 인간이 환경적 자극에 능동적으로 반응하여 나타내는 행동을 설명하기 위한 접근방법으로, "행동은 그 결과에 의해 변화한다"는 학습원리에 기초하고 있다(정원철, 2020). 즉, 인간의 행동은 그 행동을 통해 결정되는 결과에 따라서 행동의 반응 비율이 증가하기도 하고 감소하기도 한다는 것이다. 스키너는 실험을 통해 지렛대를 조작해야만 빠져 나올 수 있는 미로상자에서 동물들이 스스로 지렛대를 움직여 빠져나오는 방법을 학습한다는 것을 발견했는데, 이러한 과정을 효과의 법칙(law of effect)이라고 한다. 이 법칙은 앞으로 하게 될 행동의 원인은 과거에 행했던 어떤 행동의 결과라는 것이다. 특정한 행동을 통해 욕구가 충족되거나 문제가 해결되었다면 이후 비슷한 문제나 상황에서 이전의 특정한 행동을 다시 할 가능성이 높아진다. 또는 특정한 행동이 문제나 상황을 더욱 악화시켰다면 이후에 그 행동이 다시 행해질 가능성은 낮아진다. 이러한 과정을 조작적 조건화라고 한다.

(3) 조작적 조건화의 원리

① 강화

강화(reinforcement)는 조작적 조건화의 중심 원리로서, 어떤 행동을 했을 때 뒤따르는 결과가 행위자에게 좋은 것이어서 그 행동이 다시 발생하도록 유도해서 빈도를 증가시키는 것을 말한다. 강화는 정적 강화(positive reinforcement)와 부적 강화(negative reinforcement)로 구분되는데, 둘 다 바람직한 행동을 증가시킨다는 공통점을 가진다. 정적 강화는 유쾌한 자극을 제시함으로써 바람직한 행동의 강도와 빈도를 증가시키는 것을 말하는데, 그림을 잘 그리는 학생에게 칭찬을 해줌으로써 그림에 대한 관심과 흥미를 더욱 증가시키거나 심부름을 잘하는 아들에게 용돈을 주어 앞으로도 심부름을 잘하도록 하는 경우이다. 부적 강화는 불쾌하거나 혐오적인 자극을 제거하여 바람직한 행동의 강도와 빈도를 증가시키는 것을 말한다. 예를 들면, 수업시간에 손을 들어 발표를 많이 하는 학생에게 청소 당번을 면제해 주는 경우가 이에 해당된다.

② 처벌

처벌(punishment)은 어떤 행동을 했을 때 뒤따르는 결과가 행위자에게 나쁜 것이어서 그 행동의 빈도가 감소되는 것을 말한다. 부적 강화와는 다른 개념으로서 바람직하지 않은 행동을 감소시키는 것에 초점을 두고 있다. 처벌도 정적 처벌(positive punishment)과 부적 처벌(negative punishment)로 구분된다. 정적 처벌은 불쾌한 자극을 제공하여 행동의 빈도를 감소시키는 것으로, 아이가 잘못된 행동을 했을 때 심하게 야단을 치거나 체벌을 가함으로써 잘못된 행동을 못하게 하는 경우이다. 부적 처벌은 유쾌한 자극을 제거하여 행동의 빈도를 감소시키는 것으로, 수업시간에 심하게 떠드는 학생을 복도나 다른 교실로 격리시켜 떠드는 행동을 약화시킬 수 있다.

처벌은 행동을 교정하고 바람직한 결과를 유도하려는 목적으로 사용하더라도 언제 어떻게 사용하느냐에 따라 다른 결과를 가져올 수 있기 때문에 주의 깊게 사용해야 한다. 스키너도 처벌은 반응강도를 약화시키는 것이 아니라 일시적으로 억제하는 것이기 때문에 행동을 통제하는 강력한 수단이 아니라고 주장하였다(정서영 외, 2017).

③ 소거

고전적 조건화와 마찬가지로 조작적 조건화에서도 소거(extinction)가 일어나는데, 조작적 조건화에서는 강화된 행동을 소거하기 위해 더 이상 강화하지 않는 전략을 사용한다. 스키너의 실험에서 지렛대를 누르면 먹이가 나온다는 과정이 학습된 동물에게 지렛대를 눌러도 계속해서 먹이를 주지 않으면 동물의 조작반응이 점진적으로 감소하여 소거가 일어난다. 따라서 강화된 행동을 소거하려면 행동에 뒤따르는 긍정적인 결과(강화물)가 무엇인지 확인한 후 행동에 뒤따르는 강화물을 차단하는 전략을 통해 강화된 행동을 소거한다.

(4) 강화물

강화물은 행동이 다시 발생하도록 유도하여 빈도를 증가시키는 행동의 결과 즉, 보상을 말한다. 강화물은 선천적으로 강화의 기능을 갖고 있는지 또는 후천적인 학습을 통하여 강화의 기능을 가지는지에 따라 일차적 강화물과 이차적 강화물로 구분할 수 있다. 일차적 강화물은 아무런 학습과정을 거치지 않고도 생물학적 욕구를 만족시켜 주기 때문에 그 자체가 강화속성을 지닌 강화물을 말한다. 예를 들어, 배고픈 사람에게 필요한 음식과 목마른 사람에게 필요한 물은 경험이나 학습과 상관없이 좋은 것임을 알고 있다. 이차적 강화물은 무조건적으로 행동을 유발하는 힘을 가진 것이 아니라 일차적 강화물과 결합하여 학습되거나 조건화된 강화물이다. 즉, 선천적으로 알고 있는 것이 아니라 학습과정을 통해 좋은 것임을 알게 되는 강화물이다. 돈, 칭찬, 성적, 승진, 자격증 등이 대표적인 이차적 강화물인데, 이것은 태어날 때부터 좋은 것임을 아는 게 아니라 사회적 경험(학습)을 통해 가치 있는 것임을 배우게 된다. 예를 들어, 돈으로 음식이나 옷 등의 자기 욕구를 충족할 수 있는 것을 살 수 있다는 것을 경험하고, 좋은 성적을 받으면 부모님이나 선생님이 칭찬해준다는 것을 학습하는 것이다.

(5) 강화계획

강화계획(reinforcement schedule)은 구체적인 강화물이 제시되는 절차를 나타낸 계획으로, 언제 어떻게 강화물을 제공할 것인지에 대한 규칙 또는 방식을 말한다. 강화계획에는 크게 연속적 강화계획과 간헐적 강화계획으로 구분된다. 연속적 강화계획은 어떤 행동이 나타날 때마다 강화를 주는 것으로서 새로운 학습을 시키고자 할 때 많이 사용한다. 계속적 강화계획은 학습을 촉진시키는 장점이 있는 반면 강화가 중지되면 학습된 것이 빨리 소거되는 단점도 있다.

간헐적 강화계획은 간격이나 비율에 따라서 강화를 주거나, 고정적으로 또는 가변적으로 강화를 제공한다(최옥채 외, 2015). 간헐적 강화계획은 시간이나 반응횟수에 따라 4가지 강화계획으로 구분된다. 첫째, 고정간격 강화계획은 반응 수에 관계없이 일정한 시간이 지난 후에 나타나는 첫 번째 반응에 강화를 주는 강화계획이다. 둘째, 변동간격 강화계획은 일정 시간 한도 내에서 강화를 주는 시간 간격을 변화시키는 강화계획이다. 셋째, 고정비율 강화계획은 반응하는 데 걸린 시간에 관계없이 항상 일정한 수만큼의 반응을 할 때마다 강화를 주는 계획이다. 넷째, 변동비율 강화계획은 정해진 수의 반응이 있을 때마다 강화하지 않고 평균 몇 번의 반응이 있을 때 강화를 주는 계획이다(정서영 외, 2017).

(6) 행동조성

행동에는 인사하기나 바른 자세로 앉기처럼 간단한 행동도 있지만 여러 단계의 하위 행동이 단계적이고 점진적으로 학습되어야만 가능해지는 복잡한 행동도 있다. 이런 행동을 학습시킬 때는 하위 단계의 행동을 순서대로 강화하여 학습시킴으로써 최종의 목표 행동을 학습할 수 있도록 하는 것이 효과적이다. 이러한 방법을 행동조성이라 한다. 유기체의 행동이 바람직한 행동에 가까워질 때까지 점진적으로 행동을 형성해 가며, 원하는 행동에 접근할 때마다 강화가 주어지기 때문에 '행동에 대한 점진적 접근'이라고도 한다. 복잡한 행동이나 기술을 학습시키는 데 유용하다.

3) 반두라의 사회학습이론

반두라(Albert Bandura)는 행동주의의 기본 원리인 자극과 반응에 기반을 두고 행동에 영향을 주는 사회적 요소와 인지적 요소를 추가하였다. 스키너가 인간의 행동에 대한 직접적인 보상이나 처벌을 통해 행동이 학습된다고 보는 반면, 반두라는 여기에 새로운 행동을 학습하는 또 다른 원리로 자기강화와 관찰학습의 중요성을 강조하였다. 그는 직접적인 강화나 처벌 외에도 간접적 경험을 통해 학습이 가능하며, 외적 환경 자극과 인간의 내적 사건이 상호작용한 결과로서 인간행동이 결정된다고 하였다. 즉, 인간행동은 사회적 요소와 개인의 인지적 능력이 중요한 역할을 하며, 관찰학습과 자기강화에 의해 자신의 행동을 스스로 규제할 수 있다고 보았다.

(1) 모방

모방(imitation)은 사회학습이론에서 가장 중요한 과정이다. 모방이란 다른 사람의 행동을 관찰한 후 그 행동을 따라 한다는 개념으로, 새로운 반응들은 모방을 통해 학습될 수 있다는 것이다. 즉 직접적인 강화를 받지 않고도 다른 사람의 행동을 관찰하거나 또는 반응결과를 통해서 행동은 변화될 수 있다. 이것은 학습을 위하여 실직적인 행동을 반드시 수행하지 않아도 되며, 반응을 위해서 즉각적인 보상이 꼭 필요하지 않다는 의미다. 오히려 사람은 모델을 관찰함으로써 특별한 반응을 학습하며 일단 반응이 획득된 후에는 사회의 규범이나 집단 가치관과 같은 사회적 힘(social forces)이 학습과정에 영향을 주기 시작한다(최옥채 외, 2015). 반두라는 실험을 통해 아동들이 행동을 모방하는데 있어 모델에 따른 차이를 발견했는데, 유명인이나 널리 존경받는 인물과 같이 잘 알려진 사람과 동성집단이나 생각이 비슷한 사람의 행동을 더 잘 모방한다고 하였다.

(2) 관찰학습

관찰학습은 인간이 환경적 자극에 대한 직접적인 경험을 하는 대신에 타인의 행동을 관찰함으로써 학습이 이루어지는 과정을 말한다. 즉, 직접적인 강화를 받지 않더라도 타인의 행동이 보상이나 벌을 받는 결과를 관찰함으로써 자신의 행동에 대한 결과를 예상할 수 있다. 따라서 관찰학습을 대리학습이라고도 하며 때로는 사회학습, 모델링이라고도 한다. 관찰학습은 인지적 과정에 해당되는데, 타인의 행동을 무조건적으로 모방하는 것이 아니라 행동에 대한 결과를 판단하고 선택해서 새로운 행동을 창조해 내기 때문이다. 이러한 관찰학습은 4단계로 이루어지는데, 모델의 행동을 관찰하고 주의 깊게 집중하며 중요한 특징을 변별하는 주의집중 단계, 관찰한 모델의 행동을 기억하여 장기간 보존하는 유지 단계, 상징적인 형태로 부호화된 기억들을 구체적인 행동으로 전환하여 나타내는 운동재생 단계, 마지막으로 관찰과 모방을 통해 습득한 행동을 앞으로 실제 상황에서 수행할 것인지 동기를 갖는 동기화 단계이다.

(3) 상호결정론

상호결정론(reciprocal determinism)이란 인간의 성격이 개인적·행동적·환경적 요소 간 지속적인 상호작용에 의하여 발달한다는 주장이다. 스키너가 아동의 성격과 행동이 환경에 의해 조성된다는 주장과 달리, 반두라는 개인, 행동, 환경 간 관계가 양방향적이라고 주장한다. 상호결정의 과정에서 환경은 사람이 행동하는 상황을 제공하고, 사람은 인지와 지각을 통하여 그 상황을 분석하여 어떤 행동을 선택할 것이지 결정하며, 행동은 사람의 상황 분석과 관련된 정보를 제공하고 그 환경을 수정한다. 즉, 아동이 경험하는 환경은 아동에게 영향을 미치고, 아동의 행동 또한 환경에 영향을 미친다. 이것이 시사하는 점은 아동은 자신의 성장과 발달에 영향을 미치는 환경 조성에 적극적으로 참여한다는 것이다(조흥식 외, 2016).

(4) 자기효능감

자기효능감(self-efficacy)이란 자신이 특정한 행동을 성공적으로 수행할 수 있다는 확신의 정도를 의미한다. 자기효능감이 높은 사람은 기꺼이 상황에 직면하고 문제해결에 대해 적극적인 태도를 취하겠지만, 자기효능감이 낮다면 상황에 직면하기보다 회피하고 실패를 예측하기 때문에 행동이 위축될 가능성이 높다(정원철, 2020). 자기효능감은 어떤 행동을 모방할지 결정하는 데 도움이 되며, 자신의 능력 범위 내에 있는 활동은 시도하고 능력 범위를 벗어나는 과제나 활동은 회피하도록 한다. 자기효능감은 단일한 개념이 아니라 다양하게 사용되며 개인마다 상이할 수 있다. 예컨대, 어떤 사람은 운동에서는 고도의 자기효능감이 있어도 사회적 관계에서는 낮은 효능감을 지닐 수 있다(조흥식 외, 2016).

(5) 자기규제

자기규제(self-regulation)란 자신의 행동을 감독하고 스스로 자부심을 지니는 것으로서, 주로 인간의 행동은 자기강화에 의해 규제된다. 즉, 인간의 행동이란 외부로부터의 보상이나 처벌에 따라서 영향을 받기도 하지만 내적 표준의 지배를 받기도 한다. 자기규제는 개인이 자신의 성과를 어떻게 평가할 것인지 개인적 기준에 따라서 좌우되며 자기평가적 반응과 관련이 있다. 예를 들어, 자신이 수행한 행동이 자신의 기대를 초과할 때에는 스스로 자부심을 느끼지만 자신의 기대에 미치지 못할 때에는 수치심을 느끼고 자신을 평가절하한다. 사람들은 자신의 행동을 스스로 감독하기 때문에 자기가 설정한 기준에 의하여 영향을 받고 규제를 받는다(최옥채 외, 2015).

4. 인지이론

인지이론은 인간의 정서와 행동을 유발하는 주요 원인이 자기 자신의 사고에 의해서 결정된다는 전제를 가진다. 따라서 인지이론에 기초한 사회복지실천은 클라이언트로 하여금 자신의 역기능적인 정서와 행동 및 문제해결을 유발하는 사고 패턴을 확인하고 변화시키도록 돕는 일이다(조흥식 외, 2016). 인지이론은 특정한 사람에 의해 개발된 하나의 이론체계가 아니며, 인간의 정서와 행동의 변화를 이해하려는 다양한 학자들의 일관된 노력들이 체계적인 이론으로 구축되었다.

최초의 인지치료자는 정신역동이론가 중 한 사람인 아들러(Alfred Adler)라고 볼 수 있다. 그는 인간이 흔히 생각하는 것처럼 미리 정해진 방식으로 자신과 외부세계를 관련짓는 것이 아니라 항상 자신 및 자신의 현재 문제에 대한 해석에 따라 자신을 외부세계와 관련시킨다면서 인간의 인지에 대한 중요성을 강조하였다(양옥경 외, 2005). 이후 엘리스, 글래서, 라자러스, 벡 등이 실천에서 인지이론을 활용한 치료법을 개발하였고, 이 중 부적응적 성격을 이해하고 치료하는 데 벡의 영향이 지대하였다(이인정·최해경, 2007). 특히 벡(A. T. Beck)과 엘리스(A. Ellis)는 인지치료를 오늘날의 수준으로 발전시키는 데 결정적인 기여를 한 인물로 평가받고 있다(정원철, 2020).

1) 벡의 인지이론

벡(Aron Beck)의 이론은 기본적으로 한 개인이 가지고 있는 자신과 세계에 대한 지각이 그의 심리적·사회적 문제나 행복을 초래하는 데 다른 무엇보다 중요한 역할을 한다고 간주한다. 따라서 전문 상담가는 클라이언트의 심리적·사회적 문제를 경감 또는 해결하기 위해 클라이언트의 다른 측면, 이를테면 정서나 행동 측면도 중요하지만 인지적 측면의 왜곡을 교정하는 것이 가장 효과적이라는 입장을 취하고 있다(양옥경 외, 2005).

(1) 자동적 사고

자동적 사고는 어떤 상황에서 습관적이거나 자동적으로 튀어나오는 생각으로, 깊이 생각하거나 합리적인 판단을 하는 것이 아니라 상황에 반응하는 즉각적인 생각을 의미한다. 어떤 상황에서 자기도 모르게 생각이 떠오르고 그 생각과 관련하여 상황을 파악하고 그에 따른 감정이 수반된다면, 이는 자동적 사고의 결과로 볼 수 있다(정원철, 2020). 예를 들어, 면접에서 좋지 못한 결과를 통보받았을 때 자신도 모르는 사이에 '난 이미 끝났어', '역시 나는 안 돼'라는 생각에 우울한 감정이나 분노의 감정을 느꼈다면 자동적 사고가 작동한 것이다.

개인의 감정적인 반응은 상황을 어떻게 지각하는가에 달려 있기 때문에 그 순간 느껴지는 감정이 달라질 수 있다. 따라서 상황에 대한 자기의 해석이 잘못되었다고 평가한다면 이를 수정할 수 있으며 이를 통해 자신의 감정을 변화시킬 수 있다.

(2) 도식

개인의 기본적인 신념과 가정을 포함하여 사건에 대한 개인의 지각과 반응을 형성하는 인지구조를 도식이라고 한다(양옥경 외, 2005). 도식은 특정 대상에 대한 자신의 이전 경험이나 그 대상에 대해서 타인이 겪은 경험을 관찰하거나, 또는 그 대상에 대한 타인과의 대화 등의 다양한 경로를 통해 형성된다. 이러한 도식은 장기간 반복되거나 경험의 강도 및 믿음의 정도에 따라 핵심 믿음체계와 중간 믿음체계로 형성된다.

핵심 믿음체계란 어린 시절부터 자신과 타인 및 환경과의 상호작용 경험들을 통해 자신만의 믿음체계를 형성하는데, 이와 같이 자기 안에서 뿌리 깊게 자리 잡은 믿음이 핵심 믿음체계이다. 이러한 핵심 믿음체계는 자신이 인식하지 못한 채 아무 의심이나 의문도 없이 당연한 것으로 받아들이게 되는 절대적인 믿음이다. 핵심 믿음이 부정확하거나 부정적이고 역기능적일수록 심리적 문제에 취약해질 가능성이 매우 높은데, 이는 사건이나 상황을 부정적이고 자기 비판적인 사고로 해석하기 때문이다.

중간 믿음체계는 핵심 믿음과 자동적 사고 사이에 존재하며, 이는 태도나 규칙, 가정들로 구성되어 있어 핵심 믿음에 의해 영향을 받고 자동적 사고에 영향을 미친다(최옥채 외, 2015). 중간 믿음체계는 개인이 직면한 상황을 이해하고 해석하는 관점에 영향을 미쳐 그 사람이 어떻게 느끼고 행동하는가에 영향을 주지만 자기 자신은 잘 인식하지 못한다.

(3) 인지오류

인지오류란 어떤 경험이나 사건을 해석하고 받아들이는 과정에서 생기는 추론 혹은 판단의 오류를 말한다. 인지오류를 가진 개인은 일상의 사건을 해석하는 과정에서 논리적 오류를 범하기 때문에 일상에서 부적응에 처해질 가능성이 많다. 즉, 추론과정에서 오류가 발생해 자신의 사고가 잘못되었음에도 불구하고 자신의 생각이 옳다고 믿게 된다. 벡(1976)이 제시한 전형적인 인지오류를 소개하면 다음과 같다(정원철, 2020).

• **이분법적 사고**

흑백논리라고도 불리며 상황을 이분하여 해석함으로써 인지의 오류를 범하는 경우이다. 예를 들어, '나를 좋아하지 않으면 나를 미워하는 것'과 같은 사고유형이다.

• **파국적 사고**

예언적 사고라고도 하며 미래를 근거 없이 부정적으로 예측하는 경향이 있다. 예를 들면, "시험공부를 별로 하지 못해 아마 이번 시험에 낙제할 거야"라고 생각하는 것이다.

• **평가절하적 사고**

긍정적이고 건설적인 것들을 무시하거나 평가절하하는 경우를 말한다. 예를 들어, 훌륭한 성과를 남긴 자신에게 타인들이 칭찬을 하자 "나는 칭찬받을 만큼 잘하지 못했어"라고 자신의 능력을 비하하는 경우이다.

• **감정의 결론화**

감정에 근거하여 상황을 판단하는 것을 일컫는다. 예를 들면, 많은 일들을 훌륭히 치러냈지만 여전히 스스로를 실패자라고 느끼는 경우이다.

• **낙인찍기**

그렇게 절망스러운 일이 아니라는 증거가 있음에도 불구하고 스스로나 타인에게 견고하고 확고한 낙인을 부여하는 경우이다. 예를 들면, "그 사람은 틀렸어", "나는 실패자야"라고 결론 내리는 것이다.

• **사고의 확대와 축소**

자신의 좋지 않은 면을 확대하고 좋은 면은 축소하는 경우를 말한다. 예를 들면, 시험에서 단 한 문제를 실수로 틀렸음에도 "그런 실수는 멍청이나 하는 짓이다"라고 자신의 실수를 확대 해석하거나, 우등상을 받고도 "이것은 조금만 노력하면 누구나 받을 수 있어"라고 자신의 능력을 축소하는 것이다.

• **여과적 사고**

선택적 요약이라고도 하는데, 전체를 보지 못하고 하나의 세부적인 일들에 지나치게 몰두한 나머지 다른 것을 보지 못하는 경우이다. 예를 들면, 많은 사람이 그에 대해 칭찬을 하는데도 불구하고 한 사람이라도 그의 행위를 비판했을 경우, 그는 자신이 잘못했다고 스스로 결론짓는 것이다.

• **마음읽기**

독심술과 같이 다른 사람의 마음을 읽을 수 있다고 생각하여 상대를 파악하는데 실패하거나 가능성을 간과하는 그릇된 사고 형태를 일컫는다. 예를 들면, 친한 친구가 갑자기 사고가 나서 만나자는 약속을 지키지 못한 것에 "내가 싫어졌구나"라고 생각하는 경우이다.

• **지나친 일반화**

현 상황에 부합되지 않는 부정적 결론을 일방적으로 내리는 경우로서 '언제나', '항상' 등의 부사적 표현을 많이 사용한다. 예를 들면, 어쩌다 실수를 했을 때도 "나는 언제나 실수투성이야"라고 패배의식을 갖는 경우이다.

• **개인화**

타인의 잘못된 행동에 대해 자신이 책임이 있다고 생각하여 스스로 자신을 탓하는 경우이다. 예를 들면, 학생의 잦은 결석에 대해 담임교사가 본인이 좋은 교사가 아니어서 학생이 결석한다고 자책하는 경우이다.

• **강박적 의무**

스스로나 타인에게 엄격한 규칙을 정하고 이 규칙에 맞지 않을 경우 부정적인 평가를 하는 경우이다. 예를 들면, "나는 반드시 착한 사람이라는 평가를 받아야 해"라고 규정하는 것이다.

• **동굴시각**

밖에서 동굴 속을 바라보면 어둡게 보이듯이 상황을 부정적인 측면에서 바라보는 경우를 말한다. 예를 들면, "우리 아들의 담임교사는 무능하고 제대로 하는 게 없어. 그는 학생들을 비난하고 고함을 치면서 가르친단 말이야"라고 결론짓는 것이다.

2) 엘리스의 인지이론

엘리스(Albert Ellis)는 인간을 합리적이고 정확한 사고를 할 가능성과 왜곡되고 비합리적인 사고를 할 가능성을 동시에 지닌 존재로 가정한다. 그는 인간의 정서적 또는 심리적 혼란상태가 외부 사건에 의해 만들어지는 것이 아니라 인간 스스로 만들어 낸 비합리적이고 비논리적인 사고의 결과라고 본다. 따라서 사회복지사는 부정적이고 자기패배적인 사고와 감정을 가진 클라이언트의 비합리적 지각과 사고를 논리적이고 합리적인 사고와 감정으로 변화하도록 도울 수 있다고 가정한다(양옥경 외, 2005). 엘리스는 문제의 핵심이 비합리적 신념에 있다고 강조했으며, 그가 개발한 치료이론을 합리정서행동치료(Rational-Emotion Behavior Therapy, REBT)라고 한다.

(1) 자기대화(self-talk)

자기대화는 어떤 상황이나 사건에 대한 개인적인 판단과 평가를 말하는데, 엘리스의 이론에서는 모든 정서적 문제의 주요 원인이 그 상황에 대해 스스로 말하는 자기대화에 있다고 가정한다. 인간은 어떤 사건이 일어나면 자신의 신념체계에 기반한 자기대화를 계속적으로 반복하면서 자신의 태도와 가치 및 신념을 형성하게 되고, 이는 자아개념에 영향을 미쳐 개인의 전반적인 감정과 행동을 결정하게 된다. 즉, 자기대화에 따라 감정과 행동이 달라지므로 자기대화가 변화되면 감정과 행동도 변화될 것이라고 본다. 외부적 스트레스에 대항하기 위한 자기대화가 패배적일 경우 부정적인 정서 문제로 이어지지만, 긍정적인 자기대화로 변화시킨다면 이후 나타날 수 있는 부정적 사고를 통제할 수 있다는 것이다. 이렇듯 엘리스는 외부적 사건은 변화시킬 수 없어도 자기대화를 변화시킴으로써 정서와 행동을 통제할 수 있다고 본다(조흥식 외, 2016).

(2) 비합리적 신념

엘리스는 개인의 신념 체계는 합리적 신념과 비합리적 신념으로 구성되어 있는데, 어떤 사건이나 상황에 대해 비합리적 생각을 하게 되면 바람직하지 못한 정서와 행동을 경험하게 된다고 보았다. 비합리적 신념은 주로 어린 시절 부모나 문화로부터 영향을 받아 계속해서 유지함으로써 형성되는데, 이는 인간의 평온한 일상을 방해하고 다양한 심리 정서적 문제를 야기할 수 있다. 예를 들면, 불행한 일들이 항상 일어날 것이라는 생각이나 모든 면에서 완벽해야 되고 적절한 성공을 거두어야 한다는 식의 신념이 여기에 해당한다.

엘리스는 정서적 혼란이나 장애의 원인이 되는 비합리적 신념의 범주 리스트와 이를 합리적인 생활철학으로 변화하도록 안내하는 지침을 다음과 같이 제시하였다(양옥경 외, 2005).

첫째, 주위에 있는 모든 사람들로부터 반드시 사랑과 인정을 받아야만 한다는 생각이다. 합리적인 인간은 자기 자신의 흥미와 욕구를 타인의 사랑과 인정을 받으려는 활동에 희생시키지 않으며 남에게 사랑을 베풀고, 창조적이며, 생산적인 사람이 되고자 노력하는 과정에서 이러한 것들을 추구한다.

둘째, 사람이 자기 자신을 가치 있다고 생각하기 위해서는 철저하게 유능하고 적절하게 행동하며 성취적이어야만 한다는 생각이다. 합리적인 사람은 남을 능가하기 위해서가 아니라 자신을 위해서 잘하려고 하는 것이며, 결과에만 집착하기보다 활동 그 자체를 즐기며 완전하게 되기보다는 배우려고 노력한다.

셋째, 일반적으로 나쁘고 사악하며 악랄한 사람이 있으며, 그러한 사람들은 그들의 죄에 대해 비난과 처벌을 받아야만 한다는 생각이다. 합리적인 사람은 타인이나 자신을 비난하지 않고 타인이 잘못을 저지르면 그들을 이해하려고 하며, 가능하면 그들이 잘못된 행동을 계속하는 것을 멈추도록 한다.

넷째, 일이 바라는 대로 되지 않으면 인생은 끔찍스럽고 아무런 가치가 없다는 생각이다. 합리적인 사람은 불쾌한 상황에 대해 과장하지 않으며, 할 수 있다면 상황을 개선하려 노력하고 개선할 수 없는 경우에는 이를 받아들인다.

다섯째, 인간의 불행의 원인은 외부환경에 있으며, 사람은 그것을 통제할 수 없다는 생각이다. 실제로 외적인 힘과 사건이 공격적 행동의 요인으로 작용할 수는 있지만, 일반적으로 공격적 행동은 심리적인 것으로서 외부환경에 영향을 받는 자기 자신의 태도와 반응에 의해서이다.

여섯째, 위험하거나 두려운 일은 커다란 근심의 원인이며, 그러한 일들은 항상 일어날 가능성이 있다는 생각이다. 합리적인 사람은 잠재적인 위험이 그가 두려워하는 만큼 파국적인 것은 아니라는 점과 불안은 오히려 위험을 증가시킬 뿐만 아니라 그가 두려워하는 사건 그 자체보다 더 해로울 수 있다는 점을 인정한다.

일곱째, 인생에 있어서 어떤 어려움과 자기책임을 직면하는 것보다 피하는 것이 쉽다는 생각이다. 합리적인 사람은 불필요한 고통은 이성적으로 피하지만, 해야 할 일은 불평 없이 감당한다.

여덟째, 사람은 타인에게 의존해야만 하고 의존할 만한 더 강한 누군가가 있어야만 한다는 생각이다. 합리적인 사람은 자기 자신에 대해 책임을 가지고 독립적이기 위해 노력한다. 또한 도움이 필요할 때는 도움을 구하며 이를 받아들이기를 거부하지 않는다.

아홉째, 과거의 경험과 행동이 현재 행동의 가장 중요한 결정인자이며, 사람은 과거의 영향을 근절시킬 수 없다는 생각이다. 합리적인 사람은 과거의 영향을 분석하고, 이미 획득된 유해한 신념들에 대해 의문을 제기하며, 현재는 과거와 다르게 행동하도록 자기자신을 격려함으로써 현재의 자신을 변화시킬 수 있다.

열째, 사람은 타인의 문제와 혼란으로 인해 완전히 당황하게 된다는 생각이다. 합리적인 사람은 타인의 문제가 자신에게 어떠한 혼란을 줄 것인지에 대해 숙고하고, 타인을 돕기 위해 노력한다.

열한째, 모든 문제에는 항상 적절하고 완전한 해결책이 있으며, 사람은 그것을 찾아야만 한다. 만일 그렇지 않으면 그 결과는 파멸이라고 생각하는 것이다. 합리적인 사람은 문제에 대해 가능한 한 다양한 해결책을 찾으려 하며, 최선의 혹은 가장 적당한 것을 받아들인다.

토의사항

1. 정신분석이론과 행동주의 이론에서는 공통적으로 수동적인 인간관을 피력하고 있다. 각각의 이론에서 강조하는 인간행동의 원인과 차이점을 구분해 보시오.
2. 프로이트와 에릭슨은 모두 인간의 발달단계를 제시하고 있다. 프로이트 이론과 구별되는 에릭슨 이론의 핵심적 특징이 발달단계에서 어떻게 적용되는 생각해 보시오.
3. 행동주의 이론에서는 특정 시기에 따른 발달단계를 제시하지 않는데 그 이유가 무엇인지 생각해 보시오.
4. 반두라는 새로운 행동을 학습하는 과정에 자기강화와 관찰학습의 중요성을 강조했는데, 그렇다면 스키너가 강조한 직접적 강화와 처벌을 부정한 것인가?
5. 현장의 사회복지사가 사회복지실천의 이론적 지식 없이 실천 경험에만 의존하여 클라이언트를 원조한다면 어떤 문제가 생길 수 있는가?

1급 국가고시 주요 출제경향 요약

❖ 정신분석이론

- 인간행동이 무의식적인 본능에 의해 결정된다는 정신결정론(무의식적 결정론)
- 과거 어린 시절(생애 초기)에 겪었던 경험의 중요성을 강조
- 인간의 공격성과 성적 충동(본능)의 영향력 강조
- 지형학적 모형: 의식, 전의식, 무의식
- 성격의 구조: 원초아(id), 자아(ego), 초자아(superego)
- 심리성적 발달단계: 리비도(성적 본능의 에너지)가 성적 충족을 느끼는 성감대에 따라 인간의 발달단계 구분
- 심리성적 발달단계: 구강기-항문기-남근기-잠복기-생식기

❖ 자아심리학 이론

- 에릭슨 이론, 심리사회이론, 자아심리이론
- 자아(ego)를 중심으로 성격발달 설명
- 자아 발달에 영향을 미치는 사회문화적 요소 강조

- 심리사회적 위기와 전 생애 발달
- 인간의 정상적인 부분에 초점을 두고, 인간을 자율적, 합리적, 이성적, 창조적, 가변적인 존재로 가정
- 심리사회적 발달단계: 심리사회적 위기를 기준으로 전 생애 8단계의 발달단계 제시
- 심리사회적 위기: 신뢰 대 불신, 자율성 대 수치, 주도성 대 죄의식, 근면성 대 열등감, 자아 정체감 대 역할혼란, 친밀감 대 고립, 생산성 대 침체, 자아통합 대 절망

❖ 행동주의 이론

- 인간행동의 원인은 외적인 환경 자극
- 인간행동은 학습의 결과이며 학습을 통해 수정 가능
- 파블로프, 스키너: 환경결정론(인간행동은 환경에 의해 결정)
- 반두라: 상호결정론(인간행동은 인간, 행동, 환경 사이의 상호작용으로 결정)
- 행동의 과거 결정요인보다 현재의 결정요인에 초점
- 관찰 가능한 행동에 초점을 둠
- 고전적 조건화: 중성자극이 무조건자극과 결합하여 행동(반응적 행동)을 유발
- 조작적 조건화: 인간행동은 그 행동의 결과(보상·처벌)에 의해 조건화됨

Chapter

07

사회복지실천의 모델

1. 심리사회모델
2. 인지행동모델
3. 과제중심모델
4. 위기개입모델
5. 역량강화모델

1. 심리사회모델

심리사회모델은 클라이언트의 문제를 심리적·정서적 요인뿐만 아니라 환경적 요인까지 고려하여 '환경 속의 인간(person in environment)'을 강조하는 관점으로 메리 리치몬드(Mary Richmond)에 의해 시작되었다. 그녀는 사회복지실천이 전문직으로 발전하는 데 영향을 미친 자선조직협회 우애방문원의 활동 내용을 책으로 정리하였는데, 이것이 심리사회모델 형성의 기틀이 되었다. 이후 사회복지실천이 전문화되는 과정에서 정신분석이론, 대상관계이론, 자아심리이론, 체계이론 등 다양한 사회과학이론의 영향을 받으며 발전하였다.

1) 심리사회모델의 이론적 배경

심리사회모델은 인간의 심리적 요소는 물론 그가 속한 사회환경과 이 둘 사이의 상호작용에 의한 결과까지도 고려하는 3가지 측면에서 문제의 원인을 찾으려는 이론으로, 개인의 심리적 특성뿐만 아니라 상황 속의 인간이란 관점을 제시하면서 사회복지실천의 고유한 모델로 발전하였다(서혜석 외, 2019). 이러한 심리사회모델의 이론적 배경으로 우즈와 홀리스(Woods & Hollis,1990)는 정신역동이론, 생태체계이론, 역할이론, 의사소통이론 등을 제시하였지만, 이 가운데 가장 큰 영향을 미친 것은 정신역동이론이다. 즉, 심리사회모델에서는 클라이언트가 자신의 행동과 감정에 대해 이해하고 통찰함으로써 자신의 문제를 해결하기 위한 능력을 고취하도록 원조하는 것을 강조한다(고명수 외, 2019). 따라서 심리사회모델에 가장 큰 영향을 미친 정신분석이론을 중심으로 대상관계이론, 자아심리이론, 체계이론 등을 살펴본다.

(1) 정신분석이론

정신분석이론은 인간행동의 원인이 외적인 환경 조건보다는 내적인 과정에 의해 좌우된다는 결정론적 관점과 인간의 감정과 행동이 아무런 근거 없이 나타나는 것이 아니라 무의식적인 성적·공격적 충동에 의해 일어난다는 2가지 개념을 기본적으로 가정하고 있다.

따라서 정신분석의 목표는 초기 아동기에 형성된 갈등을 현재의 문제와 관련지어 이해하고 이를 클라이언트가 이해하고 통찰하도록 돕는 데 초점을 두고 있다(정원철, 2020). 이러한 정신분석이론의 영향을 받은 심리사회모델은 클라이언트와 클라이언트의 문제를 이해할 때 인간의 심리 내적 요인에 관심을 두었으며, 클라이언트의 과거 경험과 무의식적 동기가 현재의 생각과 행동에 미치는 영향을 중요시하였다.

(2) 대상관계이론

대상관계이론은 프로이트의 정신분석이론을 보다 확장시킨 이론으로서 개인의 내적인 심리과정보다 대상관계, 즉 어린 시절 대상과의 관계에서 경험했던 이미지나 기대를 중시한다. 특히 생애 초기에 경험한 애착 대상과의 관계는 이후의 대인관계 유형을 결정한다는 점을 강조한다. 어린 시절에 양육자와 맺게 되는 관계는 인간의 심리적 활동을 선택하고 결정하는 심리구조로 확정되고, 이 심리구조는 차후에 맺게 되는 여타의 관계를 지배하게 되어 성인이 된 후에도 지속된다는 것이다(정원철, 2020). 이러한 대상관계이론의 영향을 받은 심리사회모델은 생애 초기 대인관계 경험이 현재 클라이언트의 문제와 관련된다고 보고, 클라이언트가 형성한 대인관계 및 대인관계에 영향을 미치는 환경을 중요시한다.

(3) 자아심리이론

자아심리이론은 정신분석이론에서 비롯되었지만 원초아(id)가 아닌 자아(ego)의 기능을 강조하며, 자아발달 또는 성격발달에 영향을 미치는 사회문화적 요인을 강조한다. 자아는 원초아로부터 자율적인 구조와 기능을 갖는다고 보았는데, 에릭슨에 의하면 자아는 인간의 감정, 사고, 행동의 전반을 통제하고 집행하는 주체이며 의식 수준에서 통제 가능하다. 따라서 자아심리이론에서는 자아를 중요시하며 개입의 대상 역시 무의식이 아니라 자아이다. 이러한 측면에 영향을 받아 심리사회모델에서는 클라이언트의 문제해결능력을 향상시키기 위해 자아의 수행능력, 자아방어기제, 자아의 현실 판단 능력 등의 증진을 강조한다.

(4) 체계이론

체계이론은 인간과 환경이라는 각각의 체계가 서로 영향을 주고 받으며 상호작용한다는 기본 가정을 중요시한다. 따라서 인간을 이해하기 위해서는 인간을 둘러싼 환경과의 상호작용을 이해해야 한다는 점을 강조한다. 이러한 체계이론은 심리사회모델에의 '인간과 상황에 대한 고찰' 기법에 영향을 주었다. '인간과 상황에 대한 고찰'은 클라이언트 자신의 현재 상황과 그 상황 안에서 자신의 위치나 기능, 경험한 생각과 느낌 및 감정 등에 대해 보다 더 잘 이해할 수 있도록 해 주는 의사소통이다. 이와 함께 심리사회모델은 한 부분의 변화는 다른 부분의 변화를 초래한다는 체계이론의 영향을 받아 개인이나 환경의 변화를 통해 다른 부분의 변화를 유도하려고 한다.

2) 심리사회모델의 특성

(1) 개인 및 환경의 강조

심리사회모델은 개인의 내적 요소와 개인을 둘러싼 환경적 요소, 그리고 이들의 상호작용에 관심을 가지며 개인과 환경 모두를 강조한다. 따라서 환경 속의 개인을 이해하고 개인에게 미칠 수 있는 심리적 요소와 환경적 영향요인을 파악하여 클라이언트가 제대로 기능할 수 있도록 직접적 또는 간접적으로 개입한다. 따라서 심리사회모델의 개입 초점은 개인과 환경, 그리고 이들 간의 상호작용이라고 할 수 있다.

(2) 사회복지사와 클라이언트의 관계 강조

심리사회모델에서는 사회복지사와 클라이언트 간 형성되는 신뢰관계를 중요시한다. 이러한 신뢰관계는 사회복지사가 진정으로 도우려는 의지가 있고 또 그럴 능력을 가지고 있다고 클라이언트가 느낄 수 있을 때 형성된다. 사회복지사와 클라이언트 간 신뢰

관계가 형성되면, 클라이언트는 자신의 욕구를 적극적으로 표현할 수 있으며, 사회복지사는 클라이언트의 욕구를 파악하고 적절히 반응함으로써 의미 있는 변화를 기대할 수 있다.

(3) 수용과 자기결정권, 개별화 등의 실천원칙 강조

클라이언트에게서 의미 있는 변화가 일어나기 위해서는 사회복지사와 클라이언트 간에 신뢰관계가 형성되는 것이 중요한데, 이를 위해서 사회복지사는 클라이언트를 수용하고 클라이언트의 자기결정권을 존중하고 중요시해야 한다. 사회복지사가 클라이언트의 현재 모습을 있는 그대로 받아들여 줄 때, 클라이언트는 안정감과 자신감을 느끼며 스스로 문제해결을 위한 노력을 할 수 있다. 또한 사회복지사는 클라이언트 스스로 결정을 내리고 주체적인 태도를 지닐 수 있도록 원조하며, 클라이언트의 욕구에 따라 개별적으로 개입을 함으로써 클라이언트의 문제를 효과적으로 해결할 수 있다.

3) 심리사회모델의 주요 기법

(1) 지지

지지(sustainment)는 심리사회모델 기법 중 가장 기본이 되는 기법으로, 사회복지사가 클라이언트를 수용하고 돕겠다는 의사를 표현하며, 클라이언트가 문제에 대한 해결능력을 가지고 있다는 확신을 표현해 줌으로써 클라이언트의 불안감을 감소하고 자아존중감 및 자신감을 증진시키기 위해 사용한다. 클라이언트에 대한 지지는 언어적·비언어적인 의사소통을 통해 전달할 수 있으며 물질적인 지원을 제공할 수도 있다. 지지를 받는 클라이언트는 자신이 느끼는 불안감과 긴장감을 줄일 수 있고 자아존중감을 높일 수 있다.

(2) 지시

지시 또는 직접적 영향(direct influence)은 사회복지사가 클라이언트에게 특정 행동을 수행하도록 제안하거나 조언 등을 제시하는 방법이다. 클라이언트의 자기결정권에 의해 판단하고 행동하는 것이 좋지만, 판단을 내리기 어렵거나 여건이 안 되는 위기상황 등에 직접적 영향을 미침으로써 적절한 결과를 얻을 수 있을 때 사용한다. 이때 사회복지사는 클라이언트의 문제 상황을 충분히 이해하고 클라이언트의 욕구에 따라 조언해야 한다. 이를 위해서 클라이언트의 말을 적극적으로 경청하고 클라이언트의 현재 상황을 정확히 이해하고 공감해야 한다.

(3) 탐색, 기술, 환기

탐색－기술－환기 기법은 클라이언트와 환경 및 이들의 상호작용과 관련하여 사실을 이해하고 설명하거나 사실과 관련된 감정을 표출하게끔 함으로써 클라이언트의 감정을 정화시키고 긴장을 완화시키기 위해 사용된다. 탐색(exploration)은 클라이언트와 클라이언트가 가지는 문제에 관련해서 주변에서 어떤 일이 있었고 또 무슨 일이 일어나고 있는지 상황을 살펴보는 것이며, 기술(description)은 단순히 있는 그대로의 사실을 정확히 표현하는 것이다. 환기(ventilation)는 사실과 관련된 감정이나 느낌을 끄집어내어 표출함으로써 불안이나 긴장을 해소시켜 마음을 정화하도록 돕는 기술이다. 탐색과 기술 및 환기는 서로 연관되어 있는데, 클라이언트가 사실을 표현하는 과정에서 억압된 감정이나 고통스러운 감정이 자연스럽게 표현되기 때문이다.

(4) 인간과 상황에 관한 고찰

인간과 상황에 관한 고찰(Person-situation reflection)은 클라이언트가 자신의 환경 속에서 일어나고 있는 문제나 사건을 현실적으로 파악해서 클라이언트 자신에게 미치는 영향에 대해 생각하게 하는 기법이다. 이 기법은 심리사회모델의 대표적인 기법으로서 클라이언트를 포함하고 있는 환경과 사건 및 주변 인물 등과의 상호작용에 초점을 두고 있으며, 클라이언트가 자신의 사고와 감정들을 잘 알 수 있도록 돕는 기술이다. 따라서 사회복지사는 클라이언트가 현재 혹은 최근 사건에 대해 그 상황 속에서 경험한 생각이나 느낌, 감정 등에 대해 좀 더 잘 이해할 수 있도록 질문과 의견을 제시하거나 부연 설명을 해 준다.

(5) 유형-역동에 대한 고찰

클라이언트의 행동 경향, 어떤 특정 행위에 이르게끔 하는 생각이나 감정의 반복되는 유형 등 심리 내적인 역동성에 대해 이해하고 고찰하는 기법이다. 이는 클라이언트가 자신의 성격 유형, 특징, 행동 유형, 방어기제, 자아기능 수행 등 심리 내적 역동을 이해하도록 원조함으로써 클라이언트 스스로 어떤 행동과 사고유형을 가지고 있는지에 대한 이해를 높이는 것이다. 사회복지사는 클라이언트에게서 반복적으로 일어나는 행동이나 생각 또는 방어기제를 발견하여 클라이언트 스스로 생각해 보게 하거나 직접 제시하기도 한다.

(6) 발달적 고찰

클라이언트가 과거에 경험한 사건이나 문제가 현재의 문제나 상황에 어떤 영향을 미치는지 파악하기 위한 기법이다. 즉 클라이언트의 현재 성격과 사회적 기능에 영향을 미치는 원가족에서의 경험이나 유아기의 경험을 클라이언트가 스스로 생각해 보고 자각할 수 있도록 원조하는 의사소통행위이다. 영유아기의 원가족과의 상호작용에 의해 형성된 감정양식이 현재의 행동에 영향을 미치게 되므로 클라이언트의 현재 문제와 과거 문제 간의 인과관계를 깨닫게 함으로써 클라이언트의 변화를 유도한다.

(7) 간접적 개입

클라이언트의 문제를 해결하기 위해서는 클라이언트 자체가 변화하는 것도 중요하지만 그를 둘러싼 환경이나 상황을 변화시키는 것도 매우 중요하다. 위에서 언급한 기법들이 클라이언트 자체의 변화를 유도하는 직접적인 개입이라면, 클라이언트와 관계된 환경을 변화시키는 활동은 간접적 개입이 된다. 심리사회모델에서는 클라이언트가 포함된 환경의 변화를 유도함으로써 클라이언트의 심리적·사회적 변화가 일어날 수 있다고 본다. 이를 위해 사회복지사는 클라이언트에게 필요한 자원을 발굴하여 제공하며, 옹호 및 중재활동을 통해서 클라이언트 스스로가 주변 환경을 변화시킬 수 있도록 원조한다.

2. 인지행동모델

인지행동모델은 인지이론과 행동주의 이론의 개념들을 통합 적용한 절충적 접근 모델이다. 즉, 인간의 사고와 인식 및 해석에 관한 인지이론과 행동의 모방과 관찰을 통한 학습에 초점을 두는 행동주의 이론의 독특한 특성을 모두 갖는다. 따라서 인지행동모델은 단일 실천모델을 지칭하는 것이 아니라 합리정서행동치료(REBT), 문제해결모델, 스트레스관리모델 등 여러 모델들을 모두 포함하는 개념이다.

인지행동모델은 행동주의 이론가인 반두라의 사회학습이론에서 인지과정의 중요성을 강조한 것에 기초하여 벡의 인지치료와 엘리스의 합리정서치료로 발전하였다. 인지행동모델은 행동과 사고와 정서 간 상호작용을 중시하는데, 특히 개인의 심리사회적 문제는 자신이나 외부세계에 대해 갖고 있는 비합리적 믿음이나 왜곡된 신념체계로 인해 야기된다고 본다(서혜석 외, 2017). 따라서 문제해결을 위해서는 사고의 재구조화가 핵심이며, 이를 위해 문제를 일으키는 잘못된 가정과 사고의 유형을 확인 및 점검하고, 재평가하여 수정하도록 격려하고 원조하는 것이 인지행동모델의 치료과정이다.

1) 인지행동모델의 이론적 배경

인간 행동을 심리 내적인 요인에서만 찾고자 했던 정신분석이론이나 지나치게 인간을 수동적인 존재로 간주하는 행동주의의 한계로 인해 다양한 인간의 문제와 환경과의 상호작용을 이해할 수 있는 통합 이론으로서 인지이론이 대두되었다. 인지이론은 인간의 정서와 행동의 원인을 사고과정에 초점을 두는 이론으로서 다양한 치료법이 개발되었다. 그러나 인지이론에 근거한 개입만으로는 인간 행동의 변화를 설명하는 데 어려움이 있었고, 이러한 한계를 극복하기 위해 행동주의적 요소를 결합시킴으로써 인지행동모델이 탄생하게 되었다. 인지행동이론의 기본적인 전제는 인간의 사회적·행동적 역기능이 사건이나 상황에 대한 클라이언트의 잘못된 생각 또는 인지로 인해 발생한다는 것이며, 따라서 역기능을 해결하기 위해서는 인지 및 행동을 수정해야 한다는 것이다

(엄명용 외, 2017). 인지행동모델은 인지이론과 행동이론의 특성들이 통합되어 발전되어 왔으므로, 인지이론과 행동주의 이론 및 인지행동이론의 주요 내용을 살펴보고자 한다.

(1) 인지이론

인지이론은 인간의 감정, 동기, 행동 등이 의식적인 사고과정의 결과임을 전제로 하고 있다. 이는 인간의 행동이 무의식적인 힘 혹은 충동에 의한 것이 아니라 인간의 의지에 의해 결정되는 것임을 의미하며, 부적응적인 행동은 곧 역기능적인 사고 혹은 인지적 왜곡에 의해 발생한다고 여긴다(엄명용 외, 2020). 따라서 인지이론에 기반한 치료과정에서는 클라이언트의 부정적인 사고유형을 변화시키기 위해 현실적이고 긍정적으로 인식하고 사고하며 해석하는 방법을 학습하도록 함으로써 클라이언트의 사회적 기능을 향상시키는 것을 개입목표로 한다.

인지이론이 제시하는 몇 가지 기본 가정을 살펴보면 다음과 같다. 첫째, 인간은 창조적이며 성장의 욕구를 가지고 자신의 능력을 최대한 개발하고 목표 달성을 추구하는 기본적인 경향을 가지고 있으므로 행동의 결정도 무의식적인 힘이 아닌 자신의 의지와 사고에 달려 있다. 둘째, 인간의 감정은 자신과 사회적 상황에 대해 생각하고 말하고 가정하고 믿는 것으로부터 초래한다. 셋째, 잘못된 인지, 왜곡된 생각, 비합리적인 신념은 개인의 의식 수준 밖에서 일어나며 부정확한 지각과 생각이 부적응적인 행동을 초래한다(엄명용 외, 2017).

(2) 행동주의 이론

행동주의 이론은 인간의 행동 및 행동의 수정이 학습을 통해서 가능하다는 학습이론 원리에 초점을 두고 있다. 따라서 행동주의 이론에서는 정서적 현상이나 주관적 경험이 아닌 외부로 나타나는 행동, 즉 자극과 반응에 의한 경험적 실증이 가능한 것에만 관심을 둔다. 행동주의에서는 행동의 원인이 인간 내부에 있는 것이 아니라 외부 환경의 자극에 의한 것이며, 대부분의 인간 행동은 학습되고 또 학습을 통해 수정될 수 있다고 본다.

행동주의 이론의 기본 가정을 스키너 이론과 반두라 이론에서 살펴보면 다음과 같다. 첫째, 인간의 행동은 환경적 자극에 의해 동기화되는데, 스키너는 행동에 따르는 강화에 의해 결정된다고 보았고, 반두라는 개인의 인지적 요인과 내적 사건들에 의해 결정된다고 보았다. 둘째, 스키너는 인간이 자신의 행동을 통제할 수 없는 수동적인 존재로 보았지만, 반두라는 관찰학습과 자기강화에 의해 자신의 행동을 규제할 수 있다고 보았다. 셋째, 스키너는 외적인 강화에 의해서만 행동이 학습되고 수정 가능하다고 보았지만, 반두라는 외적 강화가 없어도 간접적 경험을 통해 새로운 행동이 학습된다고 보았다.

(3) 인지행동이론

인지행동이론은 행동이론과 인지이론을 통합하여 활용한 것으로, 행동이론에 근거한 인지적 개입기술(cognitive intervention based on behavioral approach)이라고 불리기도 한다. 이는 인지치료기법을 통해 사회복지사가 클라이언트가 상황을 왜곡하여 해석하는 방식과 정서를 변화시킬 수 있도록 도우면서, 동시에 새로운 행동기술을 습득하고 실제 상황에 적용할 수 있도록 강화를 통해 행동의 변화를 유지시키도록 한다. 이런 점에서 인지행동이론은 다음과 같은 특징과 기본 가정을 가지고 있다(엄명용 외, 2020).

① 자신과 타인에 대한 무조건적인 존경

엘리스는 인간 문제의 주요 원인이 자신에 대한 부정적인 평가라고 주장하면서 많은 문제가 자신을 가치 있게 평가하지 않은 데서 비롯된다고 하였다. 이는 곧 자신의 성공에 대해 낮게 평가하거나, 자신을 입증하기 위해 더 많은 것을 요구하거나 혹은 타인의 승인을 적극적으로 얻는다거나 자신의 성취 가능성에 대해 스스로 방해하는 것을 의미한다. 따라서 인지행동이론에서는 클라이언트가 자신의 가치에 대해 긍정적으로 평가할 수 있도록 도울 필요가 있다.

② 클라이언트의 주관적 경험과 인식 강조

인지행동모델에서는 클라이언트가 직면하는 특정 상황에 대해 어떤 생각을 했는지가 중요한 핵심이다. 즉, 비슷한 상황과 환경일지라도 각 개인이 갖는 삶의 사건과 정서 반응의 독특한 의미, 현실을 조직하는 데 작용하는 정보전달 과정, 개인의 신념 또는 신념구조와 같은 주관적 경험에 따라 행동과 성격에 미치는 영향이 달라진다.

③ 능동적 참여와 협조적인 노력 강조

클라이언트의 비합리적 신념이나 왜곡된 인지를 찾아내어 변화시키기 위해서는 클라이언트의 적극적이고 능동적인 참여가 중요하다. 클라이언트는 자신의 정서적·행동적 문제를 스스로 찾아내고 수용하며 수정할 수 있어야 한다. 이를 위해서는 클라이언트의 적극적·능동적인 참여가 필요하며 이 과정에서 사회복지사와의 협조적인 관계와 노력이 강조된다. 사회복지사는 클라이언트와의 라포를 형성하기 위해 클라이언트 관점에서 이해하고 존중하며 수용해야 한다.

④ 비합리적인 신념체계의 변화 강조

인지행동모델은 인간행동의 변화는 인지를 변화시킴으로써 가능하다는 입장이다. 따라서 클라이언트의 문제적 행동을 변화시키기 위해서는 비합리적 신념이나 왜곡된 인지를 찾아 변화시켜야 한다.

⑤ 구조화된 접근

인지행동모델은 문제해결을 위한 개입의 구조적인 절차를 강조하며, 클라이언트와 사회복지사 간의 협조적인 관계와 노력 그리고 적극적인 참여를 기반으로 하고 있다.

⑥ 시간 제한적인 단기 개입

인지행동모델은 기본적으로 3개월에서 길면 6개월 정도의 단기 개입 모델이다. 클라이언트로 하여금 인지적 왜곡이나 오류를 수정하여 행동을 변화시킬 수 있도록 학습하여 일상생활에서 스스로 적용할 수 있도록 단기적인 개입이 이루어진다.

⑦ 소크라테스식 방법과 질문

소크라테스식 질문 및 접근방법은 클라이언트의 문제를 논박을 통해 인지적 왜곡이나 오류가 있음을 밝혀내고, 질문을 통해 자기발견과 타당화 과정을 거치게 되어 사건이나 행동의 의미를 재발견하는 것이다.

2) 인지행동모델의 주요 기법

(1) 인지 재구조화

비합리적 사고와 왜곡된 신념을 인식하여 합리적이고 현실적이며 순기능적인 사고와 신념으로 대체함으로써 클라이언트의 기능을 향상시킬 수 있도록 하는 기법이다. 인지 재구조화 기법은 모델링, 시연, 이완훈련, 자기지시기술, 체계적 둔감화 등의 기법과 함께 사용될 때 더욱 효과적이다. 이 기법은 다음과 같은 절차를 통해 활용된다(손광훈, 2013).

① 클라이언트는 생활 사건에 대한 자신의 정서적 반응을 매개할 가정이나 신념을 갖고 있다. 따라서 사회복지사는 클라이언트가 이 점을 수용할 수 있도록 돕는다.
② 클라이언트가 문제에 내재해 있는 역기능적인 신념과 사고과정의 유형을 파악할 수 있도록 돕는다.
③ 클라이언트가 자신의 역기능적 인지를 유발한 상황을 파악할 수 있도록 돕는다.
④ 클라이언트가 자학적인 인식을 대치할 만한 긍정적이고 순기능적이며 대안적인 자기진술(self statement)로 대체할 수 있도록 돕는다.
⑤ 클라이언트의 성공적인 대처 노력을 클라이언트 스스로 보상할 수 있도록 돕는다.

(2) 경험적 학습

경험적 학습(experiential learning)은 클라이언트가 믿고 있는 왜곡된 신념이나 사고에 부합하지 않는 행동 및 경험을 하게 함으로써 자신의 인지적 오류를 스스로 발견하고 수정하도록 하는 기법이다. 이 기법은 인지적 불일치 원리(cognitive dissonance principle)를 이용하는데, 인지적 불일치란 자신이 믿고 있는 신념이나 사고와 반대되는 경험을 했을 때 자신의 태도나 신념을 변화시키려는 경향을 의미한다. 따라서 클라이언트가 자신의 비합리적인 사고와 왜곡된 신념을 인식하고 수정하려고 할 때 경험적 학습 기법을 사용한다.

(3) 자기지시기술

자기지시(self instruction)기술은 클라이언트가 변화하기 원하는 행동을 대상으로 구체적인 목표를 설정하고 이에 따른 실천행동지침을 작성하며, 이를 실행에 옮기는 과정을 말한다. 이 기술은 과제나 기술 혹은 문제해결 과정의 수행을 안내할 자기언어화(self verbalization)를 활용하는 것으로, 단계별로 자기진술을 활용하여 자신감을 개발하는 것이다. 자기지시기술은 다섯 단계로 구분된다. 첫째, 사회복지사가 과제에 대한 수행방법을 모델로 제시하면서 큰 소리로 자기 자신에게 말한다. 둘째, 클라이언트가 사회복지사로부터 언어적 도움을 받으면서 똑같은 과제를 수행한다. 셋째, 클라이언트가 과제를 수행하면서 자기 자신에게 큰 소리로 지시한다. 넷째, 클라이언트가 지시를 속삭이듯이 말하면서 과제를 수행한다. 다섯째, 클라이언트가 자기 자신에게 속으로 말하면서 과제를 수행한다(엄명용 외, 2020).

(4) 모델링

모델링(modeling)은 관찰학습과정을 통해 이루어지는데, 타인의 행동을 관찰하고 따라 함으로써 새로운 행동을 학습하는 기법이다. 모델링 기법에는 즉석에서 모델링을 제시하는 즉석 모델링, 영화와 같은 미디어를 활용하는 상징적 모델링, 여러 명의 모델링을 제시하는 복합 모델링 등이 있다. 모델링 기법의 과정은 클라이언트가 변화를 필요로 하는 구체적인 행동을 파악하여 모델을 제시하고, 클라이언트가 모델링에 주의와 관심을 가지고 행동을 따라 하도록 한 후 그 행동을 강화하도록 한다.

(5) 과제

인지행동모델에서 과제(written homework) 혹은 숙제는 클라이언트의 적극적인 협조와 참여를 기반으로 한다. 과제는 클라이언트가 엘리스의 ABC 모델을 활용하는 방법에 대해 읽고 기록할 수 있도록 양식을 제공한다. 클라이언트는 과제를 수행하면서 자신의 문제에 대한 인식을 향상시킬 뿐만 아니라 새로운 행동을 획득하거나 과거의 반응을 제거할 수 있도록 돕는다(Cormier & Cormier, 1991).

(6) 역설적 의도

어떤 불유쾌한 구체적 행동이 자꾸 발생할 것을 불안해하여 그 행동을 오히려 더 발전시킬 경우에 사용될 수 있다. 역설적 의도(paradoxical intention) 기법은 클라이언트의 불안에 대한 인지적 오류에 도전하고 두려워하는 행동을 하도록 지시한다. 이는 사회복지사가 클라이언트에게 이중구속적인 메시지를 전달하는 것이며, 클라이언트는 이중구속적인 메시지에 관계없이 변화를 일으키게 된다. 예를 들어, 우울한 클라이언트에게 "계속해서 우울하게 지내세요."라고 말하면, 클라이언트는 우울한 것을 유지하기 위해 노력하게 되고 이는 자신의 문제에 대한 통제력을 계속 유지함으로써 자신감이 생기는 반면, 이러한 메시지에 반대해서 우울해지기를 거부하면 증상으로부터 호전되는 것이다(엄명용 외, 2020).

(7) 체계적 둔감화(체계적 탈감법)

체계적 둔감화는 고전적 조건화를 이용한 기법으로서, 클라이언트에게 가장 덜 위협적인 상황에서 가장 위협적인 상황까지 상황들을 순서대로 제시하면서 불안자극과 불안반응 간의 연결이 없어질 때까지 불안을 일으키는 자극들을 반복적으로 이완 상태와 짝짓는 것이다(엄명용 외, 2020). 클라이언트는 위협적인 상황의 강도가 심해질수록 더 많은 불안감과 두려움을 일으키지만, 이완훈련을 통해 불안반응에 둔감하게 됨으로써 실제 위협적인 상황에 부딪혔을 때 불안을 경험하지 않는다.

(8) 이완훈련

클라이언트가 겪을 수 있는 스트레스 상황에 적절히 대처할 수 있도록 돕는 기술이다. 만성적으로 긴장되어 있거나 불안한 클라이언트, 위기상황에 부딪친 클라이언트, 앞으로 있을 사건이나 상황에 대해 미리 불안해하는 클라이언트, 두통이나 편두통, 답답함, 불면증, 분노 및 우울 등을 느끼는 클라이언트에게 효과적이다. 이 기법은 클라이언트에게 특정 근육을 수축, 이완하는 기술을 가르치고, 깊고 규칙적인 호흡방법, 즐거운 사고나 심상방법 등을 훈련함으로써 일상생활에서 유발되는 스트레스에 대처할 수 있도록 가르친다(엄명용 외, 2020).

(9) 시연

시연(rehearsal)은 클라이언트가 습득한 행동기술을 현실에서 실제로 실행하기 전에 반복적으로 연습하여 숙달되도록 하는 것으로, 숨겨진 시연(covert rehearsal)과 명백한 시연(overt rehearsal)으로 구분된다. 숨겨진 시연은 클라이언트가 원하는 반응에 대해 속으로 상상해 보고 반영해 보는 것을 의미하며, 명백한 시연은 클라이언트가 원하는 행동을 역할극과 같은 상황에서 실제로 말과 행동으로 표현하는 것을 의미한다(Cormier & Cormier, 1991).

3. 과제중심모델

과제중심모델은 사회복지실천에 있어 단기치료의 대표적인 모델로서 증거기반실천의 실증적 자료를 축적하여 개발된 실천모델이다. 윌리엄 리드(William Reid)와 로라 엡스타인(Laura Epstein)은 1960년대 중반 행동주의 이론과 초기 개별사회사업의 특성, 펄먼(perlman)의 문제해결 접근법, 스투트(Studt)의 클라이언트 과업 개념, 홀리스(Hollis)의 개별사회사업(case work) 기법들을 통합하여 과제중심모델을 만들었다. 당시 장기간 개입에 대한 비용 부담과 낮은 효과성으로 정신역동이론에 대한 비판이 증가하였고, 비슷한 문제에 대한 단기적 개입이 더 효율적이라는 의견이 제시되면서 시간 제한적인 단기 개입에 대한 관심이 높아졌다. 과제중심모델은 전통적 심리치료의 비구조화된 형태가 아닌 집중적이고 구조화된 개입 형태를 선호한다. 이는 단기개입이 이루어지기 위해서는 각 회기의 명확한 목표 설정과 과제 제시, 개입 단계의 절차 등이 구조화되어야 하기 때문이다. 또한 이론보다는 경험적 자료를 통한 개입의 기초를 마련했는데, 실천현장에서 다양한 방법으로 개입을 시도한 후, 효과가 경험적으로 입증된 요소들을 모아 개입을 시도하였다.

과제중심모델은 대인간의 문제, 개인 내적인 문제, 개인과 환경 간의 문제를 효과적으로 경감할 수 있는 절충적 실천의 틀로서 하나의 이론적 틀을 고집하기보다는 인지행동이론, 행동수정기법, 체계이론 등을 통합한 여러 이론을 절충하여 사용할 수 있는 틀을 제시하였다(김혜란 외, 2002).

1) 과제중심모델의 특성

과제중심모델은 1960년대에 본격적으로 시작된 단기치료의 영향을 받아 생성된 모델이다. 단기치료의 전환요인은 장기치료가 반드시 단기치료보다 우세하지 않다는 점과 과거의 상처를 되풀이하지 않고 갈등해소와 현재의 문제해결에 집중할 수 있는 능력을 갖고 있다는 가정이다(양옥경 외, 2005). 과제중심모델의 특징을 살펴보면 다음과 같다.

첫째, 과제중심모델은 장기치료와 달리 보통 2~4개월 동안 8~12회 정도로 구성되는 시간 제한적인 단기 개입 모델이다. 따라서 사회복지사는 클라이언트가 인식한 문제와 클라이언트의 욕구에 한정하여 개입한다.

둘째, 과제중심모델은 클라이언트의 명확한 동의를 얻어 클라이언트가 가지는 특정 문제를 스스로 해결할 수 있는 활동을 수행한다. 즉, 문제를 정의하는 것부터 과제수행에 이르기까지 클라이언트의 자기결정권을 적극 존중하여 클라이언트가 인정한 문제에 한하여 개입하고 개입방법 역시 클라이언트의 동의 아래 사용한다.

셋째, 이론보다는 조사에 근거한 경험적 지식을 일반화하고 있다. 실증적 연구 및 조사에 의해 검증되고 지지되는 경험적 자료를 통해 모델이 구축되었다.

넷째, 정신역동이론과 같이 클라이언트의 초기 성격 형성에 영향을 주는 과거 경험을 강조하기보다는 클라이언트의 현재에 초점을 둔다. 클라이언트가 현재 경험하고 있는 문제를 해결할 수 있는 능력에 초점을 두기 때문에 문제를 정확히 사정하고 문제해결의 목표를 성취하기 위해 필요한 과제에 집중한다.

다섯째, 사회복지사와 클라이언트 간 협조적 관계를 강조한다. 사회복지사는 클라이언트가 제한된 기간 내에 문제를 해결할 수 있도록 원조하며 클라이언트의 적극적 참여와 동기를 중시한다.

여섯째, 구조화 수준이 높은 개입을 시도한다. 클라이언트가 동의한 과제를 중심으로 각 단계마다 특정한 과제수행을 요구하는 구체적이고 구조화된 전략을 사용하며, 개입순서는 시작하기, 문제규명, 계약하기, 실행, 종결의 단계로 이루어진다.

일곱째, 클라이언트의 환경에 대한 개입을 강조한다. 과제중심모델에서는 클라이언트가 가지는 대부분의 문제가 활용할 자원이 부족하거나 기술이 없기 때문에 발생한다고 가정한다. 따라서 클라이언트의 문제와 관련된 자원을 탐색하고 이를 활용할 수 있는 방안을 개입의 모든 과정에서 강조한다.

2) 과제중심모델의 주요 기법

(1) 표적문제

표적문제는 클라이언트가 해결하기를 원하는 문제로서 개입의 초점이 되는 문제이다. 클라이언트는 다수의 문제를 가지고 있을 수 있는데 이들 문제 중에서 클라이언트가 변화를 원하고, 사회복지사의 전문적 판단에 의해 문제라고 인정이 되며, 개입의 초점으로 서로 동의한 문제이다. 과제중심모델은 클라이언트의 자기결정권을 구체적인 방법으로 실천에 옮기는데, 클라이언트가 '문제'라고 인정한 문제를 표적문제로 정하여 이에 한하여 개입하는 것도 클라이언트의 자기결정권을 구체적인 방법으로 실현하는 것이다. 표적문제 선정 시 가장 중요한 고려 사항은 클라이언트의 견해를 최대한 반영하는 것이다. 사회복지사와 클라이언트 간의 의견이 다를 경우에는 클라이언트의 관심사를 우선적으로 고려하면서 사회복지사의 판단이 반영되도록 한다.

(2) 과제

과제는 개입의 목표를 달성하기 위해 클라이언트가 수행하는 문제해결 활동이다. 클라이언트의 과제는 사회복지사가 일방적으로 부여하는 것이 아니라 클라이언트와 사회복지사가 함께 과제의 내용과 수행방법 등을 계획하고 동의한 후 수행한다. 과제중심모델에서는 과제를 일반적 과제와 조작적 과제로 분류한다.

① 일반적 과제

일반적 과제는 행동의 방향만 제시하고 구체적으로 무엇을 해야 하는지 제시하지 않는다. 일반적 과제는 항상 클라이언트의 목표를 내포하는데, 클라이언트가 수행해야 할 과제와 목표가 같음을 의미한다(엄명용 외, 2020). 가령, 'OO씨는 자존감 향상을 위한 프로그램에 등록해야 한다.'와 같이 구체적으로 무엇을 어떻게 할지에 대한 정보는 없지만 수행해야 할 과제 즉, 자존감 향상 프로그램을 등록해야 한다는 목표는 분명히 제시된다.

② 조작적 과제

조작적 과제는 클라이언트가 수행해야 하는 구체적인 활동을 말한다. 대부분 조작적 과제는 일반적 과제에서 나오는데, 명확한 활동에 대한 정보를 포함하고 있기 때문에 일종의 하위과제의 형태를 띤다. 예를 들어, '부모와 자녀 간 의사소통을 향상시켜 대화를 원활하게 하는 것'이 치료의 목표라고 하면, 일반적 과제는 '부모와 자녀 간 의사소통 증진'이 되고, 조작적 과제는 목표를 달성하기 위한 구체적인 활동으로 '매일 식사 때 자녀를 한 가지씩 칭찬하기', '식사 때 긍정적인 대화 나누기' 등이 될 수 있다(전남련 외, 2010).

(3) 과제 형성 시 고려할 사항

과제의 내용은 클라이언트의 문제에 대한 동기화 수준에 따라 달라진다. 따라서 클라이언트가 자신의 문제해결을 위한 의지가 어느 정도인지를 고려하여 클라이언트가 충분히 도전할 수 있는 과제를 만들어야 하고, 사회복지사는 클라이언트에게 '할 수 있다'라는 의지와 희망을 북돋아 과제를 적극적으로 수행할 수 있도록 한다. 또한 클라이언트가 과제를 수행하는 데 있어 과정과 결과가 타인에게 부정적인 영향을 미치지 않도록 과제의 내용이 바람직한 것이어야 하며, 과제가 만들어지고 클라이언트가 어느 정도 시도했지만 달성이 어려운 경우, 과제의 내용이나 정도를 바꿀 수 있는 융통성이 필요하다.

3) 과제중심모델의 개입과정

과제중심모델의 개입과정은 크게 초기, 중기 및 종결 단계의 3단계로 나누어 볼 수 있으며 전체 기간은 4개월 이내에 6~12회의 개입으로 설계된다. 일반적으로 이 기간 동안 클라이언트가 가장 중요하다고 생각하는 표적문제 중 두세 가지의 문제만을 선택하여 집중적인 해결 노력을 기울이게 된다. 개입은 세밀한 계획 속에 체계적으로 수행하는데, 이는 시간, 노력, 비용의 낭비를 최소화해 주며 실천과정을 효과적으로 이끈다. 초기 단계는 보통 1~2회의 면접으로 이루어지지만, 사례에 따라 더 많은 시간을 필요로 하기도 한다. 이 단계에서 사회복지사는 클라이언트와 함께 표적문제를 설정하고, 신속하게 사정하고, 계약을 맺는 것으로 마무리한다. 중기 단계는 초기 면접이 끝난 다음 회기부터 시작되며, 대체로 클라이언트가 과업계획 절차에 따라 과업을 진행하는 데 집중한다. 종결 단계는 대개 1회의 면접으로 종결되지만, 종결의 절차는 서비스를 시작한 초기 단계에서부터 사실상 시작되었다고 볼 수 있다. 종결 면접은 특정 목적을 달성하기 우해 구조화되는데, 클라이언트가 배운 것과 달성한 것들을 강조하도록 구성한다(엄명용 외, 2020).

표 7-1 과제중심모델의 개입과정

시작	• 클라이언트의 자발적인 참여 또는 타 기관으로부터 클라이언트 의뢰
문제규명	• 클라이언트의 표적문제 확인 및 설정 • 신속한 초기 사정
계약	• 계약(목표, 표적문제, 과제, 개입 기간 및 일정, 참가자 등)
실행	• 사정하기 • 과제의 개발과 수립 • 과제의 수행 • 점검 및 모니터링
종결	• 표적문제와 전체 문제상황에 대한 검토 • 성공적 문제해결 전략 규명 • 남아 있는 문제에 대한 논의

출처: 신성자 외(2007).

4. 위기개입모델

위기개입모델은 자연재해나 갑작스러운 생활상의 사건으로 인해 격심한 고통의 감정을 일시적으로 경험하고, 이로 인해 원래의 기능을 상실하여 일상생활 수행에 어려움이 발생하는 위기상황에 즉각적으로 개입하여 전문원조를 제공하기 위한 모델이다. 이 모델은 극심한 스트레스 상황에서 즉각적으로 필요한 서비스를 지원하고 격심한 고통 이후에 발생할 수도 있는 심각한 심리적 붕괴 현상의 예방에 관심을 둔다.

위기개입모델은 클라이언트가 당면한 문제를 해결하고 그 문제로 인해 나타난 정서적 갈등을 안정시키는 데 초점을 두는 단기적이고 목표 지향적인 원조과정으로, 현재 직면한 위기상황을 인지하고 이를 변화시키기 위한 클라이언트 자신의 노력이 강조된다. 위기는 위험과 기회의 두 측면을 갖고 있다는 점에서 클라이언트가 위기상황을 잘 이겨 내면 향후 유사한 문제를 경험할 때 보다 나은 적응력으로 문제를 해결할 가능성을 높인다. 위기개입의 궁극적 목표는 클라이언트가 활용 가능한 대처방법을 강화하거나 대처능력과 문제해결 능력을 복구할 수 있도록 클라이언트를 도와주는 동시에 클라이언트가 자신의 감정 관리를 위해 필요한 구체적인 단계를 밟고 실행계획을 세우도록 원조하는 것이다(엄명용 외, 2020).

1) 위기개입모델의 기본 가정

애도반응에 대한 린드만(Lindemann)의 초기 연구를 토대로 정신과 의사 카플란(Caplan)과 사회복지사 파라드(Parad)가 예방적 정신치료 연구 프로그램을 발전시키면서, 1960~1970년대에 위기개입은 특히 사회복지 이론과 실천 분야에서 급격하게 발전하기 시작했다. 이때 사회복지사들은 위기개입이론의 구성 요소를 다듬고 명확히 했을 뿐 아니라 지역사회 위기개입 서비스를 발전시켜 나가는 데 탁월한 역할을 수행했으며, 지역사회 정신건강 프로그램, 자살예방센터, 가족서비스기관, 의료보호체계 등의 영역에서 초기의 위기개입을 발전시키는 데 기여했다(연세사회복지연구회 역, 2004). 더 나아가 이들은 위기개입의 기본 가정을 다음과 같이 제시하였다(엄명용 외, 2020).

첫째, 누구나 살아가면서 급성 스트레스를 경험할 수 있다. 그러나 이것이 반드시 병적인 상태는 아니며, 스트레스를 유발하는 사건이 위기 사건인지는 개인의 삶의 전반적인 맥락을 고려해서 판단해야 한다.

둘째, 항상성(homeostasis)은 모든 사람이 추구하는 자연스러운 상태이다. 사람들은 정서적 불균형 상태에 있을 때 정서적 균형을 되찾으려 한다.

셋째, 스트레스를 유발하는 사건이 개인에게 위기가 될 때 더 악화되는 불균형의 기간이 나타난다.

넷째, 불균형은 사람들이 개입을 수용하는 태도를 갖게 만든다.

다섯째, 위기 사건을 다루기 위해 새로운 대처기제가 필요하다.

여섯째, 사람들은 이전에 위기 사건을 다룬 경험이 부족하면 불안이 증가하나 종종 숨겨진 자원을 발견하기도 한다.

일곱째, 위기의 지속은 촉발사건, 반응패턴, 활용 가능한 자원의 영향을 받는다.

여덟째, 위기 단계에서 해결 단계로 이동하기 위해서 정서적·인지적·행동적 과업들이 숙달되어야 한다.

2) 위기의 개념과 유형

(1) 위기의 개념

상담학 사전에 따르면 위기란 위협적이거나 고통스러운 상태로서, 갑작스럽게 사건이나 상황에 직면하여 정서적 충격을 받아 적절하게 대처하지 못하는 상태를 의미한다. 위기의 개념 정의는 여러 학자들에 의해서 다양하게 제시되었는데 이를 종합해 보면 크게 3가지로 구분해 볼 수 있다. 첫째, 위기를 전환점으로 정의한다. 즉 스트레스 사건이나 불안정에서 비롯되는 삶의 전환점을 말한다. 둘째, 위기를 위험과 기회로 정의하는 것으로, 이전에 해결되지 않았거나 잘못 해결한 문제를 교정할 수 있는 두 번째 기회와 성장의 기회가 된다. 셋째, 위기를 균형 상태의 혼란이나 불균형으로 정의한다. 즉, 위기는 개인이나 가족, 집단이 건강과 관련된 어떤 위협감이나 문제를 지각하게 되는 상황에서 나타나는 반응이며, 스트레스 사건이나 안녕감에 대한 지각된 위협의 결과로 나타난 개인 삶의 정상적인 균형 상태에 발생하는 내적 불균형 상태를 말한다(엄명용 외, 2020).

(2) 위기의 유형

① 발달적 위기

발달적 위기는 인간의 생애주기에서 발생하는 생활사건이나 발달 단계마다 요구되는 발달과업에 의해 나타나는 불안과 스트레스를 의미한다. 예를 들어, 출생, 청소년의 정체성 위기, 결혼, 자녀의 출산, 중년기의 직업 변화, 은퇴 등 생애주기상의 변화와 관련된 위기를 말한다. 발달적 위기는 정상적인 발달과정에서 예측 가능하고 대비할 수 있는 위기지만, 각 개인마다 겪는 발달적 위기는 독특한 것이므로 개별적인 방법으로 이해되고 다루어져야 한다.

④ 상황적 위기

상황적 위기는 인간이 예측하거나 통제할 수 없는 우발적 사건이 발생할 때 나타나는 위기이다. 심각한 질병이나 우연한 사고, 죽음, 실직 등과 같이 갑작스럽게 발생하는 외부 사건에 의한 위기로서 누구에게나 일어날 수 있지만 충격적이고 강렬하고 때로는 파괴적이기 때문에 심리적·신체적 안녕에 심각한 위협을 줄 수 있다.

③ 실존적 위기

실존적 위기는 목적이나 책임감, 독립성, 자유, 헌신 등과 같은 인간에게 중요한 이슈를 동반하는 내적 갈등이나 불안을 포함하는 위기이다. 예를 들면 전문직의 중년 남자가 조직에 중요한 영향을 주지 못한다는 불안과 실직에 대한 위기감이나 노년기 삶에 대한 허무함 또는 공허함과 같은 위기를 의미한다.

④ 환경적 위기

환경적 위기는 자연이나 인간이 일으킨 재해나 사고가 갑자기 덮쳤을 때 발생하는 위기이다. 자신들에게 책임이 없는 잘못이나 행동으로 인하여 같은 환경에 사는 사람들에게 사건의 여파가 미친다. 태풍이나 홍수, 지진, 화산 폭발, 산불과 같은 자연재해가 대표적이지만 전염병이나 기름 유출과 같이 파생된 위기도 포함된다.

3) 위기개입의 개념과 원칙, 목표

(1) 위기개입의 개념

위기개입이란 위기에 처한 사람이 예상치 않았던 외상 사건으로 발생한 정서적·행동적·인지적 위기 상태를 인식하게 하고, 위기로 인한 불균형 상태를 회복하기 위해 위기 이전의 기능수준으로 회복할 수 있도록 단기간 원조하는 접근 방식이다. 위기개입모델은 위기에 처한 개인 및 가족을 중심으로 하는 일상접근법을 강조한 초기 모델이라 할 수 있으며, 이 모델에서는 심리중심의 위기개입, 생태학적 측면의 환경중심 접근이 강조되고 있다(고명수 외, 2019).

(2) 위기개입의 원칙

단기간에 클라이언트의 고통을 경감시키고 독립적 기능을 회복시키며, 이후 발생 가능한 정서적 붕괴 현상을 예방하는 데 초점을 두는 위기개입의 주요 원칙은 다음과 같다(엄명용 외, 2020).

① 단순성

사람들은 위기상황에서 복잡한 것들을 알 수 없다. 절차가 단순할 때 긍정적 결과를 얻을 가능성이 높아진다.

② 간결성

위기상황에서는 누구도 시간을 많이 가지고 있지 않다. 사회복지사는 정서적 응급처치를 제공한다는 것을 기억해야 한다.

③ 혁신성

사회복지사는 위기에 처한 클라이언트를 돕기 위해 참신한 아이디어를 사용할 수 있어야 한다. 모든 위기상황에 부합하는 구체적인 지침들이 존재하지 않기 때문에 사회복지사는 창의적일 필요가 있다.

④ 실용성

만약 사회복지사가 제안하는 것이 실용적이지 않다면, 클라이언트는 그 제안을 따라 할 수 없고 좌절감을 느낄 것이다. 그 결과 클라이언트는 사회복지사를 더 이상 신뢰하지 않을 것이다.

⑤ 근접성

사회복지사는 클라이언트의 집, 직장과 같이 클라이언트가 친숙한 장소 또는 위기 사건이 발생한 장소와 가까운 곳에서 위기개입 서비스를 제공해야 한다. 근접성과 관련해서 기억해야 할 점은 안전한 곳에서 서비스를 제공해야 한다는 점이다.

⑥ 즉시성

사회복지사는 위기상황이 발생한 직후 위기개입 서비스를 즉시 제공해야 한다. 서비스 제공 지연은 서비스 효과성을 떨어뜨린다.

⑦ 기대감

사회복지사는 필요한 도움이 제공되고 있고, 희망이 있으며 위기상황이 관리 가능하다는 인식과 믿음을 클라이언트에게 심어 주어야 한다. 가능하다면, 위기상황이 지금은 견디기 어려워 보이지만 대다수 사람들이 위기에서 벗어날 수 있고 벗어난다는 것을 클라이언트가 이해하도록 돕는다.

(3) 위기개입의 목표

위기개입의 목표는 위기로 인해 발생한 클라이언트의 증상을 제거 및 완화하고 위기 이전의 기능 수준을 회복하는 것이다. 클라이언트를 불균형 상태로 만든 촉발 사건을 어느 정도 이해하며, 클라이언트나 가족이 사용하거나 지역사회 자원에서 이용할 수 있는 치료방법을 확인한다. 현재의 스트레스를 과거의 경험이나 갈등과 연결하여 이해하고, 클라이언트가 새로운 인식과 사고, 정서 양식을 가질 수 있도록 원조하여 위기상황 이후에도 사용할 수 있는 새로운 형태의 적응적 대처 방식을 개발한다.

4) 위기개입모델의 개입과정

위기개입과 관련한 다양한 개입모델들은 각각의 개입 단계를 나누어 문제 확인에서부터 실행계획 수립 및 실천, 종결에 이르기까지 설명하고 있으며, 그 내용은 대체로 유사하다. 이 장에서는 골란(Golan)의 3단계 모델을 통해 사회복지사가 활용할 수 있는 활동과 지침을 살펴본다.

(1) 초기 단계: 사정

초기 단계에서는 클라이언트를 처음 대면하는 첫 회기가 이루어지며, 클라이언트와의 관계를 형성하는 단계이다. 이 단계에서 사회복지사는 클라이언트의 위기상황에 즉각적으로 초점을 맞추고, 위기의 실재 여부와 현재의 위기상황을 파악하여 클라이언트의 곤경에 대해 평가하여 앞으로의 활동에 대해 계약한다. 계약의 내용에는 활동의 구체적 목표와 과제에 대한 동의가 포함된다. 초기 단계에서는 클라이언트의 주관적 반응을 이끌어 내는 것이 중요하며, 반응에 대한 해석이나 직면보다는 클라이언트가 감정을 표현함으로써 보다 합리적·이성적으로 위기상황에 대처할 수 있도록 원조하는 것이 중요하다(전남련 외, 2010).

(2) 중간 단계: 실행

중간 단계는 목표달성을 위해 계획된 클라이언트의 과업을 확인하고 실행한다. 이 단계에서는 위기로 인한 상실감이나 어려움 등 클라이언트의 주요 주제에 대해 깊이 탐색하고, 필요한 경우에는 과거에 대해서도 탐색한다. 중간 단계에서 사회복지사는 위험사건 이후의 자료를 조직화하고, 현실적이고 단기적인 목표 및 과업을 설정하며, 목표를 달성하기 위한 과업을 클라이언트와 공동으로 성취함으로써 행동의 변화를 초래한다.

(3) 종결 단계: 종결

종결 단계에서는 클라이언트의 목표 달성 정도를 평가하고 미래를 위한 계획을 세운다. 이 단계는 종결에 대한 클라이언트와 사회복지사의 저항을 다루고, 실행했던 과업들, 성취된 목표, 변화, 성취하지 못한 점들에 대해 점검하며, 클라이언트의 활동계획에 대해 논의한다.

5. 역량강화모델

1970년대 사회복지의 주요 이론적 틀로 일반체계이론과 생태학이론이 활용되면서 생태체계관점에 근거한 강점(Strength) 지향 혹은 해결중심 접근의 중요성이 대두되었고, 이는 체스탕(Chestang), 솔로몬(Solomon), 핀더허그(Pinderhughes) 등의 학자들에 의해 1970년대 중반에 역량강화모델로서 새롭게 나타나게 되었다(양옥경 외, 2005).

역량강화모델은 클라이언트를 문제중심이 아닌 강점중심으로 봄으로써 클라이언트의 잠재역량 및 자원을 인정하고, 클라이언트가 자신의 행동과 삶에 대한 결정을 스스로 할 수 있도록 역량(power)을 강화시키는 실천방법이다.

역량강화(empowerment)는 클라이언트가 현재 상황에서 자신이 필요한 자원을 환경 속에서 얻을 수 있는 힘을 가질 수 있도록 원조하는 것으로 권한부여, 임파워먼트 등의 용어로 번역되어 혼용되고 있다.

역량강화모델은 무능력하고 수동적인 상태에서 벗어나 강점과 자원을 강조하고, 과거보다 현재와 미래에 초점을 두며, 변화과정에서 클라이언트의 능동적 역할과 전문가와의 협력관계를 중요시한다. 이러한 점에서 강점 관점과 많은 부분을 공유하며, 강점 관점을 기반으로 실천을 수행한다(박지영 외, 2020).

1) 역량강화모델의 특성

첫째, 클라이언트의 강점을 강조한다. 클라이언트가 가진 결점이나 병리보다는 클라이언트의 강점과 환경적 차원에 초점을 두고 클라이언트의 역량을 향상시키기 위한 해결중심의 접근을 한다.

둘째, 사회복지사의 전문적 활동보다는 클라이언트와 사회복지사의 협력적인 관계와 활동이 강조된다. 사회복지사가 자신의 힘을 클라이언트와 공유할 때 클라이언트는 자신의 능력을 받아들이는 변화가 일어나고, 전문적인 관계에서의 협력은 그 자체가 클라이언트에게 힘의 새로운 근원이 된다(고명수 외, 2019).

셋째, 클라이언트가 가지고 있는 자원과 탄력성(회복력)이 무엇인지 탐색하여 해결책을 찾아내는 데 역점을 둔다. 역량강화모델은 클라이언트가 겪는 어려움을 클라이언트 체계의 결함으로 보지 않고 개인적 역량과 환경적 요구 사이의 불일치에서 발생한다고 본다. 따라서 클라이언트가 활용할 수 있는 자원을 파악하고 활용하는 것이 중요하다.

넷째, 클라이언트의 참여와 자기결정권을 강조한다. 클라이언트를 수혜자, 환자, 도움을 받는 사람으로 보지 않고 서비스를 적극적이고 능동적으로 선택할 수 있는 소비자로 본다. 클라이언트를 소비자로 봄으로써 클라이언트의 자기결정권이 적극적으로 보호되고 반영될 수 있다.

2) 역량강화모델의 주요 기법

(1) 역량강화

역량강화는 클라이언트의 상황을 환경 속에서 이해하며 자원과 강점을 찾고자 하는 것이다. 또한 클라이언트의 욕구를 고착된 문제보다는 하나의 도전으로 보며, 병리학적 진단기준에 의해서가 아니라 전인적인 관점에서 클라이언트를 바라보고자 한다. 따라서 클라이언트는 변화과정에서의 파트너이자 함께 계획하는 자이고, 사회복지사는 전문적인 지식과 기술을 발휘한다기보다 다양한 사회체계 수준에서 해결해야 할 이슈들을 가진 일반적인 사회복지사이다. 또한 역량강화에 기초한 실천에서는 결정에 대한 진단보다는 강점을 강조하며, 취약성을 파악하기보다는 역량강화를 기반으로 탄력성 또는 회복력을 높이며, 문제를 없애려고 하기보다는 해결책을 찾아내는 데 역점을 둔다(양옥경 외, 2005).

(2) 강점관점

강점(strength)의 사전적 의미는 '남보다 우세하거나 더 뛰어난 점'이다. 즉, 강점이란 인간이 성장과 변화를 위해 잠재적으로 가지고 있는 개별적인 능력으로 정의할 수 있다. 인간은 어려움에 직면했을 때 각각이 가지는 독특한 잠재된 능력을 통해 상황을 대처해 나가는데, 이러한 독특한 능력이 바로 강점이다. 샐리비(Saleebey)는 강점을 '개인, 집단, 지역사회가 잠재적으로 가지고 있는 총체적인 힘'으로 정의하였다.

강점관점(strength perspective)은 클라이언트를 독특한 존재로서 보며, 다양성을 인정하고 존중하면서 클라이언트의 결점보다는 강점에 초점을 두고, 가능한 한 모든 자원을 활용하여 클라이언트의 역량을 실현해 나가도록 돕고자 하는 관점이다.

강점관점에서는 클라이언트를 자신의 문제에 대한 전문가로서 인정한다. 즉, 클라이언트는 자신의 문제를 스스로 해결할 능력이 있다고 보며, 사회복지사 또는 치료자와 같은 전문가 중심의 개입이 아닌 클라이언트의 견해와 입장을 더 중요시하고 반영한다.

강점관점의 실천 원리는 모든 사람은 성장하고 변화할 수 있는 능력 즉, 강점을 가지고 있다고 보는 것이며, 원조과정은 각 개인의 강점과 관심에 초점을 두고 활용하는 것이다. 이에 따라 사회복지사는 클라이언트의 문제보다는 강점과 능력에 초점을 맞추어 클라이언트가 해결하고자 원하는 것을 목적으로 하는 협력자의 역할을 수행한다.

(3) 협력과 파트너십

역량강화모델에서 클라이언트는 경험과 역량을 가진 원조과정의 파트너이다. 클라이언트를 원조과정의 파트너로 보는 것은 클라이언트를 특성과 잠재력을 가진 인간 및 자원으로 인식하여 클라이언트의 참여를 중시하고, 문제해결을 위한 실천과정에서 클라이언트의 자기결정권을 강조하는 것이다. 즉, 클라이언트는 변화과정에 능동적으로 참여하는 파트너이자 자신의 환경과 능력을 가장 잘 알고 있는 전문가로 간주된다. 이는 사회복지사와 클라이언트 간의 상호협력적인 파트너십을 갖게 하여 클라이언트가 원하는 목적을 달성하기 위해 활용 가능한 서로의 자원을 상호 협력하여 강점을 공동으로 발견하고 확대시킨다.

이러한 협력과 파트너십을 통해 역량강화모델은 클라이언트에 대한 시각을 변화시킨다. 즉, 클라이언트는 기존의 수혜자, 환자, 도움을 받는 사람들이라는 낙인에서 소비자라는 개념으로 전환된다. 소비자라는 용어는 사회복지사와 클라이언트 체계의 파트너십 내에서 클라이언트의 자기결정권 보호와 활동적인 역할을 강조하는 것이다(양옥경 외, 2005).

(4) 역량

역량강화모델에서 사회복지사는 개인의 문제를 클라이언트 체계의 결점으로 보기보다는 개인적 역량과 환경적 요구 사이의 불일치로 인해 발생한다고 본다. 즉, 자원에 대한 정확한 사정과 활용이 매우 중요하며, 자원과 기회에의 접근 증가, 강점 확장, 역량 강조 자체가 바로 역량강화이다(양옥경 외, 2005).

역량이란 인간체계의 구성원을 돌보는 기능을 수행하며, 다른 체계와 효율적으로 상호작용하고, 사회적·물리적 환경의 자원체계에 기여할 수 있는 능력을 말한다. 역량은 주위 환경과 상호작용하기 위해 체계가 소유하고 있는 지식과 기술의 질(quality)로 정의할 수 있다. 따라서 역량은 개인 특성, 대인상호관계, 사회적·물리적 환경에서 비롯되며, 이러한 세 차원이 잘 기능할수록 개인이 환경에 대처할 수 있는 역량이 향상된다(전남련 외, 2010).

3) 역량강화모델의 실천 원리

역량강화모델은 개인 및 대인관계, 정치·사회적 문제에 이르기까지 다양한 차원을 포함한다. 개인적 차원은 자신의 문제와 이를 해결하는 능력과 감정 및 생각 등과 관련되고, 대인관계적 차원에서는 문제해결을 촉진하는 다른 사람들과의 경험을 다루며, 정치적 혹은 사회구조적 차원에서는 사회 정책 및 제도의 변화와 관련된다. 이러한 3가지 차원을 통합적으로 포함하는 역량강화모델의 실천 원리는 다음과 같다(김혜란 외, 2006).

(1) 자기효능감

자기효능감은 개인적 차원의 역량강화의 기본 요소로서, 자기 삶을 통제할 수 있는 자기 능력에 대한 믿음이다. 자아기능의 강화, 주도성 회복, 활동능력 강화 등을 의미하며, 역량강화과정에서 자기효능감은 점차 증가한다.

(2) 집합적 경험과 정당성의 인정

집합적 경험을 통해 개인들은 서로 경험을 공유하고 집단의식을 갖게 된다. 문제를 개인의 실패가 아닌 사회나 제도의 문제로 인식하면서 스스로를 부족하거나 결함이 있다고 보는 시각에서 벗어나 변화에 대해 보다 적극적으로 임할 수 있게 한다. 자신에 대한 비난을 감소시킴으로써 자신의 목소리를 내는 것이 정당하다는 것을 깨닫고, 자기 내부가 아닌 사회적 원인을 변화시키는 데 에너지를 집중할 수 있게 된다.

(3) 비판적 사고와 행동을 위한 지식과 기술

자신과 자신이 처한 상황에 대한 구조적 분석을 하게 되면 문제의 내부와 외부 양상에 대해 비판적으로 사고할 수 있는 능력을 갖게 된다. 클라이언트 자신과 상황에 대한 분석은 문제상황과 사회구조의 연결성에 대한 이해를 기반으로 하여 상황 속에 감추어진 자신의 능력과 생애의 경험, 사회적 지원망 등 잠재력의 근원을 파악하는 것이다. 이를 통해 클라이언트는 행동을 위한 지식과 기술을 파악하고 배울 수 있다.

(4) 행동

실천적 행동을 통해 개인은 행동전략을 개발하고 문제해결에 필요한 자원과 지식, 기술을 획득하는 경험을 쌓아 나간다. 심리적으로는 자신의 행동에 대해 책임지는 것을 배우고, 행동적으로는 공통의 목적과 사회 변화를 위해 다른 사람들과 함께 행동할 수 있게 된다. 다른 사람과 함께 협력하고 연대함으로써 상호 지지와 자원을 획득한다. 실천적 행동을 통해 많은 것을 배우고 다시 행동하고 더 나아가는 과정을 스스로 터득하게 된다.

4) 역량강화모델의 개입과정

역량강화모델의 실천과정은 원조대상에 따라 달라지며 일반적으로 대화-발견-발전의 세 단계로 구성된다.

(1) 대화 단계

대화 단계에서는 사회복지사와 클라이언트 간의 상호 협력적인 관계를 시작하고 유지한다. 클라이언트는 사회복지사와 대화를 통해 클라이언트 자신의 현재 상황에 대해 스스로 어떻게 생각하고 있는지를 보여주며, 이를 통해 사회복지사는 클라이언트의 강점을 파악할 수 있다. 이러한 정보의 공유를 통해 사회복지사와 클라이언트는 상호 협력적인 파트너십을 형성하고, 클라이언트 상황을 명확히 하며, 활용할 수 있는 자원을 확보하여 함께 수행할 과업을 결정한다.

(2) 발견 단계

발견 단계는 클라이언트의 강점 및 활용 가능한 자원과 변화를 위한 전략을 개발한다. 이 단계에서 사회복지사는 클라이언트가 미처 인식하지 못하거나 쉽게 드러나지 않는 자원을 찾아서 확인하는 것이 중요하다. 사회복지사와 클라이언트는 동의한 목표를 설정하고, 변화를 위한 자원 체계를 탐색하여 계약을 협정한다. 즉, 클라이언트 체계 내·외부의 잠재적 자원을 사정하고, 수집된 정보를 체계화하여 자원을 구체화하며, 바람직한 결과를 달성하기 위한 계획을 개발한다.

(3) 발전 단계

발전 단계에서 사회복지사와 클라이언트는 자원 개발을 통해 기회와 선택을 확대하고, 외부체계와의 연계를 통해 자원을 활성화하여 클라이언트의 역량을 강화한다. 이 단계의 모든 활동들은 클라이언트 체계를 변화시키고, 클라이언트를 둘러싼 환경의 변화를 시작하게 하며 이를 강화하고 안정시킨다. 이 단계에서 사회복지사와 클라이언트는 접근 가능한 기존 자원을 활용할 수 있는 방법을 모색하고, 동시에 필요한 새로운 자원을 형성하여 목적 달성을 위한 지속적인 진전과 결과를 평가하고, 목표가 달성된 것을 구체화하고 일반화함으로써 공식적인 개입과정을 종결한다.

토의사항

1. 클라이언트를 원조하는 데 있어 하나의 특정 모델에만 집중하여 적용했을 때 발생할 수 있는 문제점은 무엇인가?
2. 부모와의 접촉을 회피하고 무시하며 자신의 감정을 표현하지 못하는 클라이언트에게 활용할 수 있는 심리사회모델의 기법을 제시해 보시오.
3. 클라이언트의 폭식증으로 인한 비만 문제를 인지행동모델의 개입기법을 활용하여 해결방안을 제시해 보시오.
4. 단기치료모델에서 클라이언트의 능동적이고 적극적인 참여와 협조를 강조하는 이유는 무엇인가?
5. 비자발적인 클라이언트의 참여를 위한 사회복지사의 노력이 실천모델에 따라 달라질 수 있는지 생각해 보시오.

1급 국가고시 주요 출제경향 요약

❖ 심리사회모델

- 사회복지실천 발달과정에서 직·간접적으로 영향을 미친 여러 가지 요소와 다양한 사회과학 이론들이 절충되어 만들어진 모델
- 심리사회모델 형성에 기여한 이론: 정신분석이론, 대상관계이론, 자아심리이론, 체계이론 등
- 수용과 자기결정권, 개별화 등의 실천원칙 강조
- '상황 속의 인간'을 강조, 인간을 둘러싼 사회·경제적 상황을 포함한 포괄적·전체적 시각
- 개입의 목표: 클라이언트가 자신의 행동과 감정에 대해 이해하고 통찰함으로써 문제해결능력을 향상시킬 수 있도록 원조

❖ 인지행동모델

- 인지행동모델 = 인지이론 + 행동주의 이론
- 인간의 행동에 대한 관점: 개인과 환경 간 상호작용의 결과
- 인지행동모델은 단일 실천모델이 아닌 합리정서행동치료(REBT), 문제해결모델, 스트레스 관리모델 등 여러 모델들을 모두 포함하는 개념

- 문제에 초점을 둔 시간 제한적인 단기 접근
- 문제중심적, 목표지향적, 현재중심적 접근
- 치료자와 클라이언트는 서로 협력적 관계, 클라이언트의 적극적 참여와 치료자의 적극적 역할 중요

❖ 과제중심모델

- 시간 제한적인 단기 개입 모델
- 각 단계마다 특정한 과업수행을 요구하는 구조화된 접근
- 클라이언트가 인식한 문제에 초점을 두고 클라이언트의 자기결정권 강조
- 이론보다 조사에 근거한 경험적 지식을 일반화
- 변화는 각 단계에서 수행하는 과제를 통해 발생, 과제는 클라이언트와 함께 수행하는 문제해결 중심적 활동
- 제한된 목표, 초점화된 면접, 활동과 지식, 신속한 사정, 합의된 목표 강조

❖ 위기개입모델

- 위기에 처한 사람이 예상치 않았던 외상 사건으로 발생한 정서적·행동적·인지적 위기 상태를 인식하게 하고, 위기 이전의 기능 수준으로 회복할 수 있도록 단기간 원조하는 접근 방식
- 위기개입의 원칙: 신속한 개입, 제한된 목표, 초점적 문제해결, 희망과 기대, 행동지향성, 지지, 자아상, 자립
- 개입과정: 문제확인 - 실행계획 수립 및 실천 - 종결

❖ 역량강화모델

- 클라이언트의 문제보다 강점을 강조, 클라이언트의 잠재적 역량에 초점
- 변화를 위한 클라이언트의 참여 및 자기결정권 강조
- 이용 가능한 자원체계의 능력을 분석하고 목표를 구체화
- 사회복지사와 클라이언트 간 상호 협력적인 파트너십 강조
- 개입과정: 대화 단계 - 발견 단계 - 발전 단계

Chapter

08

사회복지실천의 체계

1. 개인체계와 사회복지실천
2. 가족체계와 사회복지실천
3. 집단체계와 사회복지실천
4. 지역사회체계와 사회복지실천

흔히 개별사회사업, 집단사회사업, 지역사회복지는 사회복지실천의 3대 방법론으로 분류한다. 이들 3대 방법은 사회복지사가 실천현장에서 클라이언트를 직·간접으로 지원하여 그들의 사회적응을 도모하는 데 활용된다. 그동안 개별사회사업, 집단사회사업, 지역사회조직의 과목으로 사회복지실천의 교육이 이루어져 왔으나 통합방법론이 등장하고부터는 교과목도 개편되어 종래의 개별사회사업과 집단사회사업의 이론(theories)과 기술(skills)을 사회복지실천론, 사회복지실천기술론으로 나누어 교육하고 있다. 이에 본 장에서는 체계를 개인, 가족, 집단, 지역사회로 분류하고 이를 중심으로 살펴보고자 한다.

1. 개인체계와 사회복지실천

1) 개별사회사업의 등장배경

개별사회사업(casework)의 등장은 자선조직협회(COS)의 우애방문가(friendly visitor)의 활동을 필두로 시작되었다. 이러한 활동은 사회복지사가 전문화되기 훨씬 이전부터 시행되었지만 19세기 후반과 20세기 초까지는 구체적인 실천기술을 확보하지 못한 채 이루어졌다. 이에 메리 리치몬드(Mary Richmond, 1917)는 사람들을 돕는 사회복지실천에 관한 이론과 방법을 최초로 체계화한 인물로 평가되고 있다. 그녀는 개인 대상 사회복지실천을 개별사회사업(casework)으로 조직화하고, 교육 및 훈련을 반복적으로 시행함으로써 개인 대상 사회복지실천의 전문화를 위해 헌신하였다.

2) 개인체계 사회복지실천의 정의

개인체계 사회복지실천은 개인을 대상(casework)으로 하는 사회복지실천이다. 개별사회사업의 발전에 기여한 메리 리치몬드(Mary Richmond, 1922)는 개별사회사업을 "개인과 사회환경 간의 조정을 통해 개인을 원조하는 과정"으로 정의하였다.

펄만(Perlman, 1957)은 개별사회사업을 "개인이 사회구성원으로서 사회적 기능을 수행함에 있어서 제기되는 문제를 보다 효과적으로 대처하도록 원조하는 과정"으로 정의하였다.

이들 정의를 토대로 할 때 개인체계를 대상으로 하는 사회복지실천은 개인이 환경과 상호작용하는 과정에서 나타나는 다양한 역기능의 문제를 사회복지사가 의도적으로 개입하여 클라이언트의 사회적 기능을 향상시키는 과정이라 할 수 있다. 개인은 사회복지실천의 체계를 이루는 가장 기본단위라 할 수 있는데, 이러한 개인체계 성격, 적성, 건강, 사회자본, 개인적응 관련 자원, 직업, 가족관계 등이 포함된다. 참고로 펄만(Perlman, 1957)은 사회복지실천의 구성요소를 문제(problem), 사람(person), 장소(place), 과정(process)으로 4p로 제시한 바 있으며, 이후 전문가(Professional)와 제공자원(Provisions) 두 가지를 추가하여 제시하였다.

3) 개인체계 사회복지실천의 목적

개인 대상 사회복지실천의 주요 목적은 개인이 환경에 적응하는 데 있어 제기되는 부적응의 문제를 해결하고 개인이 환경에 잘 적응할 수 있도록 하는 적응능력이 향상되도록 지원하는 것이다.

사회복지실천은 1948년 UN의 '모든 사람에게 30가지의 권리와 자유'에 대한 세계인권선언 이후, '인간의 존엄성과 개인의 삶의 질을 보장하려는 기본적인 목적'을 중심으로 구성되었다. 이후 개인의 문제를 사회환경 속에서 삶에 대한 문제로 이해하고 다양한 수준에서 체계적이고 합리적으로 개입할 것을 강조하는 통합적 접근이 등장하였다. 통합적 접근은 '환경 속의 인간(PIE : Person in Environment)'의 개념을 강조하며, 인간과 환경 간의 상호적인 변화를 가능하게 하는 개입방법에 관심을 갖게 된다. 다시 말해 개인의 부적응 문제를 개인의 문제로 보지 않을 뿐만 아니라 환경의 문제만으로 간주하지도 않는다. 이러한 점은 사회복지실천이 가지는 독특한 차별성이라 할 수 있다. 따라서 개인의 변화와 환경의 변화를 동시에 고려하면서 원조를 전개해간다고 할 수 있다.

이와 관련하여 메리 리치몬드(Mary Richmond, 1922)는 개인 대상 사회복지실천의 목적으로 개인의 욕구 충족과 인격의 성장과 치료를 강조한바 있다. 이에 반해 펄만(Perlman, 1957)은 "치료가 아니라 현재의 문제에 대처하는 개인의 능력을 향상시키는 것"을 중시하였다.

4) 개인체계 사회복지실천의 특징

(1) 개인체계 사회복지실천

개인체계 사회복지실천은 클라이언트를 직접 대면, 즉 일대일 방식으로 원조하는 것을 기본으로 한다. 사회복지사는 사회복지사와 클라이언트 일대일의 대면적 관계를 통해 클라이언트가 당면한 역기능의 문제를 자각하고 문제해결 방법을 동원할 수 있도록 지원하며, 제반의 심리사회적 방법을 동원하여 클라이언트가 환경에 잘 적응하도록 하는데 관심을 가진다. 사회복지사는 개인체계에서 발생하는 문제는 개인의 내적인 면과 환경체계가 서로 영향을 주고받으며 상호작용한 결과로 이해한다. 한 체계에서 발생하는 부적응과 기능적 불균형은 대부분 다른 체계의 불균형도 초래하기 때문에 문제가 한 체계에만 한정되는 경우는 매우 드물다.

개인체계 사회복지실천은 개인의 문제를 해결하기 위해 개인과 사회복지사와의 전문적 관계를 문제해결의 도구로 활용하며, 개인의 적응 변화를 위한 다양한 이론과 모델을 활용한다. 이러한 이론과 모형에는 정신역동모델, 행동주의모델, 인지행동모델, 인본주의모델, 심리사회모델, 상태체계모델 등을 들 수 있다.

개인체계 사회복지실천의 특징은 다음과 같이 제시할 수 있다.

첫째, 개인을 일대일 방식으로 원조함으로써 개인의 심리사회적 문제와 환경적 문제, 이를테면 관계로부터 주어지는 억압, 폭력 배제를 제거 또는 개선하는데 관심을 가진다.

둘째, 예방보다는 위기개입이나 심리상담과 같은 사후적 입장이 강하다.

셋째, 개인이 환경에 적응할 수 있도록 심리적 내면이 강화되도록 돕고 개인에게 불리한 사회적 상황(이를테면, 실업, 빈곤, 고립, 학대)이 변화, 개선되도록 돕는다.

넷째, 개인의 문제에 초점을 두고 개인에게 개별화(case by case)된 원조과정을 진행한다.

다섯째, 개인의 문제를 해결하기 위해 개인과 사회복지사 간의 전문적인 관계를 중요시하는 협조적인 활동이다.

여섯째, 다양한 모델과 개입방법을 적용하여 개인의 부적응에 대한 변화와 개인과 환경과의 상호작용의 변화를 꾀하도록 노력한다.

(2) 의사소통 기술

개인은 가족, 친구, 직장동료 등 다수와 소통하고 관계를 맺으면서 살아간다. 관계형성은 의사소통에 의해 이루어진다는 점에서 의사소통을 어떻게 하느냐에 따라 관계의 질이 좌우된다. 의사소통은 직장, 기관과 지역사회 등의 업무 효율성과 효과성에도 막대한 영향을 미친다. 특히 개인체계 사회복지실천에서는 직접 클라이언트를 대면하기에 사회복지사는 의사소통에 관한 지식과 기술을 갖추는 것이 필요하며, 클라이언트의 언어적, 비언어적 의사소통에도 관심을 가져야 한다.

① 의사소통의 필요성

의사소통(communication)이란 "상호 공통점을 나누어 갖는다"라는 의미로 라틴어 '커뮤니스(communis)'라는 공통, 공유에서 나온 말이다. 이는 가지고 있는 생각이나 뜻이 서로 통하는 것으로 두 사람 또는 그 이상의 사람들 사이에서 일어나는 의사전달과 상호교류가 이루어진다는 뜻이다. 그러므로 의사소통이란 둘 또는 그 이상의 사람들 사이에서 사실, 생각, 의견 또는 감정의 교환으로 공통적인 이해를 도모하는 것이다.

의사소통은 수신자의 의식, 태도, 행동을 변화시키는 일련의 과정을 의미한다. 사회복지기관에서의 의사소통은 기관의 정보를 전달하고 클라이언트, 정부, 지역사회와의 연결 고리 역할을 한다.

의사소통의 필요성을 살펴보면 다음과 같다.

첫째, 대상자와 친밀감과 신뢰형성에 도움을 준다.

둘째, 대상자의 욕구나 문제 등을 정확하게 파악해 필요한 정보를 원활하게 수집할 수 있다.

셋째, 대상자에게 맞는 의사소통의 기술을 습득하여 원활히 의사소통하면 대상자를 더 깊이 이해할 수 있다.

넷째, 자신의 감정과 생각을 효과적으로 표현하여 좋은 관계를 형성할 수 있다.

② 의사소통의 유형

가. 언어적 의사소통

언어적 의사소통은 구두와 문서에 의한 의사소통으로 구분할 수 있다. 구두에 의한 의사소통은 대면을 통해 자신의 생각과 감정을 효과적으로 전달하는 의사소통이라는 점에서 자신의 내면적 상태 및 의도를 전달하는 방법이지만 개인 편차가 심하다는 단점이 있다.

문서에 의한 의사소통은 글로 표현하는 의사소통 기술로 주로 비대면으로 이루어진다. 편지, 문자, 메모 등으로 한 번에 많은 양의 전달과 보존성이 높다는 장점이 있지만, 표현의 한계와 비밀보장이 어렵다는 단점이 있다. 문서에 의한 의사소통은 사회복지행정가에게 필수적인 역량 중 하나이다.

나. 비언어적 의사소통

언어적 의사소통을 제외한 나머지 수단으로서의 의사소통을 비언어적 의사소통이라고 한다. 비언어적 의사소통은 다양한 신체언어를 통해 자기 의사와 감정을 표현하는 기술로 이를 통해 타인의 의도와 감정을 파악하는 것도 인간관계에서 매우 중요하다. 행동심리학자 앨버트 메라비언(Albert Mehrabian)이 1971년에 출간한 저서 『Silent Messages』에서 의사소통은 신체적인 표현, 즉 한 사람이 상대방으로부터 받는 이미지는 시각적 요소 55%, 청각적 요소 38%, 언어의 내용 7%를 차지한다. 의사소통은 언어적 수단뿐만 아니라 비언어적 수단까지 포괄하는 개념으로 비언어적 의사소통의 요소로 활용되는 소통 수단은 다음과 같다(권석만, 2015).

첫째, 얼굴표정, 눈 맞춤, 손과 다리, 몸을 흔드는 자세 등과 같은 몸의 움직임은 비언어적 의사소통의 중요한 수단이다.

둘째, 악수, 팔짱 낌, 포옹, 몸동작 등과 같은 신체적 접촉을 통해 서로에 대한 감정을 표현할 수 있다.

셋째, 머리 모양, 옷차림, 장신구, 화장 등과 같은 외모의 치장을 통해 감정 또는 상대의 상태를 알 수 있다.

넷째, 상대방과 먼 거리 및 가까운 거리 등으로 상대방을 대하는 방향 등 공간적 요인도 중요한 의사소통 수단이 될 수 있다.

다섯째, 말의 강약, 완급, 음의 높낮이, 말하는 방식, 발음 등의 어조 등 언어적 의미가 없는 음성적 행동도 의미를 전달하는 중요한 수단이다.

2. 가족체계와 사회복지실천

1) 가족에 대한 이해

(1) 가족의 개념

현행 민법 제779조(가족의 범위)에 따르면 가족(가족원)의 범위는 본인을 중심으로 본인의 배우자, 직계혈족(부모와 자녀) 및 형제자매로 규정하고 있다. 생계를 같이 하는 경우라면 직계혈족의 배우자, 배우자의 직계혈족 및 배우자의 형제자매까지 가족의 범위에 해당된다.

가족은 원칙적으로 남녀의 성이 결합되는 것을 전제로 하는 혼인과 혈연으로 이루어진 집단을 말한다. 일반적으로 가족은 혈연, 혼인으로 관계되어 같이 일상생활을 공유하는 사람의 공동체 또는 그 구성원으로 서로에 대한 책임과 의무를 지닌 집단이라 할 수 있다. 집단을 말할 때는 가정이라고도 하며, 그 구성원을 말할 때는 가솔(家率) 또는 식솔(食率)이라고도 한다.

가족은 인류의 발생과 거의 때를 같이하는 가장 오래된 집단이며, 어떤 사회 · 시대에나 존재하는 가장 기본적인 단위이다. 가족은 인간이 발전시켜 온 기본적인 사회제도 가운데 가장 오래된 것이며, 인간의 성장과 발달에 맞춰 양육하고, 교육하는 일차적인 집단이다. 가족은 서로에 대한 의무감과 책임감을 지니고 함께 공동 거주하는 집단으로 경제협력, 출산, 성관계가 허용된 남・여 관계로 둘 이상의 개인으로 구성된 집단이다.

가족 대상 사회복지실천은 그 대상이 개인을 포함한 가족 전체이며, 가족의 행복이나 안녕을 촉진하기 위해 사회복지서비스를 통해 가족의 기능을 강화하고 대면적 개입을 통해 가족의 문제를 예방하고 해결하는 데 관심이 있다(이광재, 2019).

(2) 가족의 기능

가족의 기능은 대외적 기능과 대내적 기능으로 구분된다. 대외적 기능은 가족 제도가 전체 사회에 대해 작용하는 기능을 의미하며, 대내적 기능은 가족구성원에 대한 기능을 말한다. 가족 기능에 대한 여러 학자의 주장을 종합적으로 살펴보면 한국은 교육(사회화), 양육, 성, 자녀 출산 및 생식, 경제, 휴식, 오락, 보호・양호, 종교, 정서적 만족・지지, 사회적 지위 부여 순으로 제시하고 있다. 학자들이 공통적으로 제시한 기능은 성적 기능, 자녀출산, 경제적 기능, 교육과 돌봄 등의 4가지 기능이다.

가족의 형태 및 기능은 시대나 지역에 따라 다양하나 개인의 성장・발달과 사회의 유지・발전을 위해 여러 가지 기능을 수행해야 한다. 현대사회의 가족은 산업화와 함께 가족구조의 변화, 인구변동 등으로 가족의 기능이 많이 축소되었다.

가족의 일반적인 기능을 살펴보면 다음과 같다.

첫째, 사랑과 애정을 공급하는 정서의 충족과 성적 기능으로 정서적 지지를 제공하는 기능을 한다.

둘째, 자녀출산 및 자녀 양육과 세대를 유지하고 자녀를 사회화시키는 기능을 한다.

셋째, 새로운 가족원에게 재화와 용역의 교환 및 사회적, 경제적 신분을 부여하며, 성별에 따라 일을 나누는 기능으로 경제적인 협조의 단위로서 기능한다.

넷째, 가족구성원에 대한 보호와 안전 및 부양을 위한 기능을 한다.

다섯째, 기본적인 생활양식과 위생을 교육하는 기능을 한다.

(3) 가족의 다양성

보편성과 영구성에도 불구하고 가족의 형태나 기능은 점차 다양해지고 있다. 세계인권선언의 제16조 제3항에 따르면, "가정은 사회의 자연적이고 기초적인 단위이며, 사회와 국가의 보호를 받을 권리가 있다"라고 명시되어 있다. 이처럼 혈연이나 혼인 이외의 관계에서도 가족구성권을 가질 수 있도록 하는 법안들이 마련되는 추세이다. 영국의 시민동반자법(civil partnerships), 미국의 시민결합제도(civil unions), 호주의 사실혼(de facto mateship), 프랑스의 시민연대협약(PACS) 등이 그 예이다.

오늘날 가족은 확대가족, 공동체가족, 양부모가족 등 결혼으로 제한된 전통적인 가족의 개념으로는 설명하기 어려운 다양한 가족 형태가 만들어지고 있다. 광의의 가족은 혈연에 기반한 특수한 관계나 공동거주를 필수 요소로 삼지 않는다. 오늘날 가족구조의 변화와 다양성으로 가족의 개념은 융통성 있는 개념으로 이해할 필요가 있다.

2) 가족체계

(1) 체계로서의 가족

인간은 하나의 독립된 개체임과 동시에 가족, 사회시스템, 국가시스템에도 속한다. 가족 내에는 부부시스템과 부모시스템, 자녀시스템 등 하위체계가 존재한다. 각각의 체계들은 서로 상호작용하며, 각자의 자율성이 존재하는 동시에 모든 하위 시스템은 전체 시스템의 구성요인이 된다. 즉 하위체계 없이 전체 체계는 존재할 수 없으며, 전체 체계 없이 하위체계도 역시 존재하지 않는다(김혜숙, 2020).

가족체계는 가족구성원들 간의 상호작용을 통해서 서로에게 영향을 미치는 하나의 사회체계이다. 가족 안에는 고유한 규칙과 기능 및 일정한 위계질서가 존재하며, 상호 연결된 체계이다. 개인은 가족의 하위체계이며, 가족체계는 부부하위체계, 부모하위체계, 부모-자녀하위체계, 형제하위체계를 가진다. 각 개인은 가족의 다양한 하위체계에

속하며 각 하위체계에서 권력과 역할을 가지며 고유 기능을 수행한다. 이러한 가족체계가 불안정해지면 가족에 역기능이 초래될 수 있다.

(2) 가족체계의 특징

가족체계는 상위체계와의 관계에서 폐쇄적인 것보다 개방적일수록 다른 사회체계의 변화에 쉽게 대처하고 적응할 수 있으며, 자원의 활용도 효율적이다. 사회의 기본적 집단이면서 일차 집단으로서 가족은 개인이 성장하고 발달하는 데 가장 친밀하고 영향력도 있지만 상호 관여 및 책임이 있는 사회환경이다.

체계로서의 가족의 특성을 살펴보면 다음과 같다(Rhodes, 1980).

첫째, 가족구성원은 가족 내에서 상호의존 상태에 있는 다양한 위치가 부여된다. 한 구성원의 역할 변화는 다른 가족원들에게 영향을 주며 행동 변화도 초래한다.

둘째, 가족구성원은 각 개인과 전체의 가족으로 구성되며 전체로서의 가족의 합은 각 개인적인 특성의 합보다 더 크다(비총합성).

셋째, 가족은 시간이 지나면서 반복되는 상호작용 패턴과 기존의 규칙에 따라 나타내는 적응 및 가족의 변화와 안정성에 균형을 추구하는 단위이다.

넷째, 가족과 가족 외부체계를 구분하는 경계의 굵기는 엄격함과 침투성의 정도에 따라 다양하다.

다섯째, 가족구성원의 행동은 순환적 인과관계이며, 가족을 둘러싼 많은 환경체계의 영향을 받는다.

여섯째, 가족은 많은 하위체계를 포함하고 있지만 또 다른 더 큰 사회체계인 상위체계에 포함된다. 따라서 가족은 더 큰 사회체계에 따르는 외부체계의 요구와 가족구성원들의 내적 욕구 및 사회화 등을 모두 충족시켜야 하는 과업 수행을 해야 하는 단위이다. 게다가 사회가 가지고 있는 바람직한 가치관과 신념을 가족구성원들이 공유하고 내면화하는 사회화 및 사회통제의 기능이 특징이라고 할 수 있다(장수복 외, 2020).

3) 가족체계의 주요 개념

체계론적 관점에서 가족을 이해하고 사회복지실천과 연계시키는 것은 매우 유용하다. 가족체계의 주요 개념을 살펴보면 다음과 같다.

(1) 경계

경계(boundaries)는 체계를 외부와 내부로 구분해 주는 눈에 보이지 않는 선 혹은 관념적 테두리이다. 가족의 경계선은 지속적인 상호작용의 결과로 나타나며, 가족 내 체계 간의 구분과 외부체계를 구분해 준다. 체계에 둘러 있는 경계의 속성에 따라 정보와 에너지의 흐름 정도 및 방향인 투과성에 따라 명확한 경계, 혼돈된 경계, 경직된 경계로 구분된다. 개인의 문제는 가족 내의 체계 간 경계가 제대로 작동되지 않을 때 발생할 가능성이 커진다.

① 명확한 경계

투과성이 적절하며 융통성과 유연성이 있어서 가장 건강한 경계이다. 기능적인 가족은 명확한 경계선을 가지고 있으며, 가족구성원들은 독립적이고 자율적이면서도 필요에 따라 행복과 안녕을 위해 서로 협조하고 지지하면서 서로의 삶에 관여한다. '우리'라는 집단의식과 함께 '나 자신'이라는 감정을 잃지 않고, 균형을 유지해야 한다. 건전한 체계는 반투과성의 경계를 가지며, 이 경계를 유지하려 한다.

② 혼돈된 경계

투과성이 지나치게 높은 경계로서 가족체계 간 자율성과 독립성이 결여된 체계이다. 이러한 경계는 하위체계 간 밀착된 관계가 형성되기 쉽고 개개인의 정체성 구분이 모호하고 강한 소속감으로 자율성이 저해되고 가족구성원 사이에서 거리감이 없다. 소속감과 친밀감이 중요하기에 개개인의 자율성과 독립성은 허용하지 않는다.

③ 경직된 경계

투과성이 낮은 경계로서 서로 간 상호작용이 어려워 의사소통에 융통성의 부재가 따르며, 다른 체계에도 관심이 없다. 경직된 경계의 가진 가족구성원은 '나는 나', '너는 너'라는 의식이 지나쳐 독립적인 태도를 보이며, 소외감과 거리감이 있으며, 가족원들은 각자 독립적이어서 응집성이 낮다. 경직된 경계는 가족구성원에 대한 소속감과 충성심이 부족하고 도움이 필요할 때도 주고받는 능력이 부족하다. 의사소통도 원활하게 이루어지지 않을 뿐만 아니라 반응이 필요할 때도 반응하지 않는 경향이 있다.

(2) 개방체계와 폐쇄체계

① 개방체계

개인의 적응은 가족체계의 개방성과 폐쇄성에 영향을 받는다. 개방적 가족체계는 다른 체계와 에너지, 정보, 자원 등의 흐름 수준이 높은 체계이다. 또한 체계 내 사람들이 환경 또는 다른 체계들과 상호작용하면서 통합이나 전체성을 잘 유지할 가능성이 크다. 아울러 개방체계(open system)는 역엔트로피(negentropy)의 속성으로 변화에 적응력과 개방성이 있다.

② 폐쇄체계

폐쇄체계(closed system)는 다른 외부체계들과 상호교류가 없거나 교류할 수 없는 체계이다. 다른 체계와 환경과 서로 상호작용하지 않아 고립되어 있는 체계이며, 자신의 경계 내에서만 작용하는 체계로서 정보나 에너지의 투입 또는 산출이 거의 없다. 뿐만 아니라 엔트로피(entropy)의 속성으로 자기파괴성, 비조직성의 경향이 있는 체계이기도 하다. 가족구성원에게 외부 세계와의 교환, 즉 투입이 단절되어 역기능적이 되며, 변화를 회피하고 환류(feedback)가 일어나기 어렵다.

폐쇄체계일 경우 외부의 정보와 에너지 유입을 허용하지 않는다. 따라서 시간이 지남에 따라 구성원들 사이의 구별이 거의 없어지게 되며 이후 시간이 지나감에 따라 점차 동일성을 띠게 된다. 그러므로 체계 내의 조직 구성 및 그 기능이 쇠퇴하게 되며, 이러한 엔트로피 상태가 지속되면 체계는 소멸된다. 사회조직에서 폐쇄체계의 예로는 정신과의 보호병동, 교도소 등이 있다(노수희, 2022).

(3) 항상성와 순환적 인과성(순환적 인과관계)

① 항상성

가족항상성은 가족구성원들이 안정된 상태로 돌아가려는 경향성 또는 균형을 이루려고 하는 속성으로 가족구조와 기능의 평형과 균형상태를 유지하려는 속성이다. 가족구성원들이 하는 행동, 태도를 상식적인 수준과 가정의 특징에 따라 제안하고 균형이 깨지려 하면 다시 유지하려고 하는 경향이다.

가족의 항상성(homeostasis)은 위기가 나타날 때 그 위기를 극복하고 다시 가족의 정상적인 기능으로 되돌아가는 경향이다. 가족 내 위기 시 사회복지사의 개입을 통해 가족의 상호작용 패턴을 재조절하고 새로운 규칙을 만들어냄으로써 새로운 균형상태를 유지시킬 수 있다. 가족구성원들은 서로 칭찬하거나 야단치는 것과 같이 상대방의 행동을 강화하거나 수정하도록 하는 피드백(feedback)을 통해 가족의 균형을 재조절하여 유지하는 경향이 있다.

② 순환적 인과성

순환적 인과성이란 단선적으로 끊어지는 것이 아니라 구성원 한 사람이 변하면 다른 구성원도 자극이 되고 또 다른 구성원에게 영향을 준다는 것이다. 이런 영향은 상호 주고받는다는 점에서 순환적으로 영향을 미친다고 할 수 있다. 가족구성원 중 문제의 행동을 하는 성원이 변화하면 가족 전체가 변화하게 되어 가족문제가 해결될 수 있다. 순환적 인과성으로 가족문제를 해결하기 위해서는 '왜?'보다는 '우리가 무엇을 해야 되지?'에 초점을 맞추어야 한다.

(4) 환류고리

가족구성원은 현재의 상태(평형상태)를 유지하고자 하는 경향이 있다. 주로 의사소통 및 환류를 통해 조절하여 이 상태를 유지하려고 한다. 가족의 규범을 만들어 항상성을 유지하려고도 한다.

체계이론에 따르면 환류고리(feedback loop)는 가족구성원과 환경으로부터의 투입에 의해 조절되는데, 이러한 투입은 가족체계에 의하여 작용되고 수정된다. 환류는 정(+)적일 수도 있고 부(−)적일 수도 있다. 두 종류의 환류 고리는 안정을 깨고 일탈을 위해 움직이는 경향이 증대 또는 감소에 따라 구분되는 것으로 어느 것이 더 바람직한가는 의미가 없다. 발달적 · 환경적 스트레스에 직면하여 평형을 유지하는 동시에 적응을 위해 모든 가족구성원이 함께 두 가지 형태의 환류를 적절히 사용해야 한다.

① 정적 환류

긍정적 피드백으로서 적극적 환류이다. 정적 환류(positive feedback)는 자신의 변화나 행동에 대해 계속하게 하는 정보로 변화가 지속되거나 증폭되도록 하는 환류이다. 그러므로 긍정적이든 부정적이든 관계없이 행동이나 행위 변화를 지속하게 하면 정적 환류이다.

가족체계가 특정 패턴을 확대하기 위해 정적 환류를 사용할 경우, 정적 환류에 의하여 변화가 초래된다. 가족의 학습과 성장을 위해서는 정적 환류를 사용하지 않을 수 없다. 예를 들면, 사춘기에 있는 학생이 반항적인 행동을 할 때 선생님의 잔소리에 반항적인 행동을 더 많이 하게 되는 것이다. 또는 자녀가 새로운 의견을 가족들에게 말했을 때 부모의 칭찬과 지지에 새로운 의견을 더 많이 말하는 것이다. 이때 선생님의 잔소리와 부모의 지지와 칭찬은 정적(+) 환류이다.

② 부적 환류

부적 환류(negative feedback)는 자기강화 과정을 통해 항상성 유지와 관계의 안정성 유지에 중요한 역할을 수행하며, 가족규범으로부터 일탈 경향을 감소시킨다. 가족규범에서 벗어나는 행동은 부적 환류를 통해 저지되고 원상태로 되돌아가게 하는 작용을 하여 항상성을 유지하는데 기여한다. 예를 들면, 사춘기에 있는 학생이 반항적인 행동을 할 때 선생님의 잔소리로 반항적인 행동을 하지 않게 되는 것이다. 또는 자녀가 새로운 의견을 가족에게 말했을 때 부모의 야단과 거부로 다시는 새로운 의견을 말하지 않는 경우도 이에 해당한다. 이때 선생님의 잔소리와 부모의 야단은 부적(−) 환류이다.

(5) 경계로 구분한 가족유형

① 외부 경계로 구분한 가족유형

가족구성원이 외부체계와 어떤 경계의 흐름을 형성하느냐에 따라 개방형, 폐쇄형, 방임형 가족체계로 구분된다.

표 8-1 외부경계로 구분한 가족유형

구분	내용
개방형 가족체계	가족의 외부와의 경계가 분명하면서 명확한 경계를 가지고 있다. 외부에서 들어오는 정보교환 등이 자유롭게 일어나며, 경계는 유연하고 융통적이다. 구성원들의 행동, 행위를 제안하는 규칙은 합의에 의해 도출된다.
폐쇄형 가족체계	가족의 외부와의 경계가 경직되어 있어 에너지와 정보교환이 없는 가족이다. 외부에서 들어오는 정보교환 등이 일어나지 않으며, 가족체계 경계 안에서만 작용하는 경직된 경계이다. 외부와의 상호작용, 생각, 행동, 행위는 엄격히 제안된다.
방임형 가족체계	외부와 경계구분이 거의 없으며, 불분명하고 혼돈된 경계를 가지고 있다. 가족 경계선의 방어를 중요하게 여기지 않기 때문에 외부와의 교류는 제한이 없다.

② 가족구성원 간 경계로 구분한 가족유형

가족 내에서 하위체계들이 어떤 경계의 흐름으로 형성하느냐에 따라 밀착된 가족, 유리된 가족으로 구분할 수 있다.

표 8-2 구성원 간 경계로 구분한 가족유형

구분	내용
밀착된 가족	가족구성원 간의 독립성과 자율성이 결여된 혼돈된 경계를 가지고 있으며, 밀착된 관계가 형성된다. 가족응집력이 지나치게 높고 가족구성원의 획일적인 생각과 감정을 강요한다. 전체를 위해 희생양을 요구하며, 자립적인 활동을 지원하지 못하고 속박감과 구속감을 준다.
유리된 가족	가족 간 서로에 대한 관심이 없고 정서적인 관여가 없는 가족으로 경직된 경계를 가지고 있다. 구성원과 결속력과 응집력이 낮고 서로 상호작용이 이루어지지 않으며, 의사소통에 융통성이 없다.

4) 가족체계의 문제와 사회복지의 특징

(1) 가족체계의 문제와 사회복지실천

가족은 전체성(wholeness)의 측면에서 이해할 필요가 있다. 체계는 전체를 단위로 움직이기 때문에 어느 한 부분에서 나타난 변화는 다른 부분들의 변화를 초래하고, 전체 체계의 변화를 일으킨다. 가족체계 내의 각 구성원의 행동은 다른 구성원들 모두의 행동과 관련되어 있으며, 그에 따라 좌우된다. 한 구성원의 향상이나 퇴보는 그에 대한 다른 가족구성원의 긍정적 또는 부정적 반응과 결과를 초래하기 때문이다.

가족수준 실천은 가족구성원 간의 관계나 가족구성원 중 한 사람의 행동·정서·심리 상의 문제에 개입하여 문제를 해결 또는 경감시키기 위한 노력이다. 가족 실천모델들은 일반체계이론의 영향을 받아 가족을 하나의 역동적인 체계로 간주하여 가족구성원 개인이 나타내는 문제의 원인을 개인적인 요인에서 찾는 것이 아니라 가족구성원 간의 상호작용 패턴, 관계 양상에서 찾고자 한다.

가족수준의 실천은 주로 부부갈등, 부모자녀 간의 문제, 아동문제, 다세대 간의 갈등 등을 중재 또는 해결하기 위해 개입하게 된다. 대표적인 가족실천 모델은 정신역동모델, 대상관계 모델, 구조적 모델, 전략적 모델, 경험적 모델, 행동주의모델, 해결 중심적 단기치료 모델 등이 있다.

사회복지사는 현장에서 클라이언트를 만났을 때 개인이라고 하더라도 그의 환경인 가족을 알아보는 작업부터 시작해야 한다. 뿐만 아니라 가족사정 및 개입과정에서는 상호 영향을 미치는 상황의 원인을 이해하고 문제해결에 필요한 서비스를 제공해야 한다. 가족체계 안에 있는 구성원 전부는 상호 간에 영향을 미치고 있으며, 그와 동시에 구성원 각자와 전체로서의 가족은 다른 사회환경체계의 영향을 받는다. 따라서 가족구성원 각자와 가족, 더 큰 사회체계의 욕구와 이들 간의 상호작용을 고려하여 사회복지실천이 형성되어야 한다(노수희, 2022).

(2) 가족체계의 문제와 의사소통

가족체계에서 서로가 대화를 나눌 때 역기능적인 의사소통을 하는 경우가 있다. 서로 눈치 보며 이야기를 하거나 표현을 주저하고 회피하는 태도를 보이기도 한다. 애정적인 표현보다 비난적인 표현을 더 많이 하는 등 원만한 의사소통이 이루어지지 않는다. 간접적인 방식, 분명하지 않은 방식으로 소통을 하고 언어적, 비언어적인 메시지가 일치하지 않는 경우들도 있다. 이러한 역기능적인 의사소통은 너－전달법, 이중구속 메시지, 위장 등이 있다.

① 너-전달법

너－전달법(You–message)은 상대방의 행동을 표현하는 대화방식으로서 나－전달법(I–message)과는 반대로 '너'가 주어가 되는 대화의 방식이다. 상대를 비난하는 느낌을 주고 반항심을 부르거나 위축시킬 수 있다. 또한 듣는 사람에게 중점을 두며, 상대에게 문제가 있다는 것을 드러내는 대화방식이다.

예를 들면, "너 때문에 일을 망쳤잖아!", "너 왜 그랬어?", "넌 왜 이 모양이냐?", "너 누가 그렇게 하래?", "너 진짜 사람 화나게 할래?", "이러지 말라고 했잖아.", "네가 하는 일이 그렇지 뭐." 등이다. 상대방의 행동을 판단하고 비난하는 말투로 듣는 사람은 속상하기도 하지만, 개선의 의지도 함양되지 않는다. 너－전달법의 의사소통은 지시, 명령, 비난을 섞어서 표현하고 상대방에 대한 평가를 담은 표현을 하며, 상대방의 행동 변화를 요구한다고 하지만 오히려 상대방의 저항을 일으킬 수 있다.

② 이중구속 메시지

이중구속 메시지(double–bind message)는 더블 메시지라고 하며, 이중구속 혹은 이중 메시지 이론은 의사소통의 복잡한 측면을 다루는 중요한 개념이다. 이 이론은 한 번에 두 가지의 다른 메시지를 동시에 전달하는 방식으로 하나의 메시지가 다른 메시지와 상호 모순된 메시지를 포함하는 의사소통을 말한다. 특히, 가족이나 관계에서 발생하는 경우가 많으며, 이는 듣는 사람이 어떤 메시지에 반응해야 하는지 혹은 어떤 메시지에도 반응할 수 없어 종종 정서적인 고통과 혼란스러운 상황을 초래한다. 이중 메시지는 모순된 메시지를 동시에 주어, 듣는 사람은 한 가지에 반응하면 다른 메시지엔 위반되는 상황이 발생하여 개인이 혼란스러워지고 고통받게 되는 의사소통이다. 그러므로 언어적 메시지와 비언어적 의사소통의 메시지가 일치하지 않는 메시지를 받는 것이다. 이러한 의사소통은 자녀에게 어떤 메시지가 진짜인지 몰라 혼란을 느끼게 할 수 있다.

③ 위장

위장은 거짓꾸밈(mystification) 혹은 신비화, 즉 가면의 반응이라 할 수 있다. 역기능적인 의사소통으로 명확성이 낮으며 가족 내에서 어려움이나 갈등을 표현하지 못하고 오히려 가면을 쓰고 거짓 반응을 하던지 모호하게 반응하는 것을 말한다. 이해하지 못하게 모호한 반응을 보인다던가 비웃는 반응, 비꼬는 반응을 보여 그 의미를 다중적으로 만드는 의사소통이다. 예를 들면, 퇴근해서 집에 돌아온 남편이 집 청소가 안 되어 있는 것을 보고 방문을 쾅 닫고 자기 방에 들어가 1시간 동안 나오지 않아서 아내가 "당신 화났어요?"라는 질문에 "내가 언제 화냈어?", "화 안 났어."라고 하는 것이 그 예이다.

3. 집단체계와 사회복지실천

1) 집단의 정의

집단이란 일반적으로 두 사람 이상의 집합, 모임으로 공통의 관심사를 지닌 사람들이 그들 개인의 목표나 공통의 목표를 달성하기 위해 지속적으로 상호작용하는 집합체라고 할 수 있다. 더불어 집단은 서로 배려와 접촉, 의미 있는 공통의 목적이나 관심사를 가진다고 인지한 개인들의 복합체이다. 집단은 2인 이상으로 일정한 구성원을 가지고 있어야 되며, 구성원의 공통의 목적, 관심사, 소속감, 구성원 간의 정서적 결속과 상호작용이 이루어지고 상호의존적이며, 집단의 규범을 갖는 집합체라고 말할 수 있다.

2) 집단의 유형

집단의 유형은 집단의 목적에 따른 분류와 목적에 따른 치료집단의 유형 및 집단의 기능에 따른 모델로 나눌 수 있다.

(1) 집단의 목적에 따른 분류

흔히 사회복지사가 관여하는 집단으로 치료집단, 과업집단, 자조집단이 있다.

① 치료집단

치료집단(treatment group)의 목적은 집단구성원의 교육, 성장, 지지, 치유, 행동변화, 사회화 등 성원의 사회·정서적인 변화를 시도하는 데 있다. 치료집단은 일반적으로 자기개방 수준이 높고 공개적인 의사소통과 집단구성원 간 적극적 상호작용을 중시한다. 집단의 구성은 공동관심사, 유사한 문제 등으로 이루어지며, 집단의 성공 여부는 성원들의 치료적 목표가 성공적으로 달성되었는가에 근거한다. 치료집단은 지지집단, 성장집단, 교육집단, 사회화집단, 치유집단으로 세분화할 수 있다. 예로는 당뇨병 교육집단, 조현병환자 회복집단, 알코올중독자 집단, 노인우울증예방 집단 등을 들 수 있다.

② 과업집단

과업집단(task group)은 과업의 달성 및 성과물 산출 등을 완수하기 위해 만들어진 집단이다. 과업집단의 목적은 과업성취, 해결책 모색, 의무사항 이행, 조직적인 문제에 대한 해결책을 찾고 새로운 아이디어 개발 등 과업을 결정하고 수행하는 데 있다. 집단성원의 개인적인 성장보다는 특정 과업에 방향과 계획을 만들어나가면서 토론으로 의사를 결정하고, 산출물을 만들어 내는 것에 초점을 둔다. 사회복지사는 클라이언트의 강점과 자원을 강조하면서 구성원과 상호작용이나 임명을 통해 집단을 발전시킨다. 이와 함께 클라이언트 관심사의 처리에 초점을 맞추면서 클라이언트에 대한 서비스의 질을 높이기 위해 행동한다. 여기에 해당하는 집단은 자문위원회, 이사회, 사회행동집단, 연합체 및 협의회, 태스크포스팀, 사례회의 등이 있다.

③ 자조집단

자조집단(self-help group)은 공통적인 문제를 가진 사람들이 모여 공통의 목적을 위하여 자발적이고 비전문적인 집단 활동을 함으로써 집단 개개인이 도움을 얻는 조직을 의미한다. 또한 스트레스 상황이나 사건에 직면했을 때 그 스트레스를 줄이거나 통제할 수 있는 개인적인 경험을 공유한다. 자조집단은 유사한 문제를 가진 개인들이 의도적으로 모여 대처 능력, 지식, 기술 등을 향상시키는 데 있으며, 집단구성원 간 상호지지를 효과적으로 제공하는 특성이 있다. 음주문제, 자폐증자녀, 치매부양가족과 같은 공통의 문제를 가진 사람들이 모여 건강한 대처기제를 나누고 배우므로 자기노출이 높고 쌍방적이며, 정보교류, 정서적 지지교류가 활발하다. 목표의 평가도 집단구성원의 욕구에 의해 평가된다. 여기에 해당되는 집단은 단주모임, 단주동맹, 비만조절집단, 도박중독자집단 등이 있다.

표 8-3 집단 유형 비교

집단특성	치료집단	과업집단	자조집단
목적	집단구성원의 교육, 성장, 지지, 치유, 행동변화, 사회화 등 또한 성원의 사회·정서적 욕구를 충족	과업성취, 해결책 모색, 의무사항 이행, 조직적인 문제에 대한 해결책, 새로운 아이디어 개발 등 과업을 결정하고 수행	구성원 상호 간의 문제상황에 대처능력을 함양하도록 도움
결속	집단성원의 개별적 욕구에 따라 만들어진 집단	수행해야 할 과업에 따라 만들어진 집단	공동의 관심사, 유사한 어려움으로 이루어진 집단
역할	상호작용을 통해 발달	상호작용이나 임명을 통해 발달	공통의 문제해결에 적극적인 참여자 또는 자발적 운영자
의사소통 패턴	개방적	특정한 과업에 대한 토론에 초점	쌍방적, 자기노출이 높음, 집단성원 중 지도자 중심
절차	집단에 따라 융통적이나 공식적	공식적인 안건이나 규정, 토론에 초점	마약, 암 등 공동관심사에 있음
구성	공동관심사, 문제, 특성 등에 근거	필요한 재능, 전문성, 노동분화	공통의 문제를 공유하면서 상호 원조적 노력을 통해 문제를 해결하고자 하는 사람들로 구성된 자발적인 집단

집단특성	치료집단	과업집단	자조집단
자기노출	높음	낮음	높음
비밀보장	개인적 수준에서 처리되거나 집단 내에서 유지	개인적으로 처리될 수 있지만 공개되기도 함	집단 내에서 유지
평가	집단성원의 치료적 목적성취 정도에 따라 성공 여부를 평가함	집단성원이 성취한 과업이나 의무사항 결과물에 의해 평가됨	사회복지사는 주도적인 역할을 하지 않고, 지지와 상담만을 제공
종류	지지집단, 성장집단, 교육집단, 사회화집단, 치유집단	자문위원회, 이사회, 사회행동집단, 연합체 및 협의회, 태스크포스팀, 사례회의 등	단주모임, 단주동맹, 비만조절집단, 도박중지집단

출처: 이영실 외(2021)

(2) 목적에 따른 치료집단의 유형

집단의 목적에 따라 지지집단, 성장집단, 교육집단, 사회화집단, 치유집단 등으로 분류된다. 목적은 한 가지 이상을 동시에 가지기도 한다.

① 지지집단

지지집단(support group)의 목적은 집단성원들이 생활사건 및 문제 등에 대처하고 이후에 효과적으로 적응할 수 있도록 원조하는 것이다. 삶을 살아가면서 일어날 수 있는 사건에 대해 좀 더 효과적으로 대처하기 위한 기술을 발전시켜 구성원이 삶의 위기를 잘 극복할 수 있도록 돕는 집단이라고 할 수 있다. 일반적으로 유사한 문제나 경험을 가진 사람들로 구성되기 때문에 집단에서 안정과 위로를 찾을 수 있어 유대감 형성이 용이하고 자기개방 수준 매우 높다.

지지집단은 이혼한 부부의 자녀집단, 암환자나 가족들이 질병 등의 대처방법을 토론하는 집단, 양육의 어려움을 가진 부모집단 등이다.

② 성장집단

성장집단(growth group)은 집단성원의 자기인식 증진과 사고 변화에 목적을 둔다. 성장집단은 집단활동을 통해 개인의 능력을 확장하는 데 필요한 다양한 정보와 기회를 제공하는 데 관심을 가진다. 성장집단은 집단구성원의 잠재력 개발, 인간관계 개선 등의 목적이 있어서 다른 집단에 비해 자기개방을 많이 하는 편이다. 따라서 집단은 다양한 속성을 지닌 구성원들로 구성되는 것이 바람직하다.

성장집단으로는 참만남집단, 퇴직준비집단, 잠재력 개발집단, 부부결혼생활 향상집단, 예비 부부집단, 청소년 대상의 가치명료화 집단 등이 있다.

③ 교육집단

교육집단(education group)은 집단구성원이 자신과 자신이 속한 사회를 잘 이해할 수 있도록 교육을 통해 원조를 제공하는 것을 목표로 한다. 말 그대로 정보 전달과 교육을 목적으로 하기 때문에 강의 형태로 많이 이루어지며 상호작용이 활발하지 않고 자기노출이 약하다.

교육집단으로는 청소년성교육집단, 부모역할훈련 집단, 위탁부모 집단, 입양관심 부모집단 등이 있다.

④ 사회화집단

사회화집단(socialization group)은 사회적 관계에서 어려움을 겪는 개인을 대상으로 사회생활에 필요한 제반의 정보와 기술을 제공하는 것을 목적으로 한다. 사회복지사는 사회화 과제를 달성하는 매개체의 역할을 위해 적극적으로 가르치고 시범을 보이며, 집단원의 참여를 유도하며 사회적 역할과 기술을 학습할 수 있도록 도와주어야 한다. 사회화 집단은 프로그램 활동에 참여하고 학습하며 개인기술을 향상하는 집단이기 때문에 '활동을 통한 학습'을 지향한다. 집단원은 사회적으로 수용될 수 있는 행동이나 사회적 기술을 습득하고자 하는 사람들로 구성된다. 사회화집단은 구조화된 활동, 프로그램 참여, 역할기법, 야외활동, 게임 등을 활용한다. 사회화집단에는 사회기술훈련 집단과 자치 집단, 여가 집단 세 가지로 나눌 수 있다.

사회화집단은 주의력결핍 과잉행동 아동을 대상으로 하는 사회기술훈련 집단, 정신병원의 정신장애인집단, 퇴원한 정신장애인을 위한 사교집단, 자기주장훈련집단 등이 있다.

(3) 집단의 기능에 따른 모델

집단의 기능에 따른 모델로는 사회목표모델, 치료모델, 상호작용모델이 있다.

① 사회목표모델

사회목표모델(social goal model)은 집단활동을 통해 사회구성원으로서의 참여의식, 역할인식, 책임인식 등을 고취시켜 개인의 성숙과 민주시민의 역량개발에 중점을 두고 집단을 운영한다. 집단사회복지사의 역할은 상담자 혹은 회의주체자이며, 바람직한 역할모델을 제시하고, 민주적 기능을 함양하는 데 있다.

이 모델의 예로는 지역사회에서 주민들 스스로가 범죄에 대항하기 위한 주민방범조직을 들 수 있다.

② 치료모델

치료모델은 흔히 집단치료(group therapy)로 불리는 것으로 집단구성원 간의 상호작용 과정이나 집단 내의 역동성을 활용해 집단성원의 문제를 해결 또는 경감될 수 있도록 한다. 치료모델은 집단구성원을 통해 개인을 치료하는 것에 초점을 두고 있고, 사회복지사는 집단의 목적에 따라 집단을 구성하고 운영에 막대한 영향력과 힘을 행사한다. 이 집단에서 사회복지사는 변화매개인의 역할을 하며, 지시적이고 목표지향적이다.

③ 상호작용모델

상호작용모델(reciprocal model)은 상호원조모델이라고도 하며, 사회체계이론에 근거를 두고 있다. 이 모델은 위의 두 모델을 조합한 것이고, 집단구성원의 문제해결에 초점을 두고 있으며, 집단은 상호원조시스템으로 기능한다. 이 모델에서 강조하는 것은 개인과 집단 간의 상호 혹은 공생적 관계이다. 지지집단은 상호작용모델에 속하며, 사회복지사는 조력자와 중재자의 역할로 개인과 집단 관계에서 경계의 불균형을 방지하고, 상호원조관계가 되는 방법을 배우도록 한다.

표 8-4 집단대상 사회복지실천 모델

구분	사회목표모델	치료모델	상호작용모델
목적	보다 나은 민주사회 건설	개개인의 사회적응 향상	개인과 사회의 조화
주 과제	사회의식과 사회적 책임 향상, 지역사회 범죄, 빈곤 등과 같은 문제를 다루기 위해 형성	집단을 통해 개인의 치료	집단지도자와 상호작용으로 목표형성
역할	영향을 끼치는 자로서 바람직한 역할모델 제시	변화매개자	조력자, 중재자
대상	시민이나 이웃, 지역주민	문제해결을 원하는 자	구성원들이 공동의 목표를 달성하기 위해 협력
개입 장소	지역복지관, 시민조직	사회복지시설, 사회복지관, 병원 등	사회복지관, 임상기관
회원	개방적으로 누구나 친구	전문가의 통제	전문가와 회원에 동의에 의해 자유로운 가입
초점	개인의 성숙과 민주시민 역량 개발	개인의 역기능 변화	구성원 간 상호원조체계

3) 집단체계와 사회복지실천의 특징

(1) 집단체계 사회복지실천

집단을 대상으로 하는 사회복지실천은 집단을 실천의 매개 수단으로 하여 집단에 참여하는 개인의 문제와 집단이 설정한 문제를 해결하는데 관심을 가진다. 집단을 대상으로 하는 사회복지사는 집단의 역동과 집단의 문제해결 기전을 잘 이해해야 하며, 집단의 기능이 개인과 집단 조직이 당면한 문제를 해결하는 방향으로 할용되도록 하는데 유능성을 발휘해야 한다.

다음은 얄롬(Yalom, 1995)이 제시한 집단의 치료적 기전이다.

첫째, 집단 참여자는 자신의 문제가 집단에서 개선되고 해결될 수 있다는 희망을 가짐으로써 집단에 적극적으로 참여할 수 있다. 이를 '희망'이라고 한다.

둘째, '일반화'는 비슷한 문제를 가진 성원을 보면서 문제가 나뿐만이 아닌 누구에게라도 발생할 수 있는 문제라고 생각하면서 위안을 받는다.

셋째, 집단구성원들과 정보교환과 사회복지사의 교육, 지도 등을 들으면서 자신의 문제를 명확하게 이해하게 된다. 이를 '정보획득'이라 한다.

넷째, '이타심'은 구성원 서로가 서로에게 도움을 주고받는 과정에서 문제가 있는 자신도 누군가를 도울 수 있다는 감정이다. 이러한 이타심은 집단구성원에게 자존감과 자립심을 높여줌으로써 개인의 성장과 발달에 기여한다.

다섯째, 집단에 참여할 경우 '사회기술을 학습'할 수 있다.

여섯째, 집단에서의 '모방'은 집단성원이 새로운 행동을 학습하는 데 효과적이다.

일곱째, '대인관계 학습'은 집단구성원과의 상호작용을 통해 자신의 대인관계 능력에 대한 통찰을 가지게 되며, 타 성원에게 새로운 대인관계를 적용 및 시험해 보는 경험을 제공하게 한다.

여덟째, 집단의 경험은 개인에게 '집단응집력'을 제공한다. 이는 집단구성원에게 소속감, 친밀감, 용기를 제공하는 데 효과적이다.

아홉째, 집단에 참여하여 자신의 억압된 감정을 자유롭게 발산할 경우 '감정의 정화' 효과를 가질 수 있다.

열째, 집단의 경험은 개인이 삶에서 '실존을 경험'할 수 있도록 돕는다. 이러한 실존적 경험은 삶은 궁극적으로 자신의 책임이며, 고독, 죽음, 자유 등과 같은 인간의 한계에 직면하는 힘을 키우도록 돕는다.

열한째, 집단에 참여한 개인은 가족에서 경험한 부적응적 경험을 집단에 참여하여 교정할 기회를 가질 수 있다. 이를 '1차적 경험의 교정'이라 한다.

(2) 집단에서 사회복지사의 역할

집단을 대상으로 하는 실천에서 사회복지사의 역량과 기술은 개인을 대상으로 하는 사회복지실천과는 다른 측면을 가지고 있다. 집단사회복지사는 집단이 목표에 대한 성취를 향해 움직일 수 있도록 지도·교육하며 집단 성원에게 영향을 주어야 한다. 집단을 운영하는 사회복지사에게 요구되는 기술은 집단과정 촉진기술, 자료수집 및 사정기술 그리고 행동기술이 있다.

① 집단과정 촉진기술

집단과정 촉진기술은 사회복지사가 의도적으로 집단에 영향을 미치기 위해 사용하는 기술이다. 이러한 기술로는 집단구성원의 참여를 촉진하기, 집단구성원에게 집중하기, 사회복지사의 자기 노출, 표현기술과 반응기술을 자유롭게 사용하기, 집단구성원의 의사소통에 초점 유지하기, 집단과정을 명확하게 하기, 내용을 명료화하기, 집단상호작용 지도 등이 있다.

② 자료수집 및 사정기술

이 기술은 사회복지사가 구성원의 문제를 이해하고 계획을 세우기 위해 질문 및 정보를 요청하고 분석하는 기술이다. 이러한 기술에는 구성원의 생각, 감정, 행동을 확인 및 기술하기, 정보를 요청하고 질문과 탐색하기, 요약과 복잡한 이슈를 나누는 세분화하기, 언어적 및 비언어적 의사소통 통합하기, 자료의 패턴이나 차이를 발견하는 자료와 정보 분석하기 등이 있다.

③ 행동기술

행동기술은 집단구성원 간의 목적과 과업 성취를 이루기 위한 원조 기술이다. 여기에는 집단구성원의 의사소통 연결하기, 지지하기, 문제와 상황을 다른 관점에서 보게 하는 재구성(재명명)하기, 성원들이 활동에 적극적으로 참여하도록 지시하기, 조언, 제안, 교육하기, 말과 행동이 불일치 하는 내용을 직면하기, 모델링과 역할극하기, 예행연습, 실연, 코치하기, 자원을 제공하기, 갈등을 해결하는 기술 등이 있다.

4. 지역사회체계와 사회복지실천

1) 지역사회체계 수준의 실천 의미

산업구조와 가족구조의 변화와 함께 지역사회도 변화함에 따라 가족과 지역공동체가 지니고 있던 구조적 기능이 점차 약화되면서 이를 보완하는 서비스가 사회적으로 요구되었다. 지역사회복지 실천의 중요성이 부각된 이유는 시설 위주의 복지에서 탈피하여 재가서비스를 받는 개인이 등장하였고 지역사회가 공동체 기능을 복원하고 강화할 필요성이 커진 것과 연관된다.

지역사회 수준의 실천은 지역사회를 실천 단위로 하여 지역사회 수준에서 실천을 계획하고 개입하는 것이다. 이는 지역사회를 하나의 클라이언트 체계로 간주하고 클라이언트로서의 지역사회 문제해결과 욕구를 충족시킬 수 있는 사회복지의 목적을 강조한다. 지역사회 주민에게 복지증진을 위해 필요한 서비스를 제공하고, 지역사회의 여건 및 환경조건 등을 가능한 한 최고의 환경으로 개선하고자 하는 실천 활동이다.

지역사회 수준의 실천은 그 변화의 초점이 개인이나 가족 혹은 집단보다 더 넓은 지역사회 내에서 사회복지실천을 전개하는 것을 말한다. 지역사회 수준의 실천과 개인, 가족, 집단들의 실천 사이에는 유사점이 있다. 의사소통과 관계형성 기술, 문제해결의 기술 그리고 집단들과 활동 시 필요한 기술은 서로 적용이 가능하다(이영실 외, 2021).

지역사회 수준의 실천이란 지역사회의 문제를 해결하기 위해 전문기술을 가지고 계획을 세우고 운영관리의 기법으로 하는 포괄적인 지역원조이다. 또한 지역사사회실천은 지역사회의 환경개선 측면과 지역사회구성원 간의 관계 및 상호 작용의 행동패턴도 파악이 되어야 하고 그 계획의 실천을 위해서는 민간의 조직이나 단체뿐만 아니라 행정기관 및 공공기관의 협동이나 연계가 불가피하다. 또한 당사자를 비롯해 지역주민의 참여 촉진이 필수적인 조건이며, 보다 효과적인 실천을 위해서는 사회복지사가 많은 활동 및 지식이 있어야 한다. 일반적인 지역사회의 지식 및 조직에 대한 지식 그리고 자원의 원천, 모금의 원천 및 순환에 대한 지식이 필수적이다.

지역사회체계수준의 실천은 지역사회의 조직과 지역사회에서 사회변화를 위한 전문적이고 직접적인 개입을 의미하는 거시적 사회복지실천 활동이다. 따라서 지역사회에서 존립하고 있는 다양한 복지에 대한 욕구의 실태를 파악하고 이에 대한 계획을 세우고, 원조활동을 행하는 것이라 할 수 있다.

2) 지역사회체계의 실천 가치 및 원칙

(1) 지역사회체계의 실천 가치

지역사회복지실천 현장의 가치는 인간의 존엄성과 자율성, 사회적 책임성, 기회의 균등 등의 다양한 형태로 설명 및 전제되고 있다. 지역사회체계의 실천은 기본적인 가치로 자기결정권, 임파워먼트, 사회적 정의, 지역에 맞는 다양성과 문화적 이해, 상호학습 등이 있다.

① 자기결정권

자기결정권은 지역구성원들 스스로 결정할 수 있는 권리를 의미하며, 지역주민들은 사회복지사를 만나 지역 문제에 대해 개입 받을지에 대한 여부를 스스로 결정할 수 있다. 지역주민들은 개입방법과 개입을 통해 얻게 되는 경험의 결과에 대해서도 선택할 수 있다. 자기결정권이란 지역사회구성원이 지역사회복지의 주체가 되어 자신들에게 미치는 영향을 스스로 결정할 수 있음을 의미한다.

② 임파워먼트

임파워먼트(empowerment)는 지역구성원들이 의사결정 참여를 강조하는 것이다. 임파워먼트를 통해 지역구성원 스스로의 가치를 알고 문제를 해결해 나갈 수 있는 방향으로 변화하는 것이다. 임파워먼트의 효과는 지역사회 체계에 자발적으로 참여하도록 하여 자원 활용을 돕고, 개인 자신의 힘을 느끼는 것이다. 자기결정권과 임파워먼트는 지역사회복지실천에 있어 스스로 결정하고 선택할 수 있으며, 지역사회의 문제해결에 대한 역량을 강화할 수 있는 가치를 말한다.

③ 사회적 정의

지역사회구성원은 누구든지 동등한 권리와 접근성을 가질 수 있어야 한다. 사회적 정의를 증대시키는 일은 지역사회체계의 주요 실천 중의 하나이다. 사회적 정의를 증대시키는 방법은 그 가치와 다양성을 인정하고 주류 사회의 편견에 대한 도전, 불의한 정치 형태의 도전, 불공정한 자원의 분배 등에 대응하는 힘을 키울 수 있도록 하는 것이다.

④ 다양성

다양성은 다양한 문화적 편견으로 인종, 민족, 지역, 성별, 나이, 직업 등에 대한 고정관념, 선입견을 문제 삼는 개념이다. 따라서 지역사회실천가는 지역사회 차이 및 문화다양성에 대한 의미를 정확하게 인식하고 각 지역에서 지닌 문화적 가치와 소수자들이 겪고 있는 억압구조 및 차별에 대해 인권과 정의의 관점에서 판단하고 대항하는 데 관심을 가진다.

⑤ 상호학습

특정한 신념과 가치를 강요하지 않으며, 지역사회구성원들과 실천가들이 사회변화 과정에서 동등한 파트너로서 적극적인 학습자가 될 수 있다. 실천가도 지역주민으로부터도 배우고, 주민도 역시 전문적 역량을 가진 실천가로부터 배운다. 상호 평등한 대화로 서로 존중해야 하며, 서로가 억압자가 되지 않도록 노력해야 한다. 지역사회의 문제는 지역구성원들이 제일 잘 알고 있기 때문이다.

(2) 지역사회 체계의 실천 원칙

지역사회를 대상으로 활동하는 사회복지사는 주민 중심 서비스 및 자기결정권 보장 등을 강조하면서 지역주민과의 협력적 관계를 구축해야 한다. 아울러 지역사회구성원의 선택과 개입방안은 지역사회가 지닌 문제를 토대로 해야 도출되어야 한다.

지역사회실천의 원칙이란 지역사회복지사업을 수행함에 있어 올바른 행동에 관한 규칙, 즉 무엇이 옳고 건전하며, 좋은 지역사회복지실천이냐에 관한 가치판단을 의미한다. 맥닐(McNeil)은 지역사회복지실천을 수행하는 데 지침이 될 수 있는 원칙을 7가지로 제시한바 있다(양정하 외, 2017).

첫째, 지역사회복지실천에 대한 일차적 타겟은 지역사회이다.

둘째, 지역사회는 있는 그대로 수용하고 이해하며, 개별화로 존중받는다.

셋째, 지역사회주민의 욕구에 우선적으로 관심을 가져야 한다.

넷째, 지역사회 주민의 삶을 풍요롭게 하는 것이다.

다섯째, 지역사회 주민과 조직의 욕구는 지속적으로 변화한다.

여섯째, 지역사회 내의 기관과 관계 속에서 기능을 수행할 수 있으므로 사회복지사는 사회복지기관이나 공공기관 등과 서로 협력한다.

일곱째, 지역사회복지실천 과정은 사회복지실천의 한 부분이다.

3) 지역사회체계의 모델

로스만(1995)은 지역사회복지활동을 체계적으로 분류하여 지역사회복지실천모형으로 제시한 대표적 학자이다. 로스만은 지역사회복지 활동을 세 가지의 모형 즉, 지역사회개발모형, 사회계획모형, 사회행동 모형으로 분류하였다.

(1) 지역사회개발모델

지역사회개발모델은 자조기반에 근거하여 지역사회문제 해결을 위해 지역사회 능력 및 지역구성원들의 능력과 사회통합이라는 과정목표를 통해 지역사회를 새롭게 건설하는데 초점을 두고 있다. 이 모델은 지역사회주민의 의식개선과 역량강화를 통해 지역사회의 통합능력을 기르는 모형으로 주로 개발도상국이나 선진국의 낙후된 도시지역에서 많이 사용하는 모형이다. 지역사회의 문제나 욕구를 다룰 때 주민들의 자조정신을 강조하는 형태이며, 의식과 태도 등을 강화하는 프로그램과 교육, 건강 및 주택 등을 위한 프로그램 등을 강조한다. 이 모형의 성공을 위해서는 지역사회 내 많은 구성원이 참여하여 다양한 자원과 연결된 지지기반 마련, 지역사회로부터 적절한 경제적 지원 등의 조건이 마련되어야 한다.

이 모델에서 사회복지사의 역할은 목표를 설정하고, 해결방안을 돕는 안내자, 과정을 용이하게 하는 조력자, 자료제공과 직접적인 충고 등을 하는 전문가, 문제의 특성과 성격을 주민들에게 제시, 이해를 돕는 사회치료자 등이다.

이 모델의 한계점은 첫째, 지역사회 변화를 위한 지역사회의 관련된 집단들 간의 합의와 협력을 끌어내기가 용이하지 않다는 점이다. 둘째, 지역사회 관련 집단들이 성, 계급, 인종, 직업 등과 관련된 경계를 초월하는 공통의 이해관계를 가지고 있다는 가정의 현실성 문제이다. 셋째, 실질적인 정책결정자가 사회변화를 지지할 수 없는 경우 지역사회개발을 위한 협상을 거부할 수 있는 권력구조의 문제 등은 한계점으로 지적되고 있다.

(2) 사회계획모델

사회계획모델은 문제해결과정에서 합리성에 기반을 두고, 비용효과 면에서 가장 적합한 방안을 찾는 것이다. 이 모형은 합리성과 실증적 자료에 기반을 두고 문제해결을 해나가기 때문에 지역사회주민 스스로가 주체가 되기보다는 전문가에 의한 합리적이고 과학적으로 문제해결 방안을 찾는 데 주력한다. 따라서 이 모형은 '아래로부터 접근하는 모형'이 아니라 '위로부터 접근하는 모형'이라는 평가를 받는다. 이때 전문가는 계획가, 행정가, 관리자의 역할을 수행할 수 있으며, 해결하려는 문제에 대한 전문지식을 보유하여야 한다. 더불어 관련 자료 수집과 분석, 프로그램 개발 및 실천 그리고 프로그램에 대한 효과성과 효율성에 대한 평가 능력도 지녀야 한다.

이 모델은 각종 지역사회문제를 해결하는 데 있어 합리적인 면을 강조한다. 이 모델은 기술적 과정을 중시하며 범죄, 건강, 복지, 교육, 주택, 정신문제와 같은 구체적인 사회문제를 해결하는 과업목적에 초점을 두고 있다.

이 모델에서 사회복지사의 역할은 공공기관의 정책을 고치는 계획가, 사회문제 분석의 분석가, 목표를 설정, 평가를 실행하는 실행자, 지역주민을 행동체계의 참여시키는 조직가, 목표의 효율성과 효과성을 달성하기 위해 인적, 물적 자원을 준비하는 행정가

등이다.

이 모델의 한계점은 첫째, 계획가는 무제한적인 시간 및 자원을 가지고 있지 않다. 둘째, 계획과정의 합리성을 전제로 삼는다는 점에서 문제해결 과정에 미치는 정치적인 영향력을 고려하지 못하고 있다.

(3) 사회행동모델

사회행동모델은 지역사회에서 자신의 권리를 인정받지 못하는 구성원을 중심으로 권력균형을 추구한다. 그러므로 이 모델에서는 지역사회 구성원을 불이익을 받는 집단으로 인식하여 이들 집단을 찾아내 조직화하고, 스스로 자기권리를 찾을 수 있게 지역사회 문제를 변화시켜 나간다. 사회행동모델은 대결과 집단행동을 통해 압력 등의 전술 그리고 의도적으로 갈등을 부각시키는 전술을 사용할 수 있다. 이때 표적체계에 대해 공격적 접근을 할 수도 있다. 사회행동모델은 기본적으로 과업의 성과를 중시하기 때문에 적절한 의사결정구조의 활용, 관계형성 등과 같은 과정목표는 무시되기도 한다.

이 모델에서 사회복지사의 역할은 그들의 편에서 행동을 전개하는 조력자, 지역사회의 자원과 연결하는 중개자, 지역주민의 정당성을 주장하는 옹호자, 갈등상황에서 중립, 수동적인 자세를 거부하는 행동가 등이다.

이 모델의 한계점은 첫째, 일부의 실천가들은 지역사회 상황에서 실천활동을 대항활동으로 제한시키고 있다는 점이다. 이러한 경향은 이에 관련된 집단과 지역주민들을 양극화시킬 수 있으며, 바람직한 결과를 달성하는데 어려움으로 작용할 수 있다. 둘째, 일부 실천의 조직가와 지역사회구성원이 대항전략에 대해 주저할 수 있다는 것이다. 셋째, 윤리적 이슈와 관련된 것으로 대항형태의 불법성이 있을 수 있고, 과열상태의 긴급상황이 발생할 수 있어 조직가와 조직구성원이 위험에 놓여 있을 수도 있다는 점이다.

표 8-5 지역사회대상 실천 모델

구분	지역사회개발모델	사회계획모델	사회행동모델
목표	지역사회의 활동능력과 통합, 자조(과정목표)	지역사회문제의 해결(과업목표)	자원의 변화 및 기본적 제도 변화(과정목표)
역할	조력자, 안내자, 전문가, 사회치료자	프로그램 계획가, 실행자, 분석가, 조직가, 행정가	옹호자, 행동자, 중개자, 조력자
지역대상	시민, 지역주민	서비스 소비자	희생자(억압의 피해자)
변화전략	문제결정과 해결에 다수의 사람 참여	문제에 관한 자료수집과 최적의 합리적 행동조치 결정	이슈의 구체화와 표적대상에 대해 조치를 취할 수 있도록 주민동원
강조점	협동적, 의사결정을 할 수 있는 지역사회 능력구축, 주민의 주인의식 고취	소비자의 서비스 욕구 규명, 소비자의 서비스 선택의 정보제공	의사결정에 영향을 미치는 관리와 수단 획득, 참여자의 주인의식 고취

4) 지역사회 대상 사회복지사의 기술

지역사회를 대상으로 활동하는 사회복지사는 대다수가 사회복지기관에 소속되어 활동한다. 이들이 구사하는 기술은 다음과 같이 제시될 수 있다.

(1) 조직화 기술

지역사회복지실천에서 가장 기본적인 기술이며, 조직화란 지역의 공동문제에 대해 목표를 세우고 문제해결을 위해 지역주민을 결집시키는 것을 의미한다. 또는 지역사회 전체 또는 일부 집단을 역동적인 실체로 만드는 과정으로 문제해결을 위해 필요한 인력이나 서비스를 규합하는 일이다. 더불어 지역주민의 목표를 성취하도록 새로운 연대를 구축하고, 합당한 집단을 운영해 나가는 과정이다. 조직화는 장기적인 관점에서 이루어지며, 지역주민의 주인의식과 소속감을 바탕으로 힘을 집결한다. 주민 리더의 성장을 돕고, 주민의 리더가 주민조직을 이끌어 나갈 수 있도록 지원하는 것이 중요하다.

(2) 네트워크 기술

네트워크(Network) 기술은 지역사회가 당면한 문제를 해결하는데 주민이나 기관이 상호연대하여 문제해결에 시너지를 내도록 하는 방안이다. '백지장도 맞들면 낫다'는 속담이 여기에 잘 맞는다고 볼 수 있다. 네트워크 활동에는 주민과 조직의 상호신뢰와 헌신, 적극적 참여, 원활한 소통 및 책임의 공유, 자발적 참여가 중시된다. 네트워크 기술은 지역사회 주민의 결속력을 강화하고, 집단의 독립성을 유지하며, 상호신뢰를 바탕으로 공동의 목적을 위해 협력체계를 구축하는 기반이 된다.

(3) 옹호(대변) 기술

옹호(대변) 기술은 사회정의를 지키고 유지하려는데 목적을 둔다. 지역주민의 입장을 우선시하여 그들을 대변, 보호, 지지하는 일련의 행동을 옹호라고 한다. 이는 지역주민의 권리와 이익을 변호하고 방어하는 것이며, 지역주민이 취약할 때 특히 더 적절하다. 억압받고 소외된 취약집단의 삶의 질 향상 및 대신하여 말하거나 탄원하는 행위, 서비스를 받을 충분한 조건이 됨에도 불구하고 기관으로부터 받지 못하는 경우, 불리한 영향을 미치는 쟁점을 변화 등을 시키는 데 개입하는 활동이다.

(4) 교육 기술

교육이란 지역사회 주민에게 정보제공 및 기술을 가르치는 것으로 지역주민의 의식향상, 정보제공, 훈련 등을 말한다. 지역주민들에게는 지역사회에 대한 다양한 정보와 이를 이해하기 위한 의사소통 능력이 요구된다. 교육기술과 관련하여 사회복지사는 상담자 기능과 정보제공자, 교사의 역할을 담당한다.

(5) 자원개발·동원 기술

자원이란 지역사회 내의 문제해결과 욕구충족을 위해 존재하는 다양한 유무형의 가능성을 의미한다. 비영리조직인 사회복지기관은 대부분 재정과 자원을 확충하기에 한계가 있다. 따라서 자원을 발굴하고 이를 문제해결 과정에 동원하고 이 자원이 안정적으로 문제해결에 이어지는 점검하는 일은 지역사회조직 사업의 성공을 가름하는 매우 중요한 활동이다.

(6) 협상 기술

협상 기술은 지역사회복지실천을 전개하는 과정에서 경쟁하는 집단, 조직 간 갈등해결과 원하는 결과를 기대하기 어려울 경우, 상대를 완전히 승복할 수 없을 경우 사용하는 기술이다. 협상은 지역주민과 주민, 조직과 조직, 주민과 조직이 상호대립하는 상황을 해결하는 데 매우 중요한 전략이다.

(7) 역량강화 기술

임파워먼트의 개념은 지역주민의 강점을 인정하고, 주민 스스로 삶을 결정하는 주체적 역량을 강화하는 데 초점을 둔다. 이것은 지역주민들이 가진 능력에 대한 믿음이 전제가 되어야 한다. 주민과 조직의 역량강화에는 주민이 스스로 삶을 결정할 수 있도록 권한과 능력을 발전, 획득해 나가는 과정, 의식의 향상, 억압과 방해요소 제거, 자기주장, 사회자본의 창출 등의 실천이 포함된다.

토의사항

1. 개인체계 사회복지실천의 특징은 무엇인가?
2. 앨버트 메라비언은 비언어적 의사소통이 차지하는 비율은?
3. 체계로서의 가족의 특성은?
4. 체계의 경계선은 무엇으로 나눌 수 있는가?
5. 순환적 인과성이란?
6. 집단 기능에 따른 모델은?
7. 1995년 로스만은 지역사회복지활동을 체계적으로 세 가지의 모형은?
8. 지역사회 대상 사회복지실천 시 사회복지사의 기술은?

1급 국가고시 주요 출제경향 요약

❖ 개인체계와 사회복지실천

- 개인을 일대일 방식으로 원조, 개인의 관계로부터 주어지는 억압, 폭력 배제를 제거 또는 개선하는데 관심
- 예방보다는 위기개입이나 심리상담과 같은 사후적 입장이 강함
- 개인이 환경에 적응할 수 있도록 심리적 내면이 강화, 개인에게 불리한 사회적 상황(실업, 빈곤, 고립, 학대)이 변화, 개선되도록 도움
- 개인의 문제에 초점, 개인에게 개별화(case by case)된 원조과정을 진행
- 개인과 사회복지사 간의 전문적인 관계를 중요시하는 협조적인 활동
- 다양한 모델과 개입방법을 적용, 개인의 부적응에 대한 변화와 개인과 환경과의 상호작용의 변화를 꾀하도록 노력

❖ 가족체계와 사회복지실천

- 가족의 기능: 성적기능, 자녀출산, 경제적 기능, 교육과 돌봄 등의 4가지 기능
- 가족체계의 문제와 사회복지실천: 전체성(wholeness)의 측면에서 이해할 필요, 가족구성원 각자와 가족, 더 큰 사회체계의 욕구와 이들 간의 상호작용을 고려하여 사회복지실천이 형성

❖ 집단체계화 사회복지실천

- 얄롬(Yalom, 1995)이 제시한 집단의 치료적 기전: 희망주기, 일반화, 정보획득, 이타심, 사회기술 학습, 모방, 대인관계학습, 집단응집력, 감정의 정화, 실존 경험, 1차적 경험의 교정

❖ 지역사회체계와 사회복지실천

- 지역사회 수준의 실천: 지역사회의 문제를 해결하기 위해 전문기술을 가지고 계획을 세우고 운영관리의 기법으로 하는 포괄적인 지역원조
- 지역사회 대상 사회복지사의 기술: 조직화, 네트워크, 옹호(대변), 교육, 자원개발·동원, 협상, 역량강화

Chapter

09

사회복지실천과 관계

1. 사회복지실천과 관계형성
2. 전문적 원조관계의 기본 원리
3. 사회복지실천의 관계 원칙
4. 관계형성의 방해요인

1. 사회복지실천과 관계형성

관계란 상호작용 또는 상호 간 정서적 교환이나 태도, 역동적 상호작용, 두 사람의 연결이나 전문적인 만남의 과정이다. 이때 두 사람이 상호작용을 해서 얻게 되는 산물이 '관계'이다. 클라이언트를 돕는 사회복지사의 역할 수행에는 클라이언트와의 관계가 선행되어야 한다. 만약 관계가 형성된다면 문제해결을 위한 실마리나 해결책을 찾을 수 있기 때문이다. 여기에는 클라이언트와 사회복지사의 관계는 정서적인 교감을 기초로 이루어지는 관계로서 전문성, 의도적인 목적, 시간 제한성, 권위성, 클라이언트에 대한 사회복지사의 헌신, 책무성 등이 포함된다. 사회복지사와 클라이언트가 맺는 전문적인 관계는 사회복지실천에서 매우 중요하게 다루어지는 주제이고, 관계를 어떻게 맺느냐가 사회복지실천의 질을 결정짓는 아주 중요한 잣대가 되기도 한다(장연진 외, 2012).

전문적 치료 관계는 사회복지사와 클라이언트 사이에서 소통하며 주고받는 외현적 행동과 내재적 사고의 상호작용을 통해 이루어지는 감정, 느낌이나 태도가 포함된다. 이때 관계의 질은 사회복지사의 영향, 전문가의 개입에 대한 클라이언트의 수용 정도가 클라이언트를 위한 최종 성과를 결정짓게 된다. 사회복지사와 맺은 원조관계는 많은 클라이언트에게 긍정적인 변화의 원인이 되며, 이때 클라이언트는 자기존중은 물론 자신이 가치 있는 존재라는 느낌을 받는다(최선화, 2020). 즉 사회복지사가 클라이언트에 대한 신뢰가 형성되지 않는다면 개입이 성공하기 어렵다는 것이다. 이때 사회복지사와 클라이언트의 관계는 전문적인 관계로서 공식적인 관계이다. 따라서 사회복지사가 클라이언트에 대한 개입에서 신뢰롭고 전문적인 관계를 이루어 나가기 위한 다양한 노력과 헌신은 선택이 아닌 필수적인 요소가 되는 것이다.

사회복지사와 클라이언트 간의 전문적인 관계의 특성은 다음과 같다.

1) 의도적 목적성

사회복지사와 클라이언트 간에 전문적인 관계를 형성하는 것은 서로가 합의한 목적이 있기 때문이다. 합의된 목적으로는 클라이언트가 당면하고 있는 문제해결과 사회적 적응을 통해 클라이언트의 삶의 질을 높이는 것이다. 이를 위해 사회복지사의 전문지식과 사회자원을 활용하게 되는 것이다. 즉 클라이언트가 원하며 달성하기를 기대하는 것을 이루기 위해 사회복지사와 클라이언트가 해야 할 역할을 분명히 하고, 다음 단계에서 기대하는 바를 확인하고 무슨 일에 관여할 것인지 등을 서로 이해하는 것을 말한다.

2) 클라이언트에 헌신

사회복지사와 클라이언트의 관계는 클라이언트의 욕구를 중심으로 한 관계임을 의미한다. 사회복지사는 자신의 이익이 아니라 클라이언트의 이익을 위해 자신을 헌신해야 한다. 일반적인 인간관계는 서로의 욕구가 충족되었을 때 유지되지만, 전문적인 원조관계에서는 사회복지사의 헌신이 절대적으로 필요한 클라이언트 중심적 관계이다. 이를 위해 사회복지사는 타인의 욕구를 민감하게 알아차려야 하고 객관성과 자기인식에 기초한 관계를 형성해야 한다.

3) 시간 제한적

사회복지사와 클라이언트의 전문적인 관계는 시간상 제한되어 있다. 전문적인 원조관계는 설정한 목표가 달성되거나 클라이언트의 능력이나 동기, 원조자의 자원이 허용되는 한도에 도달하면 종결된다. 이러한 의미에서 전문적인 관계는 시간 제한적이다. 이처럼 전문적인 원조관계에서 시간적 제한을 두는 이유는 사회복지사의 현실적인 여건을 들 수도 있고 시간제한을 두었을 때 역량이 최대한으로 발휘될 수 있기 때문이다. 일상에서 지지적인 경험을 하지 못한 클라이언트는 사회복지사의 지지가 지속되고 유지되기를 기대할 수 있다. 하지만 사회복지사의 입장에서는 담당하고 있는 다른 사례에 대한 개입도 이루어져야 하기에 현실적으로 특정 클라이언트만을 대상으로 원조관계를 계속하기에는 어려움이 있다. 또한 시간제한이 있을 때 클라이언트는 주어진 시간 내에 자신의 역량을 최대한 발휘하려고 한다. 이와 같이 문제를 해결하기 위한 시간이 정해져 있다는 것을 클라이언트와 사회복지사가 인식하게 되면 각자 자신의 역할에 초점을 맞추고 노력하게 되는 것이다. 이는 사회복지사가 개입 중에 종결 시기에 대해 시간적 여유를 가지면서 클라이언트에게 안내하여 클라이언트가 말하지 못한 자신의 문제를 개방하거나 종결에 대한 준비를 할 수 있도록 도와준다.

4) 권위성

사회복지사가 특화된 지식과 기술을 바탕으로 전문적인 윤리강령에서 비롯되는 전문가의 권위를 가지고 클라이언트에게 영향력을 행사할 수 있는 것을 의미한다. 전문가의 권위에는 특화된 지식과 전문성을 비롯하여 그에 따르는 책임감까지도 포함된다. 사회복지사는 클라이언트의 상황을 구체적이고 민감하게 이해하여 클라이언트에게 더 좋은 결과를 줄 수 있는 방법이 무엇인지 전문적인 판단을 하여야 한다.

5) 통제된 관계

통제는 클라이언트를 통제한다거나 클라이언트에 의해 통제되는 것이 아니라 사회복지사가 자신의 원조방식에 대하여 통제하는 것을 의미한다. 즉, 클라이언트의 개입과정에서 사회복지사는 스스로의 감정을 인식하고 클라이언트를 위한 최상의 원조를 위해 자신의 원조방식에 대해 통제하는 것이다. 클라이언트를 위해 바람직한지 바람직하지 않은지를 판단하여 가장 효과적이고 효율적인 원조방법을 사용해야 한다는 것이다. 즉 사회복지사와 클라이언트가 맺는 전문적인 관계는 객관성을 유지하고 사회복지전문가로서 개인의 감정, 충동, 편견, 선입견 등을 자각하고 책임을 지는 통제된 관계를 의미한다.

6) 책임성

사회복지실천에서 전문적인 관계는 항상 클라이언트의 입장에서 출발해야 하며 사회복지사는 전반적인 원조과정에서 전문적인 책임을 진다는 의미이다.

2. 전문적 원조관계의 기본 원리

클라이언트의 원조과정에서 사회복지사가 전문적인 관계형성을 위해서 필요하다고 거론되는 요소들을 살펴보면 다소의 차이는 있으나 기본적으로 자주 논의되는 공통적 요소들은 다음과 같다.

1) 타인에 대한 관심

클라이언트에게 일어난 일에 대해 진실한 관심을 가지며 클라이언트가 느끼는 감정을 교류할 수 있어야 한다. 관심은 진심에서 우러나오는 호감, 따뜻함, 친절, 지지를 표현하는 행동, 클라이언트에 대한 흥미를 말한다. 즉 타인에 대한 관심은 상황 속의 개인을 이해하고자 하는 진실한 마음을 표현하는 것이다. 이는 좋아하는(liking) 것과는 구분되며, 타인에 대한 이해를 포함하여 삶과 욕구에 대한 조건 없는 긍정적인 인정을 의미한다.

2) 수용

클라이언트에 대한 신뢰, 감정에 대한 존중과 클라이언트의 말을 경청하는 태도, 클라이언트가 느끼는 감정에 대한 민감한 반응, 흥미나 관심을 전달하는 표정, 클라이언트를 비난하지 않고 심판하지 않는 사회복지사의 태도를 말한다. 사회복지사는 비심판적 태도를 유지하면서 클라이언트를 능동적으로 이해하며 다양한 감정을 자유롭게 표현할 수 있는 존재로 인식해야 한다. 이는 클라이언트가 자신의 문제에 대해 스스로 해결책을 찾을 수 있고 스스로의 삶을 책임질 수 있는 능력에 대한 믿음을 전제로 할 때 가능해진다. 클라이언트의 상황을 있는 그대로 이해하려는 자세가 요구된다.

3) 공감

공감은 사회복지사가 클라이언트에게 관심을 가지고 클라이언트가 인식하는 것을 알고 이해하며 그의 말을 경청하고 있다는 것을 클라이언트에게 전달하는 능력을 말한다. 이러한 공감은 의사소통 과정에서 클라이언트에게 전해지기 때문에 공감적 의사소통능력은 관계형성기술에서 매우 중요하다. 공감적 의사소통은 클라이언트의 감정을 민감하게 알아차리고 클라이언트가 경험한 것을 적절하게 표현하여 사회복지사가 이해하고 있다는 것을 전달하는 것이다. 즉 온전히 클라이언트의 입장에서 세상을 바라보고 이해하는 것을 의미한다.

공감 표현하기는 "~하기 때문에 ~한 느낌이 드는군요."로 표현할 수 있다.

예 우울을 호소하는 여성의 경우

클라이언트: 저는 마음을 터놓고 이야기할 사람이 없어요.

사회복지사: 마음을 터놓고 이야기할 사람이 없어서 쓸쓸하고 외로우실 것 같다는 느낌이 드는군요.

4) 진실성과 일치성

진실성은 사회복지사가 자신의 진실된 감정이나 반응을 클라이언트에게 전달하는 능력이다. 이때 사회복지사는 자신의 감정과 느낌에 대해 잘 인식하여야 하고 클라이언트의 감정과는 분리되어야 하며 사회복지사 자신의 감정에 대해 정직해야 한다. 클라이언트와의 관계에서 사회복지사는 신중하고 진실되게 말하고 행동하며 대화의 내용이나 행동이 일치하며 자신의 내면과도 일치하도록 노력해야 한다. 그러나 사회복지사의 감정이나 생각을 무조건 모두 개방하는 것이 아니라 원조과정에 도움이 되는 선에서 적절히 개방하면 된다. 이러한 사회복지사의 진실성은 클라이언트에게 자신이 원하는 존재가 될 수 있도록 허용하는 것으로, 클라이언트가 사회복지사와의 소통에서 이해하고 편안함을 느낄 때 그들의 관계는 진실성이 있게 된다.

일치성은 사회복지사가 클라이언트와 관계를 맺을 때 일관성 있고 정직한 개방을 유지하며 의사소통에서는 대화의 내용이 항상 일치하면서도 전문가로서의 가치체계에 부합하는 것이다. 사회복지사가 진실성과 일치성을 갖기 위한 필요한 요소는 다음과 같다.

- 사회복지사 자신에 대한 정확한 자기인식
- 사회복지사와 클라이언트에게 동일한 의미로 작용하는 전문가로서의 역할
- 사회복지사의 자기인식을 포함한 타인에 대한 관심, 수용, 헌신 등의 전문성의 내면화

5) 감정이입

감정이입은 사회복지사가 클라이언트의 느낌과 경험에 몰입하여 클라이언트의 감정을 받아들이고 존중해주려는 태도이다. 동정이 사회복지사가 클라이언트의 감정 상태에 함몰되어 관계의 본질인 문제해결능력을 상실한 상태라면, 감정이입은 사회복지사가 원조과정에서 자신의 관점을 유지하면서 클라이언트의 감정과 사고를 이해하는 능력이다. 이는 사회복지사가 자신의 관점을 유지하면서 클라이언트가 느끼는 감정이나 경험에 몰입하며 클라이언트를 그가 처한 상황에서 보고 느낄 수 있는 능력으로, 클라이언트의 주관적인 경험에 의도적이고 의식적으로 참여하는 것이다. 따라서 사회복지사는 클라이언트에게 감정이입을 하면서도 문제 자체와 해결 가능성을 객관적으로 분석하여 이성적으로 행동해야 한다.

6) 권한과 권위

사회복지사가 전문지식과 경험을 갖추고 지위를 얻음으로써 클라이언트에게 영향력을 행사하는 것을 권한이라고 한다. 사회복지사가 전문적인 지식과 다양한 경험을 통해 클라이언트에게 권한을 가지게 되는데 이것이 권위이다. 이는 클라이언트와 기관에 의해 사회복지사에게 위임되는 권한이다. 아울러 사회복지사는 전문지식, 기술, 윤리강령에 기초한 권위를 갖게 된다. 클라이언트 입장에서는 지식과 권위를 가진 전문인이 필요하므로 클라이언트가 사회복지사를 권위 있는 사람으로 인식하게 될 때 협력관계가 이루어져 원하는 목표달성이 쉬워진다.

7) 민감성

특정한 단서 없이도 클라이언트의 내면세계를 느끼고 감지할 수 있는 능력이다. 사회복지사가 새로운 것에 대한 개방성과 변화에 대한 준비 자세를 갖추는 것은 창의성이라고 볼 수 있다. 민감성이란 창의성의 구성요소 중 하나이다. 따라서 창의적인 사회복지사가 되려면 민감해야 한다. 기존의 사회복지사가 가지고 있는 선입견이나 편견 등의 고정관념에서 벗어나 클라이언트의 감정과 사고에 자신을 던져 넣으려는 민감한 태도가 필요하다.

8) 자기노출(자기개방)

자기노출은 원조과정에서 필요하다고 생각될 때 자신의 생각이나 경험을 클라이언트에게 노출하는 것이다. 사회복지사의 자기노출은 클라이언트와의 관계형성에 좋은 영향을 미치고, 신뢰가 쌓여가면서 클라이언트는 자신의 문제를 이야기하는 것에 대한 두려움이나 부담을 줄일 수 있다. 자기노출은 감정을 노출하는 것과 경험을 노출하는 것이 있다.

사회복지사가 자신을 노출할 때 주의할 사항은 다음과 같다.

- 사적인 대화나 역전이가 유발되지 않도록 한다.
- 자기노출의 초점을 클라이언트에게 두어야 한다.
- 사회복지사의 불안정한 성격이나 무능력에 관한 노출은 피한다.
- 자기노출의 감정과 내용은 일치되어야 한다.
- 노출로 인해 사적인 대화가 길어지면 원조관계에 방해가 된다.
- 사회복지사의 신변상의 안전을 고려한 범위 내에서 이루어져야 한다.

9) 문화적 민감성, 문화적 다양성, 문화적 역량

문화의 차이와 다양성에 대해 이해하며 특성에 따라 행동으로 실천할 수 있는 능력을 말한다. 이는 서로 다른 문화적·인종적 배경을 가지고 있거나 서로 다른 문화가 공존하는 실천현장에서 클라이언트와 효과적으로 활동할 수 있는 능력이다. 또한 서로 다른 개인이나 집단의 언어나 생활양식에 대해 이해하고 긍정적으로 행동하는 것이다. 즉 개인의 문화적 역량을 향상시킨다는 것은 클라이언트와의 관계에서 자기 문화를 비롯한 타 문화에 대해 개방, 인식, 수용하는 태도로 다문화 집단에 대한 이해와 관련된 기술을 습득하는 것이다.

따라서 사회복지사는 문화적 다양성을 유능하고 효과적으로 대처하기 위해 문화적 민감성에 바탕을 둔 다문화 역량과 다양한 실천기술을 갖추어야 한다.

10) 온화함(따뜻함)

클라이언트의 안녕과 복리를 위하여 언어적·비언어적으로 보살핌과 관심 등을 표현하고 전달하는 것이다.

3. 사회복지실천의 관계 원칙

비에스틱(Biestek, 1957)은 사회복지실천에서 사회복지사와 클라이언트의 관계에 요구되는 7가지 원칙을 제시하였다. 이는 도움을 요청하는 모든 사람에게 공통적인 기본 감정과 태도 유형이 존재하는 것으로 보고 도움을 요청하는 일반적인 사람들이 가지는 욕구를 충족시켜 문제해결에 도움이 되는 원칙이다.

1) 개별화

개별화(Individualization)는 모든 클라이언트는 개별적인 욕구를 가진 존재이고 클라이언트를 어떤 계층 혹은 어떤 유형의 한 사람으로 이해하기보다는 독특한 개체로 인식하고 반응해야 한다는 것을 의미한다. 즉 인간에 대한 편견이나 선입견으로부터 자유로워야 한다. 클라이언트마다 개별적인 독특한 특성이 있다는 것을 인정하고 클라이언트에 대한 개입에서 원조하는 내용과 방법을 차별화하여 사용해야 한다. 이러한 클라이언트 개개인의 독특한 자질을 이해하고 알게 됨으로써 개인의 특성에 적합한 원조가 가능해진다.

이러한 개별화의 원칙을 적용하는 사회복지사의 역할은 다음과 같다.

- 인간행동 및 발달에 대한 기본지식을 가지고 있다.
- 인간에 대한 편견과 선입견에서 탈피한다.
- 클라이언트의 말을 경청한다.
- 민감하게 클라이언트의 감정을 알아차린다.
- 클라이언트의 속도에 맞추어 진행한다.
- 상황에 따라 범위 내에서 원칙을 융통성 있게 적용한다.

2) 의도된 감정표현

의도된 감정표현(Purposeful expression of feeling)은 클라이언트가 감정을 마음껏 자유롭게 표현할 수 있도록 클라이언트가 표현하는 감정에 의도적으로 귀 기울이고 이를 비난하거나 실망시키지 않는 것을 말한다. 클라이언트가 자신의 말을 듣고 비난할 수도 있을 것이라는 우려하는 감정에서 벗어나 자유롭게 표현할 수 있도록 돕는 것이다. 이로써 클라이언트는 스트레스나 긴장이 완화되어 자신의 문제를 객관적으로 볼 수 있게 되며 부정적인 감정을 표현할 수 있는 것 자체로 심리적 안정을 유도하게 된다. 반면 성급한 해석, 클라이언트 감정표현에 대한 비난, 성급하게 충고나 조언을 하는 것은 클라이언트 감정표현을 방해하는 요인이 된다.

클라이언트가 감정을 표현할 수 있도록 안정된 환경을 조성하는 방법은 다음과 같다.

- 클라이언트가 자유롭게 표현할 수 있도록 안정된 환경을 조성한다.
- 허용적인 태도와 편안한 분위기를 조성한다.

- 감정표현의 방법과 수단을 적절하게 활용한다.
- 클라이언트에게 정서적 지지를 제공한다.
- 클라이언트의 감정 환기를 위해 노력한다.

3) 통제된 정서적 관여

통제된 정서적 관여(Controlled emotional response)는 통제된 클라이언트의 감정에 대해 사회복지사가 민감성을 가지고 접근하며 이를 이해하고 의도적이고 적절하게 반응하는 것이다. 여기에는 언어적으로 표현하는 감정 이외에 비언어적인 감정표현에 대한 것도 민감성을 가지고 관찰해야 한다. 이를 위해서는 심리학, 정신의학, 사회과학 등의 다양한 과학적 지식이 필요하다. 클라이언트는 자신의 문제에 대해 전문가인 사회복지사의 공감을 얻고 싶어하는 욕구가 있다. 이때 사회복지사가 공감한다는 반응을 보이게 되면 클라이언트는 자신의 감정이 수용되는 느낌을 받게 되어 심리적 안정을 갖게 된다.

통제된 정서적 관여를 위해 필요한 사회복지사의 역할은 다음과 같다(최은희 외, 2017).

첫째, 클라이언트의 감정에 대한 민감성을 가져야 한다. 이는 클라이언트가 무엇을 생각하고 무엇을 하고자 하는지 말로 표현하지는 않아도 감각적으로 파악하고 적절하게 대처하는 것을 의미한다. 이는 클라이언트의 언어적·비언어적 감정표현에 대해 경청하고 잘 관찰하는 것에서 비롯된다. 즉 클라이언트가 말하지 않아도 비언어적 태도에서 드러나는 감정에 대한 파악이 중요하다.

둘째, 감정이입적 이해를 해야 한다. 클라이언트의 감정표현을 통해 관련된 경험을 파악하고 클라이언트에게 어떤 영향으로 작용하는지 클라이언트의 입장에서 정확하게 이해하는 것이다. 클라이언트가 가지는 감정의 의미와 클라이언트가 당면한 문제와 연관시켜 이해하는 것이 필요하고 잠재적인 내용에도 반응할 수 있어야 한다.

셋째, 사회복지사는 클라이언트의 감정에 대해 의도적으로 적절한 반응을 보여야 한다. 이는 단순히 클라이언트의 감정을 이해하는 것만으로는 부족하다는 것이며, 원조의 목적에 맞게 통제된 적절한 반응을 표현해야 하는 것을 말한다.

4) 수용

수용(Acceptance)은 클라이언트의 행동이나 언어에 대해 비판하지 않고 있는 그대로 받아들이는 것이다. 이는 클라이언트의 강점이나 한계, 개인적인 특성, 긍정적인 감정이나 부정적인 감정을 비롯하여 파괴적인 행동을 그대로 인정하고 존중하는 것이다. 다시 말해 수용해야 하는 것은 클라이언트의 좋은(good) 것이 아니라 있는 그대로(real)의 것이다. 클라이언트는 수용된다는 경험을 통해 그대로의 자신을 표현함으로써 안도감을 느끼게 되며 자신의 문제를 현실적·객관적으로 바라볼 수 있게 된다.

사회복지실천에서 효과적인 수용을 위한 사회복지사의 역할은 다음과 같다(엄명용 외, 2017).

첫째, 클라이언트를 있는 그대로 인정하고 받아들여야 한다. 이는 클라이언트를 완전히 이해하려는 태도이다. 클라이언트의 잠재력과 성장 가능성을 신뢰하는 것에서 시작된다. 둘째, 사회복지사는 클라이언트와의 가치관의 차이를 극복해야 한다. 클라이언트를 수용하는 과정에서 사회복지사의 가치관과 차이점이 발견될 경우 사회복지사의 가치관이 작용되어서는 안 된다. 셋째, 사회복지사는 수용과 동의하는 것과의 차이를 인식하고 있어야 한다. 수용하는 것이 클라이언트의 사회적 기준의 일탈된 태도나 행동을 허용하는 것은 아니다. 수용은 표출된 감정을 허용하는 것이지 그 행동을 인정하는 것과는 다르다.

반면 사회복지사가 원조관계에서 클라이언트를 수용하는 데 방해가 되는 요인은 다음과 같다.

- 인간의 행동과 성장발달에 대한 지식이 부족한 경우
- 사회복지전문가로서 특정 영역을 받아들이지 못하는 경우
- 사회복지사 개인적인 가치관이 개입된 경우
- 사회복지사의 자기인식이 부족한 경우
- 사회복지사의 편견이나 선입견
- 비현실적으로 클라이언트를 안심시키려는 행동

• 수용과 허용에 대한 혼돈

5) 비심판적 태도

자신의 가치 기준에 위배되는 클라이언트의 행동을 비난하기보다는 현재와 미래에 대한 클라이언트의 긍정적인 적응을 위한 것임을 명확하게 인식하는 것이 중요하다. 즉 클라이언트의 개인적 특성이나 가치관을 심판하거나 비난하지 않는 것(Nonjudgemental attitude)이다. 클라이언트는 자신의 말이나 행동에 대해 비판적 판단을 받게 되는 것을 두려워하고 사회복지사가 심판적인 태도를 보이게 되면 신뢰관계 형성에 장애요인으로 작용하게 된다. 특히, 클라이언트가 죄책감, 열등감, 고독감 등이 있는 경우 극도로 민감할 수 있다. 사회복지사는 클라이언트의 옳고 그름을 판단하고 심판하는 일을 피하고 클라이언트에게 비심판적 태도를 가지고 있다는 것을 전달하여야 한다.

클라이언트에게 사회복지사가 비심판적 태도를 가졌다는 확신이 생기면 관계형성에 도움이 될 뿐만 아니라 방어하지 않고 자신의 문제나 요구를 표현하게 되어 문제해결도 원만해진다. 반면 사회복지사가 클라이언트의 사고나 행동에 대하여 선입견을 가진다거나 너무 빨리 섣부른 결정을 내리는 경우, 타인과 비교하여 어떤 유형으로 분류하여 대하는 태도는 비심판적 태도를 유지하는 데 방해가 된다.

6) 클라이언트의 자기결정권

클라이언트의 자기결정권(Client self-determination)은 클라이언트가 모든 의사결정과정에 참여하여 스스로 선택하고 결정하는 것을 말한다. 클라이언트의 자기결정을 최대한 존중해야 한다는 의미이다. 인간은 누구나 자신의 삶에 대해 스스로 결정하고자 한다. 따라서 클라이언트가 나아갈 방향을 결정하려는 것을 존중하고 그 욕구를 결정하는 잠재적 강점을 자극하면 클라이언트는 자신이 내재한 자원을 발견하고 활용할 수 있다는 원리이다. 다만 클라이언트의 자기결정권은 자신의 능력, 법적·윤리적 측면, 사회기관의 기능에 따라 제한을 받는다. 클라이언트의 기능이 손상되어 자신의 이익을 위한 행동 선택이 어려운 경우라도 클라이언트의 자기결정권을 최대화하기 위해 노력하지만, 장애로 인해 클라이언트 스스로 결정할 능력이 없을 경우에는 자기결정의 기회가 제한될 수 있다.

클라이언트의 자기결정의 원칙의 적용 시 유의사항은 다음과 같다.

- 사회복지사는 문제해결의 주도권이 클라이언트에게 있음을 강조하고 경청과 수용하는 태도를 보인다.
- 클라이언트의 사회적·정서적 생활에 지나치게 관여하지 않는다.
- 클라이언트를 조종하거나 강제로 설득하지 않는다.
- 법률에 따라 제한된 경우를 제외하고 최대한 존중되어야 한다.
- 클라이언트에게 결정의 모든 것을 맡기는 것이 아니라 문제를 해결할 수 있다는 다양한 방법을 제시하고 함께 대안을 모색하며 클라이언트가 최상의 선택을 할 수 있도록 돕는다.

7) 비밀 보장의 원칙(Confidentiality)

비밀 보장의 원칙(Confidentiality)은 사회복지사가 클라이언트와의 전문적 관계에서 신뢰를 바탕으로 얻은 정보를 클라이언트의 동의없이 제3자에게 누설하지 않는다는 것을 말한다. 이는 사회복지실천에서 가장 기본적인 원칙이자 사회복지사의 윤리적 의무이다. 비밀 보장이 이루어지지 않으면 전문적인 원조관계는 성립하지 않는다. 클라이언트는 자신과 관련된 비밀을 보장받고 싶어한다. 비밀 보장의 원칙이 적용되면 클라이언트는 원조과정에서 신뢰감을 갖게 되어 적극적으로 원조관계에 참여하게 된다. 또한 클라이언트가 자기방어기제를 사용하여 자신을 왜곡하는 현상을 줄일 수 있어 클라이언트와의 의사소통이 활발해진다.

사회복지사가 클라이언트에게 비밀 보장을 할 수 없는 경우는 다음과 같다.

- **비밀유지가 클라이언트를 보호하지 못하고 제대로 돕는 것이 아닌 경우**

클라이언트 자신의 생명이나 안전이 위협받는 경우에 클라이언트의 보호를 우선으로 하고 비밀 보장의 원칙을 유보한다.

- **제3자의 보호 및 안전을 위협받는 경우**

클라이언트의 비밀을 보호하는 것이 타인의 생명이나 안전을 위협할 경우 비밀 보장의 원칙은 적용되지 않는다.

- **클라이언트 정보에 대한 법원의 요청을 받게 되는 경우**

법적으로 사회복지사와 클라이언트와의 관계에서 사회복지사는 클라이언트의 비밀을 모두 지켜줄 권한을 갖는 것은 아니다. 클라이언트의 정보에 대한 법원의 요청을 받게 되는 경우 사회복지사는 클라이언트의 정보를 공개해야 한다.

사회복지사는 클라이언트에 대한 개입 초기에 비밀 보장의 원칙과 한계에 대해 명확하게 설명하여야 한다. 즉, 법적인 명령이나 클라이언트 및 타인의 생명에 위협이 되는 경우에는 비밀 보장의 원칙이 지켜지지 않는다는 것을 반드시 클라이언트에게 명확하게 알려 주어야 한다.

표 9-1 사회복지실천 관계의 7대 원칙

사회복지실천 관계의 7대 원칙	클라이언트의 욕구
개별화	개인으로 취급받고 싶은 욕구
의도된 감정표현	감정을 표현하려는 욕구
통제된 정서적 관여	문제에 대한 공감적 반응을 얻으려는 욕구
수용	가치 있는 개인으로 인정받으려는 욕구
비심판적 태도	심판받지 않으려는 욕구
클라이언트의 자기결정권	스스로 선택하고 결정하려는 욕구
비밀 보장의 원칙	개인에 대한 비밀이 노출되지 않기를 바라는 욕구

출처: 남기민(2004).

4. 관계형성의 방해요인

사회복지실천에서 클라이언트의 문제해결에 도움을 주기 위한 사회복지사와 클라이언트의 관계는 문제해결이나 목표 달성을 위해 중요한 요인이지만, 긍정적인 좋은 관계를 형성하지 못하는 경우도 생긴다. 클라이언트나 사회복지사는 각자 다른 성격특성과 관계 맺는 방식이 다를 수 있기 때문이다. 이는 클라이언트의 문제해결이나 새로운 변화를 촉진하는 데 방해요인으로 작용될 수 있다. 그 외 클라이언트와 사회복지사의 긍정적인 관계를 방해하는 요인으로는 민감하지 않은 반응, 사회복지사의 부적절한 태도, 인종·문화적 차이에 대한 인식 부재, 전이, 역전이 감정, 클라이언트의 비자발성, 이성적 끌림 등이 있다(Hepworth & Larsen, 1993). 여기에서는 클라이언트의 비자발성, 불신, 저항, 전이, 역전이 감정으로 구분하여 살펴볼 것이다.

1) 변화를 방해하는 관계요소

사회복지사와 클라이언트의 관계를 방해하거나 단절시키는 요인으로 작용하여 전문적인 개입을 중단시키는 방해요인에는 클라이언트의 비자발성, 불신, 저항, 전이, 역전이, 사회·문화적 차이에 따른 관계 장애 등이 있다(양옥경 외, 2005). 이들 요인에 대해 구체적으로 살펴보면 다음과 같다.

(1) 클라이언트의 비자발성

사회복지기관에서 서비스를 받게 된 클라이언트가 모두 스스로 원해서 찾아오는 것은 아니다. 본인은 원하지 않으나 누군가(부모, 타 기관 등)에 의해 강제로 서비스를 받으려고 온 것일 수 있다. 이와 같이 사회복지관련 기관의 전문서비스를 받도록 강요받은 사람을 비자발적 클라이언트라고 하는데, 이럴 경우 사회복지사와의 관계형성에 어려움을 유발할 가능성이 높아진다. 이들은 자신의 문제를 해결하기 위한 변화의 동기가 약하기 때문에 개입과정에서 협조적이기보다는 불만과 적대적인 감정을 표현하기 쉽다. 가끔은 사회복지사가 가진 전문적 권한에 대한 두려움이나 비협조적인 태도로 진정한 변화없이 자신의 변화 노력을 가장할 수 있다. 이러한 경우에 사회복지사는 클라이언트와의 관계에서 사회복지사의 선입견으로 클라이언트를 마치 부정적인 편견을 가지거나 다그치지 않도록 스스로의 태도를 체크할 필요가 있다. 반면 스스로 원해서 찾아오는 클라이언트를 자발적 클라이언트라고 하며, 이들은 원조과정에서 적극적·협조적인 태도를 보여 원하는 목표 달성이 쉬워진다. 예를 들면, 사회복지실천현장에서 비자발적 클라이언트로는 가정폭력 가해자, 아동학대·노인 학대 가해자, 가출청소년 등을 들 수 있다. 학교에서의 문제로 인해 담임선생님이 학교사회복지사에게 의뢰한 학생, 부모님이 억지로 사회복지기관에 데리고 온 자녀의 경우 비자발적 클라이언트로 볼 수 있다.

비자발적 클라이언트를 대하는 사회복지사의 바람직한 태도는 다음과 같다.

- 사회복지사는 비자발적인 클라이언트에 대해 부정적인 편견을 가지지 않는다.
- 비자발적 클라이언트를 의뢰한 기관과 시설과의 관계를 주의 깊게 생각하고 자신의 의무와 책임을 다해야 한다.
- 의뢰기관의 요구사항과 제한사항에 대해 파악하고 준수한다.
- 비자발적인 클라이언트가 선택할 수 있는 다양한 대안을 제시하고 스스로 선택하여 참여할 수 있도록 한다.
- 반사회적 사건의 가해자라도 개인적인 감정은 배제하고 기본적 존중을 해주어야 한다.
- 비자발적 클라이언트일지라도 긍정적인 변화로 이끌 수 있다는 믿음으로 노력해야 한다.
- 공감적 이해를 가지면서 비자발적 클라이언트의 거부감이나 저항감이 최소화될 수 있도록 노력해야 한다.

(2) 불신

클라이언트 자신이 지나온 삶의 과정에서 격려나 인정을 받지 못한 사람은 비난, 거부, 상처를 미리 예견하여 방어적인 태도를 보이게 된다. 이러한 클라이언트는 사회복지사와의 관계에서도 신뢰 관계를 형성하기에 어려움을 가진다. 이러한 불신의 태도는 자신의 생각이나 감정을 노출하는 것이 어려워 더 이상 새로운 변화를 기대하기 어렵다. 클라이언트가 불신을 보일 경우 인내하고 일관되게 대하는 것이 필요하다. 클라이언트가 약속을 지키지 않는 것이 동기가 부족할 수도 있지만 불신으로 인한 회피적인 행동일 수 있다.

(3) 저항

사회복지사와 클라이언트의 관계에서 새로운 변화를 방해하는 힘을 저항이라고 한다. 이는 전문가인 사회복지사의 개입목표와 반대되는 클라이언트의 행동으로 나타난다. 이러한 행동을 클라이언트가 알고 있는 경우도 있지만 대부분 의식하지 못하며 사회복지가 인지하는 경우가 많다.

사회복지실천의 관계에서 많이 나타나는 저항의 유형은 다음과 같다.

- **침묵**

갑자기 말을 하지 않거나 생각나지 않는다고 하며 말을 하지 않으려는 경우이다. 이러한 경우가 초보 사회복지사가 가장 다루기 어려운 저항의 유형이다.

- **저항의 심리를 행동으로 표현**

약속한 시간을 지키지 않거나 매 시간 지각하기, 면담 중 집중하지 못하고 하품을 하거나 시계 보는 행동, 몸을 움직이며 안절부절못하는 등의 태도는 저항의 한 형태이고 관계를 거부하는 것으로 간주된다.

- **핵심에서 벗어난 주제 말하기**

개입목적이나 문제해결과는 관련이 없는 이야기를 하거나 문제해결과 관련된 중요한 이야기임에도 불구하고 못 들은 척하거나 재빨리 다른 주제로 전환하려는 태도이다.

- **무력함의 표현**

"해봤자 잘 안될 거야~" 등의 표현으로 무력감을 나타내는 태도이다. 클라이언트가 이러한 반응을 보일 경우 사회복지사마저 무력해지기도 한다.

• **문제의 축소 및 마술적 해법 기대**

자신의 문제를 명확하게 인식하지 못하거나 문제의 심각성을 모르고 가볍게 인지하거나 때로는 자신의 문제가 마술처럼 한 순간에 해결될 수 있을 것이라는 기대를 가지고 있는 유형이다. 이는 문제를 직면하지 않고 문제해결을 위한 변화 노력을 하지 않으려는 것이다.

(4) 전이

상담과정에서 클라이언트가 어린 시절 어떤 중요한 인물에 대해 가졌던 바람, 분노, 원망, 사랑, 두려움 등의 감정이나 태도를 사회복지사에게 그대로 표현하려는 것이다. 이는 과거에 충족하지 못한 욕구를 현재의 사회복지사와의 관계를 통해 해결하려는 것이다. 즉 이전의 경험을 바탕으로 현재 일어나고 있는 사실에 대입하여 사실과 다른 그릇된 인식을 갖는다. 만약 클라이언트가 사회복지사의 사적인 생활이나 취향에 관심을 가지고 사회복지사를 대한다면 클라이언트의 전이를 의심해 보아야 한다. 클라이언트가 사회복지사에게 전이 감정을 느낀다면 사회복지사는 전이 감정을 자연스러운 감정으로 이해하려고 해야 한다. 오히려 클라이언트와 친밀감을 형성할 수 있는 기회로 전이를 활용하여 클라이언트가 전이를 잘 각성하여 스스로 조절할 수 있도록 돕고 클라이언트의 당면한 문제와 밀접하게 관련되어 있는 과거의 경험과 갈등에 대한 통찰을 제공할 필요가 있다.

(5) 역전이

사회복지사가 클라이언트를 마치 자신의 과거 어떤 인물처럼 느끼고, 자신의 욕구나 소망에 대하여 무의식적인 반응을 보이는 것이다. 클라이언트가 이유도 없이 싫거나 좋은 경우, 클라이언트를 만나도 어렵고 편하지 않은 경우, 클라이언트의 문제와 이야기에 대해 공감할 수 없는 경우에는 사회복지사의 역전이를 의심해 보아야 한다. 이와 같이 사회복지사가 역전이 감정을 느끼게 된다면 자기성찰을 통해서 현재의 상황을 객관적으로 인식하려고 해야 한다.

사회복지사의 자기성찰에 도움이 되는 질문은 다음과 같다.

- 나는 왜 클라이언트를 만나면 불편할까?
- 나는 왜 지금 만나는 클라이언트가 싫은가?
- 내 앞에 있는 클라이언트를 보면서 과거의 누구를 연상시키기 때문일까?
- 내가 좀 더 자유롭게 그와의 관계를 지속하지 못하는 이유는 무엇일까?

(6) 사회·문화적 차이에 따른 관계 장애

사회복지사와 클라이언트는 연령, 성별, 교육의 정도, 인종적·문화적 배경의 차이로 인해 거리감이나 갈등이 생길 수 있다. 서로의 관계에서 다양한 차이점을 인정하지 못한다면 친밀한 관계를 형성하는 데 방해요인으로 작용할 수 있다. 다양한 요인들로 인해 증가하는 다문화에 대한 충분한 이해가 선행될 때 긍정적으로 원조관계가 형성될 수 있다.

2) 변화를 방해하는 관계 다루기

사회복지사는 클라이언트가 가진 문제를 해결하기 위해서 클라이언트와의 관계형성이 중요하다. 하지만 대체로 클라이언트들은 자신이 가진 문제로 인해 타인과의 관계가 부정적이거나 남을 불신하는 경우가 많다. 이러한 클라이언트와의 변화를 방해하는 관계를 다루는 방법은 다음과 같다.

(1) 저항 다루기

변화로의 진전을 심하게 방해할 경우에만 저항을 다루는 것이 바람직하다. 이 기법은 저항을 인식하여 해결하는 것 외에도 부정적인 감정을 표현함으로써 대인관계에서 부정적인 감정을 효과적으로 다룰 수 있는 경험을 제공하게 된다. 저항으로 인해 목표달성이 방해를 받을 때 최우선적으로 저항을 다루고 저항의 저변에 있는 감정에 초점을 두어야 한다. 지금 현재의 부정적인 감정의 원인이 지나간 일이 원인이라 하여도 그에 대한 현재의 감정을 확인하여야 한다. 예를 들면, 지난 면담에서 아버지 이야기를 했을 때 감정적으로 불안해하였던 클라이언트가 오늘 면담에서는 감정표현이 없을 경우 사회복지사는 "지난번 면담에서는 몹시 불안해 보였는데 지금은 어떤 감정인가요?" 라고 확인한다. 이 기법은 클라이언트의 저항을 인식하여 해결하는 것 이외에도 부정적인 감정을 표현해 보게 하여 대인관계에서 부정적인 감정을 효과적으로 다룰 수 있는 경험을 제공하게 된다(권구영 외, 2008).

(2) 전이와 역전이 다루기

전이는 클라이언트의 반응이 비현실적이라는 것을 지적하고, 사회복지사가 가지고 있는 지금-여기의 현실적인 관점을 가지도록 도와야 한다. 지금 사회복지사에게 표현하는 감정을 다른 사람으로부터도 느낀 적이 있는지 확인하고, 그 감정의 유래에 대해 클라이언트가 깨닫도록 하여 표현하지 못한 감정을 충분히 표현하여 억눌린 감정을 해소할 수 있도록 돕는다.

역전이는 사회복지사가 자신의 감정의 기원에 관심을 가지고 클라이언트와의 현실적인 관계에 관심을 갖도록 노력해야 한다. 하지만 역전이로 인해 클라이언트와의 협력관계를 유지하기에 어려움이 발생하면 사회복지사는 클라이언트에게 자신의 문제로 인해 관계 지속이 어려움을 알리고 다른 사회복지사에게 의뢰하여야 한다. 사회복지사는 자신의 역전이에 대해 슈퍼바이저의 도움을 받고 자기인식을 증가시킬 필요가 있다.

(3) 문제를 성장의 기회로 문제 재규정

클라이언트에게 성장의 기회로 문제를 재규정한다는 것은 긍정적인 해석과 관련이 있다. 문제의 재규정은 긍정을 강조하여 불편, 두려움, 변화에서 얻을 수 있는 장점을 부각하며 이러한 기법은 두려워하고 불안해하는 클라이언트에게 문제에 대한 낙관적인 관점을 제공하여 아무리 어려운 문제일지라도 생각하기 나름이라는 좀 더 긍정적이고 확대된 시각을 제공해 주게 된다. 예를 들면 자녀들의 성장으로 인해 가족으로부터 소외받는다는 생각으로 우울을 호소하는 클라이언트에게 자녀 양육으로 인해 그동안 하지 못한 자신이 하고 싶었던 일을 하며 자신에게 투자하는 좋은 기회라고 생각해 보라고 해석하는 것을 말한다. 그렇게 함으로써 클라이언트는 자신의 문제를 보다 긍정적으로 바라볼 수 있고 변화의 동기를 가질 수 있게 된다. 하지만 이 기법을 사용할 때 지나친 낙관은 이해 부족을 의미하는 것일 수 있기 때문에 너무 극단적인 태도를 보이지는 않아야 한다.

(4) 직면

직면은 클라이언트가 자신의 문제의 원인이 되거나 영향을 미치는 사고, 감정, 행동과 대면하는 것을 말하며 클라이언트에게 자기인식을 고양시켜서 변화를 촉진하는 기법이다. 특히 클라이언트가 자신의 행동, 생각, 감정 사이의 일치되지 않는 모순을 발견하지 못하고 있는 경우에는 효과적이다. 즉 클라이언트에게 변화를 방해하는 부정적인 감정, 생각, 행동들을 인식하게 하는 기법이다. 하지만 클라이언트가 받아들일 준비가 되지 않았거나 사회복지사와의 관계형성이 잘 되지 않고 있을 경우에는 오히려 역효과가 나기 쉬워 이 기법 사용에는 신중을 기해야 한다. 예를 들면, "아버지가 인자하고 자상하신 분이라고 말씀하면서 자녀분에게는 아버지와 같은 부친상을 제시하는 것은 싫다고 하셨는데 어떻게 생각하시나요?"라는 질문을 통해 클라이언트가 평소에 가지고 있는 아버지에 대한 모순된 감정을 깨닫도록 돕는 것이다. 사회복지사는 이 기법을 사용하기 전에 클라이언트에 대한 관심과 서로의 관계에 대한 탐색이 반드시 우선되어야 할 것이다.

(5) 긍정적 재해석

클라이언트의 입장에서 부정적이고 바람직하지 못한 감정들에 대해 긍정적인 의미를 부여하는 것이다. 이 기법은 클라이언트의 자기방어를 줄이고 자존심을 보호하는 것이다(Hepworth & Larsen, 1986). 즉 이는 재명명 기법과 유사한 것으로, 클라이언트의 부정적이고 바람직하지 못한 감정에 사회복지사가 긍정적인 의미를 부여해 주는 것이다. 예를 들면 남편의 잦은 음주로 인해 화가 난다는 클라이언트에게 "남편의 건강을 무척이나 생각하시는 것을 보니 남편을 많이 사랑하시는 것 같군요~!"와 같이 긍정적인 해석을 붙여주는 것이다. 이때 긍정적인 재해석의 목적은 클라이언트의 반대를 용서하거나 왜곡된 일을 강화하자는 것이 아니라 클라이언트의 방어를 최소화하고 자존심을 보호하며 강점에 초점을 맞추는 일관된 행동을 보여주는 것이다. 클라이언트가 자신의 부적절하게 표현되는 반응이 자신의 왜곡된 인지에서 기인하는 것임을 알고 자신의 감정을 직접적으로 표현할 수 있도록 하는 것이 중요하다.

토의사항

1. 사회복지실천에서 관계형성이 중요한 이유와 관계형성에 어려움이 발생했을 때 해결할 수 있는 방안은 무엇이 있는가?
2. 사회복지사와 클라이언트와의 관계와 일반적인 관계와의 차이점은 무엇인가?
3. 전문적인 관계형성에 도움이 되는 가장 중요한 요소는 무엇이라고 생각하는가?
4. 비에스틱(Biestek)이 제시하는 사회복지실천의 관계의 원칙에서 추가하거나 삭제하고 싶은 사항이 있는가?
5. 클라이언트가 자신의 감정을 잘 표현할 수 있도록 하는 방법에는 무엇이 있다고 생각하는가?

1급 국가고시 주요 출제경향 요약

사회복지실천과 관계형성	• 관계: 사회복지사와 클라이언트 사이에 일어나는 태도 및 감정의 역동적인 상호작용 • 전문적 관계의 특징: 의도적 목적을 가진다(의도성). 시간 제한적이다(시간제한성). 클라이언트를 위한 것이다(사회복지사의 헌신). 통제된 관계이다(통제된 관계). 권위와 권한을 가진다(권위성). 사회복지사는 관계에 책임을 진다(책임성), • 전문적 관계 형성에 필요한 요소 및 사회복지사의 자질: 클라이언트에 대한 관심과 도우려는 의지, 권위와 권한, 진실성과 일치성, 수용, 감정이입, 민감성, 사회복지사의 자기노출, 사회복지사의 자기인식, 직면, 공감 등
관계형성의 원칙 및 기법	• 개별화: 클라이언트마다 개별적인 특성이 있다는 것을 인정하고 이해하여 개별 클라이언트를 원조하는 내용과 방법을 차별적으로 사용해야 한다. • 의도적인 감정표현: 클라이언트가 자신의 감정을 자유롭게 표현할 수 있도록 돕는 것이다. • 통제된 정서적 관여: 사회복지사가 클라이언트의 감정을 민감하게 이해하고 그 감정에 대해 언어적, 비언어적으로 적절한 반응을 보이는 것이다. • 수용: 클라이언트를 있는 그대로 이해하는 것이다. • 비심판적 태도: 문제의 원인이 클라이언트의 잘못 때문인지 아닌지, 클라이언트에게 책임이 있는지 등을 심판하지 않는 것이다. • 클라이언트의 자기결정: 클라이언트가 모든 의사결정과정에 참여하여 스스로 선택하고 결정할 수 있도록 하는 것이다. • 비밀 보장의 원칙: 사회복지사가 클라이언트와의 협력관계에서 신뢰를 바탕으로 얻은 정보를 클라이언트의 종의 없이 제3자에게 누설하지 않는 것이다. 여기에는 한계점이 있으며 관계 초기에 클라이언트에게 비밀보장의 한계에 대해 충분히 설명하여야 한다. - 비밀 보장의 한계: 비밀을 유지하는 것이 클라이언트를 보호하거나 제대로 돕는 것이 아닌 경우, 클라이언트 자신이나 제3자의 생명의 안전이 위협받는 경우, 사례회의나 슈퍼비전 등 클라이언트 문제해결을 위한 정보를 공유하는 경우 등이다. - 자기결정의 한계: 클라이언트 자기결정권은 클라이언트가 적극적이고 자신의 발전을 위한 결정을 내리는 것에 능력 또는 법적, 도덕적, 사회기관의 기능에 딸 제한을 받는 경우이다.

Chapter

10

사회복지실천과 면접

1. 사회복지실천과 면접
2. 사회복지실천에서 이루어지는 면접의 특징
3. 면접의 종류와 기술
4. 면접의 과정
5. 사회복지실천의 면접기록

1. 사회복지실천과 면접

사회의 다양한 분야에서는 면접이 활용되고 있으며 사회복지실천현장에서도 가장 기본적인 수단이 클라이언트의 면접이다. 면접은 인간의 행동과 반응에 대한 전문적인 지식과 인간관계의 기술을 겸비한 사회복지사가 클라이언트 문제를 이해하고 원조한다는 목적을 가지고 의도적으로 이끌어 나가는 전문적인 대화이다. 그렇기에 사회복지사는 다른 어떤 활동보다도 중요한 의사소통의 수단인 면접을 통해 클라이언트에 대한 정보와 자료를 수집하여 클라이언트의 문제가 무엇인지 파악하고 그 상황을 이해하고 개입하는 원조를 제공하게 된다. 그러므로 면접은 사회복지실천현장에서 직접적인 실천의 중요한 도구이며 가장 많이 사용되는 기법으로서 매우 중요한 기능을 한다. 즉 면접은 전문적인 관계에 바탕을 두고 정보 수집, 과업 수행, 클라이언트의 문제나 욕구 해결 등과 같은 목적을 수행하는 시간 제한적인 의사소통으로서 사회복지개입을 위한 주요 도구인 셈이다.

면접 혹은 면담(interview)은 사람과 사람 간에 언어나 동작을 매개로 하여 이야기를 주고받는 행동으로 여기에는 반드시 커뮤니케이션이 일어나게 된다(장인협, 1994). 즉 사회복지사와 클라이언트 간 대등한 관계에서 대면 상태로 의사소통을 도모하는 것이다. 커뮤니케이션은 면접의 성패를 좌우하기 때문에 사회복지사는 커뮤니케이션의 효과를 높이기 위한 다양한 기술을 개발해서 익혀야 하며, 커뮤니케이션을 방해하는 장애요인에 대해서도 민감해야 한다.

2. 사회복지실천에서 이루어지는 면접의 특징

사회복지실천에서의 면접은 두 사람 이상이 목적을 가지고 나누는 대화의 형태라는 점은 일반적인 면접과 큰 차이는 없지만, 특별한 주제를 가지고 사회복지사에 의해 의도적·전문적으로 이루어진다는 것이 특징이다. 즉 사회복지실천에서의 면접은 인간의 발달단계나 행동에 대한 전문지식과 기술을 가진 사회복지사가 클라이언트의 문제를 이해하고 원조한다는 목적 아래 의도적으로 이끌어 나가는 전문적인 대화라고 할 수 있다(엄명용 외, 2011).

클라이언트의 문제 파악 및 실행평가 등 전반적인 실천과정에서 다양하고 기본적으로 사용되는 것이 면접이다. 면접은 실천을 위한 정보 수집의 도구이며 면접 자체가 치료 효과를 내기도 한다. 이로써 클라이언트는 자신이 처한 문제 상황을 전문가인 사회복지사와의 면접을 통해 자신이 처한 문제 상황을 해결할 기회를 제공받을 수 있을 것이다.

사회복지실천에서 이루어지는 면접의 특징은 다음과 같다(Compton & Galaway, 1994).

- **면접을 위한 세팅과 맥락이 있다.**

클라이언트에게 서비스를 제공하는 사회복지기관이 있고 면접의 내용은 특정 상황에 한정된다. 따라서 면접상황에서는 면접의 목적과 상관이 없는 내용은 다루지 않는다.

- **면접은 목적 지향적이다.**

사회복지실천에서 면접의 목적은 클라이언트를 이해하고 돕는 것이다. 사회복지실천의 면접은 목적을 달성하기 위해 수행되는 과정이므로 면접은 목적 지향적인 활동이다.

- **면접은 계약에 의해 수행된다.**

사회복지실천에서의 면접은 사회복지사와 클라이언트가 목적 달성을 위해 함께 활동할 것을 합의한 상태에서 계약 이후에 이루어진다.

- **면접은 특정한 역할 관계가 있다.**

면접에서 사회복지사와 클라이언트는 서로 다른 역할을 수행한다. 사회복지사는 면접자, 클라이언트는 피면접자라는 특정한 역할 관계로 규정되어 그 역할에 따라서 상호작용을 하게 된다.

- **면접은 공식적인 활동이다.**

면접은 개인적인 수준에서 이루어지는 것이 아니라 공식적으로 이루어지는 활동이다. 면접에 필요한 요소를 내적인 요소와 외적인 요소로 나누어 볼 수 있다. 내적인 요소로는 면접자와 피면접자 사이의 신뢰관계를 들 수 있고 외적인 요소로는 면접이 이루어지는 장소, 시간 등을 들 수 있다. 먼저 내적인 요소인 신뢰관계의 형성이다. 이는 사회복지사와 클라이언트 사이에 상호관계를 수립하는 친근감, 안정감, 공감, 화합 등으로서 정서적 유대관계를 말한다. 신뢰관계는 사회복지실천의 성패를 결정하는 중요한 요인이 된다. 이를 위해 면접의 초기과정에서 신뢰관계가 잘 형성될 수 있도록 하여야 한다. 사회복지사는 신뢰관계를 높이기 위해 클라이언트의 개입에 대한 동기를 명료화하고 클라이언트의 욕구에 집중하여야 한다.

면접에는 외적 요소인 장소와 시간이 있다. 면접의 장소가 반드시 상담실이어야 하는 것은 아니다. 클라이언트의 상황에 맞추어 사회복지기관 및 시설, 가정, 클라이언트의 직장, 학교, 카페, 공원 등 클라이언트의 특성을 반영하고 클라이언트가 원하는 장소를 선정하면 된다. 이때 소란스럽지 않으며 조용하고 자유로운 분위기의 공간이 적합하다. 면접 시간은 클라이언트와 면접할 날짜와 시간 등에 대해 사전에 약속하는 것을 말한다. 사전에 이루어진 상호 간의 약속은 면접 시간을 효율적으로 사용할 수 있다. 대개의 경우 면접시간은 목적에 따라 달라지기도 하지만 보통은 1주일에 1회로 하며 40~50분 정도가 적절하다. 이때 클라이언트의 주의 집중력이나 의사소통능력 등에 따라 조정할 수 있지만 1시간이 넘어가면 지루해하고 집중력이 떨어져 면접 효과가 낮아질 수 있다는 점을 유의해야 한다.

3. 면접의 종류와 기술

1) 면접의 종류

면접의 종류는 목적에 따라 다양하지만 가장 많이 이루어지는 면접의 종류로는 정보수집을 위한 면접, 사정을 위한 면접, 치료를 얻기 위한 면접 등으로 구분할 수 있다(양옥경 외, 2005; 최선화, 2020).

(1) 정보 수집을 위한 면접

정보 수집을 위한 면접은 클라이언트의 개인, 가족, 사회적 환경 등 문제와 관련된 사회적 배경이나 개인의 성장 발달사에 관한 정보를 얻기 위한 면접이다. 이 면접의 목적은 클라이언트와 그의 상황을 이해하는 데 필요한 정보를 수집하는 것이다. 클라이언트의 상황에 대한 정보를 수집하면 그에게 닥친 문제를 더 잘 이해할 수 있게 된다.

정보 수집을 위한 면접에 포함되는 내용은 다음과 같다.

- 일반적인 사항: 나이, 성별, 학력, 결혼 여부, 주소 등
- 현재의 문제: 현재의 문제 상황, 현재의 문제와 관련된 과거력 등
- 가족력: 클라이언트의 원가족의 관계, 부모·형제 관계, 부부관계, 자녀 관계 등
- 개인력: 아동기의 성장과정, 발달 단계상의 문제, 학교생활, 교우관계, 직장 생활, 결혼생활 등
- 사회적 직업적 기능: 클라이언트의 사회적·직업적 기능 등

(2) 사정을 위한 면접

사정(assessment)은 클라이언트의 문제가 무엇인지, 어떤 원인 때문인지, 그 문제를 줄이거나 해결하기 위해서는 무엇이 변화되어야 하는지에 대한 답을 찾는 사회복지실천 과정의 핵심적인 단계이다. 사회복지실천에서 클라이언트에게 구체적인 서비스 제공에 대한 의사결정을 하는 면접이다. 즉, 클라이언트에게 서비스를 제공해야 하는지, 필요한 서비스가 무엇인지 등의 판단을 내리기 위해 실시하는 면접이다. 사정을 위한 면접은 정보 수집을 위한 면접보다 좀 더 목적 지향적인 성격을 지닌다. 사정을 위한 면접을 통해 클라이언트가 처한 문제 상황을 명확하게 파악하고 문제해결을 위해 필요한 구체적인 개입방법을 결정하게 된다.

예를 들면, 클라이언트가 알코올 중독자인지를 판단하기 위해 알코올 중독 판별 검사를 실시하는 면접이나 사고로 인해 중증 장애를 가지게 된 클라이언트를 대상으로

장애유형, 장애 심각도, 예상되는 재활치료의 효과, 주변이나 가족이 가진 자원, 지역사회 내 이용 가능한 서비스의 종류에 대해 평가하는 면접이 사정을 위한 면접이다.

(3) 치료를 위한 면접

치료를 위한 면접은 클라이언트의 변화를 돕기 위한 면접이다. 병원에서 의사가 치료를 통해 환자를 치료하듯이 사회복지사는 면접을 통해 클라이언트에게 자신감, 자신의 문제가 해결될 수 있다는 자기효능성을 강화하고 필요한 기술을 훈련하여 문제해결능력을 향상시킴으로써 클라이언트의 문제를 해결할 수 있는 능력을 키우는 것이 목적이다. 즉 치료를 위한 면접은 면접 자체가 클라이언트의 문제해결을 돕는 치료 효과를 가진다. 이는 상담을 통해 심리적 문제를 해결하고 도움을 받는 일반상담의 과정과 유사하다고 볼 수 있다. 예를 들면, 가정폭력 피해 여성의 자존감 향상을 목적으로 심리적 지지를 제공하기 위해 이루어지는 면접을 들 수 있다. 또한 자녀 문제로 고민 중인 부모라면 부모역할 훈련과정에 참여하도록 하는 것이다. 이와 같이 변화가 필요한 사람이 도움을 요청할 경우 사회복지사는 클라이언트의 삶에 있어서 필요하다고 생각되는 중요한 사람들과 면접을 한다. 치료를 위한 면접은 클라이언트가 선호하는 사회적 환경에 중심을 두고 클라이언트를 변화시키는 것이다. 이를 위해 클라이언트와 관계하는 중요한 사람들이나 클라이언트의 권리나 이익을 옹호하고 대변할 수 있는 사회복지기관, 지역사회, 공공기관 등과 면접을 하는 것이다.

2) 면접의 기술

면접의 기술이란 상담과정에서 클라이언트의 의도를 정확하고 올바르게 파악하고 상담을 성공적으로 이끌 수 있는 방법이다. 즉 사회복지사와 클라이언트의 관계 속에서 반드시 가지고 있어야 할 의사소통기술이라고 할 수 있다. 면접의 기술을 구체적으로 살펴보면 다음과 같다.

(1) 관찰기술

관찰기술은 클라이언트가 말하고 행동하는 것에 주의를 기울여 클라이언트를 이해하는 것이다. 관찰은 초기면접을 위해 대기실에서 기다리고 있는 클라이언트의 상황에서부터 시작된다. 대기 중인 클라이언트의 태도는 사회복지개입에 대한 태도와 평소에 불안이나 두려움을 어떻게 다루어 왔는지를 알 수 있는 자료가 된다. 관찰기술은 면접 중 클라이언트의 언어적·비언어적 표현에 민감해야 한다, 특히 클라이언트의 비언어적 측면, 말하는 방식, 모순된 내용, 신체적 표현인 얼굴 표정, 목소리 톤 등도 유심히 관찰해야 한다. 이러한 부분이 클라이언트를 이해하는 데 매우 중요한 정보를 제공하기 때문이다. 사회복지실천 면접에서 관찰해야 할 의사소통기법은 언어적·비언어적 기법으로 나누어 볼 수 있다.

클라이언트의 면접에서 관찰해야 할 언어적 의사소통 기법은 다음과 같다.

- **시작하는 말과 종결하는 말**

클라이언트가 처음에 자신의 문제를 설명하는 과정에서 문제를 바라보는 시각이나 원조에 대한 태도가 반영되고, 종결하는 말은 면접의 의미를 함축하거나 자신의 문제해결능력을 나타낸다고 볼 수 있다. 따라서 클라이언트가 처음 시작하는 말과 마무리하는 말을 잘 살펴보아야 한다. 이러한 과정이 클라이언트의 말을 듣는 것이지만 관찰하는 것에 포함된다.

- **대화 중에 주제 바꾸기**

클라이언트는 대화 중에 말하기 곤란하거나 회피하고 싶은 주제가 나오면 갑자기 대화의 주제를 바꾸기도 한다. 더 이상의 자신의 노출을 꺼리는 것일 수 있으므로 사회복지사는 이 점에 유의하여 관찰하여야 한다.

- **반복적으로 언급하는 내용**

클라이언트는 자신이 강조하고 싶은 내용을 반복적으로 이야기하게 되므로 그 내용을 주의 깊게 관찰하여 듣는 것이 필요하다.

- **침묵**

클라이언트는 주제가 자신에게 위협적이라고 느끼거나 말하기 곤란한 것을 침묵으로 나타낼 수 있다. 또한 면접과정에서 자신의 생각을 좀 더 정리하는 과정에서 클라이언트는 침묵할 수 있다. 면접과정에서 적절한 침묵은 클라이언트가 사회복지사와 자신의 생각을 공유할 수 있는 용기와 기회를 제공하며, 생각을 정리하여 공유할 내용을 분류할 수 있는 여유를 가지는 것이다. 때로는 사회복지사와의 관계형성에 두려움을 느끼거나 적대감을 가질 때 클라이언트가 침묵할 수도 있다. 이러한 경우에 사회복지사는 클라이언트의 침묵에 섣불리 개입해서는 안 된다. 면접을 효과적으로 지속하기 위해서는 침묵을 깨기보다는 인내심을 가지고 어느 정도는 침묵을 유지하도록 한다. 하지만 침묵이 너무 길어지거나 자주 발생하는 경우에는 직접적인 개입을 하는 것이 필요하다. 침묵이 발생하는 시기와 어느 때 침묵이 길어지는지 등 클라이언트의 침묵 자체에 대해 탐색해야 한다.

- **일관적이지 않은 내용**

클라이언트의 말이 서로 모순되거나 그 의미가 불분명할 수 있는데, 이때 클라이언트는 다루는 주제에 대해 양가감정이나 혼란, 죄책감 등의 감정 상태를 표현하는 것일 수 있다.

면접에서 관찰해야 할 비언어적 의사소통의 기법은 다음과 같다(최선화, 2019).

- **눈 맞춤**

자신을 바라보는 상대방과 눈을 맞추는 행위는 사회적 상호작용의 가장 기초적인 단계이다. 사람의 눈은 말로 하지 않는 많은 정보를 전달하기 때문이다. 문화에 따른 차이는 있으나 대체로 관심이 있거나 열의가 있으면 사람들은 서로 대화하는 상대를 바라보며 눈을 맞추고 지루하거나 관심이 없으면 눈을 잘 맞추지 않는다. 특히 면접과정에서 클라이언트가 두려움과 불안 등 부정적인 감정을 느낄 경우나 솔직하지 못한 의사소통을 할 때 눈 맞춤을 회피하게 된다. 눈 맞춤은 면접과정에서 클라이언트의 감정 상황을 잘 반영하고 전달해주는 것이다.

- **용모 및 외모**

우리는 상대의 옷차림을 통해 그 사람의 직업, 연령, 성격 등 다양한 것을 짐작할 수 있다. 클라이언트의 청결 상태, 계절에 알맞은 옷차림, 용모 등은 클라이언트의 현재 상황을 전달해주는 암묵적인 신호라고 할 수 있다. 맨발로 찾아온 클라이언트를 만난다면 위기상황인지, 인지상의 문제가 있는지 등 다양한 가설을 설정해 볼 수 있을 것이다. 따라서 클라이언트의 외양이나 옷차림은 클라이언트의 현재 상황을 잘 표현하고 있기에 이를 관찰함으로써 중요한 정보를 얻을 수 있게 된다.

- **자세와 몸동작**

면접과정에서 클라이언트의 몸가짐, 손, 팔, 다리 등의 동작은 많은 의미로 클라이언트 감정 상태를 전달한다. 클라이언트가 앉은 상태로 심하게 다리를 떨거나 자세 변화를 보이면서 면접에 임하는 것은 불안을 짐작할 수 있다. 팔짱을 끼고 있으면 방어적이라는 인상을 받게 된다. 면접과정에서 사회복지사는 클라이언트의 비언어적인 표현이 언어적인 표현과 일치하는지를 확인해야 한다.

- **표정**

사람의 표정은 말로 전달하고자 하는 내용을 더욱 분명하고 명확하게 해준다. 눈을 크게 뜨거나 눈썹을 치켜올리는 것은 놀랐다는 의미일 것이다. 면접과정에서 미소를 띠거나 얼굴을 찡그리는 표현은 상담에서 다루어지는 주제에 대한 클라이언트의 감정을 가감 없이 표현하여 전달하는 것이다.

(2) 경청기술

경청기술은 면접에서 가장 중요한 정보이다. 경청은 클라이언트가 무엇을 표현하고자 하는지, 감정과 사고는 어떠한지를 이해하고 파악하며 듣는 것이다. 즉 사회복지사의 개인적인 가치관이나 의견을 완전히 배제한 상태에서 클라이언트의 자기표현이나 말하는 내용, 태도 등을 포함해서 모든 것에 귀를 기울이는 것이다. 즉 클라이언트가 무엇을 말하는지, 사회복지사의 질문에 어떻게 반응하는지 등을 적극적으로 잘 듣는 것이다. 이때 클라이언트의 말을 잘 들어주는 것은 클라이언트의 어려움에 공감하고 필요한 반응을 표현하면서 적극적으로 듣는 것으로, 면접에서 가장 중요하다. 사회복지사가 클라이언트의 말을 주의 깊게 잘 들어주고 적절하게 반응하면 클라이언트와의 관계형성이 쉬워지고 클라이언트도 자신의 문제에 대해 솔직하게 이야기함으로써 문제해결이 쉬워지는 것이다. 하지만 초보 사회복지사는 자신의 이야기를 많이 하려고 하고 클라이언트에게 말할 기회를 적게 주는 우를 범할 수 있다. 이러한 행동은 전문적 관계형성을 방해하고 클라이언트와 사회복지사 간의 신뢰를 떨어지게 하는 행동이다.

효과적인 의사소통을 위한 경청을 잘 하기 위한 방법은 다음과 같다.

- 경청은 단순히 듣는 것이 아니라 말하는 사람이 사용하는 어휘, 목소리 톤, 신체언어 등을 파악하면서 듣는 것이다. 즉 클라이언트의 언어적·비언어적 메시지 모두를 세심하게 주의하면서 듣는 것이다.
- 사회복지사는 클라이언트의 말을 잘 듣고 있다는 표시로 고개를 끄덕이거나 짧은 감탄사나 눈 맞춤 등으로 경청하고 있음을 클라이언트에게 전달한다.

  예 '그랬군요!', '아~', '네~' 등으로 표현한다.
- 사회복지사는 궁금하거나 클라이언트가 말한 내용을 이해하기 위해 필요한 경우에는 적절한 질문을 한다. 질문을 통해 클라이언트는 사회복지사가 자신의 말을 잘 듣고 있다는 느낌을 받게 된다.
- 사회복지사는 클라이언트가 한 말에 대해 반복하거나 되돌려 주는 말을 한다. 이러한 반복과 환언을 통해 클라이언트에게 말을 잘 듣고 충분히 경청하고 있음을 표현할 수 있다.

(3) 질문기술

질문하기는 클라이언트로부터 중요한 정보를 얻기 위해 가장 많이 사용하는 면접기술이다. 일반적인 의사소통에서도 질문을 하지 않고는 대화가 이루어지지 않는다. 사회복지실천의 면접과정에서는 단순히 언어적 정보를 얻기 위한 것이 아니기 때문에 질문을 하는 태도가 더 중요하다. 질문하기 기법에는 여러 가지 기술이 있다. 각 기법에는 장·단점이 있으므로 클라이언트의 상황에 따라 질문의 방법 및 분량, 적절한 시기 등을 고려해야 한다. 질문의 기법을 살펴보면 다음과 같다(백은령 외, 2007).

- **개방형 질문**

개방형 질문은 클라이언트가 답변의 내용을 선택하여 설명, 논의하여 대답하도록 하는 질문 방식이다. 즉 응답 내용에 대해 자유로운 답변이 나올 수 있는 질문 형태이다. 클라이언트 자신이 중요하다고 생각되는 문제에 초점을 맞출 수 있으며, 그의 생각과 감정에 대한 탐색이 가능하다. 개방형 질문이 사회복지실천에서는 더 효과적인 질문으로 사용되지만 상황에 따라서는 폐쇄형 질문이 더 적절한 경우도 있다.

예 "오늘 기분은 어떠한가요?", "오늘은 어떤 이야기를 하고 싶으세요?", "시험이 끝나니 기분이 어떠니?", "점심은 뭘 먹었니?"

- **폐쇄형 질문**

폐쇄형 질문은 비교적 제한된 답변이 나올 수 있는 질문이다. 주로 구체적인 사실에 대한 정보를 얻기 위해 사용하는 질문 형태이다. 면접 초기 상황에서 많이 사용되고 면접 전반적인 과정에서 활용되기도 한다. 명백한 사실을 간단하게 확인하는 경우에는 폐쇄형 질문이 더 적절하다. 하지만 폐쇄형 질문은 클라이언트의 초점과 반응범위를 제한하고 확실한 사실에 대한 확인과정의 질문으로, 클라이언트의 대답은 "예" 또는 "아니오"로 제한된다. 클라이언트의 답변의 범주가 제한적이고 클라이언트에 대한 이해의 폭이 넓지 않다. 또한 면접과정에서 폐쇄형 질문을 많이 사용하면 클라이언트는 조사당한다는 느낌을 가질 수 있어 불쾌감을 느낄 수도 있다.

예 "시험이 끝나서 후련하지?", "가출을 했나요?", "오늘은 기분이 좋니?", "밥은 먹었니?"

- **'왜'라는 질문**

'왜'라는 질문은 클라이언트를 비난하거나 질책하는 의미를 내포할 수 있다. 이는 책임 추궁이나 비난, 비판의 의미로 전달될 수 있기에 사용에 주의를 기울여야 한다. 하지만 면접과정에서 클라이언트 행동의 이유나 배경, 원인 등에 대해 알아보고자 할 때는 사용할 수 있다. 이때 클라이언트가 질문을 받고 추궁 받는 느낌으로 방어적인 태도를 보이지 않도록 주의하여 사용해야 한다. '왜'라는 말보다는 '무슨 일'이나 '무엇 때문에'로 질문하는 것이 좋다. 또는 '왜' 대신에 '이유'라는 말이 더 좋을 수 있다.

예 "왜 외출이 두려운가요?" → "만약 외출한다면 무슨 일이 생길 것 같나요?"
"왜 그런 행동을 했나요?" → "그러한 행동을 한 이유를 말해 줄래요?"

• **유도질문**

유도하는 질문은 특정한 방향으로 클라이언트의 응답을 이끌어 내는 질문이다. 유도하는 질문을 받게 되면 클라이언트는 자신의 의견을 솔직하게 말하기보다는 질문자가 원하는 방향으로 거짓 답변을 할 수 있다.

예 "당신의 행동이 잘못되었다고 생각해 보지는 않았나요?"
"죄책감이 들지는 않았나요?"

• **이중질문**

한꺼번에 2개 이상의 질문을 쏟아붓는 질문으로 폭탄형 질문이라고도 한다. 이중질문을 하면 클라이언트는 어느 질문에 초점을 맞추어야 하는지 몰라 혼란스러움을 느낄 수 있고, 정확한 답변보다는 피상적인 답변을 할 수 있다. 따라서 이중질문은 클라이언트를 당황하게 만들 수 있기 때문에 한 번에 하나의 질문을 하는 것이 좋다.

(4) 명료화

클라이언트가 자신의 처지에 대해 좀 더 분명하고 객관적인 인식을 갖도록 언급하는 기술이다. 클라이언트가 자신의 진술에 일관성이 없거나 모호한 경우에 좀 더 분명히 질문하여 대답을 요구하거나 클라이언트의 실제 반응에서 드러난 감정, 생각 속에 암시되었던 의미를 클라이언트에게 분명하게 말해줄 필요가 있을 때 사용한다. 이때 사회복지사는 클라이언트가 사용한 것과 동일한 단어를 사용하여 언급한다.

예 클라이언트: 시어머님은 쉽게 말씀하시지만 듣는 사람은 좀 그래요.
사회복지사: '좀 그래요'라고 하셨는데 구체적으로 어떻다는 것인가요?

(5) 직면

클라이언트의 말과 행동 사이의 불일치나 표현한 가치와 실행 사이의 모순을 스스로 인식할 수 있도록 직시하게 만드는 기술이다. 클라이언트가 모르고 있거나 인정하기를 거부하는 생각과 느낌에 주목하도록 하는 기법이다. 이는 클라이언트가 잘못하고 있거나 불일치나 모순이 있는데 클라이언트가 이를 거부할 때 사용할 수 있다. 사회복지사는 클라이언트가 의식할 수 있고 자신을 살필 수 있음을 지적해주고 그것이 클라이언트 자신의 문제와 어떻게 관련이 되는지를 생각해 보도록 이끌어 준다. 이 기법은 클라이언트의 감정, 행동, 사고의 모순을 지적하는 것이므로 사회복지사와 충분한 친밀관계가 형성된 이후에 사용하여야 한다. 사회복지사의 직면기법은 클라이언트에게는 부담스럽고 거부감을 느낄 수 있다. 또한 클라이언트가 극심한 긴장 상태일 경우라면 사용하지 않는 것이 좋다. 즉 직면은 공격적 요소를 지니고 있으며 클라이언트에게 충격을 유발할 수 있고 상처로 다가갈 수 있기 때문에 충분한 신뢰관계가 이루어지지 않았을 경우에는 사용에 주의해야 한다.

예 1 사회복지사: OO씨는 지난번 이야기에서는 낙태 반대주의자라고 이야기하셨습니다. 그런데 지금 딸에게는 낙태를 하라고 말씀하시고 있네요?

예 2 사회복지사: 이전에 OO씨는 일하는 엄마들은 자녀를 잘 돌보지도 않고 아이들에게 무책임하다고 말씀하셨는데 지금은 전업주부로 살림하는 자신이 초라하고 무능력해 보인다고 이야기하시는군요~

(6) 해석하기

클라이언트의 표현과 행동상황에 깔려 있는 단서를 발견하고 그 결정적 요인들을 클라이언트가 알 수 있도록 언급해주거나 클라이언트가 좀 더 상세하게 말하도록 격려함으로써 스스로 깨닫도록 도와주는 기술이다. 이는 클라이언트가 스스로 자신의 문제를 직면할 수 있게 하여 클라이언트의 통찰을 재촉하는 것이다.

이는 클라이언트가 미처 의식하지 못하는 의미까지 설명한다는 면에서 인간의 무의식에 관한 전문성이 요구되는 기술이다. 클라이언트의 특정 상황을 다양하게 해석할 수 있기 때문에 사회복지사의 해석이 틀릴 수도 있다. 따라서 적절하게 사용하지 못할 경우 오히려 역효과를 낼 수 있기에 직면기법과 동일하게 충분한 관계형성 이후 사용에 주의를 기울여야 한다.

(7) 요약하기

요약하기는 클라이언트가 말한 언어적 표현의 요점을 사회복지사가 요점을 간추려서 사회복지사의 말로 되돌려 주는 기법이다. 요약은 상담회기를 시작할 때, 상담에서 분위기 전환이 필요할 때, 클라이언트가 집중하지 못하고 산만할 때, 상담의 회기를 마칠 때 사용한다. 또한 다루고 있는 주제가 바뀔 때, 회기를 마무리할 때 그동안 클라이언트가 이야기한 내용을 간략하게 정리하는 것이다. 이렇게 요약하기 기법을 사용하게 되면 클라이언트는 사회복지사가 자신의 말을 경청하고 있음을 알게 되고, 사회복지사는 클라이언트의 이야기를 정확하게 이해하고 있는지 확인하는 기회를 가지게 된다.

요약의 목적은 클라이언트 이야기에 담겨 있는 여러 요소를 한데 묶어 간결하게 정리해주고 클라이언트 이야기의 공통된 주제나 패턴을 파악하는 데 있다. 또한 면접이 사실중심으로 겉도는 것을 차단하고 치료적 의미가 있는 내용을 조명함으로써 상담의 효율성을 더 높일 수 있다. 요약하기 기법은 클라이언트의 호소 문제를 중심에 두고 사용하며, 클라이언트와 사회복지사에게 면접의 초점을 유지하고 방향 설정에 도움이 되는 기법이다.

(8) 분위기 조성기술

분위기 조성기술은 성공적인 면접을 위해 편안한 분위기를 만드는 기술이다. 조용하고 집중할 수 있는 면접실의 환경이나 심리적으로 클라이언트의 부담을 들어 줄 수 있도록 신경을 쓴 면접실의 집기 배치, 안온한 분위기를 연출하는 조명 등에 대한 배려는 분위기 조성을 위한 간접적 기술이라고 할 수 있다. 성공적인 면접을 위해서는 무엇보다도 클라이언트가 편하고 자연스럽게 자신의 관심사를 이야기할 수 있는 분위기를 조성하는 것이 중요하다.

특히 초기면접의 경우, 클라이언트는 처음 보는 사회복지사에게 자신의 문제를 부담없이 이야기할 수 있을 것이라고는 아무도 생각하지 않는다. 이때 사회복지사도 부담스럽기는 역시 마찬가지이다. 이러한 부담을 줄이기 위해 자기소개를 통해 인사를 나눈 후 날씨나 교통상황 등 일상과 관련된 가벼운 이야기를 먼저 나누는 것이 면접의 분위기 조성에 도움이 된다.

(9) 초점 제공하기

상담장면에서 이야기의 주제가 초점에서 벗어나는 주제로 흐를 경우 본래의 초점으로 되돌리는 기술이다. 클라이언트가 표현이 산만하고 어떤 주제에 대해 회피하려고 할 때 간단하게 질문하기를 통해 이야기의 초점을 맞추게 된다. 정해진 상담시간에 최대한의 효과를 올리기 위해 불필요한 이야기를 줄여 시간 낭비를 막아주는 효과가 있다.

(10) 재보증(안심시키기)

클라이언트가 가진 능력에 대해 신뢰를 주어 클라이언트가 느끼는 불안이나 불확실성을 없애고 위안을 주며 안심시키는 기술이다. 클라이언트는 자신의 결정이나 생각에 대해 자신 없어 하거나 의구심에서 벗어날 수 있다. 사회복지사는 클라이언트가 가지는 합리적인 생각이나 결정을 지지할 때 사용한다.

(11) 일반화하기

클라이언트의 생각이나 행동이 비슷한 상황에서 다른 사람과 같다고 말해줌으로써 클라이언트가 가진 문제가 특이한 것이 아니라 타인과 같다고 느끼게 하여 타인과의 이질감이나 소외감을 해소할 수 있는 기법이다. 이로써 클라이언트는 자신에 대한 신뢰감과 자신감을 찾을 수 있다.

4. 면접의 과정

사회복지실천의 개입은 일정한 기간을 설정하고 그 기간 동안 정기적으로 면접을 통해 클라이언트의 변화를 도모한다. 따라서 사회복지실천 면접의 목적과 방향성은 클라이언트와 실천현장에 따라 다양하다. 사회복지실천의 면접과정은 장기간의 회기로 진행되는 면접뿐만 아니라 단 한 번의 회기로 종료되는 면접도 시작–중간–종결 단계로 나눌 수 있다. 이는 구조적 측면과 전체 원조과정뿐만 아니라 개별면접에서도 동일하게 적용된다. 면접의 각 과정을 살펴보면 다음과 같다.

1) 시작 단계

면접의 시작 단계는 만남의 목적, 해야 할 일 등에 대해 이야기한다. 연속적인 과정 중에 이루어지는 면접일 경우에는 지난 회기에 이루어진 내용에 대한 재검토가 이루어진다. 시작 단계에서 클라이언트는 사회복지사에게 자신의 최근 상황에 대해 말할 수 있고 사회복지사는 새롭거나 부가적인 정보를 클라이언트에게 제공할 수 있다. 일반적으로 면접의 시작 단계는 클라이언트에게 감정적으로 덜 중요하고 익숙한 자료이며 최근의 것이고 일반적인 사항이다. 클라이언트의 자신의 문제에 대한 느낌과 고통의 정도, 도움을 받는다는 것에 대한 느낌, 사회복지기관에 대한 긍정적·부정적 인식의 정도 등은 첫 면접에 영향을 미치게 된다. 실제적으로 면접이 시작된 경우일 때는 사회복지사는 클라이언트의 이름을 부르면서 맞이하여 친밀감을 도모하고 클라이언트는 안정감을 갖게 된다. 시작 단계에서는 공식적인 역할이 정해져 있는 것이 아니기 때문에 일상적인 기후, 물가, 교통문제, 식사, 스포츠 등에 가벼운 이야기로 시작하는 게 좋다. 초기 단계에서는 면접의 목적을 밝히고 클라이언트가 쉽게 이야기할 수 있는 위협적이지 않는 질문을 하는 것이 좋다.

시작 단계에서 주의해야 할 사항으로는 피상적인 태도로 '방문해 주셔서 정말 감사합니다', '와 주셔서 기쁘다' 등의 과장된 표현을 남발하는 행동은 피해야 한다. 또한 '뭐든지 말해 봐라, 도와 드리겠다'와 같은 만능해결사로서의 태도도 바람직하지 않다. 또한 사회복지사가 클라이언트를 대할 때 '무얼 도와 드릴까요?'나 '무슨 문제이지요?' 등 문제중심적으로 취조하는 방식은 자발적으로 자신의 이야기를 할 수 있었던 클라이언트를 오히려 주춤하게 하거나 위축되게 할 수 있기 때문에 주의해야 한다.

사회복지사는 클라이언트에게 앞으로의 면접과정에 대한 설명으로 기관과 자신의 입장, 가능한 서비스에 대한 안내와 면접의 목적 등에 대해 구체적으로 설명해야 한다. 또한 클라이언트가 기대할 수 있는데 기관에서 제공할 수 없거나, 제공에 한계가 있는 서비스에 대해서도 명확하게 안내하고 클라이언트가 안내된 고지에 따라 결정을 할 수 있도록 도와야 한다.

2) 중간 단계

중간 단계의 주요 과업으로는 클라이언트가 겪는 어려움이나 문제가 구체적으로 설명되고 현 시점에서 도움을 청하는 클라이언트가 어떻게 느끼고 생각하는지, 현재 상황을 어떻게 경험하며 해결의 대안은 무엇인지 등에 관한 이야기가 이루어지는 것이다. 중간 단계에서는 사회복지사와 클라이언트가 문제해결과정에 적극적으로 참여하게 된다. 즉 한 가지 이상의 해결방안이 제시되어 행동으로 추진할 수 있다.

중간 단계의 면접내용으로는 클라이언트가 자신의 인지적·정서적 경험을 확인하고 문제에 대한 지각과 이해방식 그리고 문제의 본질에 대한 클라이언트의 생각과 사회복지사 자신의 생각 등에 관해 다루는 것이 포함되어야 한다. 이때 사회복지사의 역할은 클라이언트가 자유롭고 편안하게 감정을 표현하면서 어려운 상황의 내용을 명확하게 이해하는 데 도움을 주는 것이다. 또한 사회복지사는 클라이언트가 변화과정에서 자신의 역할과 책임을 잘 수행할 수 있도록 클라이언트의 편에서 저항과 결핍에 역점을 두고 개입하려는 것이 필요하다. 사회복지사는 클라이언트와 행동 계획을 함께 세우며 클라이언트가 다양한 대안적 선택 사항을 개발할 수 있도록 돕고, 변화를 방해하는 장애요인에 대한 파악과 해결방안이 논의되기도 한다.

3) 종결 단계

면접의 마지막 단계는 종결이다. 종결인 마무리 단계에서는 종결 시간에 대해 시작부터 클라이언트와 서로 인지하면서 미리 준비하고 계획하여 면접이 갑작스럽게 끝나지 않도록 해야 한다. 종결에서는 내용뿐만 아니라 정서적인 측면에서도 종결에 대한 준비가 이루어져야 한다. 유능한 사회복지사는 클라이언트가 종결 시간에 대해 잘 알 수 있게 하고 정해진 시간에 맞추어 면접을 진행해 나간다. 만약 클라이언트가 면접의 종결 시간에 대해 인지하지 못할 경우, 종결 시간을 알려주어야 한다. 예를 들면, 사회복지사가 일어날 준비를 하는 행동을 보이거나 면접에 사용된 서류나 종이를 정리하며 시계를 보는 등의 행동을 보여주며 종결 시간을 알려줄 수 있다.

종결 단계에서 사회복지사는 그동안 사회복지사와 클라이언트가 수행해온 일과 성공적인 경험에 대해 요약하고 클라이언트의 동기에 따라 특정 경험에 대해 의미를 부여할 수 있다. 종결 단계에서는 사후관리 서비스를 계획하고, 그동안 사회복지사로서 동의할 만한 클라이언트의 기능적인 행동을 일상에서 적용할 수 있도록 언급하며 재검토한다.

이와 같이 면접의 초기·중기·종결단계 전 과정에서 관심의 중심은 클라이언트이다. 전문적인 사회복지실천의 가치, 지식, 기술 등을 통해 사회복지사는 클라이언트의 문제 상황을 이해하고 문제가 존재하는 이유를 규명하며, 클라이언트와 함께 목표 달성에 필요한 행동을 수행하는 등의 원조를 제공하게 되는 것이다.

5. 사회복지실천의 면접기록

사회복지실천에서의 기록은 매우 중요한 활동이다. 클라이언트의 삶과 생명을 다루는 과정에서 기록이 이루어지지 않는다면 체계적인 실천과는 거리가 먼 이야기일 수 있다. 즉 사회복지사가 하는 일은 특정한 상황에 처한 사람의 삶에 결정적인 영향을 준다는 점을 항상 기억해야 한다. 이와 같이 사회복지실천이 체계적인 과정의 산물이기 때문에 그 과정을 돌아보고 평가해 보거나 서비스의 연결을 위해서는 기록이 남아 있어야 한다. 기록은 사회복지사가 추구하는 직업적 윤리와 가치를 기준으로 자신이 가지고 있는 지식과 기술을 윤리적이고도 효율적으로 사용하여 과업을 성취하기 위해 어떠한 선택을 하는가를 말해준다. 사회복지실천의 과정은 목적성·보편성·책임성이라는 특성을 가지고 있다. 따라서 이러한 선택은 기록이라는 형식을 통해 보존되고 검토되어야 한다(최경화 외, 2010).

1) 기록의 목적 및 활용

(1) 기록의 목적

기록의 목적은 클라이언트의 욕구 확인, 사례의 지속성 유지, 기관이 실시하는 서비스의 정당성 입증, 전문가 사이의 의사소통 원활화, 클라이언트와 정보 공유, 사례의 지도감독 및 교육 자료, 행정적 정보 제공, 조사를 위한 자료 제공 등으로 활용하는 데 있다. 또한 사회복지사가 자신의 사례를 철저하게 기록함으로써 개입과정에서 순간적으로 요구되는 생각의 발상과 사례발표를 위한 기초자료로 활용될 수 있다. 기록의 목적은 책임성(accountability)에 있다. 따라서 사회복지사는 자신이 제공한 서비스를 기록하고 설명하고 평가하는 과정을 통해 자신이 소속된 기관 및 사회에 대한 법적·윤리적 책임을 지게 된다(이영호, 2015; 최선화, 20019; Wilson, 1976; Kagle, 1991).

(2) 기록의 활용

사회복지실천에서의 기록은 그 쓰임새가 다양하고 실천현장의 특성과 기관의 요구에 따라 다르게 나타난다. 기록의 다양한 활용도를 살펴보면 다음과 같다.

- 클라이언트의 욕구 확인: 기록은 관심과 초점을 명확히 하고 세부적인 사항과 욕구를 확인할 수 있게 해준다.
- 서비스 내용에 대한 보고: 사회복지실천의 개입과정에서 진행된 상황기록은 서비스가 클라이언트의 욕구에 적절한 것이었는지 검토 자료로 활용된다.
- 사례의 지속성 유지: 기관이 다르거나 담당하던 사회복지사가 변경될 경우 클라이언트의 욕구, 개입목적, 진행과정 등에 대해 연속된 검토가 가능하고 사례 지속성을 유지해준다.
- 전문가 간의 의사소통: 유관기관의 전문가나 사례회의에서 의사소통의 도구로 활용되고 사례개입의 효과성 향상을 위한 통합적인 개입을 도울 수 있다.
- 지도감독 자문 동료검토의 원활화: 슈퍼비전, 자문, 동료검토, 교육과 훈련의 자료로 활용된다.

- 클라이언트와의 기록 공유: 실천개입의 방법에 따라 클라이언트와 기록을 공유하고 논의할 수 있다. 이는 사회복지사와 클라이언트 간의 정보공유를 통해 의사소통을 촉진시킬 수 있으나 전문적인 용어에 대해 잘못된 해석으로 오해를 일으킬 수도 있기에 주의해야 한다.
- 증명자료로 활용: 서비스의 개입과정에 대해 지도, 감독, 자문 등을 받을 때 자료로 활용된다.
- 행정적 결정을 위한 자료 제공: 클라이언트의 욕구, 서비스, 유형 직무관리, 자원분배 등에 관한 행정적 결정을 위한 자료로 활용된다.

2) 사회복지실천 기록의 내용

(1) 초기 단계의 기록 내용

사회복지실천의 초기 단계는 클라이언트의 접수, 사정, 계약을 중심으로 이루어지는 과정이다. 이때 접수과정의 기록은 기관에 따라 다양한 양식이 있을 수 있다. 초기 단계 기록은 사회복지실천의 사정 단계에서 이루어지는 내용으로, 클라이언트 개인이나 가족의 인구사회학적 정보, 서비스 요청 동기 등을 확인하고 서비스 대상 유무를 판단하게 된다. 초기사정 단계에서의 기록은 표준화된 측정도구를 사용하기도 하고 클라이언트에 대한 내용과 그가 상호작용하는 개인, 가족, 집단, 지역사회 등 통합적인 맥락에서 기록한다.

가끔은 계약과정에서의 구두나 암묵적으로 계약이 이루어지는 경우 기록이 생략되기도 하지만 원칙적으로는 계약내용을 기록하여 보관하는 것이 바람직하다. 이때 계약에 포함되어야 하는 내용으로는 관찰 가능하고 수치로 측정이 가능한 목표, 목표 달성의 방법, 면담을 위한 시간이나 장소 등과 같은 행정적인 절차이다. 최근에는 각 기관에서 개입방법에 대한 계약서 양식을 갖추고 사용하는 기관이 늘어나고 있다.

(2) 개입 단계의 기록 내용

개입단계의 기록은 개입방법에 따라 다르다. 만약에 클라이언트의 면담을 위주로 하는 지지적 개입이 이루어진다면 면담의 내용을 중심으로 기록이 구성될 것이다. 다른 외부 자원과 연계하는 개입이라면 외부 자원의 역할이나 그에 따른 클라이언트의 기대와 상호작용을 중심으로 기록될 수 있을 것이다.

이때 기록의 내용에 반드시 포함되어야 할 내용은 다음과 같다(Kagle & Kopels, 2010).

- 클라이언트와 관련된 활동 내용을 기록해야 한다.
- 클라이언트나 사회복지실천 차원에서 특별히 중요한 사건은 즉시 기록해야 하며 기관의 책임자에게 보고하여야 한다.
- 클라이언트의 욕구나 문제와 관련된 새로운 정보를 기록한다.
- 개입 활동에 대한 평가도 기록한다.

(3) 종결 단계의 기록 내용

종결 단계에서는 초기부터 중기, 종결 단계의 모든 과정을 요약하거나 정리할 필요가 있다. 특히 종결 단계에서는 종결의 원인이 초기개입 시기에 계획된 것인지, 다른 원인으로 인한 것인지 표기되어야 한다.

3) 기록의 유형

사회복지실천에서의 기록은 단계나 목적에 따라 여러 가지 유형이 있다. 또한 사회복지기관의 특성에 따라 서비스의 전달체계가 다르기 때문에 기록의 유형도 다양하다. 기록 유형에는 과정기록, 문제중심기록, 요약기록 등이 있다.

(1) 과정기록

매우 구체적이고 세밀한 기록의 형태이다. 면접과정 중에 사회복지사가 듣고 관찰한 모든 것을 기록한다. 과정기록을 통해 학생들은 자기인식 기회를 가질 수 있고 사회복지실천 기술을 배우는 중요한 도구로 활용할 수 있다. 과정기록에 포함되어야 하는 내용으로는 면접 날짜, 클라이언트의 이름, 면담 횟수 등 사회복지사가 기억할 수 있는 가능한 모든 것이 포함된다.

표 10-1 과정기록의 예(면담일: 2000년 O월 O일)

면담내용	사회복지사의 느낌
사회복지사: 제가 지난번에 통화했던 사회복지사 김OO입니다. 클라이언트: 네.. 어떻게 말을 해야 할지.. 사실은 우리 아이가 말썽을 부려서 학교에서 퇴학을 당하게 되었습니다. 대화를 하려고 해도 저와는 말을 하지 않으려고 하고 달리 의논할 사람이 없어서 ...아이 아빠는 오히려 저에게 화를 내면서 집에서 뭐했냐고 하지만 저도 할 만큼 했는데...	클라이언트는 몹시 당황한 것 같았다.
면담내용	**사회복지사의 코멘트**
사회복지사: 그러니깐 아이가 비행행동을 보이나 보죠? 아이가 몇 학년입니까? 클라이언트: 비행행동이라고 하기보다는 학교를 잘 가려고 하지 않고 잘못된 친구들과 어울리고 본드 등을 하는 것 같습니다. 하지만 남의 물건을 뺏거나 때리는 폭력행동은 하지 않습니다.	다음 클라이언트와의 면담약속 때문에 마음이 급했고 빨리 결론을 내리려고 한 것 같다. 클라이언트는 비행행동이라는 단어가 불쾌하였던 것 같다.

출처: 양옥경 외(2006) 재인용.

과정기록의 장점으로는 사회복지사와 클라이언트 사이에 일어나는 활동을 개념화하고 조직화할 수 있다. 면접이나 개입의 목적을 명료화하고 개입 기술을 향상시킬 수 있으며 기록내용을 통해 실습생의 기능수행능력 파악이 가능하고 구체적인 지도가 가능하여 실습교육 방법으로 유용하다. 또한 자신이 진행한 과정기록을 통해 자신에 대해 새로운 인식이 가능하며 사례 진행에 대한 점검과 잘못된 개입이 발견된 경우 사전에 문제 예방이 가능하다.

과정기록의 단점으로는 기록에 시간이 너무 많이 걸려 비효율적이고 사회복지사의 능력에 따라 기록의 질이 영향을 받게 되며 면접과정에서 일어나는 일을 완벽하게 기억하고 재현하기 어려워 왜곡된 정보를 제공할 수 있다는 점이다. 또한 비밀 보장이 철저히 이루어지지 않으면 클라이언트의 사적 관리를 침해하게 될 수 있다.

(2) 문제중심기록(SOAP)

문제중심기록은 문제영역을 명확히 사정하며 제시된 문제에 대해 어떻게 개입할 것인가에 대한 계획을 세우는 것이다. 즉 문제를 평가하기 위한 자료수집의 데이터베이스 구축에 활용된다. 문제의 규정과 구체적인 목록을 작성하며 새로운 문제가 발견되면 추가한다. 문제에 대한 개입 계획과 문제 목록에 기재된 번호에 따라 SOAP 방식으로 기록하여 개입의 수행 및 점검이 가능하다. 이때 여러 전문직들이 함께 다학제적 세팅에서 더 유용하다. 문제중심기록은 면담이 이루어질 때마다 매번 기록되며 SOAP 유형을 따르는 경우가 많다.

SOAP 유형은 다음과 같다.

- S(Supplemental, 주관적): 클라이언트나 가족들이 주관적으로 기술하는 문제와 정보
- O(Observations, 객관적): 사회복지사가 관찰한 객관적인 정보
- A(Activities, 사정): 문제에 대한 견해, 해석, 사정
- P(Plan, 계획): 전문가가 특정한 문제를 제기하거나 해결하는 방법, 그 방법에 대한 계획

문제중심기록의 장점으로는 여러 전문직 간의 의사소통을 촉진하며 서로의 공조를 원활하게 하고 목록화된 문제에 초점을 맞추어 상황을 진행함으로써 책무성을 향상시킬 수 있다. 또한 간결한 기록과 통일된 형식으로 인해 질 높은 기록의 검토가 가능하다.

문제중심기록의 단점으로는 클라이언트의 욕구, 자원 강점보다는 문제를 강조함으로써 사회복지실천의 관심의 폭이 제한되고 개인과 환경의 상호작용보다는 개인을 강조하여 관련 현상을 단순화시킬 우려가 있다. 또한 부분화를 강조함으로써 통합적인 서비스 전달의 복잡성을 간과한다는 점이 있다.

표 10-2 문제중심기록의 예

데이터베이스

(2000. O월. O일 접수면접에서 얻은 정보를 바탕으로 작성 함)

이름: OOO, 나이: 30세

클라이언트는 결혼한 지 7년 된 기혼여성으로 35세 남편과 5세 된 아들 하나를 두고 있다. 그는 어젯밤 술 취한 남편으로부터 구타당하여 현재 허리 통증과 함께 걸음걸이가 불편하다. 남편의 반복되는 음주 후 구타행동 때문에 본 기관에 도움을 요청하였다. 경찰에는 연락한 적은 없다.

클라이언트의 남편은 IMF시대 이후 대규모 감원으로 인해 8개월 동안 실직 상태에 있다가 현재 친척이 운영하는 작은 사업체에서 일하고 있다, 클라이언트는 결혼 후 6개월 때에 맞은 따귀가 결혼 후 처음 당한 폭력경험이다. 그 이후 폭력이 없다가 실직사태 이후부터 남편의 음주 후 폭력이 증가하였다. 남편의 폭력에 대한 클라이언트의 반응은 함께 소리 지르고 울며 대드는 것이다.

남편은 전에는 때린 다음날에 클라이언트에게 사과하기도 했지만 최근에는 사과하지 않는다. 남편이 아이를 때리지는 않지만 아이가 부모의 폭력사태를 여러 번 보았기 때문에 아빠를 무서워한다. 클라이언트는 나가서 일을 하고 싶어도 특별한 기술도 없고 아이도 어려서 엄두를 못 내고 있다. 그러나 아이가 초등학교에 입학하고 나면 취업하기를 원한다.

• 문제목록

번 호	문 제	확인된 날짜	중단/해결된 날짜
1	남편의 음주 및 구타	12/1	
2	클라이언트 피신처 마련	12/1	12/1
3	클라이언트의 허리통증	12/1	12/4
4	클라이언트의 정서적 어려움	12/1	
5	클라이언트의 결혼지속의사 여부 불분명	12/1	12/8
6	클라이언트의 법 및 지원체계에 대한 지식부족	12/1	12/4

• **초기계획**

문제 #1: 남편의 음주 및 구타

남편과 연락하여 면담을 약속하고 남편에 대한 심리사회적 사정과 개입을 한다. 음주 및 폭력에 대해서는 전문치료기관에 의뢰한다(남편이 동의한다면). 이러한 개입계획에 남편이 동의하도록 사회복지사와의 관계형성에 주력한다.

문제 #2: 클라이언트의 피신처 마련

클라이언트의 희망대로 언니네 집에서 머물도록 하고 이에 대해 추후 점검한다.

문제 #3: 클라이언트의 허리통증

클라이언트가 병원치료를 받고 있는지 추후 점검한다.

문제 #4: 클라이언트의 정서적 어려움

정서적 어려움의 근원, 감정, 및 약점에 대한 사정 및 지지적 개입을 한다.

문제 #5: 클라이언트의 결혼지속의사 여부 불분명

이에 대한 클라이언트의 결정을 돕는다.

문제 #6: 클라이언트의 법 및 지원체계에 대한 지식부족

클라이언트를 본 기관과 연계되어 있는 법률상담소와 연계한다.

• **진행노트**

날짜: 12. O일 클라이언트 남편과의 면담

문제 #1: 남편의 음주 및 구타

S: 남편의 자기의 음주 및 구타 사실을 인정했지만 아내가 자기에게 바가지를 긁었기 때문에 이런 일이 발생했다고 주장하고 있다. IMF 사태로 인해 실직 이후의 좌절감과 스트레스 그리고 현재 직장에 대한 불만을 이야기하는 데 많은 시간을 할애하였다. 아내와의 결혼생활을 계속하기를 원하고 현재 언니 집에 있는 아내가 하루빨리 집으로 돌아오기를 원하고 있다. 음주문제에 대한 치료 프로그램에 대해서 그 필요성을 부인하고 있다. 다만 아내가 집으로 돌아오면 부부상담에는 참여할 용의가 있다고 말하고 있다.

O: 남편은 체격이 보통이며 목소리가 크고 막힘이 없이 이야기를 잘 하는 편이다. 실직으로 인해 직업을 바꾼 후 경제적으로 쪼들리는 편이다.

A: 남편은 문제를 부인하고 있다. 자기의 행동에 책임을 지기보다는 아내에게 책임을 미루고 있는 것으로 보인다. 가부장적 가치관이 현저하다. 그러나 결혼생활을 계속할 의사가 확실한 것, 아내와 아이에 대한 애정을 나타내는 것, 개별 및 부부상담에 개방적인 것은 부부관계의 강점으로 생각된다.

P: 남편이 구타에 대한 책임을 인정하기 위하여 계속적인 개입이 필요하다. 이것이 아내와 아이에게 어떠한 고통을 야기하는지 인식할 필요가 있다. 개별면담을 실시할 예정임.

출처: 윤현숙 외(2001).

(3) 요약기록

많은 복지기관에서는 클라이언트에 대한 정보, 의뢰 등에 대해 간략한 사항만을 기재함으로써 기록의 구조를 단순화하고 있는 추세이다. 요약기록은 정보 수집을 통해 얻어진 자료를 선택하여 클라이언트의 상황을 정확하고 요점적으로 기록한다. 요약기록은 주로 초기면접이나 타 기관의 의뢰, 사례종결에 사용되지만 정기적으로 중요한 정보를 요약하기 위해 주나 월 단위로 이루어지기도 한다(최혜지 외, 2013).

요약기록의 장점으로는 중요한 정보를 일목요연하게 요약함으로 장기간 클라이언트에게 접촉하거나 담당하는 사회복지사가 바뀔 경우에는 사례의 일관성과 지속성 유지가 가능하다는 점이다. 요약기록의 단점으로는 사회복지사와 클라이언트와의 상호작용의 질을 파악하기 어려우며 사회복지사의 능력에 따라 중요한 정보가 누락될 수 있다는 점이다.

표 10-3 요약기록의 예

• 일련번호: 35-00125	• 이름: 김 OO	• 성별:	• 나이:	• 접수일: 2000년 0월 0일
• 주소:	• 연락처:	• 사회복지사:		• 작성일:
• 제시된 문제: 거식증 및 등교거부				
2000년 3월 25일 관내의 학교사회복지사가 서비스를 신청함. 부모와 자매(클라이언트, 10세 여동생)로 이루어진 핵가족이며 부모님은 지역시장에서 포목점을 운영하고 있어 귀가시간이 매우 늦음. 클라이언트는 중1 겨울방학 캠프를 다녀 온 이후 성격이 변했다고 함. 아동청소년 팀의 사회복지사는 학교사회복지사 A씨와 동행한 어머니와의 면담을 통해 현재 클라이언트가 장기 무단결석 중이며 가정방문 결과 집에서도 식사와 등교를 거부하여 많은 갈등이 있었음을 알게 됨. 사회복지사는 클라이언트의 신체 정보와 최근 사진으로 식이장애가 진행 중이라고 판단하여 의료기관에 정밀진단과 심리검사를 통해 건강상태를 점검하는 것이 우선적 과제라고 판단함. 식이장애에는 대개 가족 역기능이나 교우관계 등의 문제에서 비롯된다는 점에서 건강진단과 심리검사 후 가족치료의 필요성이 요구되며 상태가 심각할 경우 입원조치 등 타 기관 의뢰도 고려할 사항임.				

출처: 엄명용 외(2020) 재인용.

(4) 이야기체 기록

기록하는 문제유형의 하나로 이야기하듯이 풀어서 서술하는 방식이다. 직접인용 방식과 과정기록이 대화체 서술이라면, 간접인용 방식의 과정기록이나 요약기록은 이야기체 서술이다.

(5) 녹화 및 녹음

대체로 보충적으로 사용되며 클라이언트에게 녹음이나 녹화의 용도를 충분히 설명하고 사전에 동의를 얻어야 한다. 녹음이나 녹화를 할 때 클라이언트가 지나치게 의식해서 긴장하거나 부자연스러울 수 있다.

토의사항

1. 사회복지실천에서 이루어지는 면접의 특징은 무엇이라고 생각하는가?
2. 면접의 종류에는 무엇이 있는가?
3. 면접을 잘 하기 위해서 중요한 면접의 기술은 무엇이라고 생각하는가?
4. 클라이언트의 욕구나 문제를 알아보기 위한 질문기술은 무엇이라고 생각하는가?
5. 사회복지실천에서 기록이 중요한 이유는 무엇이라고 생각하는가?

1급 국가고시 주요 출제경향 요약

면접의 개요	• 개념: 면접은 전문적인 관계에 바탕을 둔 정보수집, 과업수행, 클라이언트 욕구해결 등을 위한 목적을 수행하는 시간제한적 의사소통과정
면접의 특징	• 면접에는 세팅과 목적 방향이 있다. • 계약에 의해 이루어지고 특정한 역할관계가 있다. • 사회복지사와 공식적인 활동이고 단계마다 목적은 달라진다.
면접의 유형	• 정보 수집을 위한 면접: 클라이언트의 개인, 가족, 사회적 환경 등에 관한 정보 수집 • 사정을 위한 면접: 서비스 제공 여부, 필요로 하는 서비스의 종류 등에 대한 결정을 위한 면접 • 치료를 위한 면접: 클라이언트의 변화를 위한 면접

면접의 구조적인 조건	• 면접장소: 클라이언트의 특성, 사정을 반영하여 결정 • 면접시간: 클라이언트의 집중력, 의사소통능력에 따라 조절 필요 • 면접환경: 긴장을 완화할 수 있는 안온한 환경 제공
면접기술	• 관찰기술: 관찰기술은 클라이언트가 말하고 행동하는 것에 주의를 기울여 클라이언트를 이해하는 것(눈 맞춤, 용모, 자세와 몸동작, 표정, 침묵, 비일관적 표현 등) • 경청: 경청은 클라이언트가 무엇을 표현하고자 하는지 감정과 사고는 어떠한지를 이해하고 파악하며 듣는 것이다. 경청기술은 면접에서 가장 중요한 정보 • 질문기술: 질문하기는 클라이언트로부터 중요한 정보를 얻기 위해 가장 많이 사용하는 면접기술(개방형 질문, 폐쇄형 질문, 왜 질문, 유도질문, 이중질문 등) • 명료화: 클라이언트에게 자신의 처지에 대해 좀 더 분명하고 객관적인 인식을 가질 수 있도록 격려하는 기술 • 직면: 클라이언트의 감정, 사고, 행동의 불일치를 깨닫게 하는 기술 • 해석하기: 클라이언트의 행동상황에 깔려있는 단서를 발견하고 그 결정적인 요인을 알 수 있도록 언급해 주는 기술 • 요약하기: 클라이언트가 말한 언어적 표현의 요점을 사회복지사가 요점을 간추려서 사회복지사의 말로 되돌려 주는 기법 • 초점 제공하기: 상담장면에서 이야기의 주제가 초점에서 벗어나는 주제로 흐를 경우 본래의 초점으로 되돌리는 기술 • 재보증: 클라이언트가 가진 능력에 대해 신뢰를 주어 클라이언트가 느끼는 불안이나 불확실성을 없애고 위안을 주며 안심시켜주는 기술 • 일반화하기: 클라이언트의 생각이나 행동이 비슷한 상황에서 다른 사람도 같다고 말해줌으로써 클라이언트 자신이 특이하거나 독특한 사람이 아니라 타인과 같고 타인으로부터 느끼는 이질감이나 소외감을 해소할 수 있는 기법
면접의 과정	• 시작 단계: 면접의 시작 단계에서는 클라이언트에게 감정적으로 덜 중요하고 익숙하고 일반적인 사항부터 시작하여 긴장이나 불안 완화하기 • 중간 단계: 중간 단계의 주요 과업으로는 클라이언트가 겪는 어려움이나 문제가 구체적으로 설명되고 현 시점에서 도움을 청하는 클라이언트가 어떻게 느끼고 생각하는지 현재 상황을 어떻게 경험하며 해결의 대안은 무엇인지 등에 관한 이야기가 이루어지게 된다. • 종결 단계: 종결인 마무리 단계에서는 종결시간에 대해 시작부터 클라이언트와 서로 인지하면서 미리 준비하고 계획하여 면접이 갑작스럽게 끝나지 않도록 해야 한다. 내용뿐만 아니라 정서적인 측면도 종결에 대한 준비가 이루어져야 한다.
면접의 기록	• 기록의 목적: 책임성이다. 사회복지사는 자신이 제공한 서비스를 기록하고 설명하고 평가하는 과정을 통해 자신이 소속된 기관 및 사회에 대한 법적, 윤리적 책임을 지게 된다. • 기록의 유형: 과정기록, 문제중심기록, 요약기록, 이야기체기록, 녹화 및 녹음 등

Chapter

11

사회복지실천과정 I

1. 접수
2. 사정

사회복지실천과정은 클라이언트와 클라이언트를 둘러싼 주변 환경의 체계 변화를 위해 사회복지사가 전문적 가치와 지식에 기초하는 계획을 통해 진행하는 과정이다. 각 단계에 따라 진행되는 역할과 내용이 다르며 학자에 따라 단계와 명칭을 다르게 표현하고 있다.

이 책에서는 사회복지실천과정의 첫 단계에서 접수와 사정으로 단계를 나누어 살펴보고자 한다.

1. 접수

1) 접수

사회복지실천현장은 클라이언트가 자발적으로 방문하여 자신의 문제 및 욕구를 해결하려는 경우가 있고, 공식적 체계 혹은 비공식적 체계로부터 의뢰도 있다. 사회복지사가 직접 아웃리치를 통해 사례를 발굴하는 경우도 있다. 이러한 경로로 방문하면 먼저 접수 단계를 거치게 된다.

접수는 기관에 방문한 클라이언트의 문제와 욕구를 확인하고, 그것이 기관의 정책이나 서비스 목표에 부합되는지를 판단하는 과정이다. 접수단계를 인테이크(intake)라고도 부른다. 접수 단계를 통해 기관에서 클라이언트의 문제와 욕구를 해결할 수 있다고 판단되면, 서비스 제공의 첫 시작이 된다.

접수 단계에서 가장 중요한 것은 클라이언트의 문제와 욕구를 분명하게 확인하고 사회복지사와 클라이언트가 상호협력적인 관계에서 원조과정에서 기대하는 목표가 무엇인지를 명확히 해야 하는 것이다. 이 단계에서 클라이언트의 문제와 욕구가 기관의 서비스 범위를 벗어나는 사례일 경우 적합한 기관으로 의뢰를 결정한다. 특히 접수 단계에서는 사회복지사가 처음 방문한 클라이언트가 가지는 두려움, 불안함, 긴장에 대한 감정을 완화할 수 있도록 도와야 한다.

2) 긍정적 관계형성

접수를 시작하는 첫 만남에서 사회복지사는 클라이언트에게 지지적인 환경을 제공하여 편안하게 자신의 문제를 충분히 드러낼 수 있도록 해야 한다. 첫 대면 접촉에서의 인상과 감정은 서비스 전체 진행과정에 영향을 미친다. 사회복지사는 클라이언트에게 긍정적인 경험이 될 수 있도록 해야 한다. 클라이언트가 사회복지사를 자신을 진심으로 이해하고, 기꺼이 도울 준비가 되어 있다고 느낄 때 긍정적인 관계가 형성된다. 이러한 긍정적인 라포형성은 자신의 문제를 드러내는 것에 이해받고, 공감받을 수 있으며 도움을 받을 수 있다.

사회복지사는 클라이언트를 따뜻하게 이해하고 도와줄 수 있는 의지를 보여야 하며 진실해야 한다.

관계형성을 위해 기본적으로 가져야 할 특성은 다음과 같다(김융일 외, 1995: 184-185).

- 감정이입(empathy): 다른 사람의 감정과 경험과 기분을 이해하는 능력이다.
- 진실성(genuineness): 자신의 있는 모습 그대로를 받아들이고, 일관되고 솔직하게 드러내는 태도이다.
- 인정(positive regard): 현재 처한 환경과 무관하게 모든 사람을 가치 있는 존엄한 존재로 믿는 것을 의미한다.

3) 클라이언트 문제 확인

클라이언트의 문제 확인은 주로 호소하는 문제나 관심사가 무엇인지 확인하는 것이다. 이때 사회복지사는 문제에 대한 분석보다는 현재 명백하게 드러나는 문제의 성격이 어떤 것인지, 그 문제가 클라이언트에게 얼마나 중요한 것인지, 어떤 원인으로 발생했는지에 대해 탐색해야 한다. 클라이언트가 이 문제를 어떻게 파악하고 있는지를 알아보는 것도 필요하다. 클라이언트가 드러내는 문제가 근본적인 문제가 아닐 수 있으므로 잠재된 문제를 정확하게 파악하는 것이 중요하다. 이후 기관에서 제공할 수 있는 서비스에 대한 설명도 필요하다. 여기서 문제확인은 현재 명백하게 드러나는 문제를 확인하는 정도로 진행하면 된다. 이러한 문제를 확인하면 사회복지사의 역할, 기관이 제공할 수 있는 서비스, 정책방향을 통해 기관과 서비스를 진행할 수 있는지 여부를 판단하여야 한다.

(1) 의뢰 여부 결정

클라이언트의 문제를 확인하고, 해당 기관에서 서비스를 진행하는 데 적합하지 않다는 것이 판단되면, 적합한 기관으로 연결시켜 주는 것이 의뢰이다.

타 기관으로 의뢰하는 경우는 매우 다양하다. 클라이언트가 요구하는 서비스가 해당 기관의 목표, 사업내용과 맞지 않아 서비스를 제공할 수 없거나 서비스 대상자가 초과하였거나 기관의 전문적인 서비스를 제공받는 데 있어 제공인력이 부족한 경우, 현재 기관보다 다른 타 기관이 클라이언트의 문제해결에 더 적합하다고 판단될 때 등이다.

의뢰는 클라이언트가 문제해결을 위해 원하는 서비스를 받을 수 있도록 연결하는 일이기 때문에 의뢰활동에 많은 신경을 써야 한다. 의뢰를 할 때 클라이언트에게 충분한 설명을 하고, 동의를 얻어야 한다. 사회복지사는 적절한 의뢰를 위해 지역사회의 공식적·비공식적 자원과 서비스 체계를 구축할 필요가 있다. 의뢰과정의 원활한 진행을 위해 기관명, 주소, 전화번호, 담당자 등에 대한 정보를 제공해 주고, 필요시에는 클라이언트와 함께 기관을 방문해 준다.

의뢰 시에는 몇 가지 준수사항을 통해 진행한다.

첫째, 클라이언트에게 충분한 설명 후 동의를 얻는다.

둘째, 의뢰된 기관에 대한 구체적인 정보를 제공한다.

셋째, 클라이언트가 타 기관에 의뢰됨으로써 느끼는 부정적 감정을 확인하고, 정서적 지지를 제공해 준다.

넷째, 의뢰 과정에 대한 평가를 한다. 의뢰과정에서 문제가 없는지, 원하던 서비스를 제공 받고 있는지, 서비스는 도움이 되는지를 확인한다.

(2) 동기제공 및 참여유도

클라이언트의 문제가 기관의 정책이나 서비스 방향과 일치하여 기관에서 서비스를 제공해야 할 경우 클라이언트의 적극적인 참여가 필요하다. 이러한 참여를 유도하기 위해서는 클라이언트가 자신의 문제를 해결할 수 있고, 현재의 상황보다 더 나은 변화가 있다는 것에 동기부여를 해야 한다. 기관 방문 전에는 자신의 문제를 해결하기 위해 많은 노력을 해 왔고, 해결하지 못한 부분에 대해서는 함께 해결할 수 있다는 희망적인 동기를 제공해야 한다. 어려운 상황에서도 클라이언트가 기관을 방문하고, 자신의 문제를 해결하려는 의지가 있으므로 이러한 의지를 격려하고 지지하는 것이 동기를 제공하는 방법이다. 클라이언트는 기관의 도움과 자신의 의지로 변화될 수 있다는 감정과 현재 상태를 계속 유지해도 될 것 같은 생각, 작은 변화에도 불편함을 느끼는 다양한 감정을 경험하게 된다. 원조과정이 시작되면, 클라이언트가 지금까지 살아온 방식, 태도, 행동 등에 변화를 일으키게 됨으로써 클라이언트는 위협 또는 두려운 양가감정을 느끼게 된다. 하지만 이러한 양가감정을 갖는 것은 자연스러운 것이며 클라이언트가 이를 자유롭게 표현할 수 있도록 한다.

(3) 서비스 대상선정에 따른 안내 및 관련서식 작성

클라이언트의 기관의 서비스 수혜 가능성이 결정된 후에는 서비스 진행과정에 대한 안내가 있어야 한다. 서비스 대상 선정에 대한 필요한 서식을 작성하는 것으로 접수과정을 마무리한다. 서비스 진행 시 클라이언트의 역할과 사회복지사·기관의 역할에 대해 설명해 주고, 구체적인 세부사항에 대하여 안내해 준다. 설명은 클라이언트가 충분한 이해를 하고 있는지 지속적으로 확인하면서 진행해야 한다.

초기면담기록지 작성을 통해 클라이언트에 대한 기본정보, 주요문제, 기관방문 경로, 이전 서비스 수혜 여부 및 종류 등을 파악한다.

표 11-1 초기면접지 양식

<table>
<tr><td colspan="2">상담
(사례)번호</td><td colspan="2"></td><td colspan="2">상담일</td><td colspan="2"></td><td colspan="3">(　　)차 상담</td></tr>
<tr><td colspan="2">상담자</td><td colspan="2"></td><td colspan="2">소속</td><td colspan="5"></td></tr>
<tr><td colspan="2">접수(상담)
경로</td><td colspan="9">□ 대상자 요청 (방법:　　　　　) □ 사례관리자 직접 발굴 (이름:　)
□ 기관 내 의뢰 (부서/담당자:　　　　) □ 타 기관의뢰 (의뢰기관:　　　)
□ 통장 및 이웃주민 등 (　　　　　) □ 기　타 (　　　　　　)</td></tr>
<tr><td colspan="2">상담유형</td><td colspan="9">□ 지역사회 기관방문　□ 가정방문　□ 대상자 직접 내방
□ 전화　□ 온라인</td></tr>
<tr><td colspan="2">대상자명</td><td colspan="2"></td><td colspan="2">생년월일</td><td colspan="2"></td><td>성별</td><td colspan="2">□ 남　□ 여</td></tr>
<tr><td rowspan="2">주소</td><td>등본상</td><td colspan="5"></td><td rowspan="2">연락처</td><td>집전화</td><td colspan="2"></td></tr>
<tr><td>실거주</td><td colspan="5"></td><td>휴대폰</td><td colspan="2"></td></tr>
<tr><td colspan="2">가구 유형</td><td colspan="9">□ 소년소녀가구 □ 독거노인가구 □ 조손가구 □ 한부모가구
□ 새터민 가구 □ 공동체 가구 □ 노인부부가구 □ 청장년1인가구
□ 부부중심가구 □ 미혼모부가구 □ 장애인가구 □ 다문화가구
□ 기타 (　　　　　　)</td></tr>
<tr><td colspan="2">주거 유형</td><td colspan="9">□ 자가　□ 전세　□ 월세　□ 사글세　□ 임대주택
□ 무상임대　□ 시설/그룹홈　□ 기타(　　)</td></tr>
<tr><td colspan="2" rowspan="5">가족사항</td><td>관계</td><td>성명</td><td>나이</td><td>동거
여부</td><td>장애
등록</td><td>학력</td><td>직업</td><td>대상자가 생각하는
가구원별 문제</td><td>개인별
연락처</td></tr>
<tr><td></td><td></td><td></td><td></td><td></td><td></td><td></td><td></td><td></td></tr>
<tr><td></td><td></td><td></td><td></td><td></td><td></td><td></td><td></td><td></td></tr>
<tr><td></td><td></td><td></td><td></td><td></td><td></td><td></td><td></td><td></td></tr>
<tr><td></td><td></td><td></td><td></td><td></td><td></td><td></td><td></td><td></td></tr>
<tr><td colspan="2">상담내용</td><td colspan="9"></td></tr>
<tr><td colspan="2">상담자
종합의견</td><td colspan="9"></td></tr>
</table>

4) 자료수집

자료수집은 클라이언트의 문제에 개입하기 위해서 개인과 주변환경체계에 대한 객관적 자료를 확보하는 활동이다. 접수 단계에서 클라이언트가 자신의 문제를 이야기했더라도 좀 더 다양하고 자세한 정보를 통해 클라이언트를 이해하는 것이 필요하다. 따라서 사회복지사는 클라이언트의 문제 및 문제와 관련된 상황에 대해 심층적으로 이해하고, 개입에 도움이 될 수 있는 자료를 마련하기 위해 다양한 자료를 수집해야 한다.

자료수집은 사정 단계에 들어가기 전에 개입과정에서 지속적·집중적으로 진행된다. 개인과 환경 사이의 상호작용에 영향을 미치는 요인에 대한 확인이 필요하므로, 효과적인 개입을 위해서 자료수집은 매우 중요하다.

(1) 자료수집 내용

자료수집 내용은 객관적이며 사실적인 자료나 정보, 클라이언트의 주관적인 사실에 관한 인식을 포함한다.

① 클라이언트에 대한 기본 정보

이미 접수 단계에서 사회복지사는 클라이언트의 기본적인 정보와 클라이언트의 주호소 문제, 클라이언트가 인식하고 있는 문제가 무엇인지 파악한다. 여기에서 클라이언트 개인에 대한 기본적인 정보 외에 사회환경체계의 가족상황, 경제적 상태, 교육수준, 직업 등에 대한 정보, 클라이언트의 주요 호소문제 등은 클라이언트를 이해하는 자료가 된다.

② 개인력

개인력은 클라이언트의 개인 역사로, 영유아기, 아동기, 청소년기, 청년기, 성인기, 노년기 등으로 구분하여 생활사건, 클라이언트의 주요 사건 및 감정, 인간관계 등에 대해 파악한다.

③ 가족력

클라이언트 가족의 가족구성, 가족관계 등에 관한 정보를 수집한다.

④ 클라이언트의 기능

클라이언트의 신체적·정서적·사회적·지적 기능 등을 포함하여 정보를 수집한다. 각 기능별로 능력을 파악할 수 있는 자료를 수집한다. 이때 객관적인 자료 필요시 클라이언트나 가족환경체계에 요청하는 것도 필요하다.

⑤ 클라이언트의 자원

클라이언트가 생활하는 환경에서 활용 가능한 공식적·비공식적 자원으로 무엇이 있는지 알아볼 수 있는 자료를 수집한다.

⑥ 클라이언트의 강점 및 한계

클라이언트가 문제해결에 있어 사용할 수 있는 강점 및 클라이언트와 클라이언트를 둘러싼 환경체계에서의 한계를 파악한다. 클라이언트가 문제를 해결하는 데 있어 사용할 수 있는 강점은 정보수집에 매우 중요하며 이는 개입결과에도 영향을 미칠 수 있다. 최대한 강점과 능력에 대해서는 많이 파악해 두는 것이 필요하다.

⑦ 클라이언트의 환경

클라이언트를 둘러싼 주변환경이 클라이언트의 문제와 관련되어 있는지에 대하여 자료를 수집한다. 클라이언트의 문제해결에 있어 주변환경이 어떤 도움을 줄 수 있는지, 어려움에 처했을 때 무엇이 도움이 되었는지 미시체계부터 거시체계까지 자료를 수집한다.

(2) 자료수집원

사회복지실천에서 자료수집의 가장 대표적인 방법은 클라이언트와 대면으로 진행하는 면접이다. 면접을 통해 기본적인 정보 등을 수집하고, 클라이언트가 전달하는 언어적·비언어적 의사소통 방법을 확인한다. 관찰도 자료수집에 있어 유용한 방법이다. 관찰을 통해 클라이언트의 행동, 비언어적 표현방법 등을 알 수 있다. 마지막으로 표준화된 검사지를 통해 클라이언트의 기능적인 부분을 파악한다. 자료수집에 있어 정보원은 클라이언트 자신이 작성한 서식, 클라이언트의 진술, 비언어적 관찰, 직접관찰, 주변환경의 부수적 정보, 심리검사, 클라이언트의 상호작용에 따른 사회복지사의 경험 등 매우 다양하다.

① 클라이언트의 진술

초기면접지 작성 시 클라이언트와 면담을 나눈 후에 사회복지사가 기록하나, 기본적인 인적사항이나 호소 문제 등은 신청자가 직접 기록하는 경우도 있다. 이때 작성된 인적사항은 중요한 정보원이 될 수 있다. 문제, 감정, 원인, 문제해결 노력, 원인에 대한 결과에 따른 생각 등 클라이언트가 진술하는 정보는 매우 중요하다. 이때 클라이언트의 진술이 신뢰성을 갖지 못하는 부분이 있다면 다른 자료들과 비교를 통해 타당성을 확보할 필요가 있다.

② 비언어적 관찰

클라이언트의 비언어적 행동은 정서적인 상태를 알아볼 수 있는 정보라고 볼 수 있다. 클라이언트가 진술하는 내용을 적극적으로 경청하면서 비언어적 행동에 대한 세심한 관찰이 필요하다. 클라이언트의 몸짓, 얼굴 표정, 눈빛, 손과 발의 몸동작 등은 클라이언트의 감정과 사고를 더 정확하게 파악할 수 있다. 클라이언트 자신은 이런 감정이 아닌데 사회복지사가 다르게 느끼고 있다는 생각은 클라이언트와의 신뢰관계를 형성하는 데 장애물이 될 수 있으므로 비언어적 행동에 대한 해석은 신중할 필요가 있다.

③ 직접관찰

클라이언트가 주변 사람과의 상호작용을 직접관찰함으로써 문제에 대한 상황을 파악할 수 있다. 관찰은 어떤 특정한 목적을 위해 의도적으로 계획되어야 하며, 사회복지사는 관찰상황에 적절한 관찰법을 선택해야 한다. 주변환경체계와의 의사소통, 상호작용, 역할 등을 관찰함으로써 클라이언트의 행동에 대한 대처방안, 감정 상태 등을 확인할 수 있다. 직접 관찰 시 주의할 사항은 클라이언트가 관찰에 의도적인 상황을 파악하고 독특한 면을 드러내지 않으려고 하는 부분이 있으므로, 재현과정에 있어 클라이언트 및 참여자에게 진실한 모습을 드러낼 수 있도록 요구해야 한다.

④ 주변환경의 부수적인 정보

부수적인 정보는 가족, 이웃, 친구, 친척, 학교, 직장, 기타 전문가 등 주변 관련된 사람 등으로부터 수집한다. 부수적인 정보는 클라이언트로부터 얻지 못한 정보를 제공받게 되며 부수적인 정보를 얻을 때 사회복지사는 정확한 자료원의 출처를 파악해야 한다.

이러한 부수적 정보를 얻고자 할 때는 클라이언트에게 동의를 얻어야 한다. 부수적인 정보를 얻을 때 주의할 점은 클라이언트에 대한 다른 의견을 진술할 수 있으므로 주관적인 차이를 고려하고, 클라이언트와 주변환경체계의 관계를 파악하여 자료에 신뢰를 확보해야 한다.

⑤ 심리검사

객관적이고 표준화된 심리검사는 내적·심리적 특성을 파악할 수 있다. 이러한 검사지는 사회복지사가 직접조사하거나, 타 기관의 전문가에게 의뢰하여 이루어진다. 각종 검사도구는 클라이언트의 자기보고식 응답으로 진행되며, 전문가의 해석 및 객관적인 자료뿐만 아니라 검사에 임하는 자세, 태도, 반응하는 방식들은 사정하는 데 있어 중요한 자료가 될 수 있다.

사회복지현장에서 주로 활용되는 검사는 자아존중감검사, MMPI, 자아개념검사, 사회성숙도, 사회적 문제해결 척도, 대인관계변화척도, 정신건강간이척도(BPRS), 간이정신진단검사, 문장완성검사 등이 있다.

⑥ 사회복지사의 경험

클라이언트와 상호작용과정에 있어 사회복지사가 얻는 개인적 경험은 클라이언트를 이해하는 데 중요하게 작용할 수 있다. 클라이언트 내면의 정서 상태, 어릴 적 경험·가족에 대한 생각, 중요한 타인과의 관계에 대한 정보 등을 수집할 수 있다. 사회복지사는 클라이언트와의 상호작용과정에서 자신이 느끼는 감정이 다른 사람에게도 비슷할 것이라는 생각을 하게 되고, 이러한 감정이 결국 문제행동에 대한 중요한 정보를 제공할 수 있다.

2. 사정

사정은 조사, 진단, 치료를 포함하는 복합적 과정으로 정의되었으나, 최근 사회복지실천에서는 사정이라는 용어를 사용하고 있다. 사정이라는 용어를 사용하는 것은 클라이언트가 문제에 대한 어려움을 해결을 하는 것뿐만 아니라 강점, 성장과 변화, 잠재력 향상 등 기능적 측면의 접근을 강조하기 때문이다. 사정은 수집된 자료를 해석하고, 최종적으로 문제를 규정하고, 실천적 개입 방향을 도출해 내는 활동으로서 문제가 무엇인지, 어떤 변화가 되어야 하는지에 대해 정의하는 것이다. 즉, 클라이언트의 문제해결을 위해 수집된 관련 자료를 통해 욕구가 무엇이고, 욕구 충족에 있어 장애물은 무엇이며, 욕구 충족에 필요한 외부체계 및 잠재적 능력이나 강점은 무엇인지 등을 규명한다.

1) 사정의 특성

사정은 자료를 수집하여 분석하는 종합적인 과정으로 전반적인 개입과정의 핵심적인 부분이라 할 수 있다. 사정의 과정이 개입목표와 방법을 설정한다. 사정의 주요 특성은 다음과 같다(Johnson & Yanca, 2007).

(1) 사정은 지속적 과정

개입이 진행되는 동안 사정은 계속되는 과정이다. 초기사정 이후 클라이언트의 문제, 상황에 있어 새로운 정보가 발견될 수 있고, 드러나지 않은 부분이 나타날 수 있어 사정은 어떤 시점에서도 완전할 수 없으므로 지속해서 이루어지는 과정으로 볼 수 있다.

(2) 이중초점

사정은 인간과 환경, 즉 상황 속의 인간이라는 이중초점을 둔다. 즉, 상황 속에서 클라이언트를 이해하는 것과 전문적인 사회복지실천 계획과 개입을 위한 기초를 제공하는 것에 이중초점을 둔다. 사정과정에서 클라이언트의 상호관계, 욕구 충족의 장애물, 문제해결에 있어 중요한 사람과 체계 등의 정보를 수집하면서 클라이언트의 욕구가 충족되고 있는지, 방해요인이 무엇인지에 대한 정보를 수집한다. 이러한 수집한 정보를 토대로 클라이언트의 문제해결을 위한 계획을 수립한다.

(3) 클라이언트와 사회복지사의 상호과정

사정은 사회복지사와 클라이언트의 상호과정에서 이루어진다. 클라이언트는 자신의 능력을 최대한 발휘하여 사정의 과정에 적극적으로 참여하여야 하고, 사회복지사는 클라이언트의 자존감을 인정해 주고 그가 생각하고 믿는 것이 중요하다는 사실을 확인시켜 주는 것이 필요하다. 이를 통해 클라이언트 스스로 자신과 문제에 대한 이해, 인식으로 나아갈 수 있다.

(4) 사고의 전개과정

사고과정에는 순서가 있다. 서비스 상황의 한 부분인 관찰을 하고 그 다음에는 이해를 하기 위해 필요한 정보가 무엇인지 밝혀나가는 과정으로 진행된다. 즉, 수집된 정보를 바탕으로 전체 상황을 이해하기 위해 여러 부분에 관한 사실들과 그 의미들을 통합하여 사고하는 전개과정이 포함된다(양옥경 외, 2010).

(5) 수평적 탐색과 수직적 탐색

사정은 수평적 탐색과 수직적 탐색 모두 중요하다. 수평적 탐색의 목적은 문제해결에 있어 장애요인과 욕구 충족을 위해 활용할 수 있는 생태체계의 강점과 자원을 파악하기 위해서이다. 초기 단계에서는 우선 수평적으로 현재의 관계, 기능 등을 중심으로 상황을 폭넓게 검토하는 것이 필요하며, 이후 그 상황이나 욕구 충족에 가장 중요하다고 확인된 부분들을 수직적으로 탐색한다. 수직적 탐색의 목적은 문제해결에 필요한 부분은 수직적으로 검토하는 것이다. 사회복지사는 상황과 필요에 따라 수평적·수직적 탐색을 적절히 사용하는 것이 필요하다.

(6) 지식 기반

클라이언트의 상황을 이해하는 수단으로 전문적 지식을 사용하여야 한다. 인간발달의 이해, 다양성, 가족관계, 집단 및 지역사회, 정책 등에 대한 지식이 필요하다. 클라이언트의 각 사례에 따라 그에 맞는 지식 기반이 필요하다.

(7) 강점 발견

개인은 독특하고, 강점 또한 많이 가지고 있으므로 클라이언트와 그를 둘러싼 생태체계의 강점을 확인하여 개입과정에서 강화될 수 있도록 해야 한다. 클라이언트의 강점 사정은 개입의 목적과 목표에 대한 성공 가능성을 높여 줄 수 있으므로 철저한 사정이 이루어져야 한다.

(8) 개별화

같은 문제를 가지고 오더라도 클라이언트의 상황과 복잡성, 독특성, 사회적·문화적 배경 등으로 인해 모든 사정은 다를 수밖에 없다. 클라이언트의 관점에서 그 상황과 사정을 하는 것이 중요하다.

(9) 판단

사정에는 여러 가지 결정이 내려져야 한다. 여기서 사회복지사의 판단이 중요하다. 어떠한 부분이 고려되어야 하고, 어떤 내용에 지식을 기반으로 접근할 것인지, 어떻게 문제를 정의 내려야 할 것인지에 대해 결정해야 한다. 이러한 사회복지사의 결정은 사정의 내용과 의견에 영향을 미치기 때문에 클라이언트의 관점에서 사건들의 중요성을 주의 깊게 평가해야 한다.

사회복지사가 판단하는 중요도는 클라이언트에게 매우 중요할 수 있고, 그 반대일 수도 있다.

(10) 한계성

클라이언트와 그 상황을 완벽히 이해하는 데는 한계가 있을 수 있기에 어떤 사정도 완벽할 수 없다. 클라이언트의 문제와 그 상황을 이해하는 데는 시간이 필요하다. 클라이언트가 필요로 하는 도움을 제공하면서 나타나는 새로운 측면도 이해하지만, 완전한 이해는 어려울 수 있다. 따라서 사회복지사는 클라이언트를 이해하는 데 한계를 인정하고 불확실성을 수용해야 한다.

2) 사정과정

수집된 자료를 해석하고 의미를 부여하여 최종적으로 문제를 규정하는 것이 사정이다. 자료수집이 클라이언트와 주변환경에 대한 이해를 위해 자료를 모으는 것이라면 사정은 수집된 자료를 분석하고 문제를 규정해 내는 작업이다. 사정과정에서 과업은 문제를 발견하고, 정보를 수집하고, 문제를 형성해서 개입계획을 수립하는 것이다.

(1) 문제 발견

사정의 첫 번째 수행은 '문제 발견'이다. 접수 단계에서 클라이언트의 문제를 발견하는 것보다 더욱 심층적으로 문제의 성격과 원인을 이해하는 것이다. 접수 단계에서는 주로 클라이언트가 자신의 문제를 말하는 것에 기초한다면, 이 단계에서는 클라이언트가 제시한 문제에 초점을 두고, 사회복지사가 문제에 대해 규정하는 단계이다. 이 단계에서의 문제 규정은 사회복지사의 평가에 더 큰 비중을 가지고 진행한다. 클라이언트가 제시한 문제는 가장 시급하다고 느끼고 있는 문제이지만, 이를 곧바로 '문제'라고 단정하지 말고, 본질적인 문제가 있을 수 있다는 것을 염두에 두고, 더 깊이 있게 탐색해야 한다. 정확한 문제 규명은 개입의 효과성을 높이는 데 중요하다.

존슨(Johnson, 1989)은 문제 발견을 세 단계로 제시하였다.

첫째, 사회복지사는 해결되지 않은 클라이언트의 욕구가 무엇인지 확인해야 한다.

둘째, 욕구를 충족시키는 데 장애가 되는 요인을 파악해야 한다. 즉, 클라이언트 욕구충족을 방해하는 장애물을 클라이언트 내부 혹은 그를 둘러싸고 있는 환경에서 찾아보는 것이다.

셋째, 문제해결 계획이나 개입 방향이 드러나도록 문제를 규명하는 것이다. 예를 들어, 경제적으로 어려움에 있는 클라이언트가 있을 때, 문제를 규명하는 첫 번째는 클라이언트의 해결되지 않은 욕구는 경제적 어려움인 돈이라는 것을 파악하고, 두 번째는 이것을 충족하지 못하도록 방해하는 것은 일자리가 없기 때문임을 인식하고, 세 번째로 실업으로 인한 문제 규명을 통해 직업교육 및 훈련 등의 문제해결 방향을 수립하게 된다.

사회복지사는 클라이언트가 나타내는 빈번한 문제유형을 이해하고 알고 있어야 한다.

커스트 애쉬만과 헐(Kirst-Ashman & Hull, 1993)이 제시한 클라이언트의 가장 빈번한 문제를 다음 9가지 유형으로 제시하였다.

① 인간관계에서의 문제

주변의 다른 사람과의 관계에 명백한 어려움이 있는 문제를 의미하며 배우자, 부모-자녀, 형제자매, 친척 등에서 의사소통유형, 자녀양육방법, 부모부양문제 등의 이유로 인한 갈등을 의미한다.

② 사회적 관계에서의 문제

사회적 관계는 타인과의 관계에서 나타나는 어려움의 문제라고 볼 수 있다. 개인적으로 수줍음이나 열등감, 낮은 자존감 등은 대인관계의 어려움, 자기 의견을 제대로 말하지 못하는 것, 이로 인한 패배감이나 왜곡된 정체감을 가지는 것에서 비롯된다. 예를 들면, 사회적 불만을 가진 사람은 지나치게 소극적인 성격으로 인해 주변 사람들에게 언제나 피해를 본다고 느끼는 문제가 여기에 속한다.

③ 공식적 조직과의 문제

클라이언트가 흔히 제기하는 문제로서 공식적 조직의 사회복지사가 자신에게 서비스가 불친절했다거나 본인이 원하는 서비스를 받지 못하는 등의 불만을 갖는 것이다.

④ 역할수행상의 문제

역할을 수행하는 데 있어서 역할 갈등적인 상황이 심한 경우를 말한다. 자신이 사회적·문화적으로 기대되는 행동 양식을 수행하는 데 어려움을 느끼는 문제들이다. 역할수행은 지식, 기술, 경험이 부족하여 기능을 수행하는 데 어려움이 있는 경우도 포함된다. 예를 들어, 중년 남성이 아버지, 직장, 자녀역할 같은 다중역할을 하게 될 때 겪는 역할 과중으로 인한 어려움이 여기에 해당된다.

⑤ 사회적 전환에서 파생되는 문제

일생 동안 사람은 결혼, 임신, 퇴직, 이혼 등과 같은 중요한 전환기를 갖게 될 때 많은 사람들이 심각한 정서상의 혼란과 대처할 방안을 찾지 못해 문제 상황에 놓이게 된다.

⑥ 심리·행동상의 문제

심리·행동상의 문제는 매우 광범위하며, 정서·심리 상태가 불안하거나 우울 정도가 심한 경우, 자신의 감정을 통제하는 데 어려움이 있는 경우, 약물 남용, 행동상의 문제 및 범죄 행위 등과 같은 행동이 모두 포함된다.

⑦ 부적합한 자원문제

부적합한 자원문제는 기본적으로 욕구가 해결되지 않음으로 인해 발생하는 것이다. 예를 들어, 의료서비스 부족, 생계비 부족, 사회적 자원 결핍이 여기에 속한다.

⑧ 의사결정상의 문제

의사결정상의 문제는 의사결정이 제대로 이루어지지 않는 경우의 문제를 말한다. 개인의 판단능력이나 자기결정능력이 부족하고 정보가 충분치 못하며 클라이언트의 성격, 특성으로 인해 합리적인 선택을 하지 못하는 경우 발생하는 문제이다.

⑨ 문화적 갈등 문제

서로 다른 인종·문화로 인하여 나타나는 갈등 문제이다. 세계화로 인해 국가 간 인구 이동이 증가하고 있어 서로 다른 문화의 접촉이 빈번하고 활발해지면서 문화적 갈등의 문제가 가속화되고 있다.

문제 발견에 있어 유의할 사항은 클라이언트의 문제가 중복되어 나타나는 것이 대부분이고, 클라이언트의 개인뿐만 아니라 환경체계에서 발생하는 문제도 있다는 것을 이해해야 한다.

(2) 정보 및 자료수집

사정 단계에서도 자료수집은 지속적으로 진행된다. 정보 및 자료수집은 '어떤 문제가 있는가'를 알아보는 질문과 함께 문제의 원인이 무엇인지를 알아보기 위해 질문한다. 문제의 원인을 파악하고 규정하는 것은 사정에서 이루어지는 주요 과업이다.

브라운과 레빗(Brown & Levit)은 사정 시 정보를 수집하는 유용한 지침을 12가지로 제시하였다(양옥경 외, 2018: 257-263).

① 누가 문제 체계에 관련되어 있는가?	클라이언트가 제시한 문제에서 찾는 것이다. 클라이언트가 제시한 문제에 따라 관련된 인물들은 발견될 수 있지만, 개입이 진행되면서 클라이언트의 문제에 관여된 범위가 점차 확대될 수 있다.
② 참여자들은 어떤 관여를 하는가?	문제 체계에 관련된 사람들이 어떻게 상호작용하여 문제를 일으키는가 하는 것이다. 문제에 대해 어떤 행동과 생각을 하느냐에 따라 문제행동을 촉발시키는 원인을 찾는 것이다.

③ 클라이언트가 문제에 어떤 의미를 부여하는가?	클라이언트의 문제에 대한 지각이 행동의 동기화에 영향을 미친다는 것이다. 클라이언트가 문제에 부여한 의미는 그 행동에 대한 동기를 이해하게 할 뿐만 아니라 변화가 일어나지 않는지를 이해할 수 있다.
④ 문제행동이 어디서 일어나는가?	문제행동이 일어나는 상황적 요인을 발견하는 것이다. 집, 학교, 직장 등에서 나타나는 요인들이 각기 다를 수 있으므로 이를 파악하는 것이다.
⑤ 언제 문제행동이 일어나는가?	문제행동의 시간적 요인에 대한 발견이다. 문제행동이 일어나는 시기와 줄어드는 시기를 통해 유발요인을 발견한다.
⑥ 문제행동이 일어나는 빈도는 어느 정도인가?	문제행동이 전반적으로 클라이언트의 삶에 폭넓게 영향을 미치는지를 이해하는 데 도움이 된다.
⑦ 문제행동은 언제부터 있어 왔는가?	문제행동에 대한 역사를 알아봄으로써 처음 일어났을 때의 상황에 대한 깊이 있는 탐색은 초기의 문제상황을 발견하는 데 도움이 된다.
⑧ 문제와 관련하여 채워지지 않은 욕구는 무엇인가?	사회복지사의 뛰어난 공감력으로 클라이언트의 욕구를 발견해야 하는 부분이다.
⑨ 문제에 대한 클라이언트의 정서적 반응은 어떠한가?	정서적인 부분으로 인해 오히려 문제가 더 악화될 수 있고, 상황에 따라 행동보다 감정이 더 문제가 될 수 있으므로 정서적인 문제에 대한 선행 문제행동의 중요성이 가려지기도 한다. 사회복지사는 클라이언트의 정서적 반응을 탐색해야 한다.
⑩ 클라이언트의 그동안 문제에 어떻게 대처해 왔으며 문제를 해결하는 데 어떤 기술이 필요한가?	클라이언트가 스트레스를 감당하는 수준과 그의 문제해결 및 대처기술 정도를 파악하는 데 도움이 된다. 과거 이런 상황에서 어떤 대처방안을 사용하였는지, 지금은 왜 그렇게 하지 못하는지에 대한 파악도 필요하다.
⑪ 클라이언트가 어떤 장점과 기술을 가지고 있는가?	클라이언트의 문제를 해결하기 위해 활용 가능한 자원이 무엇인지를 발견할 수 있게 해 준다. 이러한 강점과 장점을 통해 변화에 대한 강한 동기를 가질 수 있다.
⑫ 필요로 하는 외적 자원은 무엇인가?	사회복지사는 클라이언트가 얻을 수 있는 자원과 정보를 제공하여 연결해 주는 역할을 할 수 있다. 사회복지사는 적절한 자원연계를 위해 지역사회자원에 대한 정보를 가지고 있어야 한다.

(3) 문제 형성

문제 형성은 지금까지 수집한 정보를 분석하여 사회복지사가 전문적 시각에서 문제를 판단하는 과정이다. 즉, 클라이언트가 호소하는 문제와 욕구 그리고 욕구 충족을 방해하는 요인들이 무엇인가를 탐색하여 문제를 정의 내리는 것이며, 이를 통해 목표에 따른 개입계획을 세운다.

문제 형성 시에는 충족되지 못한 욕구를 찾아내고, 어떤 요인들이 욕구 충족을 방해하는지 고려해야 한다(Johnson, 1989).

클라이언트가 직접 제시한 문제를 충족되지 못한 욕구로 바꾸어서 재진술하고 클라이언트의 욕구가 무엇인지 분명히 규정함으로써 클라이언트를 도울 수 있게 된다. 여기에서 욕구가 분명히 규정되면 그 욕구를 충족시키지 못하는 요인을 파악하여 문제를 형성하게 된다.

3) 사정도구

사회복지실천에 주로 사용되는 사정도구에는 가계도, 생태도, 사회적 관계망, 생활력도표, 소시오그램 등이 있다.

(1) 가계도

가계도(genogram)는 1970년대 보웬(Murray Bowen)에 의해 개발된 것으로, 클라이언트의 가족의 역사와 주된 사건을 볼 수 있는 사정도구이다. 가계도는 2~3세대에 걸친 가족구조를 한눈에 알아 볼 수 있으며, 가족 간 갈등과 가족의 정서적 관계를 비롯하여 가정이 변화된 상태를 살펴볼 수 있다. 가계도는 별거, 이혼, 질병, 사망 등 중요한 생활사건이나 인종, 민족, 종교, 직업 등 인구사회학적 특성을 약속된 기호를 사용하여 작성한다.

가계도는 클라이언트와 가족에 대해 탐색할 수 있는 여러 가지 정보를 획득할 수 있으며 원가족과의 융합문제, 미분화문제, 핵가족 정서적 체계, 단절, 삼각관계 등 가족

유형을 파악할 수 있다. 클라이언트와 사회복지사는 가계도를 그리는 작업을 같이 하면서 가족문제에 대한 중요 요인과 패턴을 이해할 수 있게 된다. 가계도 작성 시 클라이언트가 거부감을 보이면 이를 존중해 주어야 한다.

가계도로는 가족의 구성과 구조, 생애주기, 세대 간 유형의 반복, 역할과 기능 균형을 이루고 있는지 분석할 수 있다.

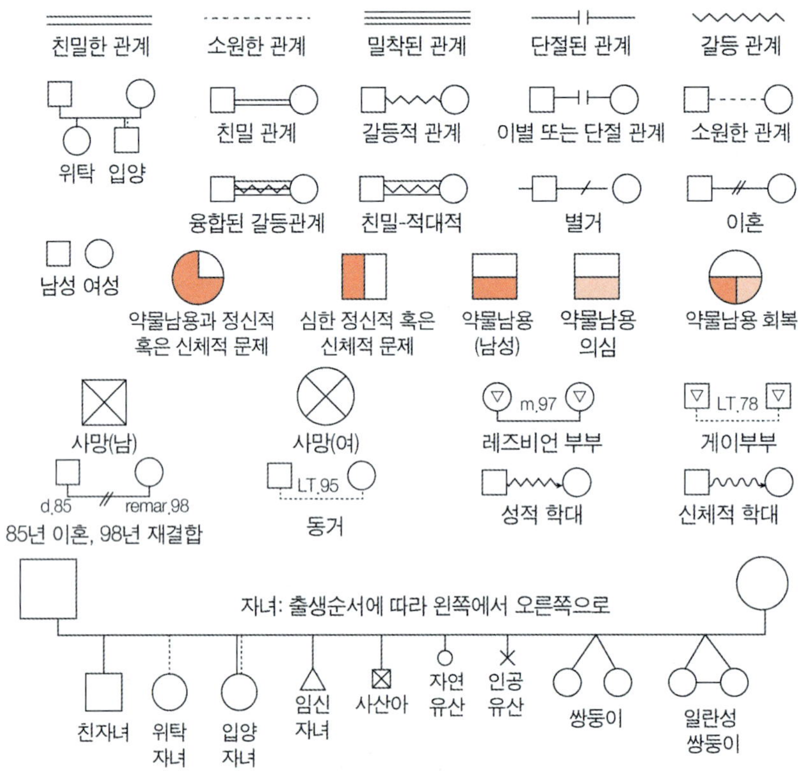

그림 11-1 가계도 기호

- **가계도 작성방법**

– 보통 여성은 원으로, 남성은 네모로 표시한다.

– 네모나 원의 이중 테두리는 개인 클라이언트를 표시한다.

– 동일 세대의 가족구성원은 수평선으로 그린다.

– 수평선은 결혼이나 관습법적 관계를 표시한다.
– 결혼하여 생긴 자녀는 부모의 수평선 바로 밑에 수직선으로 연결한다.
– 수직선은 결혼 및 자녀를 나타내는 다른 원과 네모까지 연장해서 그린다.
– 자녀는 나이 순서에 따라 왼쪽에서 오른쪽으로 나열한다.
– 각 개인은 현재 그 가정에서 살고 있는지, 생존자인지와 무관하게 가계도상에서 명확한 지점에 표시한다.
– 가족구성원의 이름과 연령은 네모, 원 안에 표기한다. 그 외 중요한 정보는 바깥에 문자로 기록한다.
– 가족구성원이 사망하였다면 사망연도, 사망연령, 사망원인을 기록한다.

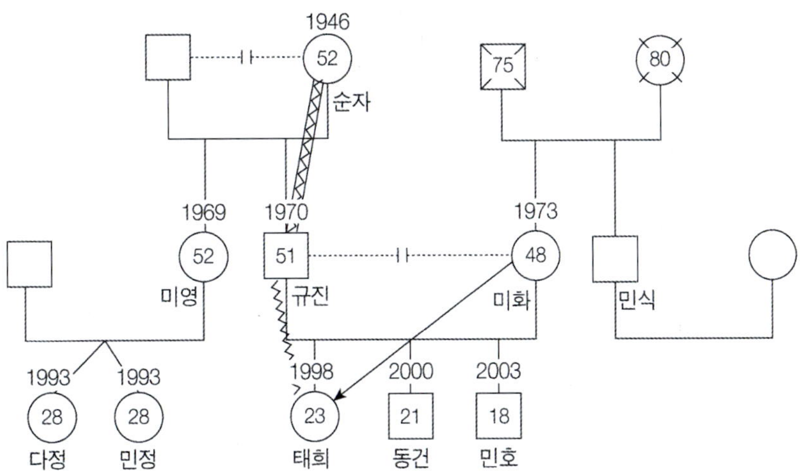

그림 11-2 가계도 예시

(2) 생태도

앤 하트만(Ann Hartman, 1975)에 의해 고안된 것으로, 클라이언트 및 클라이언트와 관련된 사람, 사회체계와의 상호작용 상태를 그림으로 표현한 것이다. 생태도는 클라이언트의 상황에 의미 있는 체계들과의 관계를 그림으로 표현하여 특정 문제에 대한 개입 계획을 세우는 데 유용한 도구이다. 생태도는 환경 속의 인간에게 초점을 두고, 주변

환경과 자원의 흐름, 환경, 체계 간 스트레스와 어떠한 관계를 맺고 있는지를 이해할 수 있다.

즉, 생태도는 클라이언트를 중심으로 가족이 지역사회에서 많은 외부체계와 관계를 맺고 있는지, 관계의 질과 고립의 정도는 어떠한지를 파악함으로써 가족 내부에 대한 외부와의 연결과 적응 정도를 파악할 수 있다. 생태도는 개입 초기에 가족을 사정하는 도구에 활용하고, 이후 변화를 확인하는 도구로 반복해서 사용할 수 있다. 생태도를 통해 가족을 전체적으로 파악, 가족과 환경과의 경계에 대한 이해, 가족 내부에 대한 이해가 가능하다.

- **생태도 작성방법**

- 원을 중앙에 그려 클라이언트와 그 가족을 표시한다.
- 가족이 일상적으로 상호작용하는 주변환경체계는 중심원 주변에 각각의 원으로 표시한다.
- 주변환경체계: 직장, 학교, 병원, 친구, 사회복지기관 등
- 가족과 환경체계의 관계를 다양한 선으로 표현한다.
- 의사소통 교환인 에너지의 직접적인 흐름의 방향은 화살표로 나타낸다.
- 외부체계가 가족 내 특정 개인과만 연결되어 있으면 그 개인과 외부체계를 선으로 연결하고, 외부체계가 가족 전체와 연결되어 있을 시에는 외부체계와 큰 원을 선으로 연결한다.

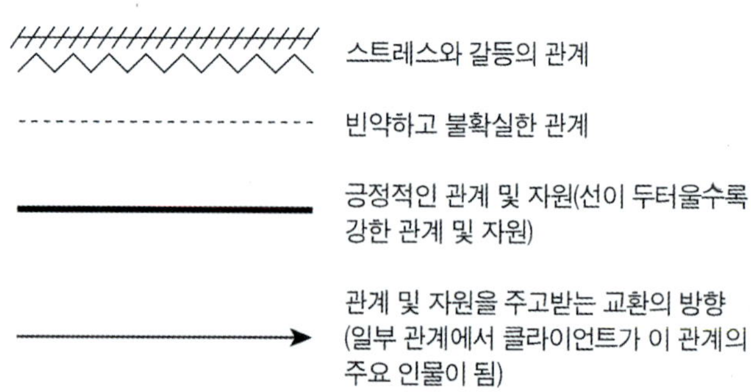

그림 11-3 생태도 기호

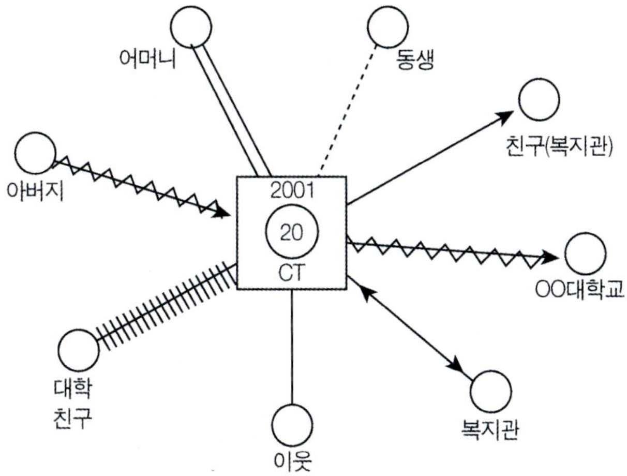

그림 11-4 생태도 예시

(3) 사회적 관계망

트레이시와 휘태커(Tracy & Whittaker)에 의해 개발된 사회적 관계망 그리드는 클라이언트의 사회적 망을 사정하는 도구이다. 사회적 관계의 지지 정도와 질, 방향, 기간 등을 보여준다. 가족, 친구, 학교, 직장 등 외부환경에 해당되는 사회적 관계망을 파악하는 것이다.

클라이언트가 현재 어떠한 관계망을 형성하고 있는지, 사회적 지지를 어떻게 주고받고 있는지를 사정하기 위해서 사회적 상호작용 조사표, 사회적 지지망 척도, 주관적 사회적 지지망 척도 등을 활용할 수 있다.

- **사회적 관계망 작성방법**

– 가족, 친구, 직장/학교 등 사회망 구성을 규명한다.

– 물질적 지지, 정서적 지지, 정보 및 조언, 비판, 도움 방향, 친밀도, 접촉빈도, 알고 지낸 기간 등을 기록한다.

표 11-2 사회적 관계망 격자

	생활영역	물질적 지지	정서적 지지	친밀감	만나는 빈도	알고 지낸 기간
사회적 관계망에서 중요한 인물 (지지 제공자)	① 가족원 ② 다른 가족 ③ 직장/학교 ④ 조직 ⑤ 친구 ⑥ 전문가 ⑦ 기타	① 전혀 없다 ② 가끔 ③ 자주	① 전혀 없다 ② 가끔 ③ 자주	① 친하지 않음 ② 가까운 정도 ③ 매우 친함	① 1년에 서너 번 ② 한 달에 한번 ③ 매주 만남 ④ 매일	① 1년 이하 ② 1년에서 5년 사이 ③ 5년 이상
아버지						
어머니						
학교친구1						
직장동료1						
직장동료2						

(4) 생활력 도표

생활력 도표는 앤더슨과 브라운(Anderson & Brown)이 생활력을 간편하게 도표화하여 제시한 것이다. 클라이언트의 생애 동안 발생한 사건 및 문제를 사정하는 데 쓰이는 사정도구이다. 가족구성원의 삶의 중요한 사건을 시계열적으로 나열하거나 삶의 시기별로 중요한 문제의 발전과정을 표 또는 그래프로 나타내는 것이다. 특히 아동이나 청소년일 경우 더욱 효과적인데, 성장과정에서 사건이 사회·심리적 기능에 더 큰 영향을 미치기 때문이다.

표 11-3 생활력 도표

연도	연령	주거지	가족상황	학교	건강	활동상황	문제
2000	출생	서울	부 모				
2001	1						
2002	2		동생출생				
2003	3				다리골절 입원		
2004	4		부모님 이혼				

(5) 소시오그램

소시오그램은 모네로와 제닝스(Moreno & Jennings)가 개발한 것으로 클라이언트와 클라이언트의 집단성원 간의 사회적 유대관계를 나타내는 사정도구이다. 소시오그램을 통해 무관심, 호의적, 적대적인 관계를 파악할 수 있으며, 하위집단 형성 여부를 알 수 있다. 소시오그램을 통해 성별, 성원 간 친화력, 반감의 유형, 하위집단 형성 여부, 소외된 성원이나 삼각관계 형성 여부, 결속의 강도 등의 정보를 알 수 있다. 소시오그램은 집단과정의 어느 주어진 순간만을 포착하고 있어 관찰 및 사정의 수단으로 사용하기에는 편리하고 집단 내의 비공식적 구조 내에서의 개인의 지위는 파악할 수 있지만, 구성원의 실제 행동을 파악할 수 없고, 현상의 이유를 설명하지 않아 치료나 개입을 결정하는 데 있어 적당치 않다.

소시오그램에서 남자는 세모로 표시하지만, 남녀 구분 없이 모두 동그라미로 표시하기도 한다.

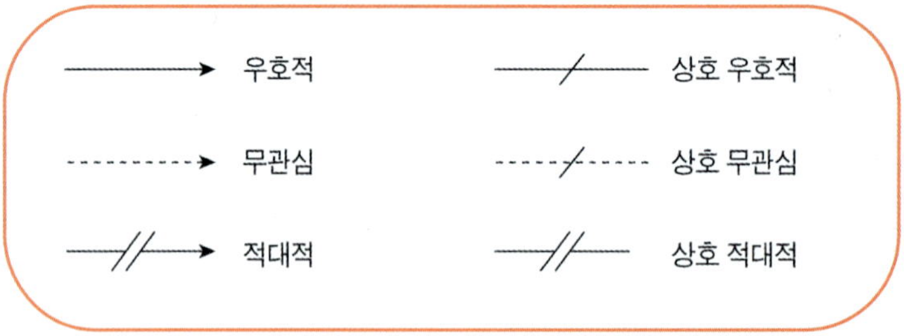

그림 11-5 소시오그램 기호

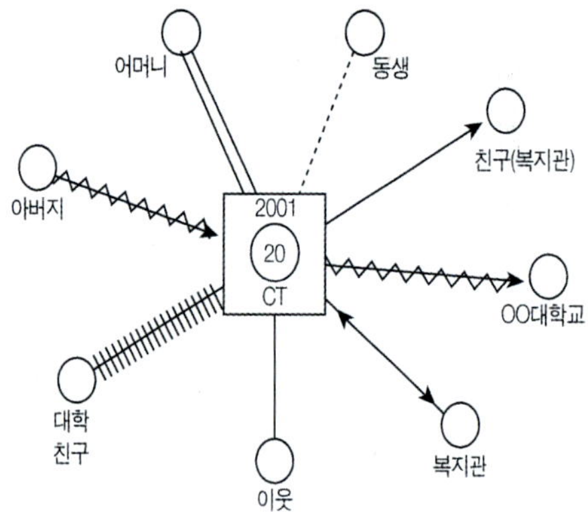

그림 11-6 소시오그램 예시

토의사항

1. 접수과정에서 클라이언트의 저항감과 양가감정을 줄이기 위해 사회복지사의 역할이 무엇인지 생각해 보시오.
2. 접수 단계의 중요성에 대하여 생각해 보시오.
3. 자료수집 시 가족체계, 환경체계, 사회복지사의 경험에서 얻을 수 있는 정보는 어떤 것이 있는지 예를 들어 설명해 보시오.
4. 사정의 목적에 대하여 설명해 보시오.
5. 자신의 가계도, 생태도에 대하여 작성해 보시오.

1급 국가고시 주요 출제경향 요약

❖ 접수

- 접수: 사회복지사가 도움을 요청한 사람의 문제나 욕구를 확인하여 그것이 기관의 정책과 서비스에 부합되는지 여부를 판단하는 과정
- 접수 시 사회복지사 역할
  - 문제확인
  - 의뢰 여부 결정
  - 관계형성
  - 양가감정 수용과 저항감 해소
  - 동기화

❖ 접수 시 확인할 내용

- 클라이언트에 대한 기본 정보
- 가족관계
- 주요 문제
- 기관에 오게 된 동기 및 경로
- 의뢰된 이유
- 사회복지서비스 혹은 유사한 서비스를 받은 경험

❖ 자료수집

- 자료수집: 클라이언트의 문제를 이해하고 해결하는 데 필요한 자료를 모으는 활동
- 자료수집 내용
  - 문제에 관한 정보
  - 최근까지의 상황
  - 클라이언트의 개인력
  - 클라이언트의 가족력
  - 클라이언트의 기능 수준
  - 클라이언트의 강점과 한계
  - 클라이언트의 환경
- 자료수집에 사용되는 정보의 출처
  - 클라이언트가 작성한 양식
  - 클라이언트가 직접 이야기한 내용
  - 사회복지사가 관찰한 경험
  - 클라이언트와 관련된 사람들로부터 수집한 정보
  - 심리검사나 평가도구
  - 그 밖의 자료

❖ 사정

- 수집된 정보를 바탕으로 클라이언트의 문제 및 욕구의 성격과 원인을 규명하고, 개입을 위한 함의를 도출해 내는 실천활동이다.

❖ 사정의 특성

- 개입 과정 내내 계속되는 지속적 과정
- 이중초점
- 상호작용과정
- 사고의 전개과정 요구
- 수평적 탐색과 수직적 탐색 과정 중요
- 사정은 지식기반
- 클라이언트의 문제를 규명
- 강점 발견
- 개별화
- 사정 단계에서는 판단 요구
- 사정은 한계성이 있음

❖ 사정 단계에서의 사회복지사 과제

- 문제발견
- 정보/자료수집
- 문제형성

Chapter

12

사회복지실천과정 II

사회복지실천과정에서 두 번째 단계는 클라이언트의 상황과 문제를 확인한 후 변화에 초점을 두고 어떻게 개입할 것인지를 설계하는 계획, 실제 변화를 일으키는 과정인 개입, 계획한 목표와 변화가 어느 정도로 이루어졌는지를 살펴보는 평가 단계로 나누어 살펴보고자 한다.

1. 계획

계획 단계는 자료수집과 클라이언트의 문제와 상황에 대한 일차적 사정 이후 실질적인 문제해결과정이 시작되는 단계이다. 이때는 사회복지사와 클라이언트가 함께 표적문제를 설정하고 개입목표를 정해, 이를 달성하기 위한 구체적인 계획을 수립한다.

1) 계획

• 1단계: 클라이언트와 함께하기

클라이언트를 모든 과정에 참여시키고, 동기화시킨다. 클라이언트의 욕구와 기대를 명료화하기 위하여 클라이언트와 대화를 나누고, 자기결정권을 존중해야 한다.

• 2단계: 문제의 우선순위 정하기(표적문제)

- 클라이언트는 자신의 문제를 인정해야 한다.
- 이해 가능한 말로 문제를 분명하게 규정해야 한다.
- 문제에 대한 대처는 현실적으로 가능한 것이어야 한다.
- 클라이언트와 사회복지사는 문제의 우선순위를 정하고, 우선 해결할 표적문제를 선정하고 합의한다.

- **3단계: 목적 설정하기**

개입의 필요성, 왜 개입을 해야 하는지를 분명하게 해 주고, 명료하게 진술된 목적은 개입의 성공 여부를 평가하는 데 유용하다.

- **4단계: 목적을 목표로 구체화하기**

– 목적이 설정되고 나면 달성 여부를 측정할 수 있는 목표를 구체화시킨다.

– 목표는 누가, 언제, 무엇을, 어떻게 수행할 것인지, 어떻게 측정할 것인지를 표현해야 한다.

- **5단계: 계약 공식화하기**

클라이언트와 사회복지사는 개입과정에 있어 합의를 해야 하는데, 이를 계약이라고 한다. 계약의 내용에는 목적, 목표, 기간, 시간 등이 포함된다.

2) 목표 설정

목표는 개입으로부터 얻게 될 바람직한 성과를 의미한다. 목적은 광범위하고 일반적 용어로 진술되고 목표는 목적의 하위과정이며 구체적이며 행동적인 용어로 서술된다.

(1) 개입목표

사회복지실천과정은 계획된 변화를 유도하는 과정이다. 계획된 변화를 일으키기 위해 '변화'를 발생시키기 위한 계획을 세우고, 계획을 실행에 옮겨야 한다. 개입목표는 클라이언트가 현 상황에서 벗어나기 위한 바람직한 변화의 방향을 의미하며, 문제규명이 끝나면 문제를 해결하기 위한 개입목표를 설정하게 된다. 목표는 개입 종결 후 개입의 효과를 평가하는 기준이 되므로 구체적이며 측정 가능한 방식으로 서술해야 한다.

목적과 목표의 예는 다음과 같다.

- 목적: 어르신들의 스마트폰 사용 교육을 실시하여 다양한 정보들에 대한 접근성을 높인다.
- 목표: 어르신에게 주 1회 스마트교육을 실시한다.

(2) 목표 설정의 중요성

사회복지실천과정의 목표 설정이 중요한 이유를 정리하면 다음과 같다(Johnson & Yanca, 2007).

첫째, 사회복지사와 클라이언트에게 개입과정의 방향을 명확하게 제시해 혼란 없이 진행할 수 있도록 도와주어야 한다. 개입목표가 분명하지 않으면 원조 방향성을 잃을 수 있지만 개입목표를 설정하게 되면 변화가 필요한 부분과 변화를 일으키기 위한 방향이 명확하게 제시되므로 개입기간 동안 혼란 없이 진행할 수 있다.

둘째, 개입이 끝난 후 개입결과를 효과적으로 평가하는 근거가 된다. 개입목표가 설정되면 개입 이후 성취되어야 할 것이 명시적으로 표현되고, 개입 종결 시 성공과 실패에 대한 평가를 할 수 있다.

셋째, 목표 설정을 위해 클라이언트와 사회복지사 간 합의과정이 이루어진다. 개입목표 설정 시 클라이언트와 합의를 하고, 클라이언트의 의견이 적극적으로 반영됨으로써 변화의 의지가 커진다. 이는 원조과정을 효과적으로 이끄는 데 매우 중요하다.

(3) 목표 설정의 지침

개입과정을 효과적이며 성공적으로 종결하기 위해서는 목표를 잘 설정하는 것이 중요하다. 목표를 설정하기 위해서 헵워스와 라슨(Hepworht & Larsen, 1986)은 몇 가지 지침을 제시하였다.

① 목표는 클라이언트가 바라는 결과와 관련되어야 한다.

클라이언트는 자신이 원하고 바라는 결과를 성취하게 될 때 동기가 강화되고 목표를 달성하기 위해 노력한다. 클라이언트에게 동기를 부여하기 위해서는 문제를 해결하거나 감소시켜 자신의 삶이 개선될 수 있다는 믿음을 가져야 한다.

② 목표는 측정 가능한 용어로 진술되어야 한다.

목표는 목표달성 여부 및 달성 정도를 판단하기 위해서 측정이 가능한 형태로 설정되어야 한다. 빈도나 지속기간, 강도 등 관찰 가능한 행동을 설명하는 용어로 사용한다.

③ 목표는 현실적으로 달성 가능한 수준으로 설정한다.

달성 가능하지 않은 목표를 설정하게 되면 클라이언트는 개입과정에서 좌절을 경험하게 된다. 따라서 현실 가능한 목표를 설정하여 성취감을 느끼고 문제해결능력이 향상될 수 있도록 해야 한다.

④ 목표는 사회복지사의 지식과 기술로 달성할 수 있는 것이어야 한다.

사회복지사가 가진 지식과 기술 및 능력을 목표로 설정해야 한다. 사회복지사가 자신의 실천 범위를 벗어난 개입을 하지 않는 것이 클라이언트에게도 사회복지기관 측면에도 중요하며 이는 사회복지전문직에 대한 윤리적 문제와도 관련이 있다.

⑤ 목표는 성장을 강조하는 긍정적 진술로 작성해야 한다.

목표를 서술할 때 가능한 한 긍정적 용어와 클라이언트가 얻게 될 혜택이나 이득을 강조하며 성장에 초점을 두어야 한다.

⑥ 사회복지사는 윤리나 법에 저촉되는 목표에 동의하지 않아야 한다.

클라이언트 개인이나 다른 사람들의 신체적·정서적 복지에 해를 끼칠 수 있는 클라이언트의 목표를 유보하는 것은 정당화될 수 있다. 이 부분에서 클라이언트와 사회복지사의 견해가 다르고 서로 합의되지 않는다면 사회복지사는 클라이언트에게 이유를 설명하고 다른 전문기관이나 전문가에게 의뢰한다.

⑦ 목표는 기관정책이나 기능, 사회복지실천의 윤리강령과 일치해야 한다.

기관에 소속되어 있는 사회복지사는 기관의 기능에 벗어나는 서비스를 제공할 수 없다. 따라서 개입목표로 설정하는 내용은 사회복지사가 일하는 기관의 정책과 목표, 비전에 맞아야 하며 사회복지실천의 윤리강령과도 일치해야 한다. 기관의 기능에 일치하지 않을 경우에는 다른 기관에 의뢰하여 필요한 서비스를 받도록 연계하는 것이 적절하다.

⑧ 목표는 클라이언트와 사회복지사 두 사람 모두 동의하여야 한다.

클라이언트와 사회복지사는 무엇을 목표로 할 것인가에 대해서 합의해야 한다. 합의되지 않은 상태에서 과정이 진행되면 일치되지 않은 2개의 이슈로 인해 개입상황에서 충돌 및 혼란을 경험할 수 있다.

⑨ 목표는 클라이언트나 개입에 참여하게 될 다른 사람들이 쉽게 이해할 수 있어야 한다.

클라이언트의 동기 강화, 적극적인 참여, 개입의 방향의 일관성을 유지하기 위해서는 목표는 쉽고 명확하게 표현되어야 한다.

⑩ 목표의 우선순위를 정한다.

개입목표가 여러 가지일 경우 시급성, 단기간 성취 가능성, 다른 목표에 성취를 촉진하는 동기 제공, 사회복지사와 기관의 달성 가능성 등을 고려하여 개입목표의 우선순위를 정한다.

⑪ 목표 설정의 융통성을 고려한다.

계획 단계에서 설정된 목표는 개입과정에서 수정될 수 있다는 점을 고려해야 한다.

개입과정에서 목표의 달성 정도, 기간 등을 고려하여 목표를 수정할 수 있다. 예를 들어, 목표 설정 시 '6개월에 20회를 진행한다'라고 설정하였으나 수행상 어려움이 있어 목표의 수준을 낮춰서 목표를 수정할 수 있다.

(4) 표적문제

표적문제는 사정과정에서 나타난 여러 가지 복잡한 문제 중에서 가장 중요하고, 시급히 해결해야 할 문제이다. 클라이언트는 복잡하고 다양한 문제에 얽혀 있으므로 이러한 문제 중에서 시급하고, 해결해야 할 문제에 초점을 맞춰야 한다. 따라서 개입목표를 설정하기 위해서는 가장 먼저 해야 할 것은 표적문제를 찾아내는 것이다.

표적문제 선정 시 지침은 다음과 같다.

① 클라이언트에게 가장 시급한 문제를 우선순위로 한다.

② 가장 단기간에 달성할 수 있어 성취감을 느낄 수 있는 목표를 우선순위로 한다.

③ 표적문제를 너무 많이 정하는 것은 시간의 한계성이 있으므로, 해결 가능성이 비

교적 뚜렷한 문제를 2~3가지 정도 선택한다.

④ 클라이언트가 강한 동기를 느낄 수 있는 것을 목표로, 우선순위로 한다.

⑤ 표적 문제 선정 시 클라이언트와 사회복지사 간 합의가 중요하다.

⑥ 사회복지사의 능력, 기관의 기능상 무리 없이 달성 가능한 우선순위를 목표로 한다.

3) 계약

계약은 클라이언트가 자신의 삶의 질을 향상시키기 위해 스스로 노력할 수 있도록 돕는 것으로, 계약 체결은 이후 개입 단계에 대한 내용과 변화하고자 하는 목표, 서비스 진행 방향, 안내 등을 할 수 있는 좋은 기회가 된다.

(1) 계약

계약은 목표 설정과 그것을 달성하기 위하여 클라이언트와 사회복지사의 역할, 시간, 장소, 비용, 개입기법, 평가방법들에 대해 사회복지사와 클라이언트가 동의하는 것이다.

계약은 사회복지실천 활동에서 클라이언트와 사회복지사, 그 외 관련체계가 성취해야 할 목적 및 목표를 달성하기 위한 실천활동을 누가, 무엇, 언제, 어떤 방법으로 할 것인지, 운영사항 등에 대한 합의과정이라고 볼 수 있다. 클라이언트는 자기결정권과 참여의 권리가 보장되고, 개입과정에서 보다 적극적인 참여를 할 수 있다. 기관과 전문가가 일방적으로 계획하고 작성한 계약서가 아닌 클라이언트와 사회복지사와 서로 의논하고 협의하면서 자신의 의견을 적극적으로 반영하였므로, 문제해결에 대한 동기가 강화되고 의지가 높아지게 된다. 기관의 입장에서도 서비스 계약으로 클라이언트가 노력해야 하는 과업과 의무를 공식화하고 명확히 전달할 수 있다.

(2) 계약의 유형

계약의 유형은 다양하지만 흔히 서면계약, 구두계약, 암묵적 계약으로 구분한다.

① 서면계약

가장 공식적인 형태의 계약이다. 서면계약은 클라이언트와 사회복지사가 개입목표 및 과정, 시간, 그 외 관련 사항 등을 서면으로 작성하고 서면한다. 서면계약의 내용에는 기관마다 차이는 있으나 계약 당사자 및 관련 주요 인물들의 역할, 문제 리스트, 목표의 우선순위, 클라이언트와 사회복지사의 주요 과업과 책임, 개입방법, 그리고 개입의 구조적 요인들로 구성된다.

서면계약은 클라이언트와 사회복지사 간의 의무를 강조하고, 오해를 최소화하기 위한 장치이다. 이러한 서면계약은 클라이언트와 사회복지사 간 합의와 합의되지 않은 부분을 분명히 해 주고, 진행되는 회기마다 책임감을 상기시켜준다.

• 서면계약 장점

- 목표를 명료화하고, 우선순위를 정하며, 역할과 책임소재를 명확히 함
- 오해와 갈등을 줄일 수 있음
- 클라이언트가 분명하지 않은 상태에서 임의적으로 처리되지 않는 것을 보장함
- 클라이언트의 의지를 강하게 할 수 있으며 언제라도 계약서 검토가 가능할 수 있음

• 서면계약 단점

- 준비시간이 많이 걸림
- 클라이언트가 계약서 작성을 두려할 수 있음
- 쉬운 목표에 집중하면서 복잡하거나 성취 가능한 어려운 목표에 대한 회피 가능성 있음
- 클라이언트에 따라서는 계약서의 내용을 잘못 파악하여, 목표 미달성 시 사회복지사의 책임으로 알고 소송할 수 있음

② 구두계약

구두계약은 서면계약에서 명시하는 내용을 서비스 제공자 간 언어를 사용하여 계약을 맺는 것이다. 구두계약은 서면계약과 비교할 때 신속히 진행되며, 서명을 거부하거나 불편해 하는 클라이언트에게 적용하기 쉽다. 서면계약과 달리 공식적인 힘은 없다.

• **구두계약 장점**

– 서면계약과 비교할 때 시간적 소요가 적으며 비교적 쉬움

– 서면서류에 불신감이 있어 서명하기를 거부하는 클라이언트와 일할 때 유용함

• **구두계약 단점**

– 구두계약은 서면계약과는 달리 결정적 힘이 없음

– 세부적인 사항을 잊을 수 있음

③ 암묵적 계약

공식화 수준에서 가장 낮은 계약 유형이다. 계약의 내용을 서면이나 구두로 합의하지 않았지만 암묵적으로 개입 전반에 대한 내용에 대해 사회복지사와 클라이언트가 합의한 것으로 보는 계약이다. 암묵적 계약은 서면이나 구두로 확인되지 않았기 때문에 오해의 가능성이 있어 주의가 필요하다.

④ 계약의 요소

일반적으로 계약에는 개입목표, 목표를 달성하기 위해 취해야 할 활동, 이러한 노력에 포함되는 주요 역할과 책임성, 시간계획 등이 포함된다. 헵워스와 라슨(Hepworth & Larsen, 1986)은 계약에 포함되는 내용을 다음과 같이 제시하였다.

- 구조적 요인: 사례번호, 참석자, 장소, 일자 등
- 주 문제와 관심사
- 개입의 목적과 목표
- 참여자 역할
- 클라이언트가 취할 행동이나 과제
- 예상되는 개입의 지속기간 및 빈도
- 사회복지사가 수행할 과제
- 참여가 예상되는 다른 사람·기관·조직 및 역할 과제
- 개입기법
- 비용
- 평가계획

계약의 요소에서 시간적 조건은 매우 중요하며, 개입이 몇 주 혹은 몇 개월 동안 지속되는지의 지속기간, 몇 회기, 진행시간 등은 시간적 조건에 포함된다. 시간적 조건에서 종결시점을 미리 정하는 시간 제한적 개입과 종결시점을 미리 정하지 않은 개입이 있다. 시간 제한적 개입은 단기간 정해진 목표를 달성할 수 있고, 시간 및 비용이 절감된다는 장점이 있다. 종결시점이 미리 정해져 있지 않은 개입은 클라이언트의 상황 및 목표 달성 정도에 따라 종결시점을 융통성 있게 조절할 수 있다는 장점이 있다.

계약의 내용에 개입기법은 해결되어야 할 욕구와 문제에 대한 치료적 대안들을 제시하는 것으로 자기주장훈련, 인지재구조화, 역할극과 행동시연, 상담 등으로 개입방법을 제시한다.

⑤ 계약단계에서 사회복지사와 클라이언트 역할

계약단계에서 계약이 원활하게 이루어질 수 있도록 해야 한다. 이때 클라이언트와 사회복지사의 역할은 무엇인지 살펴보면 다음과 같다.

• 사회복지사 역할

① 클라이언트가 계약내용에서 문제와 개입방법을 이해할 수 있도록 자세히 설명한다.

② 전문가로서 새로운 관점에서 문제를 볼 수 있도록 클라이언트를 원조한다.

③ 클라이언트가 생각하지 못한 해결책을 제시하고 이를 고려해 볼 수 있도록 하며 최종결정은 클라이언트가 할 수 있도록 한다.

④ 목표 성취에 장애가 있는 요인들을 예측하고, 장애요인들을 극복, 최소화할 수 있도록 전략을 수립할 수 있도록 원조한다.

• 클라이언트 역할

① 클라이언트는 계약 단계에서 적극적인 참여를 통해 계약 내용을 확인하고, 자신의 감정이나 욕구, 원하는 바 등을 분명히 하고, 계약에 반영한다.

② 문제를 해결하는 주체는 클라이언트 자신이며, 사회복지사는 협력적 동반자임을 인식해야 한다.

표 12-1 서비스 계약서 예시

사회복지서비스 제공(이용)계약서

• 서비스 대상자(갑)

성명 : (인), 주민등록번호 : -

주소 :

연락처 :

• 대리인(보호자)

성명 : (인) ("갑"과의 관계 :)

주소 :

연락처 : (E-mail :)

• 서비스 제공기관(을)

시설명 : (대표자 : 인)

주소 :

• 계약기간 : 년 월 일 ~ 년 월 일

• 서비스 종류, 내용 및 금액은 "사회복지서비스제공계획서"와 같다.

상기 당사자(이하 "갑", "을"이라 한다) 또는 대리인은 다음 계약내용에 의거하여 사회복지서비스 이용계약서를 작성하고 기명날인 후, 각각 1통씩 보관한다.

○○○○ 종합사회복지관

2. 개입

개입 단계는 사회복지사와 클라이언트가 합의한 표적문제를 해결하기 위한 계획, 즉 목표와 계약을 실행하는 단계이다. 이 단계에서는 개입목표를 달성하기 위해서 다양한 개입방법을 사용하게 된다. 개입에는 클라이언트 개인에게 직접적으로 개입해서 변화를 시도하는 직접적 개입방법이 있고, 클라이언트를 둘러싼 환경의 변화를 시도하는 간접적 개입방법이 있다.

1) 개입의 특징

개입은 클라이언트의 문제해결을 위해 목표를 달성하려는 전문적 활동이며 클라이언트의 기능을 회복시키고 개선하는 것에 목표를 두고 진행한다. 또한 개입 단계의 목표는 문제해결을 위한 구체적 변화전략을 수립하며 개입, 원조, 교육 등 동기유발, 자원연계, 행동변화 등을 통한 변화를 가져온다. 그리고 지속적인 점검과 변화 정도를 유지하고 평가한다.

클라이언트의 문제해결을 위한 개입방법은 다양하다. 사회복지사는 광범위한 방법 중 클라이언트에게 적합한 방법으로 개입하여 초점이 되는 문제가 무엇인지를 검토한 후 다음과 같이 표적문제해결과 변화에 도움을 주어야 한다.

① 개인의 변화를 전제로 하는 미시적 개입을 통해 클라이언트의 행동, 사고, 감정에 대한 체계와 역기능적인 관계와 부적응 상태를 진단하는 개인차원 개입

② 클라이언트가 속한 체계(가족, 친구, 동료, 친구 등)에서 관계의 어려움과 문제를 가지고 있고, 자원 결핍, 부적절한 생활환경상 문제에 대한 개입으로 중간적 수준 개입

③ 지역사회의 변화가 필요할 때는 거시적 수준 개입

2) 개입 단계의 사회복지사의 과제

개입 단계의 사회복지사 과제는 문제해결을 위한 구체적인 변화전략을 수립하고, 수립된 계획을 실행하면서 클라이언트에게 변화를 일으키는 것이다. 변화를 창출함으로

써 클라이언트의 문제를 해결하는 것이 가장 중요한 목표가 된다. 이러한 목표 달성을 위해 개입 단계의 사회복지 과제는 다음과 같다.

① 문제해결을 위한 구체적 변화 전략을 수립한다. 클라이언트의 변화 노력을 지원하기 위해 직접적 개입, 지역사회 자원 연계, 새로운 자원의 개발, 사회적 지지집단 활용, 교육, 정보 제공 등 다양한 전략을 세워야 한다.

② 직접개입·간접개입 등 다양한 개입방법과 기술을 적용하여 클라이언트와 클라이언트를 둘러싼 환경체계에서 변화가 일어나도록 원조해야 한다.

③ 개입과정 중 일어나는 변화가 지속될 수 있도록 지속적 점검을 통해 변화를 유지하고 평가한다. 클라이언트의 변화가 일어나고 있는지, 일어나고 있다면 그 변화의 속도와 방향은 어떠한지, 계획한 의도대로 목표가 달성하고 있는지에 대하여 주기적인 평가가 필요하다. 이러한 평가를 토대로 개입방법이 적절치 못하면 개입방법을 변경해야 한다.

3) 개입 단계의 사회복지사의 역할

사회복지사의 역할은 개입활동에 따라 콤튼과 갤러웨이(Compton & Galaway, 1984)가 제시한 중개자, 조력자, 교사, 중재자, 옹호자 등으로 구분할 수 있으며, 이에 관한 내용은 다음과 같다.

(1) 중개자 역할

중개자(broker)는 원조과정에서 설정한 서비스 목표를 달성하기 위해 가능한 모든 자원과 클라이언트를 연결하는 역할이다. 사회복지사는 자원을 파악하고 서비스가 적절하게 제공되는지를 점검해야 하므로, 자원에 대한 정보와 자원과 클라이언트를 연결하는 데 필요한 지식과 구체적인 기술들을 갖추어야 한다.

(2) 조력자 역할

조력자(enabler)는 클라이언트가 스스로 문제해결능력이나 대처능력을 키우고, 자원을 찾을 수 있도록 원조하는 역할이다. 사회복지사는 클라이언트가 설정된 변화를 스스로 성취하도록 지원해야 한다.

사회복지사는 클라이언트의 위기상황에서 다양한 스트레스에 대처하도록 돕는 역할을 해야 하며, 욕구를 확인하고 문제를 규정하며 효과적으로 다룰 수 있는 능력을 개발시켜야 한다. 또한 개인의 감정이나 사회적 자원을 발굴하고 지지해 줘야 한다.

(3) 교사 역할

교사(teacher)는 클라이언트의 문제해결에 필요한 정보, 기술을 제공하거나 기술을 습득할 수 있도록 지원하고, 사회복지사 자신이 모델링해 보임으로써 클라이언트에게 새로운 행동을 가르치는 역할을 한다. 사회복지사는 전문적 지식과 정확한 정보를 알아야 하며, 클라이언트에게 정보를 명확히 전달하고, 이해시키기 위해 의사소통기술을 갖추어야 한다.

(4) 중재자의 역할

중재자(mediator)는 미시·중범위·거시체계 사이의 의견 충돌이나 갈등을 조정하여 합의점을 찾아내도록 하는 역할이다. 견해가 다른 개인이나 집단 사이의 의사소통을 향상시키고, 타협하도록 돕는 중재자는 중립을 유지하여야 하며 양측의 서로의 입장을 이해하고 있는지 확인해야 한다.

(5) 옹호자의 역할

옹호자(advocate)는 필요한 자원이나 서비스를 찾거나 이러한 자원 확보에 어려움을 겪는 클라이언트를 위해 클라이언트 개인이나 가족의 권리를 옹호하고, 정책 변화를 모색하기 위한 활동을 수행한다. 옹호는 개인, 집단, 지역사회의 입장에서 직접적으로 대변·보호·개입·지지하는 행동을 포함한다. 사회복지사는 클라이언트를 위하여 일을 진행하고, 대변해야 하며, 보호해야 한다. 클라이언트의 권리나 이해는 법적으로 보장된 것이어야 한다.

4) 직접적 개입

개인이 가지고 있는 생각, 감정·정서의 변화, 행동의 변화를 통한 대처능력의 향상을 위한 직접적 개입방법에는 여러 가지가 있다. 개인체계 개입, 가족체계 개입, 집단체계 개입으로 나누어 살펴보고자 한다.

(1) 개인체계 개입

① 정서·인지 개입기술

클라이언트의 불안, 자신에 대한 불신 등의 감정을 제거하기 위한 목적으로 사회복지사가 확신하는 클라이언트의 장점, 능력을 직접적인 표현을 통해 인정해주는 것이다. 클라이언트의 불안을 야기하는 외부적 상황을 덜 위협적인 것으로 확신한다는 것을 보여줌으로써 클라이언트의 불안과 긴장을 완화시키는 기법이다.

가. 격려

격려(encouragement)는 클라이언트의 행동, 태도, 감정을 칭찬하거나 인정해 주는 언어적 표현방식이다. 문제해결능력과 자질이 있는 클라이언트의 문제해결능력과 동기를 최대화하는 효과적 방법이다. 과업에 직면해 있거나 자존감이 약화되어 있거나 불안한 상황에 있는 클라이언트에게 유용하다. 격려는 성찰, 환기, 재보증, 클라이언트에 대한 신뢰감의 표명 등과 같은 다른 기법과 병행해서 사용할 수 있다.

격려를 사용할 때는 격려의 내용을 구체적이고 분명하게 전달해야 한다.

나. 재보증

재보증(reassurance)은 클라이언트의 능력에 대해 사회복지사 신뢰를 표현하는 것으로, 클라이언트의 자신감을 키우는 기법이다. 자신의 능력이나 자질에 대해 무력감을 느끼고 있거나 클라이언트 본인의 능력과 자질을 재확인시켜주는 기법이다. 사회복지사는 현실적인 재보증이 필요하며, 클라이언트의 불안감 때문에 지나치게 재보증을 사용한다든지, 불필요한 재보증을 사용하지 않도록 주의해야 한다.

다. 일반화

일반화(universalization)는 클라이언트의 생각, 느낌, 지각 등의 비슷한 상황에 놓인 다른 사람과 같거나 거의 비슷하다고 말해 줌으로써, 클라이언트가 가지는 이질감, 일탈감, 소외감 등을 상쇄시켜준다. 클라이언트 자신에 대한 신뢰감과 자신감을 회복시키기 위해 사용되는 기법이다.

라. 환기법

환기법(ventilation)은 클라이언트의 억압된 감정, 특히 분노, 증오, 슬픔, 불안 등의 감정을 표출하도록 격려하거나 자유로운 표출이 가능하도록 분위기를 조성함으로써 그 감정을 약하게 하는 기법이다. 클라이언트의 문제와 관련되어 다양한 감정을 경험하게 되는데, 어떤 경우에 이러한 감정이 제대로 표출되지 않거나 혹은 강하게 억압되어 있다 보니 그것 자체가 문제가 되는 경우가 있다.

마. 재명명

재명명(reframing)은 어떠한 행동과 사건에 대해 클라이언트가 부여하는 의미를 새롭게 수정해 주는 것으로, 클라이언트가 자신의 상황을 다른 시각을 가지도록 하는 기법이다.

바. 직면

직면(confront)은 클라이언트가 장애를 일으키거나 지속시키는 자신의 사고, 감정, 행동의 어떤 측면과 직면하는 것을 말한다. 클라이언트가 자신에 문제에 대하여 회피하거나 행동변화에 대해 모순된 표현을 할 경우 직면기법을 적용하면 유용하다.

사. 초점화

초점화(focus)는 클라이언트가 자기 문제를 언어로 표현할 때 혼란하거나 산만한 것을 점검해 주고, 선입견, 편견, 혼란 등을 표출하여 자신의 사고과정을 명확하게 볼 수 있도록 해 준다. 초점화는 제한된 시간 내에 최대한의 효과를 추구할 수 있다.

아. 정보 제공

정보 제공(informing)은 클라이언트에게 의사결정이나 과업수행에 필요한 정보를 제공하는 것이다. 클라이언트에게 어떤 결정을 내리고 과제를 수행하는 데 있어 적절한 정보를 제공함으로써 클라이언트의 결정에 도움을 주는 기법이다.

자. 조언

조언(advice)은 클라이언트가 해야 할 것을 추천하거나 제안하는 사회복지사의 진술을 의미하며 클라이언트가 반드시 요구할 때 해 주어야 한다. 조언은 매우 신중하게 사용해야 한다.

② 행동변화 개입기술

클라이언트의 문제행동을 수정하거나 새로운 행동학습이 개입목표로 설정되면 행동수정기법으로 적용할 수 있다. 특히 아동의 행동수정에 있어 매우 강력한 기법이며, 효과가 큰 것으로 알려져 있다(Sheafor et al.,1997).

가. 강화와 처벌

강화(reinforcement)와 처벌(punishment)은 스키너의 조작적 행동이론에 기초한 기법이다. 강화는 행동에 대해 긍정적인 보상을 통해 행동을 학습시키고, 처벌은 표적행동을 제거하는 것이다. 처벌은 윤리적, 법적, 서비스 효과 등의 이유로 인해 사회복지사에게 권장되지 않고, 엄격히 금지되기도 한다.

나. 행동형성

행동형성(shaping)은 새로운 행동을 형성시키는 것으로, 현재 하지 못하는 행동을 하게 하기 위하여 단계적으로 행동을 조형해 주는 방법이다. 행동형성은 한 단계에서 다음 단계로 너무 빨리 넘어가지 않아야 하고, 각 단계의 행동의 차이를 작게, 여러 단계로 구분해야 한다.

다. 행동연쇄

행동연쇄(chaining)는 연속적으로 단계에 따라 일련의 행동이 이전 단계와 이후 단계로서 서로 자극-반응으로 연쇄되어 일어나도록 하는 방법이다. 즉, 단계적으로 강화하면서 1단계가 익숙해지면 2단계로 진행하며 강화하는 방식이다.

라. 토큰강화법

토큰강화법(token reinforcement)은 토큰경제라고도 하는데, 여러 가지 바람직한 행동을 했을 때 그에 상응하는 토큰을 줌으로써 체계적으로 강화하는 것이다. 토큰강화법은 바람직한 행동 후 즉시 제공할 수 있다는 장점이 있으나, 토큰을 많이 모은 후 부적절한 행동을 할 수 있으므로 토큰의 사용 기한을 정해서 빨리 사용하도록 하는 것이 좋다.

마. 모델링

모델링(modeling)은 다른 사람이 하는 행동을 보고 그대로 관찰하여 모방하도록 하는 방법이다. 모델링은 본보기가 되는 행동이 내담자의 행동 수전에 부합해야 하며, 모방학습 적용 시 지시를 함께 사용해야 한다.

바. 타임아웃

타임아웃(time-out)은 바람직하지 못한 행동을 감소시키기 위해 정적 강화를 받을 수 있는 기회를 박탈하거나 강화를 받을 수 있는 장면에서 일시적으로 추방하는 기법이다. 타임아웃을 진행할 때는 명확한 이유를 설명하고, 구체적인 행동 지침을 제공해야 한다.

사. 사고중지법

사고중지법(thought stopping)은 원하지 않는 생각을 억제하도록 하는 기법이다. 원하지 않는 생각을 하루에 10~20번 떠올리게 하고, 생각에 집중하다가 "그만"이라고 소리치는 것을 반복적으로 연습하는 것이다. '그만'이라고 소리로 생각을 방해하게 함으로써 원하지 않는 생각에서 벗어나도록 조력하는 것이다.

아. 체계적 둔감법

체계적 둔감법(sytematic desensitization)은 공포와 불안을 제거하기 위하여 불안과 양립

할 수 없는 이완 반응을 끌어낸 다음, 불안을 유발하는 경험을 상상함으로써 자극의 영향을 감소시키는 방법이다.

③ 대인관계 향상 개입기술

클라이언트의 문제는 많은 부분이 원만한 대인관계를 맺지 못하거나, 상대방에 대한 이해가 부족한 데서 오는 경우가 많다. 갈등해소와 관계기술 향상을 위한 개입은 사회복지사의 개입목표의 하나이다.

가. 행동연습

행동연습은 클라이언트가 특정의 상황에 놓이게 될 때, 그 상황에 맞추어 다른 사람과의 상호작용에서 적절한 행동을 할 수 있도록 미리 준비하여 연습시키는 기법이다. 이러한 연습을 통해 직면할 상황에 대한 클라이언트의 두려움을 없애고 상황에 적절히 대응할 수 있는 자신감을 향상하는 효과가 있다.

나. 역할전환

역할전환(role reversal)은 한 사람이 다른 사람의 역할을 맡아 다른 사람의 관점에서 사물을 보도록 하는 방법이다. 이 기법은 주변의 중요한 사람들의 행동이나 감정에 대한 이해를 높이는 데 활용할 수 있다.

다. 빈의자 기법

빈의자 기법(the empty chair technique)은 자기 자신이나 중요한 다른 사람에 대한 자신의 감정을 이해하도록 돕기 위함이다. 대인갈등에 포함된 이슈를 명확히 하기 위해 활용된다. 치료세션에서 없는 사람과 상호작용 할 필요가 있을 때, 그 인물이 맞은편 빈의자에 앉아 상상하고 대화하는 방식이므로 클라이언트가 다른 각도에서 갈등을 보도록 하며, 자신이 특정한 방식으로 행동하고 느끼는 이유를 통찰할 수 있다.

라. 재구조화

재구조화(reframing)는 특정 사건, 행동 또는 인생경험에 부여하는 의미를 수정하기 위하여 사용되는 기법이다. 즉, 다른 각도에서 자신의 문제를 이해할 수 있도록 행동과 내면세계의 의미를 부여하는 것이다. 이 기법은 다양하고, 긍정적 시각으로 사건이나 행동을 볼 수 있다.

마. 이완훈련

이완훈련(relaxation training)은 클라이언트의 중요한 근육 부위를 집중적으로 이완시킬 수 있도록 원조하는 것이다. 클라이언트의 근육의 긴장에 주의집중하며, 이 긴장을 충분히 느낄 수 있도록 하고, 긴장 상태와 이완 상태의 차이점을 인식하게 되어 조절이 가능하다.

④ 자기주장 훈련기술

자기주장 훈련은 대인관계에서 불안을 느끼는 경우 자기주장 행동을 하게 함으로써 상호 제지를 일으키도록 하여 불안을 줄이는 방법이다. 자기주장은 자신의 사고나 감정을 미성숙하게 표현하거나 공격적인 방법으로 표현하기 때문에 대인관계에서 갈등이 발생할 수 있는데, 자기주장 훈련을 통해 이를 개선할 수 있다.

• 자기주장 언어소통 방법

– 공감적인 자기주장법

– 부정적인 감정을 주장하는 방법

– 거절하는 방법

⑤ 스트레스 관리기술

스트레스 관리기술은 스트레스를 유발할 수 있는 문제를 해결하는 데 효과적인 기법이다. 스트레스에 대처할 수 있는 분명한 계획을 가지고 있으면 많은 어려움을 겪을 때 힘을 얻고, 보다 효과적인 행동을 취하여 스트레스를 풀어주고 삶의 편안한 효과를 느낄 수 있다.

• 스트레스 관리방법

– 스트레스 관리 계획을 작성한다.

– 삶의 목표를 설정한다.

- 건강한 생활습관을 갖는다.
- 취미활동으로 긴장을 해소한다.
- 숨을 천천히 내쉬며 안정을 찾는다.
- 가볍게 몸을 움직인다.
- 스트레스 상황을 달리 해석해 본다.
- 긍정적인 자기 대화를 한다.

(2) 가족체계 개입

사회복지사는 가족실천 시작 단계에서 접수, 자료수집 계획의 절차 등 가족체계에 개입한다. 클라이언트의 문제해결이 가족이라는 환경 안에서 이루어지기 때문에 가족치료 기법을 많이 사용한다.

① 보웬의 가족치료 개입

보웬의 가족치료는 가족을 다세대적 현상으로 보았으며, 다세대에 걸친 가족체계의 분석을 통해 현재 가족의 문제를 파악한다.

가. 가계도

가족의 정서적 과정에 있어 세대에 걸쳐 반복, 해결되지 않은 동일한 정서문제가 가족에게 지속적으로 나타날 수 있다. 3세대 이상에 걸친 가족성원에 관한 정보와 그들 간의 정서과정을 표시한 그림으로 현재의 가족 문제 정보를 조직화 할 수 있다.

나. 치료적 삼각관계

주로 부모나 부부처럼 두 사람의 성인과 치료자의 삼자관계 형태를 이루어 개입한다. 치료자가 두 사람의 정서과정에 연루되지 않으면서 두 사람과 최적의 정서적 거리를 유지한다. 가족은 평정을 찾아 문제해결방법을 찾게 되고 관계는 개선된다.

다. 코칭

직접 가족문제에 대처하는 데 자신의 능력과 기능을 최대한 발휘하도록 돕는 방법이다. 가족들의 상호작용을 객관적으로 생각해 보게 하고, 문제발생에 기여한 자신의 부분을 보게 하는 기법이다.

라. 나 - 입장 취하기

다른 사람이 무엇을 하는가를 비난하거나 지적하는 대신, 자신이 무엇을 생각하고 느끼는가를 말하게 하여 자신의 생각과 감정을 표현하게 하는 방법이다.

마. 과정질문

과정질문은 클라이언트의 격양된 감정을 가라앉히고 정서적 반응에 의해 유발된 불안을 낮추며 사고를 촉진하는 기법이다. 인지에 초점을 두어 클라이언트가 어떤 방식으로 관계유형에 관여되어 있는지를 질문한다.

② 미누친의 가족치료 개입

가족 속의 복잡한 상호 교류에 질서와 의미를 부여하는 분명한 틀을 제공해 주는 기법이다. 가족의 구조를 바로잡는 일은 치료의 일차적 목표가 된다. 문제를 해결하거나 증상을 완화시키는 일은 이차적이고 부차적인 치료의 목표로 본다.

가. 적응

적응은 가족체계에 관여하기 시작하면 가족은 긴장과 저항을 느낄 수 있으므로 그 가족을 있는 그대로 지지하고 존중하는 적응기법이다.

나. 실연

실연은 가족들의 상호 거래 행동을 실제로 해보게 하는 것으로 좀 더 다양한 상호 교류 유형을 직접 관찰할 수 있으며, 자연스럽게 갈등을 해소하고, 서로 지지해 주고, 동맹 및 결탁을 하고, 스트레스를 발산하는 방법이다.

다. 경계선 만들기

경계선 만들기는 밀착된 관계에 있는 가족원에게 경계를 분명히 하여 개인의 독립심과 자율성을 키워주고, 유리된 가족에게는 가까이 접근하고 접촉을 증가하도록 도와주는 기법이다. 세대 간의 경계를 명확하게 하고, 부모 하위체계와 자녀 하위체계가 분리될 수 있도록 상담실에서 부모끼리, 자녀끼리 자리를 재배치하기, 부모의 권위와 영향력 강화하기, 가족원 간의 세대 간 연합 깨기, 취약한 하위체계와 번갈아가며 일시적 동맹 맺기 등이 있다.

라. 강점 인식

강점 인식은 가족이 갖고 있는 강점과 긍정적인 점을 찾아내고 활용하는 기법이다. 가족들이 기존의 인식 틀을 바꾸어 새로운 현실을 보게 되고 새로운 방식의 상호작용을 할 수 있게 한다.

마. 과제 주기

과제 주기는 가족의 재구조화에 도움이 되는 특정의 행동영역을 찾아 과제를 내주는 것이다. 언제, 어디서, 누구와, 어떻게 상호작용해야 하는가를 구체적으로 분명히 제시하는 방법이다.

③ 사티어의 가족치료 개입

사티어의 가족치료는 인본주의 경험을 통한 성장의 철학, 정서적 경험 강조, 가족과의 깊은 교류로 가족의 변화를 통한 치료에 중점을 두는 기법이다. 치료목표는 가족의 성장에 두고 친밀한 가족 상호작용을 위해 명료한 의사소통기술, 확장된 자아의식에 중심을 둔다.

가. 가족조각

가족조각은 특정 시기의 어려웠던 사건을 선정하고, 정서적 가족관계를 언어를 사용하지 않고 신체적으로 상징화하기 위해 사람이나 대상물을 배열하는 기법이다. 가족 구성원이 각자 자신의 내면적 감정에 접함으로써 진정한 자아에 대해 알고 느끼며 새로운 대처 방법을 생각해 볼 수 있다.

나. 원가족 도표

원가족 도표는 기호와 서술을 통하여 원가족 구성원의 인구학적 정보, 성격적 특성, 의사소통 및 대처유형, 가족 내의 상호 대인관계 등을 보여 준다. 가족의 상호작용이나 역동성을 이해하고 평가하는 데 도움이 된다.

다. 의사소통 유형

사티어는 가족구성원에게 회유형, 비난형, 초이성형, 산만형 중 하나의 입장을 취하도록 한다. 이렇게 하여 가족구성원은 효과적인 의사소통 방법을 배우고 어떻게 합리적으로 되는지를 알게 되어 각 입장에 대한 감정을 서로 나누고 서로의 의사소통 입장을 이해한다.

라. 비유

비유는 주제나 생각을 유사한 다른 상황과 연결시켜 표현하는 기법이다.

마. 역할극

역할극은 가족성원들이 자기 자신이나 다른 사람의 생활을 단막극으로 표현해 다른 사람의 내면에 대한 이해를 높이는 방법이다.

④ 전략적 가족치료 개입

통찰을 통한 성찰이나 이해의 변화보다는 행동의 변화를 일으키는 데 더 관심이 있으며, 이론보다는 치료기법에 대해 주로 기술한다. 인간의 행동이 왜 일어났는지 보다는 행동의 변화에 관심을 가지기 때문에 특정 문제를 해결하기 위한 다양한 전략을 시도한다. 정교하게 계획된 전략적 개입을 통해 역기능적 가족의 상호작용을 변화시키는 것이다.

가. 지시기법

지시기법은 문제를 해결하는 과정에서 회기의 종결 이전에 가족이 과제를 수행하도록 지시를 사용하는 방법이다. 각 회기마다 지시기법은 문제해결치료에서 핵심적인 역할을 한다. 지시는 가족성원들에게 적합한 것이어야 하며, 과제의 크기를 결정하고 가족이 저항없이 받아들이도록 설명하는 것이 중요하다.

나. 역설적 개입

역설적 개입은 가족성원들이 저항하도록 하여 변화를 일으키는 치료기법이다. 이러한 역설적 지시는 가족성원들에게 변화할 수 있도록 원조하기를 원한다고 말함과 동시에 변화하지 말라는 요구를 하기 때문에 가족들에게 역설적으로 보일 수 있다.

다. 처방

처방은 역설적 개입 전략 중에서 가장 많이 사용되는 것이 증상을 처방하는 것이다. 개입을 원하는 개인이나 가족이 잠재적으로는 증상행동을 유지하기 원하고 있기 때문에 이와 같은 증상의 처방기법을 활용할 수 있는 것이다.

라. 가정기법

가정기법은 클라이언트와 가족 사이의 관계를 방해하는 지시를 내리지 않으면서 클라이언트에게는 증상을 가지고 있는 것처럼 행동하게 하고, 가족들에게는 클라이언트를 보호하고 원조하는 것처럼 행동하게 하는 기법이다. 클라이언트에게 문제가 있는 것처럼 행동하라고 지시하였을 때, 클라이언트는 가정하기 위해서는 실제 문제를 가지고 있을 수 없게 되거나 가정할 수 없게 되므로 가정하는 방법에 대해 다른 사람의 지도나 원조를 받는 것이다.

⑤ 해결중심 단기가족치료 가족개입

과거보다 현재와 미래를 중시하고, 인간의 장점과 자원을 문제해결에 활용하는 기법이다. 이 가족 개입은 단기로 진행되고 해결책에 초점을 맞추며 병리적인 것이나 실패경험에 관심을 두기보다 과거에 잘 해 온 것과 성공경험을 발견하여 이를 문제해결에 활용하는 점과 가족의 자발적인 의지와 언어가 행동변화를 유발한다고 믿는 점이 다른 가족치료 가족개입과 차별화된다.

가. 변화와 해결로 이끄는 질문

해결중심 단기가족치료에서 질문기법은 가족 사이에 대화를 통해 문제에 대한 지각과 해결 노력, 성공경험, 잠재력과 자원 등을 새롭게 인식하도록 영향을 줌으로써 해결방안을 발견하도록 돕는 핵심기법이다. 변화와 해결로 이끄는 질문에는 상담 전 변화에 관한 질문, 기적질문, 예외 발견 질문, 척도질문, 대처질문, 관계성 질문 등이 있다.

나. 기적질문

기적질문은 문제가 해결된 상황을 상상해 보고 원하는 것을 스스로 설명하게 하여 해결책을 구체적으로 명료화시키기 위한 기법이다. 이 질문을 통해 내담 가족은 문제와 떨어져서 상상을 하므로 문제중심에서 벗어나 변화 가능성에 대한 희망을 갖게 되는 경험을 하게 되며 상담 목표를 설정하는 데 도움이 된다.

다. 예외 발견 질문

예외 발견 질문은 해결중심 모델의 기본 가정인 '어떤 문제에도 예외는 있다'는 것을 믿고 문제가 일어나지 않는 상황을 찾아내는 기법이다. 우연히 발생한 예외상황과 그 구체적인 방법이 밝혀지고 자원을 이용하여 이를 의도적으로 계속하도록 격려하면 내담가족의 문제해결에 대한 자신감이 강화될 수 있다.

라. 척도질문

척도질문은 문제의 심각성, 문제해결의 우선순위, 문제해결 정도, 정서적 관계, 관계개선을 위한 노력 정도, 문제해결 동기, 변화 의지, 자신감과 자존감 등 구체화시킬 필요가 있는 것을 숫자로 표현하여 평가하는 기법이다. 척도질문을 함으로써 현상태와 변화 가능성, 해결방안 모색에 도움이 될 정보를 얻을 수 있다.

마. 대처질문

대처질문은 예외적인 상황을 발견하기 어렵거나 만성적인 어려움과 절망적 상황 등으로 희망이 없다고 호소하는 내담가족에게 주로 사용하는 기법이다. 이 질문은 내담가족에게 막연한 희망적인 말을 하거나 위로하는 말보다는 작은 것이라도 대처방법을 갖고 노력해 왔음을 깨닫게 하기 위하여 사용한다.

바. 관계성 질문

관계성 질문은 가족과 관련된 다른 중요한 사람들의 생각이나 행동에 대하여 묻는 기법이다. 이 질문을 통해 자신의 행동이나 관점뿐 아니라 자신에 대한 다른 사람의 관점이나 행동에 대해 주의를 기울이게 되어 문제해결을 위한 잠재적 자원을 더 많이 활용하고 가족 간의 상호 영향과 변화 가능성을 파악할 수 있다.

(3) 집단체계 개입

집단사회복지실천은 구조화된 집단의 상호작용을 통해 집단구성원인 개인들이 추구하고자 하는 목적인 사회기술향상, 대인관계기술 등을 습득할 수 있도록 지지하고 자극하는 개입활동이다. 비슷한 경험을 가진 사람들이 함께 참여하여 경험을 공유하고, 다양한 지지를 주고받으며 변화의 계기를 마련하게 된다.

① 집단구성원의 참여 촉진시키기

집단활동에 참여하는 모든 구성원이 집단과정에 참여할 수 있도록 촉진해야 한다. 사회복지사는 집단에서 소외되거나 침묵하고 있는 집단구성원이 생기지 않도록 해야 하며, 소극적인 구성원들이 활동에 참여시켜 자신의 경험을 나누고 문제해결방법을 찾도록 해야 한다.

② 집단구성원에게 집중하기

집단구성원의 언어적·비언어적 의사소통을 적극적으로 관찰하면서 주의 깊게 경청하고 구성원의 의사소통의 상황을 파악하고, 집단구성원들에게 집중하도록 한다. 집단구성원이 숨어 있는 감정, 비언어적 메시지에 대하여 표현하여 다른 구성원들의 참여를 독려할 수 있다.

③ 표현기술

집단구성원들이 생각이나 감정을 자유롭게 편안하게 표현하도록 원조한다. 사회복지사는 말을 못하는 집단구성원이 발표나 토론에서 먼저 이야기할 수 있도록 한다.

④ 반응기술

특정한 집단과정에 선별적으로 반응하여 집단과정에 영향을 미치는 기술이다. 집단에서 집단구성원의 지지하는 반응은 집단구성원의 행동을 강화하고, 동기를 부여할 수 있다.

⑤ 집단의사소통 초점 유지하기

집단과정의 특정 영역에 초점을 둠으로써 관련 없는 의사소통을 감소시키고 중요한 문제에 대해 집중할 수 있도록 개입하는 기술이며 명확화, 특정 의사소통의 반복 등이 있다.

⑥ 집단과정을 명확하게 하기

집단구성원들이 집단의 상호작용이 어떻게 진행되는지 설명하여 구성원들이 인식할 수 있도록 도와주는 기술이다. 자신의 감정, 사고, 행동유형이나 상호작용에 대한 이해를 도모하기 위해 사용한다.

⑦ 내용 명료화하기

집단구성원 간 상호작용 내용을 명료화하는 기술이다. 집단구성원의 의사소통을 원활하기 위해 집단구성원들이 자신의 표현을 분명하게 하고, 특정 메시지를 잘 이해했는지 개별로 질문하거나 검토하여 집단활동을 촉진시킨다.

⑧ 집단 상호작용 지도

집단의 목적 달성을 위해 집단을 이끌어 나가는 기술로서 상호작용을 촉진하고, 의사소통의 방향을 재조정함으로써 개방적인 의사소통을 장려하기 위해 사용한다. 구성원 간 의사소통을 격려하고, 의사소통을 연결하여 집단의 상호작용의 형태를 이끌어 간다.

5) 간접적 개입

간접적 개입은 사회적 지지체계 개발, 서비스 조정 프로그램 개발, 옹호, 지역사회 내 기관 간의 협력, 환경조정 등이 있다.

(1) 사회적 지지체계 개발

클라이언트의 문제는 사회적 지지체계의 결핍에서 나타날 수 있다. 사회복지사는 클라이언트와 클라이언트 주변의 사회적 지지체계를 개발해야 한다. 지지체계가 부재할 경우에는 사회로부터 고립, 서비스 이용에 제약이 있을 수 있다.

사회적 지지체계는 자연적 지지체계의 활성화에 중점을 두고, 기존의 체계들이 클라이언트 욕구에 맞게 적절히 기능하도록 원조해야 한다. 자연적 지지체계의 확보가 어렵다면 공식적 지지체계를 활용한 사회복지기관이나 프로그램 또는 서비스 등을 개발해야 한다. 사회복지사는 클라이언트의 특수한 욕구를 만족시킬 수 있는 지역사회 내 다양한 기관과 프로그램에 대한 충분한 정보를 가지고 있어야 한다.

(2) 서비스 조정 프로그램 개발

서비스 조정은 2가지 이상의 서비스 제공자들과 함께 일하는 것을 말한다. 다양한 문제를 가진 클라이언트에게 복합적인 서비스가 주어질 때 서비스의 중복과 누락을 방지하면서 서비스의 공동 목적을 달성하기 위하여 적절한 시기와 방법으로 클라이언트를 원조할 수 있도록 조정하는 것이다. 서비스 조정에는 서비스 연결, 의뢰, 사례관리가 있다.

서비스 연결은 복합적인 서비스를 제공하는 한 기관의 여러 전문가들이 특정하나 클라이언트에게 관심을 가지고 서로 연결하는 것이다. 의뢰는 서로 다른 기관의 전문가들이 연결되어 서비스를 제공하는 형태의 조정으로 의뢰한 서비스가 제대로 전달되고 있는지, 그 결과가 어떤지 평가하는 과정까지 포함된다. 사례관리는 클라이언트의 문제와 욕구를 평가하여 클라이언트가 필요로 하는 서비스나 자원을 찾고 이를 연결해 주고 조정, 점검 및 평가하는 것이다.

(3) 옹호

옹호는 클라이언트에게 제공되지 않은 자원과 서비스를 얻을 수 있도록 하고, 클라이언트에게 불리한 영향을 미치는 실천이나 절차, 정책들을 수정하며, 필요한 서비스 자원을 제공받을 수 있는 정책이나 절차를 만들기 위해 클라이언트와 함께 또는 대표해서 일하는 것이다.

• 개인옹호

특정 개인에게 서비스와 사회복지 혜택이 돌아가도록 노력하거나 이미 제공되고 있는 서비스가 클라이언트의 존엄성을 인정하도록 그들을 대표해서 하는 일이다.

• 집단에 대한 옹호

특정 집단이 불이익을 받을 때 이들을 위해 제도적이거나 법률적인 체계를 변화시키도록 노력하는 활동이다.

(4) 지역사회 내 기관 간 협력

클라이언트의 문제가 복잡하고 다양하기 때문에 기관이 클라이언트 문제를 모두 해결할 수 없다. 클라이언트의 욕구를 효과적으로 충족시키기 위해서 지역사회 내 자원, 조직, 기관 간 협조가 필요하다. 기관에 정보를 교환하거나 협조체계를 구축하여 클라이언트의 욕구에 유연하게 대응해야 한다.

(5) 환경조정

클라이언트의 사회적 기능을 강화하기 위해서 클라이언트 환경에 변화를 가져오게 하는 것이다. 대인관계를 포함, 생활환경 개선, 사회자원 사용, 심리적 원조를 제공하여 사회환경에 있어 좋지 못한 요인들을 감소, 제거시켜 생활기능을 강화한다.

3. 종결

종결 단계는 클라이언트에 대한 개입이 마무리되는 단계이다. 종결은 클라이언트의 사회적 기능을 강화하고, 클라이언트와 사회복지사가 개입의 전체적인 과정에 있어 어떠한 성과를 가져왔는지에 대하여 파악할 수 있다. 종결은 개입과정에서 획득한 진정 상태를 유지하고, 계속해서 성장해 가는 데 크게 영향을 미치므로, 사회복지사는 성공적인 종결을 위해 노력해야 한다.

1) 종결의 유형

종결은 클라이언트가 설정한 목표에 도달하여 원조가 없이 목표를 수행할 수 있을 때 종결을 하는 경우도 있고, 예상하지 못한 경우에 일어날 수도 있다.

(1) 시간 제한에 의한 계획된 종결

시간 제한적 방식에 의한 계획된 종결은 개입 초기부터 클라이언트와 사회복지사가 개입의 시간을 미리 제한하고 시작하는 것이다. 시간 제한은 미리 정해지기 때문에 시간 제한을 염두에 두고 계획을 세우고, 이미 합의된 종결이므로 정서적 애착, 의존이 줄어들고 종결에 따른 상실감도 감소한다. 시간 제한은 시간에 대한 기한으로 인해 클라이언트와 사회복지사 양측이 정해진 시간 안에 목표를 달성하기 위해 열심히 개입활동에 임하게 된다.

(2) 시간 제한이 없는 종결

시간 제한이 없는 종결은 언제 종결할 것인지를 결정하는 것이 중요하다. 일반적으로 클라이언트가 사회복지사나 기관으로부터 지원을 받는 것이 감소될 때, 즉 개입 기간동안 클라이언트가 얻는 이득이 줄어들어 중요성이 없어질 때가 종결할 때라고 한다.

사회복지사는 클라이언트가 충분한 변화와 성장이 보인다고 판단되면 클라이언트에게 종결에 대하여 언급하고, 이에 대한 동의가 있으면 종결에 대한 계획을 세운다. 사회복지사가 장기간에 걸쳐 클라이언트의 삶에 영향을 미쳤고, 종결에 대한 상실감과 의존성이 있을 수 있으므로 종결에 대한 정서적 반응을 다루는 것이 중요하다.

(3) 목표 달성에 의한 종결

개입의 목표가 정해진 기간 내에 달성되어 종결하는 경우로 가장 이상적인 종결 유형이다. 개입과정에서 클라이언트가 과업수행을 잘 해내어 의도된 목표대로 효과를 달성하여 종결하는 것이므로 종결에 대한 만족도가 높다. 종결에 대한 시점이 가까워지면 클라이언트가 새로운 문제를 제기하거나 문제가 재발하였다고 하여 종결에 대한 두려움과 저항을 보일 수 있다. 이때 사회복지사는 종결 이후 문제가 새롭게 발생한다면 언제든지 기관을 방문할 수 있다는 것을 알려주는 것도 종결에 도움이 된다.

(4) 클라이언트에 의한 종결

클라이언트에 의한 종결에는 서비스가 개입되고 있는 동안 서비스 약속시간에 나타나지 않거나, 여러 가지 이유를 제시하면서 서비스에 참여하지 않을 경우가 있다. 이때는 클라이언트가 사회복지사에 대해 나타내는 저항의 표현일 수 있으므로, 종결 전에 저항감을 해소하는 것이 필요하다. 저항감은 사회복지사의 어떤 면에 기분이 상했거나 자신의 문제를 타인에게 논의하고 원조를 요청하는 것에 굴욕감을 느끼거나, 사회복지사의 전문적인 능력을 의심하는 경우 나타날 수 있다. 종결 시 사회복지사는 클라이언트의 자기결정권을 존중하면서 전문가로서의 의견을 제시해 줄 필요가 있다.

(5) 사회복지사에 의한 종결

사회복지사가 조직개편으로 인한 이동, 퇴사, 사례가 자신이 다루기 힘든 경우, 사회복지사의 개인 사정 등으로 인하여 종결된 경우이다. 이렇듯 종결은 사회복지사나 클라이언트 모두에게 힘든 상황이다. 특히 이전에 중요한 사람과의 관계에서 거부나 이별 등을 경험한 클라이언트는 더욱 상처받기 쉽고, 사람에 대한 신뢰, 자존심에 손상을 입을 수 있다. 이럴 때 사회복지사는 시간이 허락하는 한 클라이언트에게 감정을 표현할 수 있는 시간을 갖도록 해야 하며, 다른 사회복지사에게 의뢰되어 원조받을 수 있도록 도와주어야 한다.

2) 종결에 대한 과업

성공적인 종결을 위해 사회복지사는 다음과 같은 과업을 진행한다.

(1) 적절한 종결 시기 결정

개입목표의 달성 정도, 서비스 시간 내 제공 완료 여부, 클라이언트 문제 상황 해결 정도, 클라이언트의 의존성, 클라이언트의 새로운 서비 적합 여부 등을 고려해야 한다.

(2) 정서적 반응 다루기

사회복지사는 클라이언트의 정서적 반응을 잘 다루어야 한다. 목적 달성이 되지 않은 경우 클라이언트는 사회복지사에게 실망, 분노, 버림받았다는 느낌을 갖지 않도록 그의 감정을 수용하고, 부정적 감정을 표현할 수 있도록 한다. 사회복지사에 의한 종결 시에는 클라이언트가 이후에 서비스가 진행될 수 있도록 의뢰 및 연결하고, 이를 수용할 수 있도록 도와주어야 한다.

(3) 서비스에 대한 평가

목표 성취 정도에 따른 서비스를 평가를 통해 개입과정이 효율적이고 효과적으로 결과에 작용하였는지 평가한다.

(4) 효과 유지와 강화

클라이언트의 변화된 결과를 강화하고, 이를 유지하는 것은 종결에서 다루어야 할 중요한 과업이다. 사회복지사는 변화된 문제나 행동 등의 중요성을 클라이언트에게 인식시키고, 새로운 기술을 계속 사용하도록 하며, 환경적 자원의 제공으로 이득을 지속시킬 수 있도록 지역사회자원을 제공한다. 클라이언트의 스트레스와 부정적 상황을 예측하고, 이를 환경의 자원체계들과 잘 활용하여 적절하게 대처할 수 있게 함으로써 클라이언트의 변화된 결과를 강화하고 유지할 수 있도록 도움을 주어야 한다.

(5) 의뢰

사례가 종결되었지만 클라이언트는 새로운 서비스가 더 필요하거나 미해결된 문제에 대해 타 기관에 의뢰한다. 의뢰과정은 신중히 이루어져야 하며 클라이언트가 의뢰에 대해 동의를 할 경우 진행한다.

(6) 사후관리

사후관리는 종결 시점 1~6개월이 지났을 때 클라이언트가 잘 적응하고 있는지를 점검하는 과정이다. 클라이언트가 종결 시와 같은 수준에서 잘 기능하고 있는지를 알아보고, 만약 클라이언트가 어려움이 겪고 있다면 필요한 도움을 제공해 준다. 사후관리를 진행할 때 사회복지사는 클라이언트에게 사후관리의 목적 및 변화의 진전상황을 점검하는 것임을 확인시켜 줌으로써 클라이언트에게 긍정적 기대감을 심어주는 것이 좋다. 이러한 사후관리를 통해 클라이언트는 관심을 받고 있고, 지지를 해 주는 환경체계가 있다는 것에 개입효과를 지속하고, 유지하려는 노력을 할 수 있다.

4. 평가

사회복지실천의 평가는 개입이 효과적이고 효율적으로 진행되었는지를 측정도구나 측정절차를 통해 확인하는 것이다. 평가를 통해서 클라이언트와 사회복지사는 의도한 대로 서비스 계획을 수행하고 있는지, 그 목적이 달성되고 있는지를 결정할 수 있다.

1) 평가의 개념

평가는 개입의 효과성과 효율성을 측정하는 것이다. 목표 달성 여부는 효과성이고, 투입된 비용과 산출된 성과 간 비율은 효율성이다. 사회복지실천에서 '평가'는 기관의 계획, 정책, 프로그램에 전반적으로 적용할 수 있다. 평가의 개념을 크게 3가지로 나누어 정리하면 다음과 같다.

① 광의적 차원은 사회복지실천활동이 얼마나 효과적이었는지, 효율적이었는지를 판단한다.

② 협의적 차원은 사회복지사의 개입 노력을 사정하는 것으로, 개인이나 가족, 집단, 지역사회 대상으로 실시한 개입이 변화를 일으켰는지, 어느 정도의 변화가 생겼는지를 사정하는 것이다.

③ 프로그램 평가는 사회복지서비스가 필요한지, 서비스가 계획한 대로 수행되었는지, 서비스가 목적한 대로 클라이언트의 욕구나 문제에 효과적이었는지를 평가하는 것이다.

2) 사회복지실천에서의 평가의 중요성

평가는 사회복지실천현장에서 과학성과 전문성을 강화해 주고, 클라이언트에게 책임성을 높여준다는 면에서 매우 중요한 의미를 지닌다. 평가를 통해 결과가 바람직하게 판명되었다면 그 과정에서 사용된 방법과 투입된 자원 등을 계속적으로 사용하고 발전시켜 나갈 것이며, 이와 반대일 경우 그러한 방법과 투입된 자원을 중지하거나 변경시켜 실천과정에 반영한다.

사회복지실천과정에서 평가가 중요한 이유는 다음과 같다.

① 사회복지실천의 효과성 측정이다. 평가의 일차적 목적은 목표를 달성했는지를 측정하는 것이다. 원래 계획한 서비스를 제공해서 결과에 도달했는지, 목표의 달성 여부, 사회복지실천이 얼마나 효과적이었는지를 측정한다.

② 사회복지실천의 효율성 측정이다. 동일한 비용으로 높은 효과를 내었을 때 효율성이 증가하기 때문에 평가과정을 통해 실천의 효율성을 측정할 수 있다.

③ 자원 사용에 대한 책임성 입증이다. 재정적인 지원이나 지역사회의 승인이 필요할 때 이에 대한 근거를 제시할 수 있다.

④ 클라이언트에 대한 책임성 이행이다. 개입과정의 진행 정도에 대해 사회복지사 자신뿐만 아니라 지역사회와 클라이언트에게 알려 줄 책임을 이해할 수 있다.

⑤ 실천과정에 대한 점검으로 클라이언트는 어떻게 반응하고 있는지, 계획했던 변화가 일어나고 있는지 등 변화과정에 대해 점검할 수 있다.

⑥ 사회복지사가 실천 내용에 대해 점검하고 평가함으로써 개입에 대한 전반적인 상황을 알고, 반성 및 새로운 활동에 반영할 수 있다. 이를 통해 사회복지사의 능력을 향상할 수 있다.

3) 평가 유형

평가 유형은 평가의 내용에 따라 평가 차원에 따른 분류와 평가 목적에 따른 분류로 구분할 수 있다.

(1) 평가 차원에 따른 분류

① 성과평가

성과평가는 설정했던 목표들이 얼마나 달성되었는지를 평가하는 것이다. 전체 과정을 평가하기 위하여 각 과정에서 달성한 목표를 클라이언트의 관점에서 도출해야 한다. 원하는 변화가 얼마나 달성되었는가를 검증하기 위해 개입효과검증을 한다. 많이 사용하는 평가방법은 단일집단 사전-사후 비교방법, 통제집단과 실험집단 비교를 들 수 있다.

• 단일집단 사전-사후 비교방법

사회복지현장에서 가장 많이 사용되는 평가방법이다. 개입하기 전에 문제가 어느 정도인지 측정하고, 개입 후 다시 같은 방법으로 문제의 정도를 측정하여 그 변화를 개입의 결과로 보는 방법이다.

• 통제집단과 실험집단 비교

개입한 집단과 개입하지 않은 집단을 비교하여 그 차이를 개입의 결과로 추정하는 방법이다. 사전-사후 비교방법에 비해 별로 활용되지 않는데, 그 이유는 첫째, 개입이 필요한 집단에 의도적으로 개입을 하지 않는다는 것이 사회복지실천 윤리에 맞지 않고, 둘째, 두 집단 간 차이를 개입의 결과로 보려면 두 집단 간 다른 변수의 영향을 거의 통제되었다는 전제가 되어야 하는데 실제 그런 집단을 설정하기가 현실적으로 어렵기 때문이다.

② 과정평가

과정평가는 사회복지실천과정을 분석하기 위한 것이며 성과평가에서 놓치기 쉬운 프로그램 준비, 진행, 종결과정에서의 환경적인 요인과 관련성을 프로그램의 과정에 따라 분석한다. 과정평가는 긍정적인 변화를 유도할 수 있는 일반적인 요소를 잘 알아 실천에 옮길 수 있고, 효과성을 향상시킬 수 있다. 평가내용에는 사회복지사가 목표를 달성하기 위해 사용한 방법이나 기법에 대한 피드백도 포함한다.

③ 사회복지사 평가

사회복지사의 행동이나 태도 등이 개입에 어떠한 영향을 주었는지 파악하기 위하여 클라이언트로부터 피드백을 받는 것이다. 긍정적인 피드백은 사회복지사의 자기 강점을 더 잘 알고 활용할 수 있으며, 부정적인 피드백은 사회복지사의 치료적 행위나 태도, 매너리즘을 알려준다는 점에서 매우 도움이 된다.

(2) 평가 목적에 따른 분류

① 형성평가

형성평가는 개입과정에 대한 평가이다. 사회복지실천과정에 초점을 두고, 주기적으로 진전상황을 평가한다. 활동의 진행과정에 있어 그것을 부분적으로 수정·개선·보완하는데 필요한 정보를 얻기 위하여 실시하는 평가활동인데, 이는 원조 과정 동안 실시되는 사정과 관련된다. 형성평가는 개입과정을 검토하고, 필요한 경우에는 개입계획을 수정할 수 있다. 이러한 의미에서 형성평가는 실천과정의 점검이라고 할 수 있다.

② 총괄평가

총괄평가는 활동이 종결되었을 때 그 활동의 결과로써 산출된 성과와 효율성에 대하여 종합적인 가치판단을 하는 평가이다. 사회복지실천에서 개입이 종결되었을 때 그것의 효과성, 즉 목적 달성 여부와 관련하여 그 요인을 분석하는 것을 말한다. 총괄평가의 단계 및 고려해야 할 요소들은 기관의 사명, 프로그램의 목적 및 목표, 달성 여부의 결정방법, 평가자료의 활용방법 등이다.

4) 평가설계

사회복지실천에 적용되는 평가설계방법에는 단일사례설계, 목표달성척도, 과제성취척도 등이 있다.

(1) 단일사례연구

단일사례연구라는 명칭은 흔히 단일사례에 적용되었기 때문에 붙여졌다. 사회복지실천의 효과성을 평가하기 위해 가장 많이 사용되는 설계방법이다.

클라이언트의 문제에 대해 실제 변화가 일어났는지 아닌지와 관계없이 사회복지사와 클라이언트가 문제를 점검하여 피드백을 주고받을 수 있고, 개입과 관찰된 변화 사이의 관계를 점검하는 데 특별히 개입된 기술이나 서비스 프로그램의 단독효과 시험이 가능한 장점이 있다. 단점으로는 사회복지실천의 개입 중 행동적인 부분 안에서만 기법이 유용하기 때문에 적용 범위가 매우 제한되어 있다.

• 단일사례평가의 단계

- 1단계: 목표 구체화
- 2단계: 적합한 측정방법 선정
- 3단계: 기초선 자료 기록
- 4단계: 개입을 선정
- 5단계: 개입을 실행하고, 지속적인 모니터링 실시
- 6단계: 변화 사정
- 7단계: 효과성 추론

① AB설계(기초단일 설계)

단일사례설계의 유형 중에서 가장 간단하고 사회복지사들에게 가장 많이 사용되는 기본적인 유형이다. A단계에서는 아무런 개입이 없는 상태에서 표적행동의 변화에 대한 관찰이 이루어지고, B단계에서는 개입이 이루어진 이후의 표적행동 변화에 대한 관찰이 이루어진다.

- 장점: 실제 간단하여 쉽게 적용할 수 있음
- 단점: 한 시점에서 개입이 이루어졌기 때문에 그 시점에서 우연히 다른 외적 사건이 개입되어 변화가 발생했을 가능성을 배제하기 어려움, 즉 외생변수에 대한 통제가 없으므로 개입이 표적행동에 미치는 효과에 대한 신뢰도가 낮음

② ABA설계

AB 디자인에서 개입 이후에 또 하나의 기초선(제2기초선)을 추가한 형태로서, 첫 번째 기초선단계에서 표적행동을 측정하고, 개입 단계 그리고 개입 종료 후에 다시 측정한다.

- 장점: 제2기초선을 추가함으로써 AB 디자인의 신뢰도가 낮은 문제점 해결
- 단점: 개입의 효과를 평가하기 위하여 개입을 중단하는 것은 윤리적 문제를 유발할 수 있음, 제2기초선단계에서 문제가 악화되지 않았을 때 이것이 개입 이외의 다른 외적 요인들의 영향 때문인지 아니면 개입의 효과가 지속되고 있기 때문인지 알 수 없음

③ ABAB설계

ABAB 디자인은 AB 디자인에 또 하나의 AB를 추가한 형태이다. 기초선(A) → 개입(B) → 개입 중단(A) → 재개입(B)의 과정이다. 외생변수를 보다 효과적으로 통제하기 위하여 제2기초선과 제2개입 단계를 추가한 것이다.

- 장점: AB 과정을 한 번 더 반복함으로써 AB 디자인이나 ABA 디자인의 단점인 개입 전후 시점에서의 외적 사건의 영향, 즉 외생변수의 영향을 통제하고 확인해 볼 수 있음
- 단점: 첫 번째 개입 단계에서 개입의 효과가 있음에도 불구하고 연구목적을 위하여 개입을 중단하고 일정 기간 관찰 후 다시 개입하는 인위적인 통제를 하는 것에 윤리적인 문제를 유발할 수 있음

④ BAB설계

기초선 없이 바로 개입 단계로 돌입하고, 개입 후 개입을 중단하고 기초선 단계를 가진 후에 다시 개입하는 형태이다. 즉, 첫 번째 개입 단계와 기초선을 비교하고, 다시 기초선과 두 번째 개입 단계를 비교하여 개입의 효과를 판단한다.

- 장점: 기초선 없이 바로 개입 단계에 들어감으로써 조속한 개입 가능(예: 위기상황)
- 단점: 외생변수 통제 어려움, 개입의 효과가 지속되는 경우에 기초선 단계와 제2개입 단계에서 표적행동이 유사하므로 개입의 효과를 판단하기 어려움

⑤ ABCD설계

하나의 기초선 자료에 대하여 B, C, D 등 여러 개의 각기 다른 개입방법을 연속적으로 도입하는 형태이다. 즉, 이전의 개입이 일정한 상태의 경향성을 보이면 다른 개입방법을 도입하고, 여기서 다시 안정된 경향성이 나타나면 또다시 새로운 개입방법을 적용하는 유형이다.

- 장점: 각기 다른 개입방법에 대한 비교가 각각에 대한 기초선 없이 가능하므로 각기 다른 개입방법들의 효과를 동시에 측정할 수 있음
- 단점: C와 D단계에서의 개입 효과가 이전의 개입으로 인한 선행효과와 혼합되어 나타남, 즉, B단계의 개입이 C단계에, B와 C 단계의 개입이 D단계에 미치는 영향을 통제하기 어려움

⑥ 복수 기초선 설계

몇 개의 AB 설계로 이루어진 것으로서 하나의 동일한 개입방법을 둘 이상의 표적행동이나 다른 대상(사례)들 혹은 다른 상황들에 적용하는 형태이다. ABAB 설계처럼 개입 도중에 기초선 확보를 위하여 개업을 중단하고 다시 재개하는 인위적인 조작으로 인한 윤리적 문제가 없다.

(2) 목표달성척도

목표달성척도는 클라이언트와 사회복지사가 함께 설정한 목표의 달성 정도를 평가

하기 위한 것이다. 목표달성척도는 계약 및 목표설정 단계에서부터 적용되기 시작한다.

이 척도는 클라이언트가 기능수행영역을 세분화하여 개입 후에 각 영역의 기능이 어느 정도 향상되었는가를 평가한다. 목표 달성 정도는 보통 ① 가장 바람직하지 않은 결과 ② 기대한 성공수준보다 낮음 ③ 기대한 성공수준 ④ 기대한 성공수준보다 높음 ⑤ 가장 바람직한 결과의 5점 척도로 나누어 평가한다.

(3) 과제성취척도

과제성취척도는 클라이언트와 사회복지사가 합의한 과제 성취평가이다. 합의한 과제가 실제로 달성되었는지를 측정한다. 기초선이나 단일사례설계를 이용하기 어려울 때 사용한다. 과제 성취 정도는 보통 ① 완전성취 ② 상당히 성취되었으나 아직 행동이 필요하다 ③ 부분적으로 성취되었으나 할 일이 남음 ④ 아직 성취되지 않았다의 4점 척도로 나누어 평가한다. 주의할 점은 과제의 달성 정도를 평가하는 것이지 노력 또는 동기를 평가하는 것은 아니라는 것이다.

토의사항

1. 목표설정 중요성에 대하여 생각해 보시오.
2. 서면계약, 구두계약, 암묵적 계약의 장점과 단점에 대하여 설명하고, 각각의 계약 형태에 대한 단점을 보완할 수 있는 방법들을 생각해 보시오.
3. 개입 단계에서 사회복지사의 역할에 대하여 설명해 보시오.
4. 직접적 개입과 간접적 개입에 대한 예시를 설명해 보시오.
5. 사회복지현장에서 평가가 중요한 이유에 대하여 생각해 보시오.

1급 국가고시 주요 출제경향 요약

❖ 계획수립 단계

- 계획수립 단계는 클라이언트의 문제를 어떻게 해결할 것인지 계획을 수립하는 과정인데, 크게 목표 설정하기와 계약하기라는 2가지 활동으로 구성된다.
- 개입목표는 '문제가 해결된 상태' 또는 '개입을 통해 일어나기를 바라는 변화'이다. 사정 단계에서 무엇이 문제인지 규명이 끝나면, 그 문제를 해결하기 위해 개입의 목표를 설정한다.
- 계약은 문제의 정의, 목표, 클라이언트와 사회복지사의 역할, 시간, 장소, 비용, 개입기법, 평가방법 등 개입계획에 대해 사회복지사와 클라이언트가 합의하는 것이다.
- 계약의 유형: 서면계약, 구두계약, 암묵적 계약

❖ 개입 단계

- 개입 단계는 사회복지사와 클라이언트가 합의한 문제를 해결하기 위한 계획을 실천하는 단계이다.
- 개입 단계의 사회복지사 과제
  • 변화전략을 수립한다.
  • 개입방법을 적용하여 변화를 만들어낸다.
  • 클라이언트의 변화 정도를 점검한다.
- 개입유형: 직접개입, 간접개입

❖ 종결 단계

- 사회복지사의 개입활동을 계획에 따라 마무리하는 것으로, 사회복지사와 클라이언트 간 관계를 공식적으로 끝내는 것이다.
- 종결 단계의 사회복지사 과제
  • 종결 시기 결정하기
  • 정서적 반응 다루기
  • 개입을 통해 획득한 효과의 유지와 강화하기
  • 필요한 경우 클라이언트를 다른 자원으로 의뢰하기
- 종결의 유형: 계획된 종결, 목표 달성으로 인한 계획된 종결, 클라이언트에 의한 종결, 사회복지사에 의한 종결, 사후관리

❖ 평가 단계

- 사회복지실천 활동이 효과적이었는지 그리고 효율적이었는지를 판단하고, 사회복지실천과정에서 어떠한 일들이 발생했으며 그러한 일들이 결과에 어떠한 영향을 미쳤는지 조사하는 활동이다.
- 평가의 유형: 과정평가, 결과평가, 총괄평가, 형성평가

Chapter

13

사례관리

사회복지실천에서의 주요 방법론으로는 흔히 개별사회사업(case work), 집단사회사업(group work), 지역사회조직(community organization)이 거론된다. 하지만 이들 방법론은 각각 별개로 기능하는 탓에 복합적이고 다체계적 욕구와 문제를 지닌 클라이언트의 문제해결에 일정한 한계를 지닌다고 할 수 있다. 게다가 새롭게 등장하는 사회문제를 지닌 클라이언트의 문제와 욕구를 효과적으로 해결하는 데도 한계를 노출하자, 이를 개선하고자 등장한 것이 바로 사례관리이다. 본 장에서는 최근 통합방법론으로서 주목되는 사례관리에 대해 살펴볼 것이다.

1. 사례관리의 기본적 이해

1) 사례관리의 개념

그동안 사례관리(case management)에 대해서는 다양한 정의가 제시되었다. 사례관리의 개념은 사회적 상황과 적용 분야에 따라 다양하게 활용되기 때문이다. 애초에 사례관리는 치매나 자폐증과 같은 중증장애인을 장기적으로 책임지고 보호하는 개념으로 사용되다가 점차 다체계적 문제를 가진 클라이언트의 문제해결에 적용되는 개념으로 그 범위가 확대되어 사용되고 있다.

사례관리라는 용어의 타당성도 거론되곤 했다. 클라이언트는 자신이 다루어져야 할 하나의 사례로 취급되는 것을 원치 않기 때문이다. 이러한 문제의식으로 인해 한때 보호관리, 보호조정, 서비스 조정 등이 사례관리를 대체하는 용어로 제시되기도 했다.

국내에 사례관리를 처음 번역하여 소개한 김만두(1993)는 사례관리란 개인의 욕구에 대응해 여러 가지 서비스를 짝 맞추는 과정임을 강조하였다. 짝을 맞추어 준다는 말은 기성품을 판매하는 것이 아니라 개개인의 입장과 처지를 고려해 서비스를 개별적으로 고안하여 제공한다는 것이다.

사례관리에 관한 국내외 학자들의 입장을 살펴보면 다음과 같다.

사례관리란 복합적인 욕구를 지닌 개인의 기능화와 복지를 위해 공식적·비공식적 지원과 활동의 네트워크를 조직, 조정, 유지하고 이러한 활동을 통해서 클라이언트의 생활기술을 증진하고 사회 네트워크와 관련된 대인복지 서비스 제공자의 능력을 고양하며, 제공되는 서비스의 효율성과 효과성을 증진하는 서비스이다(Moxley, 1989).

사례관리란 생태체계 관점을 기반으로 만성적이고 복합적인 문제를 가진 개인 및 가족과 일하면서 그들과 자원제공자의 기능을 향상하여, 환경 속에서 자신들에게 필요한 서비스와 자원을 스스로 획득하고 사회적 기능을 원활히 수행하도록 돕는 통합적인 접근방법이며, 사례관리자는 임상 및 치료적 측면과 행정, 특히 조정 및 옹호의 측면에 관심을 가진다(권진숙, 박지영, 2008).

사례관리란 만성적·복합적 욕구가 있는 클라이언트와 가족의 사회적 기능 회복을 위해 운영체계를 확립하고, 이를 기반으로 체계적 사정과 지역사회의 다양한 자원을 활용하여 지속적이고 효과적인 사회복지서비스를 제공하는 통합적 실천방법이다(한국사례관리학회).

2) 사례관리의 목적

사례관리는 개별사회사업과 같은 전통적 방식의 서비스가 지니는 한계를 극복하고자 등장한 접근방법이다. 이는 사례관리의 목적 면에서 잘 드러난다. 인타글리아타(Intagliata, 1992)와 우드사이드 등(Woodside et al., 2006)의 주장을 토대로 사례관리의 목적을 제시하면 다음과 같다.

(1) 보호의 연속성

사례관리에 참여하는 클라이언트의 문제가 비교적 복잡하고 다체계적인 속성을 지니기 때문에 대부분의 사례관리는 장기적으로 이루어진다. 이러한 맥락에서 사례관리는 보호의 연속성(continuous)을 강조한다. 이는 클라이언트에게 장기간에 걸쳐 지속적으로 서비스를 제공한다는 의미이다.

(2) 서비스 접근성

내담자가 문제해결에 대한 욕구가 강하다 해도 서비스에 접근하지 못한다면 그 클라이언트는 서비스 사각지대에 방치된다. 특히 클라이언트는 여러 이유로 사회복지서비스에 대해 정보가 부족하고 제한된 채 지내는 경우가 많다. 따라서 사례관리는 클라이언트의 서비스 접근 가능성을 높이고자 서비스의 사각지대를 없애고 일명 '찾아가는 서비스(out reaching)'를 강조한다.

(3) 서비스의 통합성

클라이언트의 문제가 복잡하여 서비스 역시도 복합성을 띠어야 한다. 이는 사례관리가 타 서비스와 구별되는 주 특징이다. 서비스가 통합적으로 구성되기 위해 사례관리자는 다양한 자원이 제공되도록 해야 한다. 공적·사적 자원들이 문제해결에 동원되도록 서비스를 계획하고, 제공된 서비스가 중복되지 않도록 조정하는 것이 필요하다.

(4) 사회적 책임

사례관리는 내담자의 인간다운 삶을 보장해야 하는 국가의 책무에 근거해서 이루어지기 때문에 사례관리자는 본 서비스에 참여하는 클라이언트가 적절하고 전문적인 서비스를 받을 수 있도록 하는 데 관심이 필요하다.

(5) 클라이언트의 역량강화

사례관리의 궁극적인 목표는 클라이언트가 사례관리가 종료된 이후에도 스스로 자원에 접근하여 자신의 문제를 해결해 나가도록 내적인 능력을 길러주는 것이다. 이를 위해 내담자의 의존성을 인정하고 충족시켜 주면서도 내담자가 자립할 수 있도록 그의 내적 능력을 길러주는 데 관심을 가져야 한다. 여기에는 상담, 사회기술훈련, 정보 제공, 격려, 교육 등이 있다.

(6) 서비스 평가

사례관리가 제대로 이루어졌는지에 대한 관심은 서비스의 효과성과 효율성 제고를 위해 매우 중요한 과정이다. 이는 최근에 강조되는 증거기반 서비스의 필요성에 의해 분명해진다. 사례관리자는 사례관리가 적절한 목표 수립을 통해 내담자의 복잡한 문제를 해결하는데 효과성을 지녔는지를 판단하는 데 관심이 많다. 평가는 서비스의 전 과정을 통해 이루어지며, 양질의 평가는 더 나은 사례관리를 만들어 내는 데 도움이 된다.

2. 사례관리의 등장배경

사례관리의 출현 배경에는 다양한 요인이 관여한다. 사회복지현장의 변화, 클라이언트 욕구의 다변화, 새로운 실천방법의 필요성 등이 이러한 요인에 포함된다. 다음에 제시하는 사례관리의 등장배경은 사례관리의 특성을 이해하는 데 도움을 준다(권진숙, 김상곤 외, 2012).

1) 탈시설화

미국의 경우 1960년대 초에 대대적으로 탈원화가 이루어졌다. 이로써 주립정신병원에 입원했던 다수의 정신장애인이 지역사회로 일거에 몰려나오는 바람에 지역사회에는 홈리스(부랑인)가 넘쳐나는 큰 사회문제가 발생했다. 뿐만 아니라 탈원화된 정신장애인에 대한 관리가 제대로 되지 않는 바람에 병원을 떠났던 환자들이 다시 정신병원으로 재입원하는 경우가 허다했다. 이로써 준비 없는 탈원화는 재앙이라는 인식이 생겨났으며, 사례관리는 이러한 문제에 대한 대안으로 인식되었다. 미국의 경우, 1978년부터 지역사회지지체계(community supportive system)에 사례관리가 포함됨으로써 사례관리는 이제 법적인 토대에서 본격적으로 활용되기 시작하였다.

2) 복잡하고 분산된 서비스 체계

미국의 경우, 1970년대부터 사회복지서비스 업무가 연방정부에서 주정부로 이관되었다. 이는 사회복지서비스 전달이 지방으로 분권화됨을 의미한다. 이로써 지방정부는 사회복지서비스를 체계적으로 마련하여 서비스가 중복되거나 사각지대에 놓이지 않도록 하는 합리적인 체계를 마련해야 할 필요성이 커졌다. 이에 사례관리가 급증하는 클라이언트의 욕구에 대응하고 사회복지서비스의 지방분권화에 따른 부정적 여파를 최소화하는 목적으로 등장하게 되었다.

3) 클라이언트와 가족의 보호 부담 증가

탈원화로 인한 지역사회보호가 증가할 경우 자폐증이나 치매와 같은 취약한 수준의 클라이언트들은 가정에서 생활해야 할 필요가 커진다. 이 경우 클라이언트와 가족의 보호 부담도 함께 증가하게 된다. 사례관리는 클라이언트가 지역사회에서 생활하게 됨으로써 가족의 보호부담을 경감시키고 클라이언트의 복잡한 욕구를 충족시켜 주는 데 관심을 가진다.

4) 복합적인 문제와 욕구를 지닌 클라이언트의 증가

이전의 복지서비스는 의식주 중심의 단편적인 서비스에 주로 치중되어 있었다. 하지만 경제사회가 발달하여 클라이언트의 욕구가 복합 다양해지면서 이전의 의식주 중심의 서비스로는 이를 감당하기 어렵게 되었다. 따라서 기존의 개별사회사업 등으로는 클라이언트의 욕구를 충족시키는 데 일정한 한계가 있었다. 이에 포괄적이고 통합적이며 책임성을 특징으로 하는 사례관리가 그 대안으로 등장하게 되었다.

5) 서비스 비용 억제의 필요성 증가

미국의 경우, 1960년대부터 사회복지서비스 비용의 효율화가 중요시되었다. 즉, 투입

비용 대비 산출의 정도가 복지서비스의 효과를 결정하는 기준이 된 것이다. 따라서 사회복지실천현장에서도 서비스의 효과성과 효율성을 높이려는 시도가 증가하면서 자연스럽게 사례관리로 관심이 이동하게 되었다. 참고로 사례관리는 이전의 사회복지실천 즉, 개별사회사업이나 집단사회사업보다 비용 면에서 더 고비용 서비스이다. 이처럼 사례관리는 상대적으로 값비싼 서비스이지만 투입비용 대비 산출의 효과성이 높다는 장점의 서비스로 평가되고 있다.

6) 기존 서비스의 단편성

기존 서비스란 개별사회사업, 지역사회조직, 집단사회사업을 의미한다. 이들 서비스가 지난 수십 년 동안 사회복지실천의 주류를 이루어 왔지만, 문제가 복잡하고 통찰력이 낮거나 서비스 참여에 대한 동기가 낮아 효과가 떨어진다는 점에서 한계를 지닌다. 기존 서비스들이 단편적이고 개별적으로 각각 주어지는 바람에 복잡하고 다중적인 문제와 욕구를 지닌 클라이언트에게는 한계가 많았다.

7) 사회지지망의 필요성

사회지지망(social supportive network)은 취약계층이 지역사회에서 인간다운 삶을 영위하는데 필수적인 요소이며 이전의 위험요소를 상쇄시키는 보호 요인의 성격을 지닌다. 사회지지망의 효과성은 최근 발표되는 대부분의 연구에서 일관되게 밝혀지고 있다. 사례관리는 치매, 알코올중독자, 실직자, 독거가구 등의 취약한 클라이언트가 생존에 필요한 다양한 사회지지망을 제공하는 데 관심을 기울인다. 사회지지망은 이제 사회복지실천의 강력한 보호 기전이 되고 있다.

3. 사례관리의 일반적 특성

1) 클라이언트의 적격성

사례관리는 건설장비로 치자면 중장비에 해당한다. 그만큼 인적·물적 비용의 투입이 많다는 의미이므로 아무에게나 사례관리를 받을 자격이 부여되는 것은 아니다. 사례관리가 기존 전통적 방식의 한계를 극복하고자 등장한 서비스라고 볼 때, 그 자격은 복합적이고 다체계적인 욕구와 문제를 가진 클라이언트로 한정한다. 이를테면, 저소득 가정에서 빈번히 아동학대가 발생하고 있으며, 아내는 우울증으로 정신과 치료 중이면서 남편은 만성알코올중독을 가진 가정이라면 사례관리를 적용할 수 있을 것이다.

2) 지역사회 차원의 서비스

사례관리의 주 특징을 꼽으라면 단연 지역사회 차원의 서비스이다. 기존의 서비스가 주로 사회복지기관 중심의 서비스라면 사례관리는 지역사회 자체를 서비스의 장으로 활용한다. 지역사회 차원의 서비스는 찾아가는 서비스, 포괄적인 자원활용, 서비스 사각지대 축소, 네트워크의 활용을 통해 구현된다. 사례관리자는 서비스 매니저로서 다양한 자원을 연결하고 조정 중재하면서 지역사회의 효과적인 자원이 클라이언트의 문제해결에 동원되도록 한다.

3) 높은 서비스 접근성

사례관리는 적극적 서비스이다. 적극적이라는 의미는 취약계층이 사회복지서비스에 소외되지 않도록 클라이언트를 사각지대로부터 적극적으로 발굴한다는 의미를 포함한다. 서비스의 중복과 과잉도 문제지만 서비스의 소외도 문제가 된다. 클라이언트가 서비스로부터 소외되지 않도록 적극적인 아웃리치가 이루어져야 한다. 사례관리는 특히 이런 점을 중시하는 서비스이다.

4) 서비스의 개발과 고안

사례관리는 클라이언트 중심의 서비스로 알려져 있다. 이는 서비스가 클라이언트와 직접 연관되어 클라이언트의 삶의 질을 높이는 데 관심을 가진다는 의미이다. 사례관리란 개개인의 욕구에 대응해 여러 가지 서비스를 짝 맞추어 주는 과정이다. 짝을 맞추어 준다는 말은 영어로 tailoring이다. tailor란 양복점을 말하는데, 기성품을 판매하는 것이 아닌 개개인의 체형을 고려해 양복을 만드는 양복점에 사례관리를 비유할 수 있다(김만두, 2009). 사례관리에서의 서비스는 개별화된 특성이 강하다.

5) 연속적이고 지속적인 서비스

사례관리는 문제와 욕구가 복잡한 클라이언트를 대상으로 한다. 이는 다시 말해 클라이언트의 문제가 그리 단순하지 않다는 것을 의미한다. 따라서 대개 사례관리는 2년 이상 서비스가 제공되어야 하는 경우가 허다하다. 연속성(continuous)이란 일정한 기간의 길이를 의미하며, 지속성(persistence)이란 일정한 주기를 의미한다. 예를 들어, 2년 동안(연속성), 매주 2회의 서비스(지속성)를 제공한다로 정리해 볼 수 있다.

6) 책임적 서비스

사례관리에서 '관리(management)'라는 단어는 오해를 불러일으킬 수 있는 여지를 지니고 있다. '관리'라는 말은 얼핏 사례관리가 수직적 구조에서 이루어지므로 클라이언트가 수동적 입장에서 사례관리에 참여하지 않을까 하는 우려를 낳을 가능성이 많다는 지적이 그런 것이다. 하지만 엄밀히 보면 사례관리에서 관리(management)란 지시와 명령의 의미가 아니라 나약하고 정보가 부족한 클라이언트를 대신하여 그들의 권리를 지켜주고 보호의 책임을 진다는 의미로 해석하는 것이 바람직하다. 이는 바쁜 연예인을 대신하여 활동 스케줄을 잡아주고 적절한 활동수당과 이미지를 관리하는 연예인 매니저에 비유해 볼 수 있다. 이처럼 사례관리자는 취약한 클라이언트의 부족한 부분을 대신하여 그들이 지역사회에서 복지권을 누리며 인간다운 삶을 살아갈 수 있도록 지원하는 서비스이다. 책임성은 이런 부분을 강조하는 개념이다.

7) 자원의 개발과 활용

자원(resource)은 사례관리에서 특히 강조하는 개념이다. 혹자는 사례관리를 '사례자원관리'라고 불러야 한다고 할 정도로 자원의 활용은 사례관리가 타 서비스와 구별되는 특징이다. 클라이언트가 지닌 복잡 다양한 문제의 해결에는 자원을 동원하는 것이 필수이다. 사례관리를 지역사회 차원의 서비스라고 하는 것도 지역사회의 자원을 문제해결에 활용하라는 의미이다. 클라이언트의 문제가 복잡할수록 다양한 자원이 동원되어야 하며, 자원 동원이 활발할수록 책임적 서비스를 구현하는 데 유리하다. 사례관리자의 유능성은 자원의 개발과 관리에서 확인될 수 있다.

8) 가족 단위의 서비스

'서비스의 과녁(target)은 누구인가?'라는 질문을 종종 하게 된다. 사례관리에서는 클라이언트가 속해 있는 가족 자체가 서비스의 주요 과녁이다. 클라이언트 문제의 대부분이 가족체계와 서로 얽혀 발생하기 때문이다. 사례관리를 통해 가족 전체를 지원할 경우 클라이언트의 문제와 욕구가 빨리 해결될 가능성이 커진다고 할 수 있다.

9) 통합적 서비스

통합적 서비스(integrative service)라는 의미는 사례관리에서 제공되는 서비스의 양이 일반 서비스보다 더 많고 다양하다는 것을 의미한다. 기존의 개별사회사업이나 집단사회사업이 주로 심리적 문제나 의식주 문제에 초점을 두었다면, 사례관리는 이에 더 나아가 주거, 건강, 법률, 심리정서, 직업, 복지권 등 폭넓은 범위의 서비스를 제공한다. 클라이언트의 문제가 복합 다양할수록 통합적 서비스의 필요성은 증가한다. 통합성과 포괄성(comprehensive)은 사례관리의 핵심적 특성이다.

10) 임상적 서비스 활용

사례관리의 궁극적 목적은 클라이언트가 사례관리를 통해 당면한 문제를 해결하고 자립생활을 유지하도록 하는 것이다. 만일 클라이언트의 문제가 인지왜곡, 심리·정서적 갈등, 알코올을 포함한 약물중독, 의사소통 등의 문제에 의해 발생한 것이라면 심리상담, 가족상담, 집단상담 등의 임상적 개입이 필요하다. 물론 클라이언트가 임상적 개입에 대한 동기가 있어야 가능하며, 만일 동기가 부족할 시 동기유발에 대한 다양한 전략을 구사할 필요가 있다.

11) 자원 활용의 방해물 사정과 제거

앞서 언급한 대로 자원은 사례관리에서 클라이언트의 문제해결의 중요한 수단이자 도구이다. 사례관리자는 클라이언트의 문제해결을 위해 동원된 자원이 시종 적절히 기능하도록 하는 데 관심을 집중해야 한다. 서비스 도중에 자원의 속성이 변하는지, 자원이 결핍되지는 않는지, 내담자가 자원 이용에 편견이나 불신이 존재하는지 등을 살펴 동원된 자원이 제 기능을 하도록 하는 데 관심을 가진다. 사례관리에서의 점검(monitoring)은 이러한 측면을 강조하는 실천 단계이다.

4. 사례관리의 관점과 이론

앞서 언급하였듯이 사례관리는 전통적 접근의 한계를 보완하고자 등장한 통합적 실천 방법이다. 따라서 사례관리는 사회복지실천의 주요 관점과 이론을 실천에 그대로 반영하고 있다. 본 절에서는 사례관리를 떠받치는 관점과 이론으로서 생태체계 관점, 강점 관점, 임파워먼트 관점, 옹호관 점을 중심으로 살펴보고자 한다(최옥채, 2010; 엄명용 외, 2020).

1) 생태체계 관점

생태체계 관점은 브론펜브레너(Bronfenbrenner, 1979)의 생태학과 버틀란피(Bertalantfy)가 주창한 체계이론을 접목한 것이다. 생태체계관점에서는 인간과 환경 간의 동적관계를 상호작용 또는 항상성 유지의 측면에서 이해할 수 있는 틀을 제공한다. 인간과 환경은 분리될 수 없으며, 개인과 환경은 상호 영향을 미치는 단일체계임을 강조한다. 생태체계관점에서는 각 체계, 이를테면 가족, 지역, 학교, 국가, 문화 등은 상호 의존하며, 전체를 구성하는 체계들이 균형과 항상성을 유지하지 못할 때 이를 회복하고자 다양한 상호작용이 발생한다고 본다. 이러한 회복과정에서 나타나는 것이 바로 갈등, 회피, 폭력, 전쟁, 질병, 가출, 범죄 등이다.

생태체계관점의 기본 가정은 다음과 같다(권진숙 외, 2012).

첫째, 개인의 유전적 혹은 생물학적 요인은 환경과 상호작용하는 과정에서 다양한 방식으로 표현된다.

둘째, 개인과 개인을 둘러싸고 있는 환경은 상호영향을 미치는 또 하나의 체계를 형성한다.

셋째, 적합성이란 적응력을 가진 개인과 환경 사이의 상호작용을 통해 형성된다.

넷째, 개인은 목적 지향적이며 유능성을 획득하기 위해 노력한다.

다섯째, 개인은 환경과 상황 속에서 이해되어야 한다.

여섯째, 개인의 성격은 개인과 환경 사이에서 이루어지는 상호작용의 산물이다.

생태체계관점은 사례관리에서 다음의 실천원칙으로 구체화 된다.

첫째, 개인과 환경을 분리할 수 없는 체계로 이해한다. 따라서 사례관리자는 클라이언트의 적응에 미치는 환경적 요인을 사정하고 가족, 또래, 학교, 직장 등의 주변 환경이 클라이언트에게 이로울 수 있도록 환경을 조정하는 데 관심을 둔다.

둘째, 클라이언트의 문제와 욕구를 생활상황과 생활주기를 고려하여 사정한다.

셋째, 클라이언트의 문제와 욕구해결을 위해 클라이언트와 환경 간 적합성 증진에 필요한 개입방법을 모색한다.

넷째, 클라이언트와의 긍정적 관계 형성은 개인적 유능성을 높인다고 할 수 있다.

다섯째, 사회지지는 사례관리 전반에 필수적인 요소이다. 특히 사례관리는 사회지지망을 통해 클라이언트의 자립과 보호에 주력한다.

여섯째, 클라이언트가 사례관리에 적극 참여하고 문제해결에 필요한 역량이 강화되도록 하는 데 주안점을 둔다. 이는 자원 활용의 방해물 제거를 통해 가능하다

2) 강점관점

강점관점은 클라이언트의 강점과 가능성에 초점을 두는 것이 문제해결에 훨씬 더 유리하다고 보는 시각이다. 이는 긍정심리학에 기초를 두고 있으며, 오늘날 사회복지학과 심리학에서 대세를 이루고 있다고 해도 과언이 아니다. 강점관점은 기존 의학모델과 병리모델(프로이트를 중심으로 하는)의 한계를 극복하고자 등장하였다.

오늘날 강점관점은 사회복지실천 영역의 주요한 배경이 되고 있는데, 클라이언트가 아무리 힘든 상황이라 할지라도 사회복지사는 그들의 가능성과 역량, 재능, 경쟁력, 비전, 가치, 희망 등에 중점을 두고 그들이 자립할 수 있다는 관점을 견지한다. 즉, 클라이언트의 결핍과 부족한 면보다는 그들이 지닌 강점과 자원에 주안점을 둔다. 이를테면 없는 것보다는 있는 것, 모르는 것보다는 아는 것, 할 수 없는 것보다는 할 수 있는 것에 초점을 두고 문제해결을 시도한다.

샐리비(Saleebey, 1997)가 제시한 강점은 알파벳 C, P, R로 제시된다(권진숙 외, 2012). 먼저 알파벳 C로 시작하는 요소는 경쟁력(Competence), 역량(Capacities), 용기(Courage) 등이다. P로 시작하는 요소는 희망(Promise), 가능성(Possibility), 긍정기대(Positive expectation), 잠재력(Potential) 등이다. R로 시작하는 요소는 복원력(Resilience), 비축된 힘(Reserves), 자원(Resources), 정보력(Resourcefulness) 등이다.

이에 더하여 강점은 개인의 특성에서 잘 드러나는데, 이는 대인관계 기술, 합리성, 통찰력, 낙관성, 진실성, 인내력, 현실감, 즐거움을 추구하는 능력, 미래지향 사고, 책임감과 목적지향성 등이다.

사례관리에서 활용하는 강점관점의 실행지침은 다음과 같다.

첫째, 클라이언트의 고통을 인정하라. 클라이언트는 자신이 처한 어려움과 고통을 공감받을 때 문제해결에 대한 내적 잠재력이 발산된다. 공감과 이해는 클라이언트와의 사례관리에 필요한 작업동맹(working alliance)을 높이는 데 효과적이다. 만일 클라이언트가 처한 문제와 어려움이 사례관리자에 의해 제대로 인정받지 못하면 방어적 언행과 부정적 감정으로 대응할 가능성이 커진다.

둘째, 탄력성(resilience)과 강점을 이야기하도록 자극하라. 어떤 개인이라도 장점이 있다. 다만 그 장점이 드러나지 않거나 발견하지 못할 뿐이다. 로저스의 주장대로 모든 인간은 자기실현의 잠재력을 지니고 있으나 자아실현이 발휘되지 않는 것은 자신에 대한 부정적 인식이 강하기 때문이다. 클라이언트가 자신의 강점과 능력을 인식할 수 있도록 클라이언트가 자신의 강점과 어려움 극복 경험을 직접 진술하도록 하는 것이 필요하다.

셋째, 클라이언트의 강점을 당연한 것으로 인식하고 이를 활용하라. 사례관리자는 클라이언트가 지닌 강점을 예외로 볼 것이 아니라 당연한 것으로 여기며 강점을 더 발굴하고 이를 살피는 노력이 필요하다. 기존의 장점이나 새롭게 발굴된 강점이 클라이언트의 문제와 욕구 해결에 활용되도록 방향을 설정해야 하며, 장점들이 단순히 생각이나 느낌으로만 존재하지 않고 문제해결에 직접 활용되도록 하는 게 필요하다.

3) 임파워먼트 관점

임파워먼트(empowerment)란 개인이 스스로 문제를 해결해 나갈 수 있는 내적 능력이 발휘되도록 힘을 부여하는 것이다. 임파워먼트 역시 강점관점에 토대하며, 개인이 지닌 막강한 잠재능력을 신뢰하고 이를 개인이 직접 활용할 수 있도록 하는 의도이자 과정이다.

사례관리의 기능은 클라이언트의 잠재력을 극대화함으로써 문제를 해결하고 환경체계를 긍정적으로 활용할 수 있는 능력을 함양하는 것이다. 이러한 측면은 사례관리에서 임파워먼트의 중요성을 부각시킨다. 클라이언트 중심의 서비스를 강조하는 사례관리는 클라이언트가 일정한 원조과정을 통해 자력으로 문제를 해결해 나갈 수 있는 능력을 제고하는 데 관심을 둔다.

사례관리에서 클라이언트의 임파워먼트는 직접적 측면과 간접적 측면으로 나누어 살펴볼 수 있다. 직접적 측면에는 클라이언트의 능력을 객관적으로 사정하고 강점을 바탕으로 내담자가 자신의 강점을 인식하고 이를 문제해결에 활용하도록 돕는 과정이 포함된다. 클라이언트가 지닌 왜곡된 자기인식, 낙인감, 실패에 대한 예측, 부정적 기억의 강화, 수동성과 의존성 등은 클라이언트의 임파워먼트를 방해하는 요소이므로 사례관리에서 이를 적극적으로 살피고 다루어야 한다.

임파워먼트의 간접적 측면은 클라이언트가 처한 환경적 부분과 연관된 것이다. 이를테면 가정학대, 따돌림, 가정폭력에 따른 부적응을 겪는 경우 이 부분에 개입하여 내담자의 적응수준이 높아지도록 하는 것이다. 아울러 내담자가 문제해결에 유리한 자원을 발굴하고 이를 연결하여 적응력을 높이도록 하는 것도 중요한 전략이다. 발굴된 자원이 제대로 연결되어 활용되도록 하는 일과 더불어 자원 활용을 방해하는 요인을 제거하는 노력도 같은 맥락에서 중요한 의미를 지닌다.

4) 옹호관점

사회복지실천에서 옹호(advocacy)란 클라이언트를 직접 보호하거나 간접적으로 지원하고 대변함으로써 클라이언트가 헌법에서 보장한 권리를 누리고 부당한 압력으로부터 보호받을 수 있도록 돕는 것을 의미한다.

사례관리 대상자들은 통상 사회 취약계층으로 분류된다. 이들은 다양한 이유로 자신에게 주어진 법적 권리를 제대로 활용하지 못할 가능성이 크다. 이들은 타인으로부터 주어지는 부당한 압력을 방어하는 데도 어려움이 있다. 따라서 이들은 인간다운 삶을 사는 데 주어지는 부당한 압력에 대응하는 데 한계를 지닌다. 사례관리자는 클라이언트에게 최선의 이익이 되도록 하는 노력으로서 대변과 옹호 활동을 통해 클라이언트의 권익 증진을 위해 노력한다.

사례관리자가 행할 수 있는 옹호의 종류는 크게 사례 옹호, 계층 옹호, 정책 옹호를 들 수 있다. 먼저 사례 옹호에는 클라이언트 스스로가 자신을 옹호할 수 있도록 돕는 자기 옹호와 클라이언트를 직접 옹호해 주는 개인 옹호가 있다. 계층 옹호에는 유사한 문제를 지닌 클라이언트로 구성된 집단을 옹호하는 집단 옹호와 지역사회를 대변하여 지역사회 권익 제고를 위한 지역사회 옹호가 있다. 끝으로 정책 옹호에는 클라이언트와 연관된 정책의 옹호와 근본적인 체제의 변화를 도모하는 체제 변환적 옹호가 있다 (권진숙 외, 2012).

5. 사례관리의 실천과정

사례관리 역시 사회복지실천의 일환으로서 특정한 절차와 과정을 거쳐 진행된다. 각 단계에서는 일정한 과업을 지니며, 이러한 과업들이 모여 사례관리의 성과로 연결된다. 사례관리의 단계를 요약하면 다음과 같다.

1) 접수 및 조사

사례관리는 클라이언트와 사례관리자의 서비스에 대한 동의를 중시한다. 심리사회적으로 취약한 클라이언트의 자기결정을 중시하기 때문이다. 접수란 사회복지사가 도움을 요청한 개인의 문제와 욕구를 확인하고 이것이 기관의 정책과 서비스에 부합하는지 판단하는 과정이다. 접수(intake) 단계에서는 문제의 확인, 타 기관으로 의뢰, 서비스 제공에 필요한 기본적 관계의 형성, 서비스 참여에 따른 양가감정의 처리, 서비스에 대한 동기부여를 다룬다.

조사(study)는 클라이언트의 문제를 이해하고 해결하는 데 필요한 자료를 모으는 활동이다. 자료의 수집은 대체로 초기 단계에 주로 집중된다. 하지만 자료수집은 사정과 함께 동시적으로 수행되는 경우가 허다하다.

자료수집 과정에서는 내담자의 문제, 최근까지의 상황, 클라이언트의 개인력, 가족력, 적응수준, 클라이언트의 강점과 한계, 환경적 요인 등의 자료를 모으는 과정이다.

2) 사정

사정이란 수집된 자료를 바탕으로 클라이언트의 문제 및 욕구의 성격과 원인을 규명하고 개입을 위한 함의를 도출하며, 문제에 대해 평가하는 활동이다. 흔히 자료수집은 클라이언트와 함께(working with clients)하지만, 사정은 수집된 자료와 함께(working with data)한다고 하여 사정은 조사와 구분할 수 있다.

사정은 1회성이 아니라 개입과정 내내 지속하는 과정이다. 사정은 환경 속의 개인의 관점을 유지하면서 진행되어야 하며, 사례관리자와 클라이언트가 적극적인 참여가 있다면 보다 객관적인 사정에 도달하기 쉽다. 사정은 조사된 자료를 토대로 수집된 자료의 의미를 추론하며 맥락을 살피는 지적인 작업이므로, 자료에 내포된 의미를 해석하고 통합하는 능력에 따라 사정의 수준이 결정된다.

사정은 수평적 탐색과 수직적 탐색이 있는데, 수직적 탐색이란 시간의 흐름에 따라 종적으로 파악하여 과거력과 문제의 역사력을 파악하는 작업이며, 수평적 탐색은 클라이언트의 관계행태, 기능 등을 중심으로 검토하는 것을 말한다.

사례관리의 사정에서 고려되어야 할 점은 내담자의 욕구를 파악하고 이러한 욕구충족의 방해물을 밝혀내고 클라이언트의 문제를 객관적으로 규명하는 것이다. 사정은 개별화의 토대에서 이루어지며, 클라이언트의 강점을 반영할 경우 사례관리의 목표달성과 참여 동기유발에 도움을 받을 수 있다. 어떠한 경우라도 완벽한 사정이란 있을 수 없음을 인식해야 하며, 수집된 자료는 정확성의 판단을 요구하므로 전문지식과 이론이 활용되어야 한다. 조사과정에서부터 사정을 염두에 둔 조사가 이루어져야 제대로 된 사정이 가능하다. 특히 사례관리는 자원의 발굴과 활용을 중시하는 서비스이므로 사정에서 자원에 대한 사정도 비중을 두고 다루어야 한다.

3) 계획

계획이란 사례관리를 통해 클라이언트의 문제를 어떻게 해결할 것인지에 대한 목록과 절차를 수립하는 과정이다. 계획과정은 표적 문제 선정, 계획수립, 계약의 3가지 과정을 포함한다.

표적 문제란 클라이언트의 문제 중에서 가장 중요하고 시급히 해결해야 할 문제를 말한다. 이는 클라이언트가 이해하기 쉬운 용어로 진술된다. 표적 문제의 선택기준은 클라이언트가 선택한 문제, 긴급성, 위험성, 생활상의 장애, 개인의 효과성과 효율성 측면, 핵심적 문제, 해결 가능성 등을 반영하여 결정하도록 한다.

다음으로는 개입목표의 선정이다. 개입목표란 개입을 통해 일어나기를 바라는 변화를 의미한다. 특히 사례관리에서는 개입목표의 선정에 클라이언트가 함께 참여하도록 할 것을 강조한다. 사례관리는 클라이언트 중심의 서비스를 강조하기 때문이다. 목표설정은 개입의 효과 측정, 변화 정도 점검, 개입전략 개발 측면에서 의의를 지니기 때문에 비중 있게 다루어야 한다.

계획수립은 흔히 SMART형식을 중시한다. 이는 계획의 구체성(Specific), 측정 가능성(Measurable), 성취 가능성(Achievable), 현실성(Realistic) 및 결과 지향성(Result-oriented), 시기 적절성(Timely)으로 구체화 된다. 사례관리는 장기적 서비스이므로 목적과 목표를 분명히 하는 것이 좋다. 흔히 목적은 서비스가 지향하는 방향을 의미하며, 목표는 그 목적이 이루어지는 지점으로서 구체적 방법과 방안을 의미한다. 이를테면, 가족 기능 강화가 서비스의 목적이라면 이 목적을 이루는 목표로서 부부가 주 2회 이상 함께 운동하기 등을 설정할 수 있다.

계약이란 문제의 정의, 사회복지사 클라이언트의 역할, 시간, 장소, 서비스 목표, 사례관리 방법에 대해 사회복지사와 클라이언트가 함께 합의하는 것이다. '합의된 계약'은 클라이언트의 사례관리에 대한 이해를 높이고 서비스 참여에 대한 자발성과 자기책임성을 높이는 데 효과적이다. 사례관리 자체가 합의된 계약에 따른 서비스를 중시한다는 점에서 계약과정의 중요성은 아무리 강조해도 지나치지 않을 것이다.

4) 개입

개입은 계획 단계에서 합의한 목표를 해결하는 데 필요한 구체적 전략과 노력을 투입하는 단계이며, 사례관리에서 가장 핵심적인 부분이다. 사례관리에서의 개입은 직접개입과 간접개입으로 구분할 수 있다.

직접개입은 사례관리에서 사례관리자가 클라이언트의 인지, 정서, 행동 변화를 유도하고 자원활용에 따른 내적 방해물(낙인감, 편견, 정보오류 등을 제거) 제거가 포함된다. 간접개입은 클라이언트를 둘러싼 환경체계가 클라이언트에게 유리하도록 환경을 조성하는 것을 포함하며 간접실천이라고도 한다. 클라이언트에게 안전한 사회 지지망을 마련해 주고 자원을 발굴하고 연계하는 작업, 옹호, 중계 등이 여기에 해당한다.

간접개입 방안으로는 환경의 조정과 서비스 조정을 거론해 볼 수 있다. 환경의 조정이란 클라이언트가 처한 환경을 조정·변화시키는 것이다. 이를테면, 가정폭력을 당한 아동을 위탁가정으로 옮기는 것이다. 서비스 조정이란 사례관리에서 클라이언트에게 주어지는 서비스가 중복, 누락 없이 효과적으로 제공되도록 서비스 제공기관 간 소통과 협력을 강화하는 것이다.

5) 점검

점검은 사례관리에서 특히 강조하는 절차이다. 점검이란 계획 단계에서 문제해결을 위해 동원된 자원이 그 기능을 계속 유지하는지 평가하고 이를 토대로 문제해결에 자원이 제대로 활용될 수 있도록 하는 데 주안점을 두는 단계이다.

점검이 특히 중요한 이유는 사례관리가 특히 자원을 통해 문제해결을 시도하는 경향이 강하기 때문이다. 사례관리에서 자원은 클라이언트의 문제해결에 필요한 가능성을 지닌 유무형의 존재이다. 자원의 효율성을 높이기 위해서는 자원의 발굴도 중요하지만 동원된 자원이 그 속성을 잃지 않고 계속 문제해결에 동원될 수 있도록 관리하는 노력도 중요하다. 특히 자원의 활용을 방해하는 요소가 무엇인지 규명하고 이를 제거하는 노력도 점검에 포함된다. 클라이언트의 자원 활용 방해요인으로는 편견과 낙인감, 심신의 장애, 비자발성 등을 꼽을 수 있다.

6) 평가 및 종결

평가(evaluation)란 사례관리가 효과적이고 효율적이었는지에 대한 전반적인 판단을 포함한다. 효과성이 사례관리가 설정한 목표에 어느 정도 근접했는지를 보는 것인데 반해, 효율성은 투입 대비 산출 정도를 파악하는 것이다.

종결(final)이란 사례관리를 계획에 따라 마무리하는 것으로서 사례관리자와 클라이언트의 관계를 공식적으로 끝내는 과정이다. 종결 시기의 결정은 목표가 달성되었거나 양 당사자 간 합의로 결정할 수 있다. 사례관리 자체가 장기적인 서비스이므로 공식적으로 서비스 관계를 마무리 짓는 일이어서 정서적인 작업이 될 수도 있다. 흔히 사례관리가 종결되는 시점을 가늠하는 기준으로 제시되는 것은 클라이언트가 다양한 자원을 효과적으로 활용함으로써 사례관리자에 대한 의존성이 확연히 줄어드는 상황이다. 때로는 종결이 힘든 사례도 있다. 이 경우 개입의 빈도와 수준을 조절하거나 타 기관으로 클라이언트를 의뢰함으로써 서비스의 지속성을 유지할 수 있다.

종결 시기의 과제로는 클라이언트의 정서적 반응 다루기, 사례관리의 효과가 연속되도록 하기, 필요한 경우 다른 경로로 의뢰하기 등이 포함된다. 흔히 종결 과정에서 클라이언트가 의존성을 갑자기 커지기도 하며, 과거에 다루었던 문제를 다시 들추기도 한다. 게다가 현 사례관리자를 대체할 다른 인물을 찾아 나서기도 한다. 사례관리자는 급작스럽게 종결을 선언하기보다는 클라이언트가 종결을 사전에 충분히 대비할 수 있도록 준비시켜야 한다.

그림 13-1 사례관리 흐름도

6. 사례관리자의 역할

사례관리가 복합적 문제와 욕구를 지닌 클라이언트를 대상으로 한다는 점에서 사례관리자는 다양한 역할을 한다. 사례관리자의 역할은 다음과 같다.

- **조정자**

조정자(coordinator)는 클라이언트에게 제공되는 서비스가 중복되지 않도록 서비스를 정리하는 역할이다.

- **중개자**

중개자(broker)는 클라이언트가 필요로 하는 자원이나 서비스를 연결하는 역할을 한다.

- **옹호자**

옹호자(advocator)는 취약한 클라이언트를 대신하여 그들의 이익과 보호를 극대화하는 역할이다

- **기획자**

기획자(planner)는 클라이언트의 문제와 욕구를 해결하는 데 필요한 정보를 모으고 서비스를 설계하는 역할이다.

- **중재자**

중재자(mediator)는 사례관리 과정에서 서비스 유관 기관 간 의사소통을 촉진하고 갈등을 조정하는 역할을 한다. 중개자가 연결과 안내에 가깝다면 중재는 소통과 갈등을 해소하는 데 주안점을 둔다.

- **서비스 제공자**

사례관리에 필요한 다양한 서비스를 직접 간접적으로 제공하는 역할을 맡는다. 사례관리자는 필요한 경우 상담 등의 임상가 역할과 함께 중재, 옹호, 연계 등의 간접적 역할도 수행한다.

- **교육자**

교육자(teacher)는 클라이언트의 자립과 보호에 필요한 다양한 정보를 제공하고 교육시키는 역할이다. 특히 자원 활용과 연관된 부분에 대한 교육이 중요하다.

토의사항

1. 만약 당신이 사례관리의 클라이언트라면 사례관리라는 용어에 대한 느낌이 어떠한가? 어떤 용어가 더 적합하다고 생각하는가?
2. 공공분야에서의 사례관리를 '통합사례관리'라고 한다. 이 용어에 대한 당신의 생각은 어떠한가?
3. 사례관리는 클라이언트의 욕구를 중시하는 서비스로 알려져 있다. 이 경우 사례관리자는 내담자가 제시하는 모든 욕구를 사례관리에 다 반영해야 하는가? 욕구 중심의 서비스의 정확한 의미는 무엇이라 생각하는가?
4. 사례관리자의 경우 소진을 경험할 가능성이 크다. 소진을 막기 위해 할 수 있는 노력을 3가지 정도 제시해 본다면?
5. 사례관리는 특히 자원의 중요성을 강조한다. 사회복지사로서 또한 사례관리자로서 자원의 활용 수준을 높이는 방안을 3가지 제시해 본다면?

1급 국가고시 주요 출제경향 요약

❖ 사례관리의 개념과 특징

- 복합적 문제와 욕구를 지닌 클라이언트와 가족이 대상
- 공식적·비공식적 자원 활용을 위한 네트워크 이용
- 통합적 서비스와 접근성 향상
- 책임적 지속적, 연속적 서비스
- 클라이언트의 기능 회복과 환경 조정을 서비스에 포함
- 서비스 조정과 연계
- 개별화된 서비스
- 클라이언트의 자율성(자기결정권) 극대화

❖ 사례관리의 등장배경

- 탈시설화에 따른 지역사회보호 서비스의 필요성 증대
- 지방분권화에 따른 복잡하고 분산된 서비스 조정의 필요성 제기
- 복합적인 문제와 욕구를 지닌 클라이언트의 증가
- 서비스비용 효율성의 문제 제기
- 기존 서비스의 단편성 극복 문제
- 사회지지망의 필요성 증가

❖ 사례관리의 과정

접수 - 조사 - 사정 - 계획 - 개입 - 점검 - 평가 - 종결

❖ 사례관리자의 역할

조정자 / 중개자 / 옹호자 / 기획자 / 중재자 / 서비스 제공자 / 교육자

참고문헌

2021년 사회복지사 1급 수험서. 에썹 사회복지실천론. 공동체.

강세현(2014). 지역사회복지실천현장의 이론과 사례. 공동체.

고명수, 박연희, 신경희, 서민호(2019). 사회복지실천론. 정민사.

공계순, 서인해(2006). 증거기반 사회복지실천에 대한 이해와 한국사회에의 적용가능성에 관한 연구. 사회복지 연구. 31, 77-102.

구자헌(1984). 한국사회복지사. 홍익제.

권구영, 고은숙, 김용민, 박봉정, 진혜경, 최은정(2008). 사회복지실천론. 창지사.

권석만(2015). 젊은이를 위한 인간관계의 심리학. 학지사.

권진숙, 김상곤, 김성천, 유명이, 이기연, 조현순(2012). 사례관리전문가교육, 한국사례관리학회.

권진숙, 박지영(2008). 사례관리의 이론과 실제. 학지사.

길귀숙, 강희숙, 오영훈, 오하나, 유진희, 제미자, 현영렬(2020). 사회복지실천론. 양서원.

김기태, 김수환, 김명호, 박지영(2007). 사회복지실천론. 공동체.

김난실(2020). 사회복지실천론. 인문과교양.

김만두(2009). 사례관리의 필요성과 효과적인 실천방법. 한국사례관리 창립총회 자료집.

김상규, 전재일(1990). 사회복지개론. 형설출판사.

김영미(2022). 사회복지실천론. 동문사.

김융일, 조흥식, 김연옥(1995). 사회사업실천론. 나남출판.

김융일, 조흥식, 김연옥(2005). 사회복지실천론. 나남출판.

김종운(2019). 상담심리학의 이론과 실제(개정판). 동문사.

김태성, 홍선미(2006). 사회복지개론. 청목.

김혜란, 좌현숙, 차유림, 문영주, 김보미(2006). 사회복지실천과 역량강화. 나눔의집.

김혜란, 홍선미, 공계순(2002). 사회복지실천기술론. 나남출판.

김혜숙(2020). 가족치료: 이론과 기법. 학지사.

김혜영, 석말숙, 최정숙, 김성경(2010). 사회복지실천론. 공동체.

나동석, 서혜석(2008). 사회복지실천론. 학현사.

남기민(2001). 현대사회복지학의 이해. 양서원.

노수희(2022). 인간행동과 사회환경. 동문사.

노혁(2019). 사회복지실천의 이해. 학지사.

도광조(2021). 사회복지실천론(제5판). 양서원.

류상열(2002). 사회복지역사. 학지사.

박광준(2002). 사회복지의 사상과 역사. 양서원.

박지영, 배화숙, 엄태완, 이인숙, 최희경(2020). 사회복지실천론. 학지사.
방미진, 황영희(2011). 사회복지실천론. 나눔의집.
백은령, 김선아, 양숙미, 엄미선, 윤철수(2007). 사회복지실천론. 대왕사.
서혜석, 이혜숙, 이윤형, 한경리(2017). 사회복지실천기술론(제3판). 양서원.
손광훈(2013). 사회복지실천기술론(제2판). 공동체.
신성자, 고유나, 권신혜, 김수정, 박용권, 성희자, 이현정, 전보경, 정숙희, 최은지(2007). 사회복지실천기술론. 양서원.
양옥경, 김정진, 서미경, 김미옥, 김소희(2004). 사회복지윤리와 철학. 나남출판.
양옥경, 김정진, 서미경, 김미옥, 김소희(2005). 사회복지실천론. 나남출판.
양옥경, 김정진, 서미경, 김미옥, 김소희(2010). 사회복지실천론(개정4판). 나남출판.
양정하 외(2017). 지역사회복지론. 공동체.
양철수(2019). 프로이트의 정신분석이론에 나타난 사회복지 연관성 연구. 사업진흥연구, vol. 4, 29-43.
엄명용, 김성천, 오혜경, 윤혜미(2011). 사회복지실천의 이해(제4판). 학지사.
엄명용, 김성천, 오혜경, 윤혜미(2017). 사회복지실천의 이해(제5판). 학지사.
엄명용, 김성천, 윤혜미(2020). 사회복지실천의 이해(제5판). 학지사.
엄명용, 노충래, 김용석(2020). 사회복지실천기술의 이해. 학지사.
연세사회복지실천연구회 역(2004). 사회복지실천이론의 이해와 적용. 나남.
우국희, 성정현, 좌현숙, 장연진, 최승희(2016). 사회복지실천론(제2판). 신정.
윤현숙, 김기환, 김성천, 이영분, 이은주, 최현미, 홍금자(2001). 사회복지실천기술론. 동인.
이광재(2019). 사회복지실천론. 정민사.
이영실, 나임순, 임원균, 신준옥, 조명희, 홍성희(2016). 사회복지실천론. 양서원.
이영실, 오동록, 김병, 임승희, 김한태, 조명희, 고은주, 이찬영(2021). 사회복지실천론. 양서원.
이영호(2015). 사회복지실천기술론(제2판). 공동체.
이은희, 김남숙(2016). 사회복지실천론. 양서원.
이인정, 최해경(2007). 인간행동과 사회환경(제2판). 나남출판.
이주희, 권재한, 박은민, 박희연, 안효자, 오명자, 이숙자, 임현선(2013). 심리학의 이해. 공동체.
장수복 외(2020). 인간행동과 사회환경. 동문사.
장수한, 김현주, 임혁, 채인숙(2017). 인간행동과 사회환경(제3판). 공동체.
장연진, 김진숙, 구혜영(2012). 이중관계에 대한 사회복지사의 신념과 경험의 변화: 2001년과 2011년 비교 연구. 한국사회복지학, 64(3), 281-308.
장인협(1994). 사회사업실천방법론(上,下). 서울대학교 출판부.
전남련, 신재명, 이권일, 김상조(2010). 사회복지실천기술론. 학현사.
전재일 외(2003). 사회복지실천론(개정판). 형설출판사.
정무성, 나임순, 유용식(2013). 현대사회복지개론. 신정.

정서영, 한신애, 김보기, 김태희, 김흥록, 반원진, 서현자(2017). 인간행동과 사회환경. 양서원.
정원철(2020). 사회복지상담(제4판). 양서원.
조흥식, 김혜래, 신은주, 우국희, 오승환, 성정현, 이지수(2016). 인간행동과 사회환경. 학지사.
조흥식, 이형섭(2014). 교정복지론: 이론, 현장 그리고 실천. 학지사.
주석진, 조성심, 라미영, 방진희, 엄경남, 이종익, 전구훈(2013). 학교사회복지론(제3판). 양서원.
최경화, 김재열, 유인애, 석재은, 황성식, 안성의, 이형진(2010). 사회복지실천기술론. 신정.
최선화(2019). 사회복지사와 함께한 변화. 공동체.
최선화(2020). 풀어쓴 사회복지실천기술(제6판). 공동체.
최옥채(2010). 사회복지실천론(제3판). 양서원.
최옥채, 박미은, 서미경, 전석균(2015). 인간행동과 사회환경(제5판). 양서원.
최해경(2010). 사회복지실천론. 학지사.
최혜지, 김경미, 정순둘, 박선영, 장수미, 박형원, 배진형, 박화옥, 안준희(2013). 사회복지실천론. 학지사.
한국전문대학사회복지교육협의회(2007). 사회복지실천론. 양서원.
한인영, 박인선, 김미옥(2002). 사회복지실습. 이화여자대학교출판부.
한인영, 최현미, 장수미(2006). 의료사회복지실천론. 학지사.
홍선미(2004). 지역사회와 사회복지실천-복지환경의 변화와 지역사회기반의 실천과제. 한국사회복지학회.

Austin. D. M. (1986). *A History of Social Work Education*. The University of Texas.
Barker, R. L. (2003). *The social work dictionary*(5th ed.). Washington DC: NASW Press.
Barker, R. L. (2014). *The social work dictionary*(6th ed.). Washington DC: NASW Press.
Barker, R. L. (1987). *The Social Work Dictionary*, Silver Spring. MA: National Association of Social Workers.
Barker, Robert L. (1995). *The Social Work Dictionary*. Washington: NASW Press.
Bartlett, H. M. (1970). *The Common base of social work practice*. New York: National Association of Social Worker, Inc.
Biestek, F. P. (1957). The case work Relationship Loyola Univ. Press.
Brieland, D. (1995). Social Work practice: history and evolution. in R. L. Edwards(eds.). *Encyclopedia of Social Work*(19th ed.). Washington, DC: NASW Press.
Bronfenbrenner, U. (1979). *The ecology of human development.* Cambridge, MA: Harvard University Press. Crowell.
Brown, L. & Levitt, J. (1979). A Methodology for Problem: System Identification. *Social case work, 60*, 408-415.
Compton, B. R., & Galaway, B. (1984). *Social Work Process*(Ed.). Homewood, ILL: Dorsey.

Compton, B. R., Galaway, B., & Cournoyer, B. (1994). *Social work processes*(5th ed.). Pacific Grove, CA: Brooks/Cole.

Compton, B., & Galaway, B. (1979). *Social Work Processes*(3rd & 4th ed.). Dorsey Press.

Compton, B., & Galaway, B. (1994). *Social Work Processes*(5th ed.). Belmont: Wadsworth.

Connaway, R. S., & Gentry, M. E. (1980). *Social Work Practice*. Englewood cliffs, NJ: Prentice Hall.

Cormier, W. H,. & Cormier, L. S. (1991). *Interviewing Strategies for Helpers: Fundamental Skills and Cognitive Behavioral Interventions*(3rd ed). Pacific Grove, CA: Brooks/Cole.

Dunham, A. (1970). *The New Community Organization*. New York: Thomas Yy.

Fredland W A., Apte R Z., (1974). *Introduction to Social Welfare*. Eaglewood Cliffs: Prentice-Hall, Inc.

Friedlander, W. & Apte, R. (1980). *Introduction to Social Welfare*. N.J.: Prentice-Hall.

Germain, C. B., & Gitterman, A. (1986). The life model Approach to Social Work Practice Revisited. In Turner, F. & Kendall, K. A.(des.), *Social Work Treatment*. The Free Press, pp. 618-644.

Goldestein, H. (1973). *Social Work Practice: A Unitary Approach*. Columbia: Univ. of South Carolina Press.

Greenwood E. (1957). Attributes of a Profession, *Social Work, 2*(3), 45-55.

Hepworth, D. H., & J. A. Larsen (1986). *Direct Social Work Practice: Theory and Skills*. Chicago: Dorsey.

Hepworth, D. H., Rooney, R., & Larsen, J. (1993). *Direct social work practice: Theory and skills*. Brooks.

Herrick, J. M., & Stuart, P. H. (2005). *Encyclopedia of social welfare history in North America*. Thousand Oaks, CA: Sage Publications.

Intagliata, J. (1992). Improving the quality of community care for the chronically mentally disabled: The role of case management. In S. M. Rose (Ed.), *Case management and social work practice*, pp. 25-55. New York: Longman.

Johnson (1989). Cower, 1992; Zastrow, 1995; Saleeby, 1999; Hepworth & Larsen, 2006; 이영실 외, 2014; 사회복지교육연구센터, 2020.

Johnson, H. W., (1983). *The Social Services-An introduction-* Itaska, HL: F.E Peacock.

Johnson, I. C., & Yanca, S. J. (2007). *Social Work Practice: A Generalist Approach*(9th eds). Pearson Education, Inc. and Yanca.

Johnson, L. C. (1989). *Social Work Practice: A Generalist Approach*(2nd ed.). Needham Heights, MA: Allyn & Bacon.

Johnson, L. C., & Yanca, S. J. (2004). *Social Work Practice: A Generalist Approach*(8th eds.). Boston: Pearson Education. Inc.

Johnson, L. C., & Yanca, S. J. (2007). *Social Work Practice: A Generalist Approach*(9th eds.).

Boston, MA: Pearson Allyn and Bacon.

Kagle. J. (1991). *Social Work Records*(2nd cd.). Prespect Heights: Waveland Press.

Kamerman, S. B. (1999). Child welfare and the under-threes: An overview. *Zero To Three, 19*(3), 1-7.

Kiresuk, T., & Sherman, R. (1968). Goal attainment scaling: A general method of evaluating comprehensive mental health programmes. *Community Mental Health Journal,* 4(6), 443-453.

Kirst-Ashman, K. K., & Hull, Jr., G. H. (1993). *Understanding Generalist Practice*. Chicagl: Nelson-Hall Publishers.

Levy, C. (1976). The Value Base of Social Work. *Journal of Education for Social Work*, *9*(1), 34-42.

Lowenberg, F. & Dolgoff, R. (1992). *Ethical Decisions for Social Work Practice*(5th ed.). Itasca, IL: F. E Peocock.

Lowenberg, F. & Dolgoff, R. (1996). *Ethical decisions for social work practice*(4th ed.). F. E. Peacock Publishers.

Lubove, R. (1969). *The professional altruist: The emergence of social work as a career 1880-1930*. New York: Atheneum.

Miley, K. K, O'Melia, M., & Dubois, B. L. (1995). *Generalist Social Work Practice: An Empowering Approach*. Allyn and Bacon.

Moxley, D. P., & Buzas, L. (1989). Perceptions of case management services for elderly people. *Health and Social Work, 14*, 196-203.

NASW (1995). *Encyclopedia of Social Work*. Washington, D.C.: NASW Press.

Pincus, A., & Minahan, A. (1973). *Social Work Practice: Model and method*. Itasca. I11.: F. E. Peacock Publishers. Inc.

Popple, P. R. (1995). Social work profession: History. In Edwards, R. L.(Ed.), *Encyclopedia of social work*(19th ed.). Washington, DC: NASW Press.

Reamer, F. G. (1992). The impaired social worker. *Social Work, 37*(2), 165-170.

Rhodes, S. L. (1980). A Development Approach to the Life Cycle of the Family. In M. Bloom (ed.), *Life Span Development*. N.Y.: Macmillan.

Saleebey, D. (1997). *The strengths approach to practice*. In Saleebey (Ed.), The strengths.

Sheafor, B. W., Horejsi, C. R., & Horejsi, G. A. (1997). *Techniques and Guidelines for Social Work Practice*(4th ed). Boston: Allyn & Bacon.

Skidmore, R. (1983). *Social Work Administration*. Englewood Cliffs, NJ: Prentice Hall.

Skidmore, R. A., Thackeray, M. G., Farley, O. W., Smith, L. L., & Boyle, S. W. (2000). *Introduction to social work*(8th ed.). Boston: Allyn and Bacin.

Smalley, R. E. (1970). The Functional Approach to case work Practice. In Robert & Nee(eds.),

Theories of social case work. Chicago. University of Chicago Press.

Trattner (1989). *From Poor law to welfare state: A history of social welfare*(4th ed.). New Work: Free Press.

Van Wormer, K. (1997). *Social Welfare: A World View*. Nelson-Hall Inc.

Wilson, J. (1976). *Recording: Guidelines for Social Works*. New York: The Free Press.

Woodside, M., & McClam, T. (2006). *Generalist case management: A method of human service delivery* (3rd ed.). Belmont, CA: Thomson Brooks/Cole.

Yalom, I. D. (1995). *The Theory and Practice of Group Psychotherapy*(4th ed.). Basic Books

Zastrow, C. H. (1999). *The Practice of Social Work*(6th ed.). Pacific Grove: Brooks. Cole Publishing Company.

찾아보기

인명

내용

저자 소개

정원철

철학 박사

현) 신라대학교 사회복지학과 교수
　　한국사회복지상담학회장

김동욱

사회복지학 박사

현) 동의과학대학교 사회복지학과 교수
　　사회복지법인 제세 이사

김진영

사회복지학 박사

전) 부산시보호아동자립지원센터 센터장 역임
　　청소년자립지원시설 미네르바의집 원장 역임

현) 화신사이버대학교 사회복지학과 교수
　　(사)한국자원봉사연합회 이사

노수희

사회복지학 박사

현) 부산과학기술대학교 사회복지상담과 교수

박소현

사회복지학 박사

현) 부산경상대학교 사회복지아동보육과 교수
　　부산경상대학교 학생진로심리상담센터 부센터장

이화명

사회복지학 박사

현) 경남정보대학교 사회복지과 교수

제2판

사회복지실천론

1판 1쇄 발행 2022년 2월 20일
2판 1쇄 발행 2024년 8월 30일

지 은 이 | 정원철 김동욱 김진영 노수희 박소현 이화명
발 행 인 | 박철용
발 행 처 | 양서원
주 소 | 경기도 파주시 직지길 522 파주출판도시
전 화 | 031-955-8000(代)
팩 스 | 031-955-8005
홈페이지 | www.yswpub.co.kr
이 메 일 | yswgroup@naver.com
출판등록 | 1987년 11월 24일 제 406-2003-037 호

ISBN 978-89-994-1490-9

정가 23,000원